Ausbildung in Klinischer Psychologie und Psychotherapie

Ausbildung in Klinischer Psychologie und Psychotherapie

Ziele, Inhalte und Methoden in Lehre und Studium

Herausgegeben von
Vera Birtsch und Dieter Tscheulin

Beltz Verlag · Weinheim und Basel 1980

Vera Birtsch, Dipl. Psych., Dr. phil., Jahrgang 1948, Ausbildung in Gesprächspsychotherapie, Verhaltenstherapie, seit 1977 wissenschaftl. Mitarbeiterin am Institut für Sozialarbeit und Sozialpädagogik in Frankfurt/M.

Dieter Tscheulin, Dipl. Psych., Dr. phil., Jahrgang 1938, Fachpsychologe für Klinische Psychologie, seit 1974 Akademischer Rat am Psychologischen Institut der Universität Würzburg.

CIP-Kurztitelaufnahme der Deutschen Bibliothek

Ausbildung in Klinischer Psychologie und Psychotherapie :
Ziele, Inhalte u. Methoden in Lehre u. Studium /
hrsg. von Vera Birtsch u. Dieter Tscheulin.
– Weinheim, Basel : Beltz, 1980.
(Beltz-Monographien : Psychologie)
ISBN 3-407-54551-7
NE: Birtsch, Vera [Hrsg.]

Gesamtherstellung: Beltz, Offsetdruck, 6944 Hemsbach über Weinheim
Seriengestaltung des Umschlags: G. Stiller, Taunusstein
Printed in Germany

ISBN 3 407 54551 7

Vorwort

Wer sich mit Ausbildung in Klinischer Psychologie beschäftigt, dem wird sehr bald deutlich, wie viele Fragen auf diesem Gebiet ungeklärt sind, obwohl sie dringend einer Antwort bedürften. Zwar fehlt es hier bestimmt nicht an Erfahrungen, an Engagement und an einer Vielzahl von Lösungsvorschlägen, aber diese Bemühungen bleiben nur allzuoft auf die örtlichen Ausbildungsverhältnisse an einzelnen Universitätsinstituten beschränkt, ohne in der Forschung eine entsprechende Beachtung zu finden.
Es entstand daher die Idee, mit einem Sammelband, der möglichst viele unterschiedliche Konzeptionen und Lösungswege widerspiegelt, die Diskussion über klinisch-pyschologische Ausbildung in der breiten Fachöffentlichkeit anzuregen. Etwa zur gleichen Zeit, zu der wir als Herausgeber dieses Buch konzipierten, konstituierte sich die „Ständige Konferenz der Hochschullehrer für Klinische Psychologie und Psychotherapie". In der dort aufgenommenen Diskussion zeigte sich ebenfalls die Notwendigkeit einer bundesweiten Auseinandersetzung über Ausbildungsprobleme. Wir fühlten uns dadurch in unserem Vorhaben ermutigt. Mit dem vorliegenden Sammelband glauben wir nun, einen Beitrag zu einigen wichtigen und zentralen Fragen der Universitätsausbildung in Klinischer Psychologie zu liefern, und hoffen damit auch, die empirische Forschung auf diesem Gebiet zu stimulieren: Der erste Teil handelt von den Berufs- bzw. Arbeitsfeldern des Klinischen Psychologen; dadurch ist es im zweiten Teil möglich, wesentliche Tätigkeitsmerkmale zu bestimmen und aus ihnen Lernziele abzuleiten. Im dritten Teil werden Ausbildungsmethoden und -konzepte dargestellt, mit denen diese Lernziele zu erreichen sind; und im vierten Teil werden Fragen der Evaluation dieser Methoden und Konzepte erörtert. In den Einzelbeiträgen werden immer wieder die grundlegenden Probleme des Theorie-Praxis-Bezugs, der Integration psychotherapeutischer Modelle und der Verbindung von wissenschaftlicher Ausbildung und psychotherapeutischer Selbsterfahrung bearbeitet. Wir denken, daß damit zentrale Fragen der Klinischen Psychologie überhaupt – und nicht allein der klinisch-psychologischen Ausbildung – behandelt werden. Wir danken allen Autoren für ihre Mitarbeit, die uns eine zügige Fertigstellung des Bandes ermöglicht hat. Für wertvolle Anregungen und wichtige Kritik zu Einzelbeiträgen danken wir sehr herzlich Herrn Prof. Dr. Reiner Bastine, Herrn Dr. Gernot Huppmann und Herrn Rainer Lutz.

Heidelberg u. Würzburg, im Frühjahr 1979 *Die Herausgeber*

Inhaltsverzeichnis

3 Methoden der Ausbildung

4 Fragen der Evaluation

Einführung

Dieter Tscheulin und Vera Birtsch

Zur Bedeutung und Problematik der Ausbildung in Klinischer Psychologie und Psychotherapie

Die in diesem Sammelband zusammengestellten Einzelbeiträge orientieren sich an einem spezifischen Aufgabenfeld der Klinischen Psychologie, nämlich der therapeutischen Modifikation psychischer Störungen rsp. Psychotherapie. Dieses Feld stellt – neben Prävention und Rehabilitation – einen der wesentlichen Engpässe in der psychosozialen Versorgung der Bevölkerung dar. Forschung und Berufspraxis in der Klinischen Psychologie haben sich aber in den letzten Jahren schwerpunktmäßig gerade auf dieses Gebiet konzentriert und bieten heute einen breiten Fundus an wissenschaftlichen Erkenntnissen, an reichhaltigem Methodenwissen und an praktischen Erfahrungen, die die Kompetenz des Klinischen Psychologen zur Behandlung und Prophylaxe psychischer Störungen begründen.

Entsprechend zentral und bedeutungsvoll wurde die Stellung der Psychotherapie in Lehre und Studium. Ausbildung in Klinischer Psychologie ist heute ganz wesentlich ausgerichtet auf die Vermittlung von Methodenwissen und die Einübung von Fertigkeiten des späteren Psychologen, die ihn befähigen sollen, gestörtes psychisches Leben therapeutisch zu modifizieren (vgl. *Groeger* et al., 1979; *Wittchen* et al., 1979).

Klinische Psychologie ist aber nicht identisch mit Psychotherapie. Insofern bringen die in diesem Sammelband vereinigten Arbeiten durch ihre Zentrierung auf Psychotherapie eine gewisse einseitige Schwerpunktbildung in der Behandlung der gesamten Ausbildungsproblematik mit sich. Durch die Diskussion der folgenden Problembereiche soll deutlich gemacht werden, daß diese Schwerpunktbildung gegenwärtig inhaltlich begründet ist:

1. Definition von Klinischer Psychologie und Psychotherapie;
2. Anforderungen an eine Ausbildung in Klinischer Psychologie;
3. Bedarf an klinisch-psychologischer Kompetenz und Spezialisierung;
4. Verhältnis von Theorie und Praxis in der Ausbildung;
5. Integration verschiedener psychotherapeutischer Richtungen.

Diese fünf Problembereiche dienen gleichzeitig als Gliederungspunkte der Einführung und als Anhaltspunkte zur Einordnung der Einzelbeiträge.

1 Definition von Klinischer Psychologie und Psychotherapie

Wir gehen von der Definition aus, die *Pongratz* (1973, S. 47) in seinem „Lehrbuch der Klinischen Psychologie" gibt (vgl. auch seinen Artikel in diesem Sammelband):

> „Klinische Psychologie ist jener Zweig der Psychologie, der die sozialbedingten und sozialrelevanten Störungen des psychischen Lebens und deren Modifikation in Forschung, Lehre und Praxis zum Gegenstand hat. Ihre praktischen Aufgaben sind Diagnostik, Therapie und Prophylaxe".

Diese Definition hat neben vielen anderen Vorzügen (vgl. *Pongratz*, 1973, S. 20–51) vor allem den Vorteil, daß sie Klinische Psychologie unmißverständlich als Teilgebiet der gesamten Psychologie, und nicht nur der Angewandten Psychologie, bestimmt. Und diese Bestimmung erfolgt von ihrem spezifischen Gegenstand her: Störungen des psychischen Lebens und deren Modifikation. Diesem Gegenstand begegnen wir nicht alleine in der Praxis und auch nicht alleine in Forschung und Lehre. Dadurch ist gegen einen zu engen Begriff von Klinischer Psychologie vorgebeugt. Klinische Psychologie ist in ihren Inhalten mit dem Wissen über Prozesse und Methoden der Veränderung, wie es z. B. in der Entwicklungs- und Sozialpsychologie vorliegt, eng verbunden und in ihm verankert. Ferner basiert Klinische Psychologie genauso auf der Allgemeinen Psychologie und der Differentiellen Psychologie, wie dies Entwicklungs- und Sozialpsychologie tun. Sie kann nach dieser Definition nicht auf eine Praxeologie eingeschränkt, aber auch nicht auf eine bloße Zulieferer-Wissenschaft für die Medizin, Pädagogik oder Sozialarbeit beschnitten werden.

Universitätsausbildung in Klinischer Psychologie impliziert dementsprechend genauso eine Ausbildung in Forschungsmethodik und einen Erwerb von grundlegendem Wissen über Veränderungsprozesse und Veränderungsmethoden (allgemeine psychologische Intervention), wie sie Wissen und Kenntnisse bezüglich der „sozialbedingten und sozialrelevanten Störungen des psychischen Lebens" (Symptomatologie und Ätiologie) und deren Modifikation (Beratung und Behandlung als spezifische psychologische Interventionen) zu vermitteln hat.

Alle diese Gebiete der Ausbildung zu behandeln, würde jedoch einen vertretbaren Umfang eines ersten deutschsprachigen Sammelbandes mit diesem Thema sprengen. Es wäre vermutlich auch nicht gerechtfertigt: Forschungsmethodik und Wissen über Veränderungsprozesse und Veränderungsmethoden, sowie Wissen über Entstehung und Implikationen psychischer Störungen können über intellektuelle Wege vermittelt und in herkömmlichen Lehrveranstaltungen wie Vorlesungen, Übungen und Seminaren eingeübt werden. Dies gilt nicht für Wissen, Fähigkeiten und Fertigkeiten bezüglich der Modifikation psychischer Störungen, also für das Gebiet der psychologischen Beratung und Psychotherapie.

Hier bedarf es zusätzlich und in sehr starkem Maße eines erlebnismäßigen und praxisorientierten Lernens. Eine nur kenntnisvermittelnde und intellektuelle Art der Ausbildung würde nicht die notwendigen Veränderungen im Verhalten und Erleben des Klinischen Psychologen bewirken, der mit diesem Verhalten und Erleben selbst Werkzeug für die angestrebte Modifikation ist (vgl. Kapitel 3.2 von *Helm & Frohburg* und Kapitel 2.5 und 3.3 von *Tscheulin*).
Aus diesem didaktischen Grunde ist es gerechtfertigt, Psychotherapie so ins Zentrum zu stellen, wie es in den Kapiteln des 2. und 3. Teiles dieses Buches (über Lernziele und Methoden der Ausbildung) geschieht. Andererseits soll aber noch einmal betont werden, daß Klinische Psychologie nicht auf Psychotherapie beschränkt bleiben darf. Ihr Arbeitsfeld ist breiter (vgl. *Keupp & Zaumseil*, 1978), und Lehre und Studium werden in Zukunft die Vielfalt der Aufgaben besser berücksichtigen müssen. Dieser Sachverhalt soll (vor allem im ersten Teil des Bandes) deutlich gemacht werden durch die Beiträge von *Pongratz* über die historische Entwicklung des Berufsfeldes (Kap. 1.1), von *Fichter, Wittchen & Dvorak* - über die gegenwärtig tatsächlich durchgeführten Berufsaktivitäten (Kap. 1.2) und von *Sommer & Kallinke* über die zukünftig wünschenswerte klinisch-psychologische Tätigkeit und Ausbildung (Kap. 1.3). In die gleiche Richtung zielen aber auch die Arbeiten von *Bommert* über die klinisch-psychologische Diagnostikausbildung (Kap. 2.2) und von *Eckert* über die Bedeutung der experimentellen Grundausbildung (Kap. 3.6).
Darüber hinaus wird von dem Gesamtbereich „Psychotherapie und psychologische Beratung" (bzw. „Psychotherapie im weiteren Sinne") nur der Teilbereich „Psychotherapie" behandelt. Dies hat einen zweifachen Grund: Einmal sind die Übergänge zwischen beiden Gebieten fließend, und viele Grundprinzipien gelten gleichermaßen für beide Teilbereiche von psychologischer Modifikation (vgl. z. B. *Bommert & Plessen,* 1978), und zum anderen stellen psychotherapeutische Methoden und Strategien den schwierigsten und historisch jüngsten Teil der klinisch-psychologischen Tätigkeit dar. Es kann davon ausgegangen werden, daß eine intensive Psychotherapieausbildung eine Ausbildung in psychologischer Beratung mitenthält. Eine entsprechend breite Definition von Psychotherapie gibt *Bastine* (Kap. 2.1). Er betrachtet diese

> „als geplantes und strukturiertes Geschehen, in dem durch zielgerichtete Operationen der Psychotherapeuten konstruktive Änderungen im Erleben und Verhalten des Klienten herbeigeführt werden".

Diese Formulierung ist vom wissenschaftlichen Standpunkt des Klinischen Psychologen ausreichend und entspricht dem gegenwärtigen Stand der empirischen Forschung. Unzureichend wird sie vermutlich nur dann sein, wenn es um Psychotherapie als „Heilbehandlung" (und um kassenrechtliche Fragen entsprechend unserem Gesundheitssystem) und damit um die Einbeziehung des medizinischen Krankheitsbegriffes geht. Psychotherapie in diesem engeren Sinne ist

Heilbehandlung, d. h. Feststellung, Heilung oder Linderung von psychischer „Krankheit". In der Klinischen Psychologie wird aber der Krankheitsbegriff wegen seiner einengenden Konsequenzen (insbesondere für Verantwortlichkeit, Mitarbeit und Erwartungshaltungen des Klienten) problematisiert. Es wird statt dessen besser auch von psychischer Störung gesprochen.
In dem vorliegenden Sammelband wird dementsprechend der Begriff Heilbehandlung nicht weiter verwendet oder diskutiert. Die Einzelbeiträge dürften jedoch deutlich machen, daß ein psychotherapeutisches Vorgehen des Klinischen Psychologen diesen Bereich mitbetrifft und abdeckt. Als psychische Störungen von „Krankheitswert" könnten nach einem Vorschlag von *Tscheulin* (Kap. 2.3) vorläufig jene Verhaltens- und Erlebensweisen des Klienten angesehen werden, „die vom Therapeuten und Klienten als veränderungsbedürftig, d. h. ohne fremde sachkundige Hilfe als nicht veränderbar, und vom Therapeuten zusätzlich als veränderungsfähig beurteilt werden".

2 Anforderungen an die Ausbildung in Klinischer Psychologie

Klinische Psychologie rsp. Psychotherapie hat sich im Rahmen des Diplom-Studienganges Psychologie an fast allen Universitätsinstituten der Bundesrepublik zum meistgewählten Spezialisierungsfach entwickelt (vgl. *Groeger* et al., 1979). Die hohe Zahl der auszubildenden Psychologie-Studenten mit Studienschwerpunkt Klinische Psychologie entspricht der Tatsache, daß auf diesem Gebiet für Psychologen das größte Stellenangebot besteht. Vermutlich wird aber bereits in Kürze der Bedarf an psychologischen Fachkräften in den Arbeitsfeldern der Klinischen Psychologie wesentlich kleiner sein als das Angebot an Berufsanfängern. An den Diplom-Psychologen werden von seiten der psychosozialen Versorgungsinstitutionen – abgeleitet aus den dort zu bewältigenden Problemen – hinsichtlich Beratung und Psychotherapie höhere Qualitätsanforderungen gestellt. Und solche können auf dem Hintergrund der sich verschärfenden Arbeitsmarktlage auch deutlich formuliert werden. Eine gleichzeitige qualitative Verbesserung der Ausbildung und eine Erhöhung der Kapazität ist jedoch schwerlich zu erreichen, zumal diese Anforderungen in eine Zeit fallen, in der sich die willkürlichen und restriktiven Bestimmungen bezüglich Regelstudienzeiten und Curricularrichtwerten auf Lehre und Studium auszuwirken beginnen (vgl. die Stellungnahme der DGfP, 1977). Deutlicher als bisher tritt dadurch die Notwendigkeit eines tertiären Ausbildungsganges (Postgraduiertenstudium rsp. Weiterbildung) zu Tage. Dieser Sachverhalt findet auch seinen Niederschlag in den Vorbereitungen zu einem „Psychotherapeutengesetz" und in den Beratungen der Hochschullehrer für Klinische Psychologie (vgl. Kuratorium Fachpsychologe für Klinische Psychologie, 1976; Ständige Konferenz der Vertreter für Klinische Psychologie, 1978).

Dabei gestaltet sich die Psychotherapieausbildung sowohl in der Zeit bis zum Diplom wie in der Zeit danach wegen der an sie zu stellenden qualitativen Anforderungen besonders problematisch. Sie braucht in starkem Maße den Bezug zur Praxis, die unmittelbare Rückmeldung und die unmittelbaren Erfahrungen im Umgang mit möglichst verschiedenartigen Klientengruppen. Und sie braucht ebenso den Bezug zur wissenschaftlichen Forschung, um bei der schnellen Entwicklung der Klinischen Psychologie den Studenten in die Lage zu versetzen, Probleme in ihrer ganzen Breite (und unabhängig von tradierten Vorstellungen und Wegen) erkennen und selbständig angehen zu können. Hinweise, wie man diesen Anforderungen möglicherweise durch neuartige Modelle und Methoden der Ausbildung gerecht werden könnte, finden sich in den Arbeiten von *Fiedler* zum „Adaptiven Praxislernen" (Kap. 3.1) und von *Birtsch* zur „Problemorientierten Ausbildung" (Kap. 3.4). Weitere Ansatzpunkte bieten die Konzepte der „Verschränkung von Praxis- und Methodenlernen" (*Bastine*, Kap. 2.1) und der Anwendung verschiedener Rückmeldeverfahren (*Stauss*, Kap. 3.5).
Die dort eingeschlagenen Wege gestatten zwar, den hohen Anforderungen an die Qualität der Ausbildung besser gerecht zu werden, sie stellen aber noch keine Lösung für das Problem dar, wie man mit der großen Zahl von Ausbildungsanwärtern ebenfalls zurecht kommen kann. Aus den gleichzeitig sich stellenden Forderungen nach einer qualitativ durch starken Praxis- und Wissenschaftsbezug verbesserten und nach einer quantitativ durch hohe Lehrkapazität leistungsfähigen Ausbildung ergeben sich Spannungen, denen die Universitätsinstitute gegenwärtig ausgesetzt sind (vgl. *Irle,* 1979; und die Stellungnahme der Ständigen Konferenz für Klinische Psychologie und Psychotherapie, 1979). Möglicherweise sind diese Spannungen mit ein Grund dafür, weshalb gegenwärtig die Selektion und Beratung von Ausbildungsanwärtern nicht empirisch erforscht und kontrovers diskutiert wird.

3 Bedarf an klinisch-psychologischer Kompetenz und Spezialisierung

Auch unabhängig von der gegenwärtigen konjunkturellen und hochschulpolitischen Lage kann man sagen, daß ein großer Bedarf an Fachpsychologen für Klinische Psychologie besteht. Dies hat mehrere Gründe. Sie liegen zum einen in der kapazitätsmäßig unzureichenden psychosozialen Versorgung, in der bisher noch die klinisch-psychologische Kompetenz (insbesondere auf dem psychotherapeutischen Feld) wegen mangelnder gesetzlicher Grundlagen stark ausgeblendet ist; zum anderen liegen sie in der nicht bedarfsgerechten psychosozialen Versorgung. Eine eigentlich notwendige und wünschenswerte Versorgung weist ein regional gestreutes und sehr breit gefächertes Spektrum an Aufgaben auf, von denen viele ein fachwissenschaftlich fundiertes klinisch-psychologisches Vorgehen erfordern (vgl. *Fichter* et al., Kap. 1.2; *Sommer & Kallinke,* Kap. 1.3; und den Bericht zur Lage der Psychiatrie, 1975). Diesen Aufgaben versuchen von anderer Seite genauso medizinisch, sozialarbeiterisch und -pädagogisch ausgebildete Fachkräfte gerecht zu werden (vgl. *Dörner & Plog,* 1978). Sofern es jedoch um psychische Störungen geht, besteht vorrangig der Bedarf an klinisch-psychologischer Kompetenz, d. h. an Wissen, Fähigkeiten und Fertigkeiten zur psychologischen Modifikation psychischer Störungen und deren wissenschaftlichen Kontrolle. Diese Kompetenz muß die Bereitschaft und Fähigkeit zur Kooperation mit Fachkräften anderer Disziplinen mit einschließen und kann heute von erfahrenen Klinischen Psychologen erwartet werden.

Wir sagten oben, daß die praktischen Aufgaben des Klinischen Psychologen Diagnostik, Therapie und Prophylaxe psychischer Störungen beinhalten. Sie erstrecken sich damit von der psychologischen Beratung in Lebensfragen und Konfliktsituationen über die psychotherapeutische Intervention bei verschiedenen Störungsarten (incl. Abhängigkeitsproblemen) bis hin zur Rehabilitation bei Behinderungen oder psychischen Störungen infolge und als Begleiterscheinung somatischer Erkrankungen. Die empirische Untersuchung von *Fichter* et al. (Kap. 1.2) und die kritisch-programmatische Arbeit von *Sommer & Kallinke* (Kap. 1.3) bieten dazu eine Dokumentation und eine Diskussion des gegenwärtigen Standes der Bemühungen.

Es ist nicht daran gedacht, daß der Verschiedenartigkeit von Problemstellungen nur durch eine extreme Spezialisierung begegnet werden kann. Vielmehr sollte eine wissenschaftliche und gleichzeitig berufsvorbereitende Ausbildung in Klinischer Psychologie einer solchen Spezialisierung vorbeugen, indem sie die Grundlagen für Tätigkeiten legt, die in verschiedenen praktischen Aufgabengebieten und bei Kooperation mit anderen Berufsgruppen benötigt werden. Dies gilt besonders für die aufeinander abgestimmten Bereiche Psychodiagnostik und Therapie (vgl. *Bommert,* Kap. 2.2) und deren Differenzierung in Einzel- und Gruppenverfahren (vgl. *Bastine,* Kap. 2.1; und *Grawe,* Kap. 2.4). Mit der Arbeit von *Zielke* (Kap. 2.6) soll unterstrichen werden, daß es ebenfalls zum Aufgabengebiet des Klinischen Psychologen gehört, Laienhelfer auszubilden und bei der Durchführung psychotherapeutischer Aktivitäten anzuleiten, sowie Prozesse und Effekte ihrer Tätigkeit wissenschaftlich zu kontrollieren und auszuwerten.

Die derzeitigen Ausbildungskapazitäten der psychologischen Universitätsinstitute und die begrenzte Studienzeit erlauben es dem Studierenden bisher nicht, eine voll ausreichende Qualifikation für alle diese Bereiche zu erlangen. Die einzelnen Hochschuleinrichtungen haben hinsichtlich der Ausbildungsinhalte auch teilweise unterschiedliche Schwerpunkte gesetzt. So wird das Ausbildungsangebot heterogen, gleichzeitig zeigt sich damit jedoch, daß die Universitätsausbildung prinzipiell ihrer Aufgabe gerecht wird (vgl. *Wittchen* et al., 1979). Dennoch bleibt die Frage, der sich die Lehrenden zukünftig stellen müssen: Ist die Heterogenität aufhebbar, oder erweist sich eine anteilige Spezialisierung der einzelnen Universitätsinstitute als notwendig?

Einen Ansatz zur Lösung dieses Problems stellt die Unterscheidung von *Tscheulin* (Kap. 2.3) zwischen Therapeutischem Basisverhalten und Differentieller Psychotherapie dar. Unter funktionalem Aspekt umfaßt das Therapeutische Basisverhalten Grundeinstellungen und Grundfertigkeiten, die der Klinische Psychologe unter verschiedenen Rahmenbedingungen einsetzen kann und muß, will er erfolgreich arbeiten. Eine Ausbildung in Therapeutischem Basisverhalten sollte unabhängig von Erfordernissen der Spezialisierung vorrangig in der Universitätsausbildung betrieben werden. Eine Schwerpunktausbildung und Spezialisierung kann dagegen dort gerechtfertigt und auch notwendig sein, wo es um Fragen des unterschiedlichen Vorgehens bei verschiedenen speziellen Klientengruppen geht (Differentielle Psychotherapie). Wegen des notwendigen Praxisbezugs müssen sich Universitätsinstitute hier vermutlich zwangsläufig spezialisieren.

Eine andere Möglichkeit der Problemlösung liegt in einer intensiveren und besser institutionalisierten Zusammenarbeit der Universitätsinstitute mit Praxiseinrichtungen und in einem Ausbau der universitären Weiterbildung nach dem Diplomexamen (möglicherweise in Verbindung mit dem Erwerb des Doktor-Grades). Im vorliegenden Sammelband wird auf Aspekte der Weiterbildung wenig Bezug genommen. Die ausführliche Behandlung dieses Themas bleibt einer gesonderten Publikation vorbehalten.

4 Verhältnis von Theorie und Praxis in der Ausbildung

Die Ausbildung in Klinischer Psychologie rsp. Psychotherapie bringt für die Universitätsinstitute spezifische Probleme: Auf der einen Seite stehen die Anforderungen an die Wissenschaftlichkeit, garantiert z.B. durch den Erwerb eines wissenschaftlich fundierten Wissens über Störungsbereiche, Ätiologie, Epidemiologie, sowie über Methoden der Forschung und psychotherapeutischen Behandlung; auf der anderen Seite sind zur Ausbildung des Berufs des Klinischen Psychologen im Umgang mit Klienten bestimmte Fertigkeiten und ein lebenspraktischer und theoriebezogener Erfahrungshintergrund erforderlich. Beide Anforderungen stehen in einem Ergänzungsverhältnis, und zwar derart, daß nur ein wissenschaftlicher Kenntnis- und Methodenerwerb dem Gesamt der späteren praktischen Aufgaben gerecht zu werden vermag, und daß nur eine praxisorientierte Ausbildung die Bedingungen, Konsequenzen und Implikationen wissenschaftlich-theoretischer Fragestellungen deutlich machen kann. Die enge Verknüpfung von theoretischer Wissensvermittlung und praktischer Ausbildung stellt insbesondere für die Psychotherapieausbildung ein Problem dar, das an

den Universitätsinstituten teilweise unterschiedlich gelöst wird und in diesem Sammelband deswegen besondere Beachtung finden soll.
Verschärft werden die angesprochenen Schwierigkeiten dadurch, daß im praktischen Training die eigenen Einstellungen und Verhaltensstile des angehenden Therapeuten hinsichtlich seiner Arbeit mit dem Klienten und hinsichtlich des Umgangs mit sich selbst hinterfragt und gegebenenfalls so modifiziert werden müssen, daß sie sich als belegbar hilfreich erweisen (vgl. *Tscheulin,* Kap. 2.5, über „Lernziel Therapeutisches Selbsterleben"). Dies erfordert in den Ausbildungsgruppen eine persönliche Offenheit und ein gegenseitiges Vertrauen, wie sie in der sonstigen intellektuellen und theoretisch-wissenschaftlichen Ausbildung selten anzutreffen sind.
Die Frage stellt sich, ob Modelle gefunden werden können, die das Ergänzungsverhältnis von theoretischer und praktischer Ausbildung gewährleisten. Mit den Arbeiten von *Fiedler* (Kap. 3.1), *Tscheulin* (Kap. 3.3) und *Birtsch* (Kap. 3.4 und 4.1) werden solche unterschiedlichen Lösungsmöglichkeiten beschrieben und ihre bisherige Erprobung dargestellt. Zwei Beispiele für die empirische Forschung auf diesem Gebiet stellen die Artikel von *Seidenstücker* (Kap. 4.2) und von *Birtsch* (Kap. 4.3) dar.
Methoden und Schwierigkeiten der Evaluationsforschung werden von *Birtsch* im Kapitel 4.1 diskutiert. Dabei fällt auf und erscheint eigentlich unverständlich, wie wenig bisher im deutschsprachigen Raum die Universitätsausbildung sich der empirischen Überprüfung unterzogen und der Evaluation gestellt hat.

5 Integration verschiedener psychotherapeutischer Richtungen

Die Ausbildung in Klinischer Psychologie erfolgte bisher hauptsächlich schulorientiert als psychoanalytische, verhaltenstherapeutische oder gesprächspsychotherapeutische Form der psychologischen Modifikation psychischer Störungen. Auch darin dokumentiert sich die bisher zentrale Stellung der Psychotherapieausbildung im Rahmen der Klinischen Psychologie.
Den vielfältigen praktischen Problemen des Gesamtfeldes der klinisch-psychologischen Versorgung der Bevölkerung ist jedoch eine Orientierung an einer psychotherapeutischen Schulmethode in ‚reiner' Form selten angemessen. Bisher waren Praktiker darauf angewiesen, unkontrolliert eklektisch vorzugehen. Wir fragen, ob es nicht möglich ist, ein weniger einseitiges Repertoire an Einstellungen, Verhaltensweisen und Strategien für die Praxis zu erwerben. Das heißt: Wie kann gewährleistet werden, daß Klinische Psychologen sich nicht selektiv die Probleme vornehmen, auf die erlernte schulgebundene Techniken anwendbar sind?
Damit ist explizit das Anliegen formuliert, das allen Einzelartikeln dieses Sam-

melbandes gemeinsam ist: Die Klinischen Psychologen sollten fähig sein, die Probleme in ihrer ganzen Breite und Tiefe angemessen zu bearbeiten, d. h. problemorientiert vorzugehen. Die Entwicklung psychotherapeutischer Methoden hat inzwischen Ansätze zur Integration in Richtung auf eine stärkere Problemorientierung und einen präskriptiven Eklektizismus (vgl. *Birtsch*, Kap. 3.4) gebracht.

Es ist zu hoffen, daß diese neuen Ansätze das Bild der Klinischen Psychologie ändern werden und damit auch die bisherigen Formen der Ausbildung.

Literatur

Bericht über die Lage der Psychiatrie in der BRD. Zur psychiatrischen und psychotherapeutischen/psychosomatischen Versorgung der Bevölkerung. Bundesdrucksache 7/4200, 1975.

Bommert, H./Plessen, U.: Psychologische Erziehungsberatung. Stuttgart: Kohlhammer, 1978.

Dörner, K./Plog, U.: Irren ist menschlich oder Lehrbuch der Psychiatrie/Psychotherapie. Wunstorf: Psychiatrie-Verlag, 1978.

Groeger, W. M./Wittchen, H.-U./Dvorak, A./Fichter, M.: Zur klinisch-psychologischen Schwerpunktbildung im Rahmen des Diplomstudiengangs „Psychologie“. Eine empirische Analyse, Teil 1. Psychol. Rdsch., 1979 *30* (3), 180–197.

Irle, M.: Zur Lage der Psychologie. Psychol. Rdsch., 1979, *30* (1), 1–18.

Keupp, H./Zaumseil, M.: Die gesellschaftliche Organisation psychischen Leidens. Frankfurt/M.: Suhrkamp, 1978.

Kuratorium Fachpsychologe für Klinische Psychologie (Hrsg.): Rahmenplan für die Weiterbildung zum Fachpsychologen für Klinische Psychologie. Psychol. Rdsch., 1977, *28* (3), 241–246.

Pongratz, L. J.: Lehrbuch der Klinischen Psychologie. Göttingen: Hogrefe, 1973.

Ständige Konferenz der Vertreter für Klinische Psychologie und Psychotherapie an Hochschuleinrichtungen für Psychologie (Hrsg.): Ausbildungsinhalte in Klinischer Psychologie und Psychotherapie im Diplom-Studiengang Psychologie an den Psychologischen Instituten der Bundesrepublik Deutschland und West-Berlins. Psychol. Rdsch., 1978, *29* (2), 169–171.

Stellungnahme der Deutschen Gesellschaft für Psychologie e. V. zur „Verordnung über die Grundsätze für eine einheitliche Kapazitätsermittlung und -festsetzung zur Vergabe von Studienplätzen (Kapazitätsverordnung – KapVO)“ vom Dezember 1976. Psychol. Rdsch., 1977, *28* (3), 228–232.

Stellungnahme der Ständigen Konferenz der Vertreter für Klinische Psychologie und Psychotherapie zu den Ausführungen von Professor Irle über Klinische Psychologie. 1979 (im Druck).

Wittchen, H.-U./Groeger, W./Dvorak, A./Fichter, M.: Zur klinisch-psychologischen Schwerpunktausbildung im Rahmen des Diplomstudienganges „Psychologie“. Eine empirische Analyse, Teil 2. Psychol. Rdsch., 1979, *30* (4), 286–306.

1 Zum Berufsfeld der Klinischen Psychologie

Ludwig J. Pongratz

Die historische Entwicklung des Berufsfeldes Klinische Psychologie

Zusammenfassung

Es wird die historische Entwicklung von vier Berufsfeldern der Klinischen Psychologie aufgezeigt: 1. Psychologie in der Klinik, 2. Erziehungsberatung und Kinderbehandlung, 3. Psychagogik und Psychotherapie und 4. Prävention.
Ausgehend von den Bemühungen *Kraepelins* und *Binets* wird die Entstehung des Berufsfeldes „Psychologie in der Klinik" mit den Schwerpunkten Psychodiagnostik, Pharmakopsychologie und Psychologie am Krankenbett dargestellt. Klinische Psychologie ist aber nicht an das Tätigkeitsfeld der Klinik gebunden, sondern vielmehr von seinen vielfältigen Aufgabengebieten her bestimmt, die auch außerhalb der Klinik liegen können.
Die Erschließung des Berufsfeldes „Erziehungsberatung und Kinderbehandlung" wird durch die bahnbrechenden Initiativen von *Witmer* (in den USA) und von *Adler* (in Deutschland) beschrieben.
Es wird gezeigt, wie sich das Berufsfeld „Psychagogik und Psychotherapie" aus der Erziehungsberatung und vor allem aus verschiedenen Formen der Psychagogik heraus entwickelt und schließlich durch die genuin psychologischen Therapieformen der klientzentrierten und der lerntheoretisch-orientierten Therapien (Gesprächspsychotherapie und Verhaltenstherapie) an Breite und an Durchschlagskraft gewinnt.
Der geschichtliche Einstieg in das Berufsfeld der „Prävention" wird von dem Begriff der Diätetik und den Ideen der romantischen Ärzte (z.B. *Feuchtersleben*) her aufgezeigt und in der Geschichte der Mental-Health-Bewegung bis zur heutigen Gemeindepsychologie weiterverfolgt.

1 Vorbemerkung

Klinisch-psychologische Tätigkeit wurde zu allen Zeiten ausgeübt, nicht professionell, sondern eingebunden in andere Berufe, vor allem in die des Arztes und des Seelsorgers. Es wäre interessant und lohnend, diesen frühen Vorgestalten in einer differenzierten historischen Forschung nachzugehen. Ich lasse meine Darstellung aber in der Hauptsache erst nach der Begründung der Psychologie als Wissenschaft und mit den ersten Versuchen beginnen, die Ergebnisse dieser wissenschaftlichen Psychologie auf Probleme anzuwenden, die wir heute unter dem Begriff „Klinische Psychologie" kennzeichnen. Von diesem zeitgeschichtlichen Ausgangspunkt aus ist zu erkennen, daß die Anfänge der wichtigsten Berufsfelder der Klinischen Psychologie etwa in die Zeit zwischen 1890 und 1910 fallen –

in eine Periode lebhafter Entwicklung der wissenschaftlichen Psychologie.
Fünf Berufsfelder tauchen in dieser Zeit auf: 1. Psychologie in der Klinik mit dem Schwerpunkt Psychodiagnostik, 2. Erziehungsberatung und Kinderbehandlung, 3. Psychagogik und Psychotherapie, 4. Prävention und 5. Lehre und Forschung in diesen Teilbereichen. Auf das Berufsfeld „Lehre und Forschung", das vorwiegend von den Hochschullehrern bearbeitet wird, gehe ich nicht ausdrücklich ein. Es ist unter dem Titel „Universitätsausbildung in Klinischer Psychologie" das durchgehende Thema.

2 Psychologie in der Klinik

Der Psychologie die Tore der Psychiatrischen Klinik geöffnet zu haben, ist das Verdienst von Emil *Kraepelin* (1856 – 1926). Er richtete ein psychologisches Labor ein, in dem fortgeschrittene Studenten der Medizin mitarbeiteten. Was wurde dort getan? Abraham A. *Roback* berichtet darüber in seiner „Weltgeschichte der Psychologie und Psychiatrie" (1961, d. 1970): „Es wurden Untersuchungen angestellt über Schlaftiefe, Muskelkraft, über Gefühle wie Erwartung, Erstaunen und Enttäuschung.
Aschaffenburgs bekannte Assoziationsexperimente, die *Jung* später bei psychoneurotischen Fällen anwandte, wurden in *Kraepelins* Labor durchgeführt: Hier arbeitete auch der englische Psychologe *Rivers* über Ermüdung und Erholung. *Kraepelin* untersuchte als erster den Wert von Arbeitspausen sowie die Wirkung von Tee, Alkohol, Bromiden, Formaldehyden und Äther auf geistige Prozesse" (a.a.O. 245f.).
All diese Arbeiten hatten das gemeinsame Ziel, die Ergebnisse der experimentellen Psychologie für psychiatrische Probleme nutzbar zu machen. *Kraepelin* hatte einen großen Ehrgeiz, die Psychiatrie auf eine Psychologie der Messung, statt auf eine Psychologie „am grünen Tisch" zu stellen (1896, 91). Da er von dem Satz ausging, wer die Krankheiten gut erkenne, werde sie auch zu heilen verstehen, lag ihm die Psychodiagnostik am Herzen. Eine Reihe psychodiagnostischer Verfahren wurde in seiner Klinik zum Teil neu entwickelt, zum Teil weitergeführt, zum Teil übernommen. Am bekanntesten ist der Arbeitsversuch, von dem *Kraepelin* so viel hielt, daß er mit dem Nobelpreis liebäugelte. Ferner wurden angewandt: Messung der Reaktionszeit, Buchstabenzählen, Ergographie, Schriftwaage, Assoziationsversuch.
Ein weiteres klinisch-psychologisch bedeutsames Arbeitsgebiet *Kraepelins* war die Pharmakopsychologie. Über diese Untersuchungen hatte er schon 1892 in seiner dem Altmeister *Wundt* vorgelegten Schrift „Über die Beeinflussung einfacher psychischer Vorgänge durch einige Arzneimittel" referiert. Er verglich die Wirkung von Ermüdung, Alkohol, Drogen mit einer „künstlichen Geistesstö-

rung". Die verschiedenen von ihm untersuchten Wirkstoffe wurden oben schon aufgezählt. *Kraepelin* gebührt der Titel des Begründers der Pharmakopsychologie. Diese ist ein Teilgebiet der Physiologischen, der Differentiellen, aber auch der Klinischen Psychologie, sofern sie der Pharmakotherapie den Weg bereitet. Der Einfluß von Pharmaka auf die sensorischen und motorischen Leistungen, auf das Denken, das Lernen, die Aufmerksamkeit, die individuell variierende Wirkung von Sedativa und Stimulantien, von Neuroleptica und Thymoleptica u.a., die Feststellung von Nebenerscheinungen sind einige wichtige Aufgaben des Pharmakopsychologen. Er arbeitet heute in der pharmazeutischen Industrie oder – meist in deren Auftrag – in wissenschaftlichen Institutionen. Die Pharmakotherapie ist ein Gebiet, das die Aufmerksamkeit der Klinischen Psychologie immer stärker verdient; sie ist zwar vorwiegend ein Reservat des medizinisch vorgebildeten Therapeuten, hat aber psychologische Aspekte, die nicht übersehen werden dürfen (vgl. *Debus* und *Janke,* in: Handbuch der Klinischen Psychologie, Bd. 8/2 des Handbuches der Psychologie, 1978, 2161 ff.).
Die von *Kraepelin* in die psychiatrische Klinik eingelassene Psychologie hat sich dieses Tätigkeitsfeld mehr und mehr erobert. Dies ist umso beachtlicher, als dem Psychologen seitens der Medizin nicht geringe Vorurteile entgegengebracht wurden und werden. Heute gibt es kaum eine psychiatrische Klinik, in der nicht mehrere Psychologen arbeiten. Ähnlich ist die Lage in den Kinderkliniken. Eigenartigerweise ist die Innere Medizin, deren Krankheitsbilder zum großen Teil psychosozial bedingt sind, zurückhaltend. Dabei war die „Psychologie am Krankenbett" schon 1949 von Willy *Hellpach* (1877 – 1955), dem Verfasser des ersten Buches mit dem Titel „Klinische Psychologie", als die einzige Aufgabe dieses Fachgebietes bestimmt worden. *Hellpach* freilich war noch von der alten Vorstellung geleitet, die Psychologie habe es nur mit dem normalen Seelenleben zu tun. Nach heutiger Auffassung beachtet die „Psychologie am Krankenbett" neben den psychischen und sozialen Bedingungen des Krankseins auch die Reaktionen auf diesen Zustand und den Aufenthalt in der Klinik. Schon die Anpassung an das Krankenhausmilieu, die Entfernung aus der gewohnten Umgebung, der weitgehende Verzicht auf den vertrauten Kontakt mit den Familienangehörigen und Freunden kann den Kranken erheblich frustieren und den Heilungsprozeß verzögern. Ein fruchtbares Feld für psychologische Beratung, aber auch für die klinisch-psychologische Forschung sind die sogenannten unheilbaren Krankheiten, allen voran das Schreckgespenst des Carcinoms, das die Kranken mit dem Todesengel gleichsetzen. Anne *Anastasi* ist der Meinung, selbst bei solchen Fällen könne eine psychologische Beratung sehr zum Wohlbefinden des Patienten beitragen. Dazu seien aber mehr Informationen über die Einstellungen des Menschen zum Tode nötig, „als uns heute verfügbar sind" (1976, 667). Ein in medizinischen Kliniken tätiger Psychologe kann sich nicht mit einer Psychologie des Lebens begnügen, auch die Psychologie des Todes muß ihm vertraut sein, der sich das Forschungsinteresse derzeit zögernd, aber zusehends nähert.

Die Klinik als Berufsfeld des Psychologen ist für manche Autoren das Kriterium für die Bezeichnung „Klinische Psychologie“. Horst *Meyerhoff* will in seinem „Leitfaden der Klinischen Psychologie“ (1959) zeigen, was die psychologische Wissenschaft der Klinik zu bieten hat, d. h. wie und wo der Psychologe mit der Ausrüstung, die ihm sein psychologisches Fachstudium gibt, die klinische Arbeit bereichern, erweitern und vertiefen kann. Für ein solches Unternehmen aber, und ausschließlich für dieses, sollte nach *Meyerhoff* der Begriff „Klinische Psychologie“ vorbehalten bleiben (a.a.O., 15). In diesem Sinne hatte sich 1954 auch Erich *Stern* in seinem Handbuch der Klinischen Psychologie geäußert.
Wir betrachten heute die Psychologie in der Klinik als eines der wichtigsten Berufsfelder des Psychologen, setzen sie aber nicht mit Klinischer Psychologie gleich. Das Adjektiv „klinisch“ bedeutet nach internationalem Konsens Diagnostik und Therapie gestörten Erlebens und Verhaltens. Das heißt, Klinische Psychologie wird von ihren Aufgaben her definiert, nicht durch den Ort, an dem diese erfüllt werden.
In der weiteren Entwicklung verlagerte sich die Tätigkeit des Psychologen in der Klinik immer mehr auf die Psychodiagnostik. Das hing hauptsächlich mit dem Fortschritt in diesem Fach zusammen. Wir können uns heute schwer vorstellen, welche Bedeutung dem von dem französischen Experimentalpsychologen Alfred *Binet* (1857 – 1911) im Verein mit dem Arzt Th. *Simon* entwickelten Intelligenztest (1905, 1908) seinerzeit beigemessen wurde. Es war nun möglich, an die Stelle subjektiver Urteile über Schwachsinn, von denen die Einweisung von Kindern in Sonderschulen abhing, wissenschaftliche Methoden zu setzen. Zum erstenmal konnten Gradunterschiede der Intelligenz im Verhältnis zum Lebensalter gemessen werden. Dieser Test ist ein Markstein in der Geschichte der Psychodiagnostik. Von da an begann die differenzierte Entwicklung und starke Verbreitung der psychologischen Tests. Es ist den medizinischen Institutionen hoch anzurechnen, daß sie den Wert der psychologischen Prüfmittel für die Lösung der eigenen Diagnose-Probleme erkannt haben. Dem Psychologen wurde dadurch in Fragen der Diagnostik Fachkompetenz bescheinigt.

3 Erziehungsberatung und Kinderbehandlung

Kraepelin kannte die Bezeichnung Klinische Psychologie noch nicht. Aber er darf als ihr Vater gelten. Lightner *Witmer* (1867 – 1956) ist ihr Begründer. Er war wie jener ein Schüler *Wundts.* Auch für ihn war Klinische Psychologie gleich Psychologie in der Klinik, freilich in einem ganz anderen Sinne. Er war J. McKeen *Cattells* Assistent und späterer Nachfolger an der Pennsylvania University. Dies ist bemerkenswert, weil *Cattell* an der Psychodiagnostik sehr interessiert war (Mental Tests, 1890), und weil er schon früh (1893) auf die Therapie hingewiesen hat. Er schreibt: „Psychologische Methoden dienen nicht nur der Diagnose, sondern auch der Heilung vieler Störungen" (1893, 77).

Witmer errichtete 1907 an der Pennsylvania University eine „Orthogenic School", ein Heim für schwierige Kinder, die vor allem von Schulen geschickt wurden, weil sie ein gestörtes Lern- oder Sozialverhalten zeigten. *Witmer* hatte schon vorher Erziehungsberatung und Kinderbehandlungen durchgeführt. Sein erster Fall war zugleich „der erste Fall in der Geschichte der Klinischen Psychologie Amerikas". Er wurde 1896 behandelt: Er war ein „chronic bad speller", den wir heute wohl als Legastheniker bezeichnen würden. *Witmer* erkannte aber, daß das Kind eine visuelle Störung hatte, schickte es zum Augenarzt, betreute es psychologisch und brachte es dadurch zu besseren Leistungen.

Seine Diagnostik beschränkte sich nicht auf psychologische Verfahren, sondern schloß auch medizinische Untersuchungen ein; denn er wollte wissen, ob eine Störung zerebral- oder erziehungsbedingt sei. Den diagnostischen Befund wertete er als eine Interpretation von Beobachtungsdaten, nicht als ein objektives Ergebnis.

Die Behandlung der Kinder basierte auf heilpädagogischen Grundsätzen. Der Pädagoge E. *Seguin* (1812–1880), der sich um die Erziehung von retardierten Kindern verdient gemacht hatte, war *Witmers* Leitbild. Diese Anleihe bei der Pädagogik sollte uns nicht verwundern. Psychischen Störungen gegenüber war man vor *Freud* ziemlich hilflos, die Psychiatrie ebenso wie die Psychologie. Außerdem ist eine gute Erziehung auch eine Therapie.

Schon im Sommer 1897 führte *Witmer* die ersten Ausbildungskurse durch, in denen er seine „klinische Methode" demonstrierte. Er stellte Fälle vor und führte in seine Technik der Diagnostik und Behandlung ein. Als Ziel dieser Ausbildung schwebte ihm der Fachpsychologe („psychological expert") vor, den die moderne Psychologie erst ca. 70 Jahre später in Gestalt des „Fachpsychologen für Klinische Psychologie" anvisiert hat. *Witmer* war noch in manch anderer Hinsicht unseren gegenwärtigen Bestrebungen voraus. Ein Zitat, in dem er selbst die Lehrgänge in seiner Orthogenic School schildert, belegt dies: „Die Kinder werden in Gegenwart der Studenten, die den Kurs besuchen, untersucht. Ziel des Kurses war es, die verschiedenen psychischen und physischen Mängel der Kinder dieser Schule durch Anschauung kennenzulernen, die Ursachen zu erörtern, das Wesen der daraus folgenden Retardation herauszufinden und eine entsprechende Behandlung vorzuschlagen. Dieser Kurs diente auch dazu, die Studenten mit den Methoden der Untersuchung bekanntzumachen. Täglich fanden Visiten durch Prof. *Witmer* und seine Assistenten oder durch Fachärzte für Augen, Hals, Nasen, Ohren, Neurologie, Orthopädie und Innere Medizin statt." Hospitieren in benachbarten Heimen, in Einrichtungen für schwachsinnige, blinde, taube Kinder, gehörte zum Trainingsprogramm (1909, 35).

In den USA verbreiteten sich Kliniken nach *Witmers* Vorbild mit der Zeit über viele Universitäten und andere Institutionen. Sie trieben in unserer Terminologie

hauptsächlich Erziehungsberatung, oft verbunden mit Berufsberatung. Damit war für den Psychologen ein weites und fruchtbares Berufsfeld erschlossen.
Im deutschen Sprachbereich nahm die Erziehungsberatung freilich nicht von den aus der akademischen Psychologie erwachsenen Ideen *Witmers* ihren Ausgang, sondern von der Tiefenpsychologie. Im Jahre 1919 richtete Alfred *Adler* (1870–1937) in Wien die erste Erziehungsberatungsstelle ein. In Deutschland ist die erste Einrichtung dieser Art mit dem Namen des *Adler*-Schülers Leonhard *Seif* und mit München verbunden: 1922.
Heute sind Erziehungsberatungsstellen teils von Behörden, teils von karitativen Verbänden getragene Einrichtungen; sie werden mit wenigen Ausnahmen von Diplom-Psychologen geleitet.
Im Zuge der Entwicklung der Psychologie von der Psychodiagnostik zur Therapie haben sich die neuaufkommenden Schulen der Gesprächspsychotherapie und der Verhaltenstherapie sehr bald auch der Behandlung von Kindern und Jugendlichen zugewandt. Ich verweise auf die einschlägigen Beiträge von *Goetze* und *Jaede,* von *Schmidtchen* und *Baumhauer* im Handbuch der Klinischen Psychologie 8/2 (1978, 2429ff.), um nur einige neuere Beiträge zu diesem Berufsfeld des Psychologen zu erwähnen.

4 Von der Psychagogik zur Psychotherapie

Am Übergang zum Berufsfeld „Psychotherapie" steht neben der Kinderbehandlung die Psychagogik. Das Schicksal der Psychagogik ist ein typisches Stück der Berufsgeschichte des Psychologen.
Der Begriff Psychagogik wurde 1912 von dem Berliner Arzt H. *Kahane* im Sinne einer „ärztlichen Erziehungslehre" in die Medizinische Psychologie eingeführt. Um diese Zeit tauchte in der Psychoanalyse der Begriff „anagogisch" auf, der eine ähnliche Bedeutung hat. Die Freudschüler S. *Ferenczi,* O. *Pfister,* H. *Silberer* hielten die reine Spiegelhaltung für ergänzungsbedürftig. Mindestens im zweiten Teil der Behandlung, wenn es darum gehe, Einsichten ins Leben zu übersetzen, sei eine aktive, erzieherische Haltung indiziert, welche die „höheren" psychischen Kräfte ansprechen solle.
In seiner „Medizinischen Psychologie" (1. Auflage 1922, 12. Auflage 1963, S. 234) gebraucht Ernst *Kretschmer* den Ausdruck Psychagogik für eine Gruppe psychiatrischer Behandlungsmethoden: „für alles, was in das Kapitel: der Arzt als Erzieher gehört". Neben Entspannungstraining, Konzentrationsübung, fraktionierter Hypnoseübung, Persuation, stehen die „Disziplinierung" durch Dunkelzimmerbehandlung (bei Hyperkinesen), durch Isolierung in der Einzelzelle mit unzerreißbarer Ausstattung (bei „moralisch Minderwertigen, Aggressiven, Zerstörungswütigen"), aus der die dahin Beorteten erst wieder entlassen wer-

den, wenn sie „ruhig und anständig" sind. Bei nur eingebildeten Beschwerden hält der berühmte Psychiater ein militärisches Exerzieren („Übungstherapie") „unter straffen Kommando" für die Methode der Wahl. Solche Härte mag den Psychotherapeuten schockieren, der eher zur Verwöhnung des Patienten neigt. Psychagogik als Teil der Psychoanalyse und als Teil der Psychiatrie – der nächste Schritt wird von Arthur *Kronfeld* 1927 gemacht: Psychagogik als die eigentliche Psychotherapie. „Sämtliche sonstigen in der Psychotherapie ausgebildeten Verfahrensweisen und Methoden treten in den Dienst der Psychagogik, der ärztlichen Menschenführung des Leidenden" (*Kronfeld,* 1927, 369).

Eine Gegenposition nimmt Wilhelm *Neutra,* ein Schweizer Psychiater, in seinem Buch „Rationalpsychagogik" (1935) ein. Ihm geht es um „die Inthronisation der praktischen Vernunft mit ihren Attributen der nüchternen Kritik und individuell förderlicher Handlungsimpulsgebung" (1935, 16f.). Belehrung und Übung sind die wichtigsten Mittel rationalpsychagogischer Behandlung.

Allen bisher genannten Versionen von Psychagogik ist der pädagogische Grundzug gemeinsam. Diesen legt die Psychagogik bei ihrem Eintritt in die Psychologie ab. 1942 wird das Fach „Tiefenpsychologie und Psychagogik" in die Diplomprüfungsordnung aufgenommen. Dort wird von der Psychagogik gesagt, sie stehe „im Dienste der seelischen Hygiene, der Erziehungs- und Lebensberatung". Man kann nicht sagen, daß sich die Psychologie um diese psychagogischen Aufgaben sonderlich gekümmert hätte. So ist es auch nicht erstaunlich, daß 1951 die Bezeichnung Psychagogik von den an den psychotherapeutischen Instituten ausgebildeten Heilpädagogen übernommen wurde. Das geschah ohne Widerspruch seitens der Universitäten. Ich behaupte sogar, sie haben den Vorgang gar nicht bemerkt. Allerdings verstand der neu gegründete Verband der Psychagogen unter diesem Namen die Therapie von Kindern und Jugendlichen. Ein Psychologe dieser Art muß einen pädagogischen Grundberuf nachweisen und die entsprechende Ausbildung an einem psychotherapeutischen Institut absolvieren. Das Fach „Tiefenpsychologie und Psychagogik" blieb bis in die jüngste Zeit herein unberührt in der Prüfungsordnung für Psychologen stehen.

Trotz ihres bescheidenen Dahinlebens in der Psychologie machte die Psychagogik Schwierigkeiten. Die mit ihr verbundene Beratungstätigkeit löste die Frage der Abgrenzung der Beratung von der Behandlung aus, führte sogar zu einer Kontroverse. Ich erinnere mich noch gut an den Kongreß der Deutschen Gesellschaft für Tiefenpsychologie und Psychotherapie im Jahre 1954 über das Thema „Beratung und Behandlung". Es wurde bestritten, daß man beraten könne, ohne auch an das Unbewußte zu rühren. Da dem so sei, müsse die Beratungsarbeit von „Schulpsychologen" in Frage gestellt werden. Beratung sei immer schon ein Stück Behandlung und mindestens so schwierig wie diese.

Ich erwähne diese Auseinandersetzung, weil sie das verbreitete Vorurteil gegen den Nur-Psychologen seitens der Psychotherapie eindrucksvoll demonstriert. Es ist heute nicht ganz ausgeräumt und kommt uns meist unausgesprochen in die Quere, wenn z.B., wie gegenwärtig, die Zulassung zum Heilberuf zur Diskussion steht. Es betrifft aber nicht solche Psychologen, die sich einer Ausbildung an einem psychotherapeutischen Institut (heute meist einer „Akademie für ...“) unterziehen. Diese Institute haben schon immer neben Kandidaten mit medizinischer auch solche mit psychologischer Vorbildung aufgenommen. Die Psychologen dürfen sich nach Abschluß der mindestens sechs-semestrigen Ausbildung „Behandelnder Psychologe“ nennen. Die psychotherapeutischen Institute vertreten die tiefenpsychologischen Schulen unterschiedlich, z.B. nur *Freud,* nur *Jung, Freud* und *Jung, Freud, Jung* und *Schultz-Hencke.* Die Individualpsychologie hat heute eigene Institute errichtet, ihre Vertreter haben sich in eigenen Gesellschaften auf nationalem und internationalem Niveau zusammengeschlossen. Sie bilden Psychotherapeuten und individualpsychologische Berater aus.

Breiter wurde das Berufsfeld „Therapie“ durch die aus der wissenschaftlichen Psychologie selbst hervorgegangenen Therapieformen: Gesprächspsychotherapie und Verhaltenstherapie. Jede der beiden Richtungen nahm Front gegen die tiefenpsychologische Therapie, insbesondere gegen die Psychoanalyse. Sie setzten viel daran, das Monopol der Psychoanalyse auf dem Sektor der Psychotherapie zu brechen, vor allem durch den Nachweis, die neuen Methoden seien erfolgreicher und ökonomischer dazu. Erfolgsvergleiche wurden durchgeführt und wie Trümpfe ausgespielt. Ich kann hier auf das komplexe Problem der vergleichenden Erfolgs- und Verlaufsforschung nicht eingehen; nur so viel sei angemerkt: Eine lineare Abhängigkeit des Therapieerfolges von den jeweiligen Behandlungsmethoden ist ein Laborphantom und ein statistisches Artefakt. Heilung, Besserung oder auch Verschlimmerung neurotischer und anderer Leiden sind multifaktoriell bedingt und im letzten schwer zu objektivieren.

Die erste Therapieform psychologischer Provenienz war die nondirective, später client-centered Therapie. Im deutschen Sprachraum hat sich nach dem Vorschlag von R. *Tausch* der Name „Gesprächspsychotherapie“ eingebürgert. Ihr Gründungsjahr ist 1942, in dem Carl *Rogers* (geb. 1902) unter dem Titel „Counseling and Psychotherapy“ sein therapeutisches Konzept veröffentlicht hat. Die *Rogers*sche Therapie hat dem Psychologen das Berufsfeld der Psychotherapie leichter und angemessener zugänglich gemacht als die tiefenpsychologische Therapie: Leichter, weil die Ausbildungszeit mindetens zu Anfang recht kurz war, zu kurz, wie die Vertreter der Psychoanalyse notieren, um eine Legitimation zur Durchführung von Therapien zu begründen; „angemessener“, weil die client-centered Therapie dem aus seinem Studium erwachsenen Bedürfnis des Psychologen entgegenkam, das Erleben und Verhalten so weit wie möglich zu objektivieren. Es ist das ganz große Verdienst von *Rogers,* die Vorgänge im Sprechzimmer mittels des Tonbandes der wissenschaftlichen Forschung zugänglich gemacht zu haben. Er hat damit die wissenschaftliche Forschung in der Psychotherapie etabliert. In diesem Zusammenhang ist für den deutschsprachigen Bereich die Pionierleistung von Reinhard *Tausch* hervorzuheben. Er hat durch sein 1960 erschienenes Buch „Das psychotherapeutische Gespräch" diese Therapieform bei uns eingeführt, Forschungen durchgeführt, Entwicklungen mitvollzogen, einen Kreis von Schülern ausgebildet, und so der *Rogers*-Therapie einen Platz in der deutschen Psychotherapie gesichert. Für die Ausbildung in Klinischer Psychologie scheint mir wichtig, daß die Therapeutenvariablen der akzeptierenden Zuwendung, der Selbstkongruenz und des verbalisierten Verstehens dem Studierenden eine menschliche Grundhaltung vermitteln, die sich mit Besserwisserei und Machtausübung nicht verträgt.

Eine bedeutende Vergrößerung des therapeutischen Terrains hat dann die Verhaltenstherapie gebracht. Als wissenschaftliche Grundlagen anerkannte sie die Experimentalpsychologie und die Lernforschung, insbesondere die Konditionierungsmethoden. Neurosen und andere Störungen lassen sich gemäß diesem Ansatz experimentell erzeugen und beheben. Iwan P. *Pawlow* (1849–1936) hatte die tierexperimentelle Neurosenforschung eingeleitet. John B. *Watson* (1878–1958) und R. *Rayner* hatten an dem Fall „Albert" erstmals gezielt eine Phobie beim Menschen erzeugt (1920). M. C. *Jones* konnte am Fall Peter zeigen, mit welchen Mitteln sich eine Phobie wieder dekonditionieren läßt (1924).

Erst 1958 aber wird von J. *Wolpe* und H. J. *Eysenck* die Behavior Therapy etabliert. Die deutsche Psychologie wurde mit der neuen Therapieform durch *Eysenck* und J. C. *Brengelmann* in den 60er Jahren bekannt gemacht und griff sie sofort mit Eifer und Enthusiasmus auf. Eine Therapie more experimentali war eine Faszination. Die Voraussetzungen für ihre Anwendung brachten die Psychologen durch ihre Ausbildung mit. Das Standbild *Freuds* wurde umgestürzt und damit, wie man prophezeite, die Herrschaft von „Mythos und Glaube" in der Psychotherapie beendet. Manche meinten, in der Verhaltenstherapie den Stein der Weisen gefunden zu haben, die Panazee, das Allheilmittel. In der Arena der therapeutischen Praxis freilich wurden bald die Grenzen sichtbar. Die Verhaltenstherapie ließ sich dadurch jedoch nicht abschrecken. Sie vertiefte und erweiterte ihr theoretisches Fundament, entwickelte immer neue Techniken der Verhaltensmodifikation. Ein besonderes Verdienst bei diesem Aufbau kommt F. H. *Kanfer* zu, der auch zur Verbreitung der Verhaltenstherapie in unserem Raum wesentlich beigetragen hat. Sein nunmehr auch in deutscher Übersetzung zugängliches Buch „Learning Foundations of Behavior Therapy" (1970, dt. 1975) gilt als Standardwerk der Verhaltenstherapie.

Für einen epochalen Fortschritt der Verhaltenstherapie halte ich die Aufnahme der Selbstkontrolle in das Inventar der Behandlungstechniken. Sie war durch die sogenannte „kognitive Wende" in der Psychologie vorbereitet. Menschliches Verhalten wurde nicht nur als eine Reaktion auf Umweltreize gesehen, sondern auch als eine Funktion zentraler Prozesse im System Persönlichkeit. Diese Vorgänge zu erhellen und damit im Fall einer Störung auch das Verhalten zu verändern, betrachtet die Selbstkontrolle als ihre Aufgabe. Voraussetzung ist eine genaue Selbstbeobachtung, die sich auf die auslösenden Situationen, Personen, Objekte, auf die Einzelheiten des problematischen Verhaltens selbst und auf die Konsequenzen bezieht. Aber auch dem Verhalten zugrundeliegende Weltanschauungen und selbstgemachte Philosophismen sind zu beachten. Dieser „Gang in die Höhle des Löwen“, wie *Kanfer* sagt, führt notwendig zu einem Ich, das dem psychoanalytischen sehr ähnlich ist. Die Selbstkontrolle ist aber kein einseitig kognitiver Akt, sie hat viel mit Willenskraft und Willensbildung zu tun. Ich brauche hier nicht auf die verschiedenen Selbstkontroll-Techniken einzugehen, möchte aber die zwei eben genannten Begriffe der Selbstbeobachtung und des Willens unter historischem Aspekt betrachten.

Der Behaviorismus war mit einer scharfen Kampfansage an die Bewußtseinspsychologie der Ära *Wundt* und an die Introspektion angetreten; sie sollten neben anderen Begriffen aus der neuen Psychologie verbannt werden. Dieses Verdikt hatte freilich schon der frühe Behaviorismus nicht durchhalten können; es wurde im Laufe der Entwicklung immer stärker aufgeweicht, bis man schließlich von einem subjektiven Behaviorismus sprechen konnte (vgl. *Pongratz* 1967, 342ff.). Dieser war aber nicht so weit gegangen wie die Verhaltenstherapie mit ihren Selbstbeobachtungs-Techniken. Sie bringt mit einem Mal die so verpönte Introspektion wieder zu Ehren. Ein psychologiegeschichtlich höchst bemerkenswerter „Rückschritt“, der *Nietzsches* Prinzip von der Wiederkehr des Gleichen zu bestätigen scheint. Wenn ich eben von Rückschritt sprach, so meine ich zugleich Fortschritt; denn die Verhaltenstherapie hat es vermocht, zugunsten der Verhaltensmodifikation heilige Kühe zu schlachten.

Ähnliches ließe sich von dem in der Selbstkontrolle doch sehr deutlichen Appell an den Willen sagen. Er hat die längste Tradition als zentrales Mittel der Askese, der Selbstbildung, der Selbsterziehung, des „geistlichen Lebens“, der „Vollkommenheit“ in allen großen Religionen und in der Pädagogik. Der Rückgriff auf den Willen (z.B. als „Widerstehen gegen eine Versuchung“, *Skinner*) verwundert, weil der Willensbegriff vor allem wegen seiner ethischen Konnotationen durch den Motivationsbegriff ersetzt worden war.

Mit dem Thema der geschichtlichen Entwicklung von Berufsfeldern hat der Schritt zur Methode der Selbstkontrolle insofern zu tun, als dadurch das Vertrauen in die Verhaltenstherapie gestiegen ist; die Vorwürfe des Mechanismus, der bloßen Symtombehandlung, der Rattenanthropologie usw. verfangen nun nicht mehr. Eine Annäherung psychoanalytischer und verhaltenstherapeutischer Positionen wird möglich.

Auch die Gesprächspsychotherapie ist nicht stehengeblieben. Sie hat das theoretische System von *Rogers* um lernpsychologische Konzepte und um die Lehre vom Prozeß des unmittelbaren Erlebens, dem „Experiencing“, erweitert. In der Technik erlaubt sie neben dem Verbalisieren emotionaler Inhalte auch die Interpretation, die nach *Rogers* die Selbstaktualisierung einschränken soll, ferner das Konkretisieren, das Konfrontieren usw. – lauter technische Mittel, die dem

Therapeuten mehr Aktivität zugestehen. Auch mit diesen Änderungen nähern sich klientzentrierte Therapie und Psychoanalyse, die bei der Begründung in der Gestalt von Otto *Rank* und seiner Schüler J. *Taft,* F. *Allen* und A. L. *Robinson* Pate gestanden hatte, einander an.

5 Prävention

Vom letzten Berufsfeld, das ich hier behandeln will, war indirekt in den vorhergehenden Abschnitten schon die Rede. Erziehungs- und Elternberatung, Einzel- und Gruppentherapie dienen in erster Linie dazu, Konflikte, Schwierigkeiten, Störungen aller Art zu bessern oder zu beseitigen. Sie haben aber auch die Funktion, weiteren Schäden vorzubeugen, den Klienten so zu kräftigen, daß er hinkünftig die aufkommenden Probleme selbst bewältigen kann. Eine gelungene Erziehungsberatung korrigiert Fehleinstellungen und falsches Erziehungsverhalten, wodurch den Kindern ein günstigeres Entwicklungsklima in der Familie zuteil wird. Wo solches geschieht, sprechen wir heute von Prävention. Der aus der englisch-sprachigen Fachliteratur übernommene Ausdruck ist mit dem früher und zum Teil noch jetzt gebräuchlichen griechischen Wort „Prophylaxe" bedeutungsgleich. Beide verweisen auf Vorbeugen, Verhüten, Zuvorkommen. Eine andere, auch in der alten Diplomprüfungsordnung vorkommende Bezeichnung lautet „Psychohygiene". Sie hat im Unterschied zur Prävention oder Prophylaxe einen positiven Sinn: Der Akzent liegt nicht auf der Verhütung psychischer Störungen, sondern auf der Förderung der psychischen Gesundheit.
Den geschichtlichen Einstieg in diesen, alle anderen Berufsfelder durchdringenden Tätigkeitsbereich gewinnen wir durch den Begriff der Diätetik. Ihr widmeten sich vor allem die romantischen Ärzte, von denen C. W. *Hufeland* (Makrobiotik, 1778), der Anatom J. Ch. *Reil* (Rhapsodien über die psychische Curemethode, 1803), der Psychiater J. Ch. A. *Heinroth* (Die Psychologie als Selbsterkenntnislehre, 1827) und E. *v. Feuchtersleben,* der bedeutendste unter ihnen, zu nennen sind. *Feuchtersleben* war ein berühmter Irrenarzt in Wien, ein Freund von *Grillparzer* und *Stifter,* Unterstaatssekretär im Außenministerium, Dichter und Essayist. Hier interessiert uns seine Schrift „Zur Diätetik der Seele" (1838). Darin wird die Herrschaft des Geistes über den Leib als Schutz- und Heilmittel verkündet. Die Bildung des Geistes überwindet nach *Feuchtersleben* das Leid in all seinen Ausformungen. Geist aber bedeutet: sittlicher Charakter, starker Wille, Selbsttätigkeit. Erbfeind des Geistes ist die Furcht. Große Stücke hält unser Autor von der Phantasie; sie vermittle alles und mache, daß der Mensch so gut und so bös sei. Im ganzen kann man von dieser Diätetik sagen, daß sie ethisch und religiös bestimmt ist. Sie ist ein erster Versuch, seelischen und geistigen Störungen vorzubeugen und Regeln für ein geordnetes Leben zu finden.

Von der Diätetik der romantischen Ärzte führt keine Linie zur modernen Präventionsforschung. Wohl aber von dem zweiten Ansatz, der auf das Jahr 1908 zu datieren ist. Damals erschien von Clifford W. *Beers* (1876–1943) die aufsehenerregende Schrift „A Mind that found itself". Er berichtete darin über seinen dreijährigen Aufenthalt im „Hospital for the Insane" in Connecticut. Er war über die Behandlung dort so empört, daß er sich zu einem Bericht darüber entschloß, in der Absicht, diese Zustände zu ändern. Seine Pläne wurden von W. *James,* dem führenden Psychologen, und von A. *Meyer,* dem führenden Psychiater der USA, gefördert. Von *Meyer* stammt die Bezeichnung „Mental Health". Noch 1908 bildete sich die „Society for Mental Hygiene" in Connecticut; nationale und internationale Vereinigungen folgten in den nächsten Jahren. Die bedeutendste unter ihnen ist die 1948 gegründete *World Health Organization (WHO),* eine Sondereinrichtung der Vereinten Nationen. Sie unterscheidet im Anschluß an G. *Caplan* (1964) drei Formen von Prävention: Die primäre Prävention sucht die Lebensqualität zu verbessern, die sozialen Einrichtungen zu reformieren, eine größere Toleranz zu erwirken, ist also mehr auf die psychohygienischen Aufgaben orientiert. Die sekundäre Prävention befaßt sich mit aktiver Fallsuche, will den Streß vermindern, sich den Problemen gefährdeter Subgruppen widmen. Die tertiäre Prävention schließlich sucht Rückfälle zu verhindern, der Chronifizierung und der Hospitalisierung zuvorzukommen.
In Deutschland suchte der Psychiater R. *Sommer* die Ideen der Mental-Health-Bewegung zu verbreiten. Er gründete 1924 den Deutschen Verband für Psychohygiene, der aber nicht recht zur Entfaltung kam.
Unabhängig von den Mental-Health-Verbänden haben sich die tiefenpsychologischen Schulen präventive Aufgaben gestellt. Von der therapeutischen Arbeit erwarteten sie eine Verhütung von Störungen für die nächste Generation; von der Verbreitung tiefenpsychologischer Schriften sollte einige Wirkung auf die Gegenwart ausgehen. Die tiefenpsychologisch ausgerichteten Erziehungsberatungsstellen leisteten praktische Prävention. P. *Federn* und H. *Meng* haben in dem von ihnen herausgegebenen Band „Die Psychohygiene" (1949) tiefenpsychologische Beiträge zu diesem Thema zusammengestellt.
Für die Einbeziehung des Psychologen in die Aufgaben der Prävention ist die Entwicklung der *Gemeindepsychiatrie* von Bedeutung. Sie erhielt entscheidende Impulse durch die Botschaft von Präsident J. F. *Kennedy* an den Kongreß im Jahre 1963. Er empfahl unter anderem die Errichtung von gemeindenahen sozial-psychiatrischen Konsultations- und Behandlungszentren. Stationäre und ambulante Behandlung, Tageskliniken, Kriseninterventíon, Aufklärung und Ausbildung (consultation and education), Rehabilitation u.a. standen auf dem Programm. Diese Aufgaben sollten von mobilen Teams von Psychiatern, Psychologen und Sozialarbeitern geleistet werden. In einem Bericht der WHO aus dem Jahre 1969 wird die Prävention als ein Tätigkeitsfeld des klinischen Psychologen in der Rolle eines „social change agent" bezeichnet. Für eine ganze Reihe

der oben angeführten Aufgaben, insbesondere für die auf diesem Gebiet notwendige Forschung, darf sich der Psychologe kompetent fühlen. Im ganzen betrachtet ist die Prävention ein Berufsfeld, das noch viele weiße Stellen aufweist. Dabei beziehe ich mich nicht auf die schon etablierten Aufgaben der Beratung, der Einzel- und Gruppentherapie, sondern auf die Arbeit in gesellschaftlichen Teilbereichen wie Schule, Gemeinde, Großstädte, Untergruppen, interkulturelle Kommunikation und alle Aufgaben, die ohne Förderung durch die öffentliche Hand nicht zu leisten sind. Zuständig sind vor allem die Ministerien für Jugend, Familie, Gesundheit, für Arbeit und Sozialordnung. Diese haben sich Problemfeldern wie Drogen-, Tabak- und Alkoholmißbrauch, Familienplanung, Freizeitverhalten, Kind im Krankenhaus u. a. bereits zugewandt und die dazugehörigen präventiven Maßnahmen einbezogen. Im ganzen betrachtet erscheint mir die Prävention als ein Berufsfeld des Psychologen, das Zukunft hat.
Ich möchte die in ihrer historischen Entwicklung dargestellten Berufsfelder der Klinischen Psychologie mit einem weitgedehnten, fruchtbaren Ackerland vergleichen, auf dem es viel zu säen und zu ernten gibt. Die Ergiebigkeit der Ernte hängt von der Qualität des Saatgutes ab. Das Saatgut sei die Ausbildung. Sie ist noch weitgehend Entwicklungsgebiet. Es fehlt an qualifizierten, auch in der Praxis bewährten Ausbildern und die vorhandenen stehen zahlenmäßig in keinem Verhältnis zum Massenansturm der Studierenden auf die Klinische Psychologie. Ich halte es für die wichtigste Aufgabe der Universitätsinstitute, Lehrprogramme zu entwickeln, die den Zielzustand der Ausbildung definieren und damit die gegenwärtige Notlage entlarven. In dieses Programm gehört auch ein Konzept, das die Selbsterfahrung und Eigenanalyse mindestens für den künftigen Psychotherapeuten vorschreibt. Psychotherapie ist ein überaus differenziertes und diffiziles Unterfangen und der Therapeut ist darin ein entscheidender Faktor. Die „idealen" Ausbildungspläne sollten auch so angelegt sein, daß der Studierende erfahren kann, ob er für eine klinisch-psychologische Tätigkeit geeignet ist oder nicht. Ich habe nur von der Ausbildung an den Universitäten während des Studiums gesprochen. Sie kann nur einen Teil leisten. Der andere Teil wird extra muros absolviert. Damit stehen wir vor dem Problem der Weiterbildung, ein Gebiet der Klinischen Psychologie, das bisher von den Universitäten noch zu wenig in Forschung und Lehre berücksichtigt wird.

Literatur

Anastasi, A.: Angewandte Psychologie. Weinheim, Basel, 1976^2.
Beers, C. W.: Eine Seele, die sich wiederfand. Basel, 1941.
Baumhauer, J.: Verhaltenstherapie bei geistig behinderten Kindern. In: Handbuch für Psychologie, Band 8/2. Göttigen, 1978.
Binet, A., Simon, Th.: Application des méthodes nouvelles pour le diagnostic du niveau intellectuel chez les enfants normaux et anormaux d'hospice et d'école primaire. Année psychol. 1905, 11, 245–336.

Caplan, G.: Principles of Preventive Psychiatry. New York, 1964.
Cattell, J. McKeen: Progress of Psychology. In: Pokular Science Monthly 1893, 43.
Debus, G./Janke, Th.: Psychologische Aspekte der Psychopharmakotherapie. In: Handbuch der Psychologie, Band 8/2, Göttingen, 1978.
Eysenck, H.-J.: Behavior Therapy and the Neuroses. New York, 1960.
Federn, P./Meng, H. (Hrsg.): Praxis der Kinder- und Jugendtherapie. Stuttgart, 1960[2]. Die Psychohygiene, 1949.
Feuchtersleben, E. v.: Zur Diätetik der Seele. Wien, 1838.
Goetze, H./Jaede, W.: Nicht-direktive Kindertherapie. In: Handbuch der Psychologie, Band 8/2. Göttingen, 1978.
Heinroth, J. Ch. A.: Die Psychologie als Selbsterkennungslehre. Wien, 1827.
Hellpach, W.: Klinische Psychologie. Stuttgart, 1948.
Hufeland, C. W.: Makrobiotik, oder die Kunst sein Leben zu verlängern. Berlin, 1796; Neuauflage, 1958.
Jones, M. C.: A laboratory study of fear: The case of Peter. Pedagog. Sem., 1924, 31, 308–315.
Kahane, H.: Grundzüge der Psychosomatik. 1. Teil: Die Autonomie der Seele. Wien, 1912.
Kanfer, F. H./Phillips, J. S.: Learning Foundations of Behavior Therapy. New York, 1970.
Kraepelin, E.: Über die Beeinflussung einfacher psychischer Vorgänge durch einige Arzneimittel. Experimentelle Untersuchungen. Jena, 1892.
Kraepelin, E.: Psychologische Arbeiten. Leipzig, 1896.
Kretschmer, E.: Medizinische Psychologie. Stuttgart, 1922, 1963[12].
Kronfeld, A.: Psychagogik oder psychotherapeutische Erziehungslehre. In: *Birnbaum, K.* (Hrsg.): Die psychischen Heilmethoden. Leipzig, 1927.
Meyerhoff, H.: Leitfaden der Klinischen Psychologie. München, 1959.
Neutra, W.: Rationalpsychagogik. Wien, 1935.
Pongratz, L. J.: Problemgeschichte der Psychologie. Bern, München, 1967.
Pongratz, L. J. (Hrsg.): Handbuch der Psychologie, 8. Band: Klinische Psychologie, 1. Halbband. Göttingen, 1977.
Pongratz, L. J.: Lehrbuch der Klinischen Psychologie, 2. Auflage. Göttingen, 1977.
Reil, J. Ch.: Rhapsodien über die psychische Curemethode auf Geisteszerrüttungen. Berlin, 1803, 1818[2].
Roback, A. E.: Weltgeschichte der Psychologie und Psychiatrie. Olten, Freiburg, 1970.
Rogers, C.: Counseling and Psychotherapy. Boston, 1942.
Schmidtchen, St.: Die Verhaltenstherapie als Behandlungskonzept für Kinder und Jugendliche. In: Handbuch der Psychologie, Band 8/2. Göttingen, 1978.
Seguin, E.: Traitement moral, hygiène et éducation des idiots. 1846.
Seif, L.: Wege der Erziehungshilfe. München, 1952[2].
Stern, E.: Handbuch der Klinischen Psychologie. Zürich, 1954–1958.
Tausch, R.: Das psychotherapeutische Gespräch. Göttingen, 1960.
Tausch, R.: Gesprächspsychotherapie. Göttingen, 1970[4], 1976[6].
Watson, J. B./Rayner, R.: Conditioned emotional reactions. J. exp. Psychol. 3, 1920, 1–14.
Witmer, L.: Mental Tests and Measurement. 1890.
Witmer, L.: Is the Psychology Taught at Harvard a National Peril. Current Literature, 46, 1909, 434–438.
Wolpe, J.: Praxis der Verhaltenstherapie. Bern, 1972.
Wolpe, J.: Psychotherapy by Reciprocal Inhibition. Stanford, 1958.

Manfred M. Fichter, Hans-Ulrich Wittchen und Alfred Dvorak

Klinische Psychologen im Beruf
Ergebnisse einer empirischen Untersuchung

Zusammenfassung

Die berufliche Tätigkeit von klinischen Psychologen wird insbesondere im Hinblick auf die universitäre Ausbildung betrachtet. Dazu werden die Ergebnisse einer empirischen Untersuchung zur derzeitigen Berufspraxis ausführlicher referiert und im Kontext nordamerikanischer Entwicklungen diskutiert. Im Jahre 1977 waren ca. 5800 Psychologen in der BRD beratend oder psychotherapeutisch tätig, wobei Verhaltenstherapie und Gesprächstherapie am häufigsten ausgeübt wurde. Die Therapeuten arbeiteten vorwiegend an Beratungsstellen, stationären Einrichtungen und freiberuflichen Praxen, seltener in Heimen, Ambulanzen und schulpsychologischen Diensten. Durchschnittlich wurde nahezu 1/3 der Arbeitszeit für beratende oder psychotherapeutische Tätigkeiten, relativ wenig Zeit dagegen für Forschung aufgewendet. Die wesentlichen Diagnosegruppen behandelter Patienten und Qualifikationsmerkmale der Therapeuten werden dargestellt. Das Problem einer ungleichen regionalen Verteilung der Therapeuten wird abschließend diskutiert und die Notwendigkeit der Realisierung berufsgruppenübergreifender, versorgungsorientierter Konzepte hervorgehoben.

1 Allgemeines

Klinische Psychologie läßt sich umschreiben als „die Anwendung der Ergebnisse und Methoden aller psychologischen Grundlagendisziplinen (Allgemeine-, Entwicklungs-, Differentielle-, Soziale- und Dynamische Psychologie, bzw. Psychoanalyse) und verwandte Disziplinen, wie die der vergleichenden Verhaltensforschung, Soziologie und Methodologie im klinischen Bereich“ (*Schraml,* 1971, S. 279). Die Klinische Psychologie hat in den vergangenen Jahren in zahlreichen Ländern ein schnelles Wachstum und einen großen Wandel der Ausbildungs- und Berufssituation erfahren (vgl. *Fichter & Wittchen,* 1979). Während in den USA verschiedene Untersuchungen die Rolle und Tätigkeit des klinischen Psychologen zum Gegenstand hatten (*Garfield & Kurtz,* 1976; *Gottfredson & Dyer,* 1978; *Kelly,* 1961; *Kelly & Goldberg,* 1959; *Kelly, Goldberg, Fiske & Kilkowski,* 1978), gibt es zu diesem Themenbereich nahezu keine empirischen Untersuchungen aus der BRD. Zu den wenigen Ausnahmen gehört eine Untersuchung von *Amelang & Tiedemann* (1971) über Studienverlauf, Berufstätigkeit und Fortbildungsmöglichkeiten von Psychologen aus verschiedensten Arbeitsfeldern. Während der Vorbereitungen des „Psychotherapeutengesetzes" in der BRD wurden die Fragen zur universitären Ausbildung, Weiterbildung und Berufstätigkeit von klinischen Psychologen in der Gesundheitsversorgung auch politisch wieder aktuell. Eine sinnvolle Planung zukünftiger Ausbildungs- und Weiterbildungscurricula erscheint nur sinnvoll, wenn sie im Hinblick auf die Erfahrungen der beruflichen Praxis erfolgt. Darüber hinaus muß die Ausbildung und berufliche Tätigkeit von klinischen Psychologen im Gesamtkontext der psychosozialen Versorgung gesehen werden. Im folgenden werden Ergebnisse einer empirischen Untersuchung[1] über das Tätigkeitsfeld klinischer Psychologen unter besonderer Berücksichtigung von Beratung und Psychotherapie dargestellt, die im Hinblick auf zukünftige Planungen eine besondere Aktualität haben.

2 Methodisches Vorgehen

Als Erhebungsinstrument wurde ein strukturierter Fragebogen, bestehend aus 38 Kernfragen, die größtenteils in Form von Mehrfachwahlen gestellt waren, entwickelt. Die Fragen erstreckten sich im wesentlichen auf die Erfassung persönlicher Daten (Alter, Geschlecht, Postleitzahl etc.), Ausbildung, Arbeitsplatz, Tätigkeit (Umfang, therapeutische Verfahren, Klientel, Formalcharakteristika therapeutischer Sitzungen, Finanzierungen), Weiterbildung, Zusatzausbildung und Fortbildung. Die Befragung fand zwischen Dezember 1977 bis März 1978 statt; die Antworten bezogen sich auf das zurückliegende Halbjahr.
Da es für Psychologen in der BRD – anders als bei den Ärzten – keine Zwangsmitgliedschaft in einem Verband oder eine Registrierpflicht gibt, erweist es sich als ein erhebliches methodisches Problem, über repräsentative Stichproben zu eindeutigen Aussagen zu gelangen, die auf alle klinisch tätigen Psychologen generalisierbar sind. In unserer Untersuchung wurde ein umfangreiches Adressenregister der Mitglieder von 12 therapiespezifischen Verbänden verschiedener Orientierung, 6 arbeitsplatzspezifischen Verbänden und 5 weiteren relevanten Verbänden bzw. Institutionen, darunter auch dem Berufsverband Deutscher Psychologen (BDP), angelegt. Nach Bereinigung von Doppelerfassungen und Streichung von Ärzten und Personen ohne abgeschlossene Berufsausbildung umfaßte das Register 11638 Personen verschiedener Berufsgruppen. Aus dieser Grundgesamtheit wurde eine 18%ige Zufallsstichprobe (N = 2122) gezogen und an diese unser Fragebogen verschickt. Durch ein besonderes Versendungsverfahren (vgl. *Amelang & Tiedemann,* 1971) war es unter Wahrung der Anonymität möglich, säumige Probanden and die Rücksendung des Fragebogens zu erin-

1 Die in diesem Bericht dargestellten Ergebnisse wurden im Rahmen eines umfassenden Forschungsprojektes erhoben, das vom Bundesministerium für Jugend, Familie und Gesundheit finanziert wurde.

nern. Dem Fragebogen lag ein Anschreiben und eine Aufforderung von 11 wesentlichen Verbänden bei, die Untersuchung zu unterstützen.
Während die spontane Rücksenderate nur bei 48% lag, konnte durch 2 Nachahmungen die Beteiligungsrate auf insgesamt 68% erhöht werden. Die neutralen Ausfälle (Unzustellbarkeit, Krankheit, etc.) betrugen 8%. Zur weiteren Untersuchung der Personen, die keine Reaktion auf die Fragebogen zeigten, wurde eine 20%ige Zufallsstichprobe dieses Personenkreises in telefonischen Interviews befragt. Dabei zeigte sich, daß bei diesen die Anzahl der nur wenige Stunden pro Woche beratend/psychotherapeutisch tätigen Personen deutlich höher lag; eine wesentliche Verzerrung unserer Ergebnisse durch die Nichtbeantworter konnte durch diese Nachbefragung weitgehend ausgeschlossen werden. Da die über Verbandsregister erstellte Grundgesamtheit Personen verschiedenster nichtärztlicher Berufsgruppen enthielt, läßt sich die Beteiligungsrate nicht speziell für Psychologen aufschlüsseln. Die Beteiligungsrate in unserer Untersuchung lag in einer vergleichbaren Größenordnung wie bei *Amelang & Schröder,* 1979; *Gottfredson & Dyer,* 1978; *Garfield & Kurtz,* 1976, und lag deutlich über der Rücklaufquote bei *Kelly,* 1961. Von den 1 366 Personen, die den Fragebogen beantworteten, waren 700 Diplom-Psychologen, die angaben, im Bezugshalbjahr bei Patienten mit psychischen Problemen beratend oder psychotherapeutisch in jeweils mehr als 3 Sitzungen tätig gewesen zu sein. Psychologen, die zusätzlich eine Approbation als Arzt aufwiesen, wurden in dieser Untersuchung nicht berücksichtigt.

2.1 Personencharakteristika

Unter Berücksichtigung der Stichprobe und des Rücklaufes (und unter der Annahme, daß sich die Beteiligungsrate der Psychologen nicht wesentlich von der Gesamtstichprobe unterscheidet) ergibt sich hochgerechnet für die BRD eine Anzahl von ca. 5 800 Psychologen, die in dem Bezugshalbjahr (1977) beratend oder psychotherapeutisch tätig waren. 4,4% dieser Psychologen in der Stichprobe gaben an, nur beratend und nicht psychotherapeutisch tätig zu sein. Da zwischen Beratung und Psychotherapie fließende Übergänge bestehen, wurde hier von einer weiteren begrifflichen Differenzierung abgesehen. Die erfaßten beratend/psychotherapeutisch tätigen Psychologen waren zu 54% männlichen und 46% weiblichen Geschlechts. Die überwiegende Mehrzahl – mehr als 80% – machten von der Möglichkeit zur anonymen Beantwortung keinen Gebrauch. Das durchschnittliche Alter der Psychologen war mit 34,6 Jahren relativ gering. Ein beträchtlicher Anteil der Psychologen (14,4%) hatte zumeist vor dem Erwerb des Diploms – bisweilen erst danach – eine weitere Berufsausbildung abgeschlossen. Den größten Anteil daran haben mit 55% pädagogische Berufe (Lehrer, Philologe, Diplom-Pädagoge), mit 19% Theologen und mit 14% Sozialarbeiter/Sozialpädagogen. Bei dieser Berechnung wurden Ärzte nicht berücksichtigt. Von weiterem Interesse bezüglich dieses Personenkreises ist die Verteilung der Mitgliedschaften in Berufs- und Therapieverbänden, die im folgenden in absteigender Häufigkeit aufgeführt ist: 46% waren Mitglied im Berufsverband Deutscher Psychologen (BDP); 44% in der Deutschen Gesellschaft für Verhaltenstherapie (DGVT); 36% in der Gesellschaft für wissenschaftliche Gesprächspsychotherapie (GwG); 6% in der Gesellschaft für Psychotherapie, Psychosomatik und Tiefenpsychologie (DGPPT); 3% in der Deutschen Gesellschaft für Individualpsychologie (DGIP); 2% in dem Deutschen Arbeitskreis für Gruppenpsychotherapie und Gruppendynamik (DAGG); 1,6% in der Deutschen Gesellschaft für Gestalttherapie (DGGK) und dem Fritz-Perls-Institut (FPI); und 1,4% in der Deutschen Gesellschaft für Soziale Psychiatrie (DGSP). Alle weiteren Verbandsmitgliedschaften lagen unter 1%. Ergänzende Untersuchungen zeigten, daß die beratend/psychotherapeutisch tätigen Personen über die 25 Verbandsregister nahezu erschöpfend erfaßt wurden.

2.2 Psychosoziale Einrichtungen, an denen Psychologen tätig sind

Abb. 1 gibt einen Überblick über Einrichtungen in der psychosozialen Versorgung, an welchen Psychologen arbeiten und Beratung oder Psychotherapie ausüben. Die dargestellte Spalte „Summe der Stunden pro Woche" und der auch graphisch dargestellte Prozentanteil dieses Wertes spiegelt die Versorgungskapazität von Psychologen in den einzelnen Einrichtungstypen wieder. Daneben sind die Anzahl der Personen (N) in den jeweiligen Einrichtungen und der jeweilige Mittelwert der Stunden pro Woche $\bar{x}$ zur Abschätzung von Haupt- und Nebentätigkeit dargestellt. Wie die Ergebnisse zeigen, stellt die Arbeit in Beratungsstellen mit insgesamt 31,8% den größten Versorgungszeitanteil dar. Dabei entfallen 27,7% auf Beratungsstellen für Erziehung, Ehe- und Sexualprobleme, Drogen- und Alkoholabhängigkeit und Studenten, während sozialberatende Dienste einen Anteil von 4,1% ausmachen. Dem Versorgungsanteil nach folgen mit 23% stationäre Einrichtungen – und zwar psychiatrische Kliniken/Abteilungen (9,9%), psychotherapeutische oder psychosomatische Kliniken/Abteilungen (5,4%), andere Kliniken wie neurologische oder medizinische Abteilungen (7,3%) und schließlich mit einem nur geringen Anteil teilstationäre Einrichtungen (0,4%). Vergleichsweise gering ist mit 3,7% der Anteil von Psychologen an psychiatrischen, psychotherapeutischen oder psychosomatischen Ambulanzen. Hervorzuheben ist der Versorgungsanteil von Psychologen in Heimen (7,5%) und schulpsychologischen Diensten (5,5%). Dagegen ist ihr Anteil an Sozial-, Arbeits- und Gesundheitsämtern (0,8%) sowie komplementären und rehabilitativen Einrichtungen (1,3%) sehr gering. Nach den Beratungsstellen und dem stationären Sektor nimmt die Tätigkeit in freiberuflichen Praxen mit 19,5% den drittgrößten Anteil ein. Die Hälfte der freiberuflich Tätigen arbeitet weniger als

Einrichtungen	Summe Std./ Wo.	%	N*	Mittel Std./ Wo.	%
Psychiatrische Klinik	2.300	9,9	71	32.4	
Psychotherapeutische Klinik	1.265	5,4	39	32.4	
Andere Klinik od. Abteilung	1.703	7,3	57	29.9	
Teilstationäre Einrichtung	97	0,4	7	13.9	
Heim	1.753	7,5	69	26.5	
Psychiatrische Ambulanz	449	1,9	24	18.7	
Psychotherapeutische Ambulanz	422	1,8	25	16.9	
Sozialamt	167	0,7	6	27.8	
Gesundheitsamt	25	0,1	3	8.3	
Schulpsychologischer Dienst	1.292	5,5	42	30.8	
Beratungsstellen	7.418	31,8	266	28.6	
Einzel-/Gruppen-praxis	4.554	19,5	253	18.0	
Komplementäre Einrichtung	282	1,3	35	14.9	
Andere	1.609	6,9	73	22.0	
		100%			

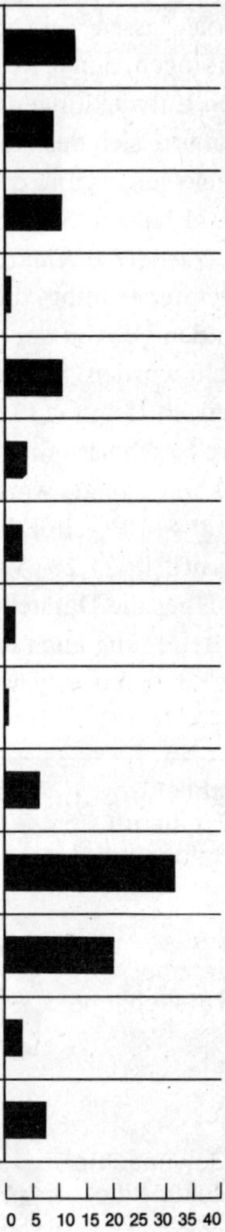

* Psychotherapeuten

Abbildung 1: Versorgungsanteile von Klinischen Psychologen nach Einrichtungen – Summe der Stunden/Woche (N = 698)

10 Stunden in der Woche in ihrer Praxis, und ein beträchtlicher Anteil der freiberuflich Tätigen übt neben- oder hauptberuflich noch eine andere Tätigkeit aus.
Der Vergleich dieser Ergebnisse mit denen anderer z. B. ausländischer Untersuchungen ist nur bedingt möglich, da die Populationen nicht deckungsgleich sind. Dennoch lassen sich, insbesondere bezüglich der heilberuflichen Tätigkeit von Psychologen, einige deutliche Trends aufzeigen, wenn sie in Zusammenhang mit einigen Entwicklungen in den USA gesehen werden. In der Zeit von 1960–1974 vergrößerte sich der Anteil hauptamtlich freiberuflicher Psychologen an der Gesundheitsversorgung der USA von 17 auf mindestens 23%. Darüber hinaus waren 1974 nahezu 50% der Psychologen in den USA nebenamtlich freiberuflich tätig (*Garfield & Kurtz,* 1976). *Gottfredson & Dyer* (1978) fanden bei einer späteren Untersuchung, daß sogar 55% der Stunden, welche promovierte Psychologen in den USA in der psychosozialen Versorgung arbeiten, von Freiberuflichen erbracht wurden. 81% dieser freiberuflichen Psychologen waren in dieser Praxis nur teilzeit tätig (<30 Std./Woche).
Unsere Ergebnisse für die BRD geben Anhaltspunkte für einen ähnlichen Trend. Wie Abb. 2 zeigt, waren 1977 in der BRD von den beratend/psychotherapeutisch tätigen Psychologen 18,2% ausschließlich freiberuflich; 9,1% vorwiegend freiberuflich; 25,2% vorwiegend angestellt und 47,5% ausschließlich angestellt tätig. Über die Darstellung der jetzigen Organisationsform hinaus wurde in unserer Befragung auch erfaßt, welche Organisationsform unter optimalen Bedingungen in Zukunft gewählt würde. Die Ergebnisse dazu bestätigen für die BRD

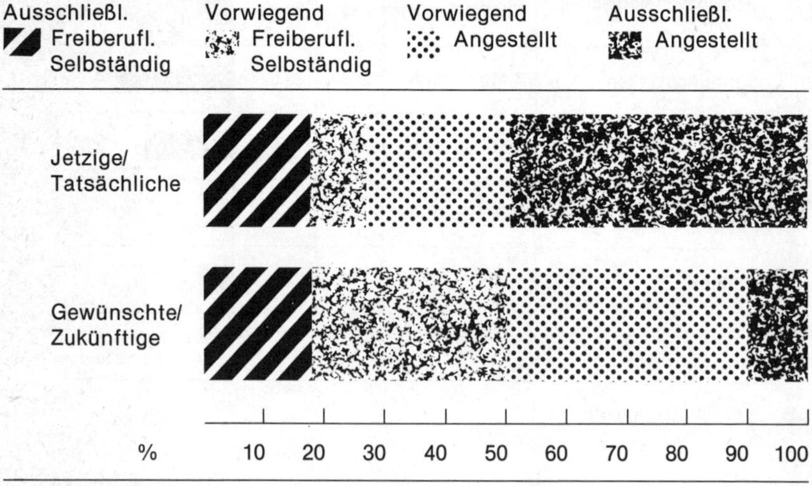

Abbildung 2: Organisationsform von (N = 698)

einen Trend für die Zukunft, der sich im vergangenen Jahrzehnt in den USA bereits realisiert hat: Bei weitgehender Konstanz des Anteils ausschließlich freiberuflicher Psychologen würde sich der Anteil vorwiegend angestellter auf 38,4% erhöhen, während sich der Anteil ausschließlich angestellter Psychologen drastisch von 50% auf 10,8% verringern würde. Bei diesem Ergebnis sind jedoch die derzeitig restriktiven gesetzlichen Rahmenbedingungen der psychotherapeutischen Tätigkeit klinischer Psychologen zu berücksichtigen.

2.3 Tätigkeitscharakteristika

Von den 700 erfaßten Psychologen wurden im Bezugsjahr 19369 Klienten psychodiagnostisch untersucht und 15205 für Beratungen von weniger als drei Sitzungen Dauer gesehen. 12383 wurden beratend/psychotherapeutisch über mehr als drei Sitzungen behandelt, wovon mehr als die Hälfte (6744) Neuzugänge waren. Im gesamten Jahr 1977 wurden in der BRD hochgerechnet mehr als 200000 Patienten von Psychologen beratend/psychotherapeutisch über mehr als drei Sitzungen behandelt.

Die Anteile des Zeitaufwandes für einzelne Aktivitäten von Psychologen sind in Tab. 1 dargestellt. mit dem Vorbehalt bedingter Vergleichbarkeit sind die Ergebnisse der bereits zitierten Untersuchung von *Garfield & Kurtz* (1976) aus den USA den Ergebnissen unserer Untersuchung gegenübergestellt. Der Anteil psychotherapeutischer Aktivitäten am Gesamtspektrum beruflicher Betätigung ist mit ca. 30% in beiden Untersuchungen nahezu gleich. Mit 6% ist der Anteil für Lehre und Ausbildung in der BRD deutlich geringer als in den USA. Konferenzen und Teambesprechungen nehmen einen Zeitanteil von 10% ein, und für Verwaltungstätigkeiten werden ca. 9% aufgewandt. Während mehr als 1/4 der Psychologen zumindest zeitweise in Forschung und Wissenschaft tätig sind, ist der Zeitanteil mit 6,1% in Relation zu anderen Tätigkeiten, wie auch im Vergleich zu den Ergebnissen aus den USA, eher gering. Bei dieser Betrachtung muß allerdings berücksichtigt werden, daß Personen, die im Bereich der Klinischen Psychologie zwar in der Forschung, jedoch nicht beratend/psychotherapeutisch tätig sind, von dem hier beschriebenen Personenkreis per Definition ausgeschlossen sind.

Eine nähere Aufschlüsselung der Tätigkeitsanteile erscheint insbesondere für den Bereich der Beratung und Psychotherapie von Interesse. Abb. 3 gibt eine detaillierte Darstellung einzelner Tätigkeitsbereiche der klinischen Psychologen in unserer Stichprobe.

Eine direkte Gegenüberstellung unserer Ergebnisse mit denen von *Amelang & Tiedemann* (1971) und *Amelang & Schröder* (1979) erscheint leider aufgrund der Darstellungsform und wegen der erheblichen Populationsunterschiede kaum möglich. Bei einem vorsichtigen Vergleich mit denjenigen Psychologen in der Stichprobe von *Amelang & Tiedemann,* die vorwiegend Psychotherapie bzw.

Tabelle 1: Anteile des Zeitaufwandes beratend/psychotherapeutisch tätiger Psychologen für einzelne Aktivitäten

	BRD (1977) N = 698			USA (1974) N = 855
	N	Summe der Std./Woche	%	*Garfield & Kurtz* % des gesamten Zeitaufw.
Einzel-, Gruppen-, Ehe-, Fam.-Psychotherapie	638	8268,2	30,5	31,4
Psychodiagnostik, Anamneseerhebung	491	3613,3	13,3	9,8
Lehrtätigkeit	344	1630,1	6,0	13,8
Konferenzen, Teambesprechung	561	2716,8	10,0	7,8
Forschung Wissenschaft	190	1657,2	6,1	9,8
Verwaltung	539	2445,1	9,0	13,2
Sonstiges:				
Fort- u. Weiterbildung	487	1847,4	6,8 }	
Kurzberatung/Vermittlung	470	3015,6	11,1 } 24,9	14,2
Gutachten	371	1086,7	4,0 }	
Rest	158	815,0	3,0 }	
Total:		27168	99,8	100

Erziehungs-, Ehe- und Lebensberatung als Arbeitsbereich angaben (N = 147), zeigt sich für die vergangenen Jahre in der BRD u. a. folgende Tendenz hinsichtlich bestimmter Tätigkeitsbereiche: eine relative Abnahme des Anteils von Psychodiagnostik und Zunahme des Anteils von Beratung und Psychotherapie. Nach den Ergebnissen von *Amelang & Tiedemann* waren 13,5% aller erfaßten Psychologen und 20% aller freiberuflichen Psychologen in den o. g. Bereichen tätig; diese Anteile dürften heute deutlich höher liegen.

Abb. 4 gibt einen Überblick über die Häufigkeitsverteilung der Anwendung verschiedener psychotherapeutischer Verfahren. Sie zeigt deutlich, daß zwei Verfahren – Verhaltenstherapie und Gesprächspsychotherapie – von klinischen Psychologen mit Abstand am häufigsten angewendet werden; es handelt sich dabei um diejenigen Verfahren, die auch in der Universitätsausbildung besonders stark repräsentiert sind. Die Betrachtung der Abb. 4 zeigt außerdem, daß die Therapeuten in den seltensten Fällen nur eine einzige Therapierichtung, sondern häufig zwei oder mehr Therapierichtungen vertreten. Die stärkste Überlappung ergibt sich dabei zwischen Verhaltens- und Gesprächspsychotherapie. In diesem

Tätigkeitsbereiche	Summe Std.-/ Wo.	%	N*
Einzeltherapie	5.422	20,0	638
Konferenz, Teambesprechung	2.713	10,0	561
Verwaltungs-/Büroarbeit	2.455	9,0	539
Psychodiagnostik, Auswertung	2.403	8,8	491
Beratung	2.052	7,6	470
Fort- u. Weiterbildung	1.860	6,8	487
Wissenschaft und Forschung	1.669	6,1	190
Lehre, Ausbildung	1.619	6,0	344
Gruppentherapie	1.608	5,9	351
Anamnese	1.236	4,5	408
Gutachten	1.080	4,0	371
Partnertherapie	644	2,7	219
Familientherapie	618	2,2	186
Andere	1.789	6,5	
		100%	

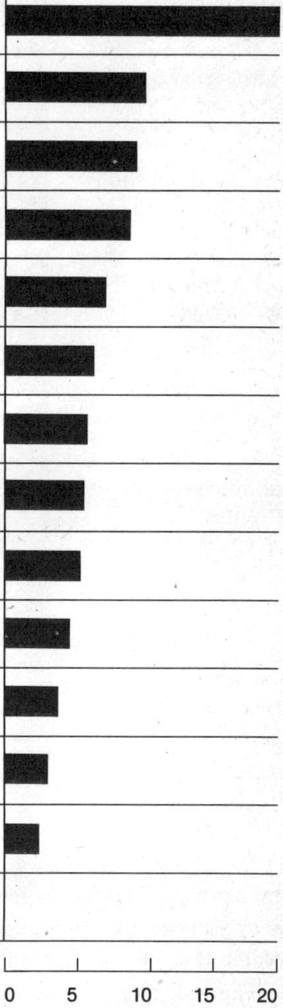

* Anzahl der in diesen Bereichen Tätigen in der Stichprobe

Abbildung 3: Anteile einzelner Tätigkeitsbereiche von Klinischen Psychologen (N = 698)

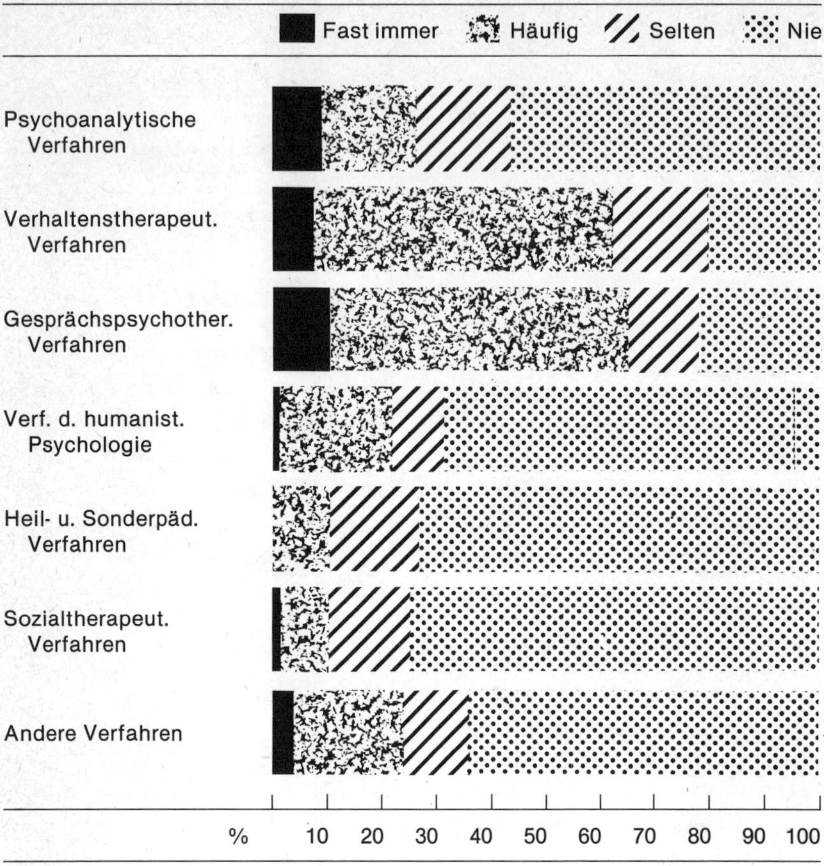

Abbildung 4: Häufigkeit der Anwendung verschiedener psychotherapeutischer Verfahren (N = 698)

Zusammenhang sind die Ergebnisse von *Garfield & Kurtz* (1976) bezüglich der therapeutischen Schulrichtungen in den USA erwähnenswert. Während 1960 insgesamt 41% der befragten Psychologen in den USA tiefenpsychologisch fundierte Therapie oder Psychoanalyse anwandten, reduzierte sich der Anteil dieser Therapierichtung bis 1974 auf 19%. Der Anteil lerntheoretisch orientierter Therapierichtungen (Verhaltenstherapie) zeigte bis 1974 eine leichte Zunahme auf 9,9%; Gesprächspsychotherapie nach *Rogers* war mit 1,4% nur sehr selten vertreten, während nahezu 55% der Psychologen sich der Kategorie eklektisch zuordneten (vgl. auch *Kelly* et al., 1978). Eine relative Abnahme des Anteils tiefenpsychologisch orientierter Therapierichtungen und eine zunehmend

pragmatisch-eklektische Orientierung wird voraussichtlich auch für die zukünftige Entwicklung in der BRD zu erwarten sein.
Verschiedene Altersgruppen wurden mit unterschiedlicher Häufigkeit, die nicht ihrer Verteilung in der Bevölkerung entspricht, behandelt bzw. nicht behandelt. Dabei zeigt sich, daß alte Menschen über 65 Jahre sehr selten eine beratend/psychotherapeutische Behandlung erfahren – 98% der befragten Psychologen gaben an, daß sie diese Altersgruppe selten oder nie behandeln (Vergleichswerte für andere Altersgruppen: Kinder 51%, Jugendliche 63% und Erwachsene bis 65 Jahre 26%). Dieses Ergebnis muß Anlaß zum Nachdenken über die Gründe der psychotherapeutischen Unterversorgung psychogeriatrischer Patienten sein. Es ist zu hoffen, daß zukünftige Untersuchungen diese Gründe aufklären und zu einer bedarfsgerechten Versorgung dieser Altersgruppen beitragen werden.
Unter Zugrundelegung des international gebräuchlichen ICD-Diagnoseschlüssels (*Degwitz, Helmchen, Kockott & Mombour,* 1975) verteilen sich die behandelten Patienten auf einzelne Diagnosegruppen wie folgt: Neurosen 25,9%; besondere, anderweitig nicht klassifizierbare Symptome 18,3%; Verhaltensstörungen im Kindes- und Jugendalter 12,1%; psychosomatische Störungen 10%; kurzfristige vorübergehende Auffälligkeiten 7,3%; Alkoholismus 5,9%; Persönlichkeitsstörungen 5,7%; Drogen- und Medikamentenabhängigkeit 3,2%; Psychosen 2,8%; Oligophrenien 2,7% und andere 4,5%. Die befragten Psychologen stellten im praktischen Alltag zu 75% die Diagnosen selbst. Zumeist wurden die Diagnosen nach einem „nicht medizinischen Krankheitsmodell“ gestellt, was bei der Interpretation dieser Ergebnisse berücksichtigt werden muß.

2.4 Zur psychotherapeutischen Qualifikation von Psychologen

Die Anwendung klinisch-psychologischer Theorien und Verfahren für die psychotherapeutische Praxis hat in der jüngsten Vergangenheit einen bedeutsamen Aufschwung erfahren. In der BRD ist diese Entwicklung im Vergleich zu den USA noch sehr jung.
Wie Abb. 5 zeigt, hat die überwiegende Mehrzahl (63,7%) der von uns erfaßten klinischen Psychologen eine Berufserfahrung von 0–4 Jahren. 25% haben eine Berufserfahrung von 10–19 Jahren und weniger als 4% haben eine Berufserfahrung von 20 oder mehr Jahren. Eine Gegenüberstellung dieser Ergebnisse mit Erhebungen in den USA zeigt eine Verschiebung der Verteilung in den USA im Vergleich zur BRD von 15 bis 20 Jahren. Betrachtet man die Berufserfahrung von Psychologen, aufgeschlüsselt nach verschiedenen Einrichtungsarten, wie Beratungsstelle, psychiatrische Klinik etc., so ergeben sich keine wesentlichen Ab-

Jahre	N		%		N	%
	BRD (1977) N = 700				USA (1974) N = 855*	
0 – 4	446	620	63.7	88.5	261	30.53
5 – 9	174		24.8			
10 – 19	54		7.7		308	36.02
20 – 29	21		3.0		204	23.86
30 – 39	5		0.7		58	6.78
≥40	0		0.0		24	2.80

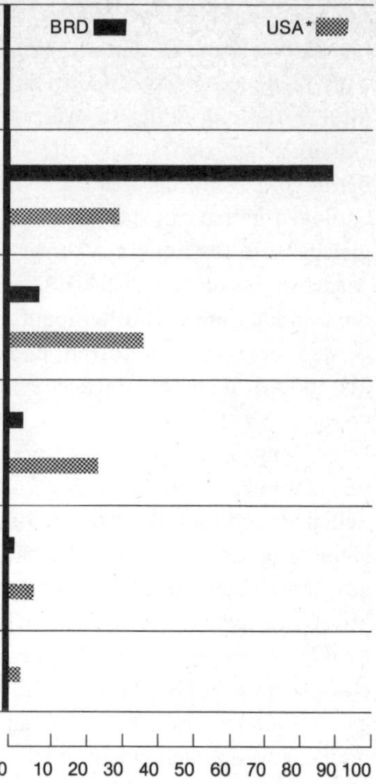

* Garfield & Kurtz

Abbildung 5: Berufserfahrung von beratend/psychotherapeutisch tätigen Psychologen

weichungen von der ausführlichen Darstellung der Einrichtungen, in denen Psychologen gegenwärtig tätig sind. Der größte Anteil der Berufserfahrung in Jahren entfällt auf Beratungsstellen mit 29%, gefolgt von freiberuflichen Praxen (20%), psychiatrischen oder psychotherapeutischen Kliniken (14%) und dem Heimsektor mit 6%. Nahezu 6% der Psychologen haben ihre Berufserfahrung ausschließlich in freiberuflicher Tätigkeit erworben, ohne jemals in einer öffentlichen Institution gearbeitet zu haben.

Fast 80% der Psychologen hatten zum Zeitpunkt der Befragung eine kontinuierliche Weiterbildung nach einem festgelegten Curriculum angefangen oder abgeschlossen. Die Mehrzahl der Psychologen hatte eine Weiterbildung von 1 – 2 oder 3 – 4 Jahren absolviert. Bemerkenswert ist die relative Häufigkeit der Angabe mehrerer Weiterbildungsgänge durch dieselbe Person. Die Kombination von Verhaltens- und Gesprächspsychotherapie war dabei besonders häufig anzutreffen. Diese Tatsache spiegelt sich auch in der Abb. 6 über die Weiterbildungsziele von Psychologen wider. Bezogen auf diejenigen Psychologen, die eine Weiterbildung aufwiesen, gaben 35% als Weiterbildungsziel Verhaltenstherapeut an, 32% nannten Gesprächspsychotherapeut, 8,2% Psychoanalytiker und 4,1% Gestalttherapeut. Die anderen genannten Ziele lagen in ihrem Anteil unter 3%. An Verbänden, über die eine Weiterbildung durchgeführt wurde, wurde von den Psychologen (in absteigender Häufigkeit) genannt: Deutsche Gesellschaft für Verhaltenstherapie (36,2%); Deutsche Gesellschaft für wissenschaftliche Gesprächspsychotherapie (34,6%); Deutsche Gesellschaft für Psychotherapie, Psychosomatik und Tiefenpsychologie (7%); Fritz-Perls-Institut/Deutsche Gesellschaft für Gestalttherapie (3,4%); Deutsche Gesellschaft für Individualpsycho-

Weiterbildungsziel	1.*	2.*	3.*	Summe	%	Prozentanteil
Verhaltenstherapeut	204	71	5	280	34,9	
Gesprächspsychotherapeut	206	51	2	259	32,3	
Psychoanalytiker	55	9	2	66	8,2	
Gestalttherapeut	11	17	5	33	4,1	
Fachpsychologe für klinische Psychologie	14	6	3	23	2,9	
Psychotherapeut (IP)	15	7	–	22	2,7	
Psychodramatherapeut	9	10	1	20	2,5	
Eheberater	8	8	2	18	2,2	
Gruppentherapeut	6	2	4	12	1,5	
Klinischer Psychologe	4	3	3	10	1,2	
Sonstige	26	29	4	59	7,4	
					100%	

* Erst-, Zweit- und Drittnennung

Abbildung 6: Weiterbildungsziele (N = 698)

logie (2,7%); Moreno-Institut (2,6%) und Deutscher Arbeitskreis für Gruppendynamik und Gruppenpsychotherapie (1,4%). Die übrigen Nennungen lagen unter 1%.

Als eine interessante Frage erscheint es, die relativen Anteile von Berufserfahrung, Weiterbildung, Fortbildung und ursprünglicher Berufsausbildung auf ihre Bedeutung für die psychotherapeutische Tätigkeit hin zu untersuchen. Einer der möglichen Aspekte, dieser Frage nachzugehen, stellt die direkte Befragung der Betroffenen selbst hinsichtlich ihrer Einstellung dazu dar. Die befragten Psychologen schätzen dabei, wie Abb. 7 zeigt, alle vier Bereiche überwiegend als wichtig

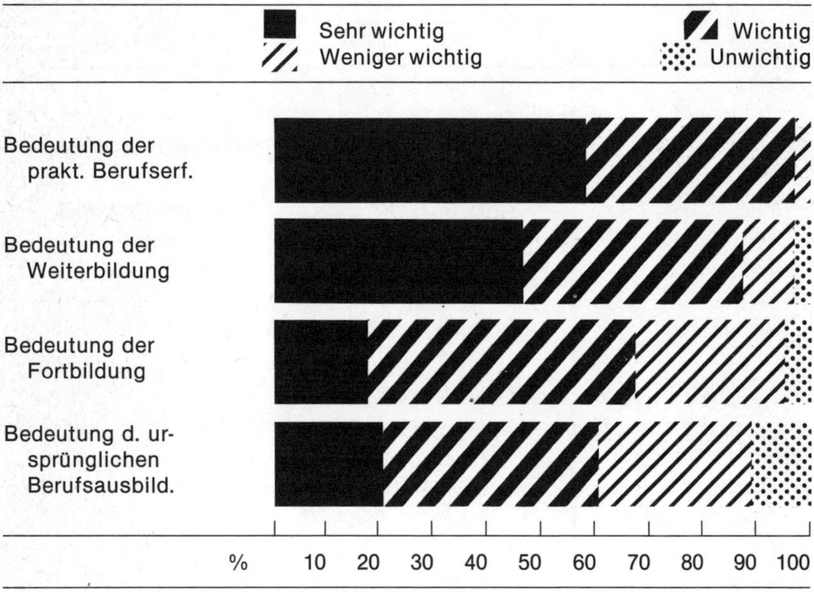

Abbildung 7: Bedeutung von Berufserfahrung, Weiter-, Fort- und Ausbildung für die psychotherapeutische Qualifikation (N = 698)

oder sehr wichtig ein. Bemerkenswerterweise wurde für die psychotherapeutische Qualifikation dem Universitätsstudium in Psychologie die relativ geringste Bedeutung beigemessen. Zwar darf angenommen werden, daß für viele der Befragten eine Schwerpunktausbildung in Klinischer Psychologie noch nicht möglich war, doch sollte dieses Ergebnis auch zur Reflexion anregen, wie die universitäre Ausbildung noch besser als bisher auf die Erfordernisse der Berufspraxis von morgen abzustimmen ist.

3 Diskussion

In einem Report der Weltgesundheitsorganisation über die Rolle des Psychologen in der Gesundheitsversorgung (1973) wird u.a. die Sorge zum Ausdruck gebracht, daß die Klinische Psychologie in einem vorzeitigen Entwicklungsstand einen zu hohen Grad an Professionalisierung erhält, und es wird eine größere Flexibilität und Offenheit gegenüber Rollenveränderungen empfohlen. Eine weitere schnelle Entwicklung des Fachgebiets der Klinischen Psychologie wird auch für die kommenden Jahre zu erwarten sein. Die Curricula der universitären Ausbildung werden dabei gegenwärtigen und zukünftigen Entwicklungen und Veränderungen des Praxisfeldes Rechnung tragen müssen, wenn sie für die spätere Berufstätigkeit von Relevanz sein sollen.

Als eines der Ergebnisse der dargestellten Untersuchung zeigte sich, daß sowohl die Anzahl der klinischen Psychologen, welche Wissenschaft und Forschung betreiben, sowie der auf diese Tätigkeit entfallende mittlere Zeitanteil sehr gering ist. Da es sich bei der Psychotherapie um die Anwendung einer sehr jungen Wissenschaft handelt und weiterhin eine sinnvolle Forschung nicht aus der Praxis herauszulösen ist, erscheint dieser niedrige Anteil an Wissenschaft und Forschung für eine sinnvolle Fortentwicklung der Klinischen Psychologie sehr bedenklich. Trotz der damit verbundenen methodischen und organisatorischen Schwierigkeiten erscheint sowohl eine begleitende Evaluation der Ausbildung als auch die Evaluation der späteren psychotherapeutischen Berufstätigkeit dringend erforderlich. Es besteht anderenfalls die Gefahr, daß sich ineffiziente Ausbildungs-, Arbeits- und Versorgungsformen etablieren und tradieren. In Anbetracht der schnellen Entwicklung der *Klinischen Psychologie* sollte eine zu enge oder einseitige Spezialisierung auf einzelne Techniken und Arbeitsbereiche während der Universitätsausbildung vermieden werden. „Die Ausbildung, die heute für die Berufspraxis von morgen passiert, wird sich nicht einseitig am jetzigen Stand der Technologie spezialisieren dürfen, sondern sie muß den Absolventen wissenschaftlich in den Stand versetzen, selbst die neuen Probleme erkennen und methodisch und innovativ angehen zu können" (*Pawlik*, 1975, S. 17).

Über die gegenwärtige Ausbildungssituation im Fach *Psychologie* mit Schwerpunkt *Klinische Psychologie* liegen für die BRD kaum empirische Analysen vor. Die Ergebnisse einer Untersuchung von *Wittchen, Groeger, Dvorak* und *Fichter* (1979) zeigen die für Psychologiestudenten derzeit nur begrenzten Möglichkeiten zum Erwerb praktisch-therapeutischer Fertigkeiten auf: Nur die Hälfte aller Studierenden im Schwerpunktbereich erhielten die Möglichkeit, zumindest eine Therapie unter Supervision im Rahmen des Studiums durchzuführen.

Nur 1/3 der Institute mit Schwerpunktbereich *Klinische Psychologie* verfügte über eigene, in das Gesamtversorgungssystem integrierte Beratungsstellen. Eine feste Zusammenarbeit mit externen Einrichtungen der psychosozialen Versorgung war nur in den seltensten Fällen etabliert. Legt man für klinische Psychologen das „Boulder Modell“ zugrunde (vgl. *Garfield & Kurtz,* 1976), demzufolge er sowohl Wissenschaftler als auch praktizierender Therapeut sein soll, und nimmt man zur Kenntnis, daß über 5 000 Psychologen im Jahre 1977 beratend oder psychotherapeutisch tätig waren, dann wird an die Universitätsausbildung die Forderung einer größeren Nähe zur Praxis von heute und morgen zu stellen sein. Die Vermittlung allgemeiner praktisch-therapeutischer Handlungsstrategien in der konkreten Praxis sollte mehr als bisher in der Universitätsausbildung berücksichtigt werden.

Ein zentrales Anliegen aller klinischen Psychologen muß sein, in Forschung und psychotherapeutischer Praxis zu einer Verbesserung der psychosozialen Versorgung im Interesse der Patienten beizutragen. Diese selbstverständlich klingende Forderung ist leider für mehrere Bereiche zum gegenwärtigen Zeitpunkt nicht erfüllt. Die Ergebnisse unserer Untersuchung zeigen für einige Patientengruppen eine deutliche Benachteiligung. So werden z. B. Patienten mit chronischen Erkrankungen (chronische Psychosen, psychische Störungen bei chronisch körperlichen Leiden) nur zu einem kleinen Anteil psychotherapeutisch behandelt werden. Weiterhin werden alte Menschen über 65 Jahre von Psychologen – gleich welcher psychotherapeutischen Ausrichtung – nur äußerst selten behandelt. Darüber hinaus besteht in der BRD – ähnlich wie in anderen westlichen Ländern – eine erhebliche regionale Ungleichverteilung sowohl für (klinische) Psychologen als auch für andere Berufsgruppen in der psychosozialen Versorgung (vgl. *Enquête zur Lage der Psychiatrie in der BRD,* 1975; *Gottfredson & Dyer,* 1978; *Straumann,* 1974). Die gegenwärtig vorzufindende regionale Verteilung von beratend/psychotherapeutisch Tätigen ist kaum auf die Behandlungsbedürftigkeit psychisch Kranker zugeschnitten, sondern scheint weitgehend von anderen Faktoren wie den Niederlassungswünschen der Therapeuten determiniert zu sein.

Das Problem der ungleichen regionalen Verteilung von Berufsgruppen in der Gesundheitsversorgung ist grundsätzlicher Art und keineswegs auf die Bundesrepublik beschränkt. *Richards & Gottfredson* (1978) kommen bei einer empirisch ökologischen Analyse über die regionale Verteilung einiger Berufsgruppen im Gesundheitswesen der USA zu dem Schluß, daß Psychologen, ähnlich wie Ärzte, Sozialarbeiter und ein bestimmter Personenkreis im Erziehungssektor in ausgesprochen ähnlicher Weise verteilt sind: Die größten relativen Häufigkeiten sind in wohlhabenden städtischen Gegenden und Universitätsorten zu finden. Die regionale Verteilung von Berufen im Gesundheitswesen scheint sich demnach weniger an den Bedürfnissen psychisch Kranker zu orientieren, sondern bestimmten Eigengesetzlichkeiten zu unterliegen. Um den Bedürfnissen der Patienten und den in der Enquête zur Lage der Psychiatrie (1975) dargestellten Forderungen gerecht zu werden, bedarf es der Realisierung von berufsgruppenübergreifenden und versorgungsorientierten Konzepte.

Literatur

Amelang, M./Tiedemann, J.: Psychologen im Beruf: I. Studienverlauf und Berufstätigkeit. Psychologische Rundschau, 1971, 22, 151 – 186.

Amelang, M./Schröder, W.: Psychologen im Beruf. Mitteilung über die Fortschreibung einer Erhebung. Psychologische Rundschau, 1979, 30 (2), 83 – 87

Bericht über die Lage der Psychiatrie in der BRD – Zur psychiatrischen und psychotherapeutisch/psychosomatischen Versorgung der Bevölkerung. Bundesdrucksache 7/4200, 1975.

Degwitz, R./Helmchen, H./Kockott, G./Mombour, W. (Hrsg.): Diagnoseschlüssel und Glossar psychiatrischer Krankheiten. Springer Verlag, Berlin-Heidelberg-New York, 1975.

Fichter, M. M./Wittchen, H.-U.: Clinical Psychology and Psychotherapy: A survey of the present state of progressionalization in 23 countries, submitted to American Psychologist, 1979.

Garfield, S. L./Kurtz, R.: Clinical Psychologists in the 1970s. American Psychologist, 1976, 31, 1 – 9.

Gottfredson, G. D./Dyer, S. E.: Health service providers in psychology. American Psychologist, 1978, 33, 314 – 338.

Kelly, E. L./Goldberg, L. R.: Correlated of later performance and specialization in psychology: A follow-up study of the trainees assessed in the VA selection research project. Psychological Monographs, 1959, 73 (12, Whole No. 482).

Kelly, E. L.: Clinical psychology – 1960. Report of survey findings. Newsletter: Division of Clinical Psychology of the American Psychological Association, 1961, 14 (1), 1 – 11.

Kelly, E. L./Goldberg, L. R./Fisker, D. W./Kilkowski, J. M.: Twenty-fife years later. A follow-up study of the graduate students in Clinical Psychology assessed in the VA selection research project. American Psychologist, 1978, 33, 746 – 755.

Pawlik, K.: Zur Lage der Psychologie. In: *W. H. Tack* (Hrsg.): Bericht über den 29. Kongreß der Deutschen Gesellschaft für Psychologie in Salzburg 1974, Bd. 1. Göttingen: Verlag für Psychologie (Hogrefe), 1975, 3 – 38.

Richards, J. M. Jr./Gottfredson, G. D.: Geographic distribution of U.S. Psychologists: A human ecological analysis. American Psychologist, 1978, 33 (1), 1 – 9.

Schraml, W. J.: Klinische Psychologie. In: *W. Arnold, H. J. Eysenck & R. Meili* (Hrsg.): Lexikon der Psychologie (Bd. 2). Freiburg: Herder, 1971, 279 – 284.

Straumann, P. R.: Bildungspolitische Aspekte der Ausbildung und Beschäftigung von Psychologen in der Bundesrepublik Deutschland. Psychologische Rundschau, 1974, 25, 91 – 110.

Wittchen, H.-U./Groeger, W./Dvorak, A./Fichter, M. M.: Inhaltliche Aspekte der Universitätsausbildung im Schwerpunkt Klinische Psychologie. Eine empirische Analyse. Psychologische Rundschau, 1979, 30, 286 – 306.

World Health Organization: The role of the psychologist in mental health services. Report on a Working Group. Copenhagen, 1973. EURO 5428 I.

Gert Sommer und Dieter Kallinke

Zukünftige klinisch-psychologische Tätigkeit und Ausbildung

Zusammenfassung

Wir beschreiben zunächst kurz die derzeitige Universitätsausbildung in Klinischer Psychologie. Anschließend skizzieren wir – ausgehend von unseren eigenen Arbeitsfeldern und Erfahrungen – Tätigkeitsbereiche für klinische Psychologen in der psychosozialen und medizinischen Versorgung, die wir für entwicklungsbedürftig und zukunftsträchtig halten.

Dabei werden klinisch-psychologische Tätigkeiten in der psychosozialen Versorgung abgeleitet aus Konzepten und Ergebnissen der Gemeindepsychologie, insbesondere aus den unterschiedlichen Niveaus der Bewältigung psychosozialer Probleme.

Klinisch-psychologische Tätigkeiten in der medizinischen Versorgung und der Rehabilitation werden aufgezeigt anhand der Problematik medizinischer Paradigmen – u. a. zur Ätiologie und zur Arzt-Patient-Beziehung – und anhand der beschränkten medizinischen Erfolge bei der Behandlung körperlicher Erkrankungen wie dem Verschleiß des Herz-Kreislauf-Systems und rheumatischen Beschwerden.

Ausgehend von der Erwartung einer schnellen Entwicklung klinisch-psychologischen Wissens leiten wir schließlich einige Inhalte für eine zukünftige Ausbildung ab.

1 Derzeitige Universitätsausbildung[1]

Die „Ständige Konferenz der Vertreter für Klinische Psychologie und Psychotherapie an Hochschuleinrichtungen für Psychologie" verabschiedete 1977 – auf der Grundlage eines Entwurfs von *Sommer, Bastine* und *Malchow* (1977) – eine Stellungnahme zu Ausbildungsinhalten des Studienschwerpunktes „Klinische Psychologie und Psychotherapie". Damit wurde ein wichtiger Baustein für eine Vereinheitlichung der Ausbildung an den Universitäten der Bundesrepublik und West-Berlin gelegt. Im folgenden gehen wir kurz auf das Papier ein.

Die Inhalte des Studienschwerpunktes „Klinische Psychologie und Psychotherapie" sind verteilt auf die Bereiche „Klinische Psychologie im engeren Sinne", „Psychologische Diagnostik" und „Psychotherapeutische Verfahren und Interventionsmethoden".

1 Der Beitrag von *Fichter, Wittchen* und *Dvorak* in diesem Reader geht ausführlich auf die Situation von Klinischen Psychologen im Beruf ein. Daher können wir uns hier darauf beschränken, zur Einleitung lediglich kurz die derzeitige Universitätsausbildung zu kennzeichnen.

„Der Bereich *psychologische Diagnostik* umfaßt diagnostische Modelle, Urteilsbildung, Methoden und deren Gütekriterien“ (S. 170).
Der Bereich *Klinische Psychologie im engeren Sinne* umfaßt Psychologie abweichenden Verhaltens, klinisch-psychologische Interventionen und Versorgungsstrategien bei spezifischen psychischen Störungen und Forschungsmethoden.
Der Bereich *psychotherapeutische Verfahren und Interventionsmethoden* umfaßt Ansätze psychotherapeutischer Interventionen (Prävention, Psychotherapie, Rehabilitation; mittelbare, unmittelbare Intervention) sowie Therapietheorien, Therapierichtungen und deren Evaluation.
In der Ausbildung werden in größerem Umfang praktische Fertigkeiten vermittelt, u. a. durch Praktika (universitäre Lehrveranstaltung), Außenpraktika, Diplomarbeit und Projektstudium.
Mit der Diplom-Prüfung erwirbt der Student eine Berufseingangs-Qualifikation. Im Studienschwerpunkt „Klinische Psychologie und Psychotherapie“ bedeutet dies im einzelnen:

1. eine fundierte theoretische Ausbildung, die es ermöglicht, an der wissenschaftlichen Entwicklung teil zu haben und das eigene Handeln wissenschaftlich zu überprüfen und zu verändern;
2. eine praktische Ausbildung in klinisch-psychologischen Grundfertigkeiten und ausgewählten Interventionsmethoden;
3. eine theoretische und praktische Ausbildung in der Anwendung der Klinischen Psychologie auf ausgewählte Praxisfelder bzw. Störungsbereiche.

Soweit die Stellungnahme der „Ständigen Konferenz für Klinische Psychologie und Psychotherapie“. In einer empirischen Untersuchung konnten *Groeger/Wittchen/Dvorak/Fichter* (1979) und *Wittchen/Dvorak/Groeger/Fichter* (1979) die Ausbildungssituation in Klinischer Psychologie im Jahre 1977 konkretisieren.
Danach wurde an 26 Psychologischen Instituten (ca. 80% der Psychologischen Institute in der BRD und West-Berlin) eine klinisch-psychologische Schwerpunktausbildung angeboten. Beteiligt waren daran 47 Professoren und 133 „Mittelbau“-Angehörige. Ungefähr 70% der Studenten wählten Klinische Psychologie und Psychotherapie als Schwerpunkt; dabei bestand eine Tendenz zur leichten Abnahme, die u. a. mit dem Ausbau alternativer Schwerpunktangebote zusammenhängt.
Bezogen auf Psychotherapie wurden in der theoretischen Ausbildung Kenntnisse in den drei wichtigsten therapeutischen Richtungen vermittelt: Verhaltenstherapie, Gesprächspsychotherapie und Psychoanalyse. In der praktischen Ausbildung in Interventionsmethoden boten von den 26 Instituten 25 in Verhaltenstherapie Praktika an, 19 in Gesprächspsychotherapie und 6 in Psychoanalyse. Es bestand eine starke Tendenz weg von Therapieschulen hin zu schulenübergreifenden, empirisch begründeten Interventionsmethoden.
Für Forschung und praktische Ausbildung standen den meisten Instituten eigene

Therapieräume zur Verfügung. 8 (von 26) hatten eine eigene Praxiseinrichtung und zwar jeweils eine Beratungsstelle (bei 3 weiteren war sie geplant). 24 Institute kooperierten mit exteren psychosozialen[2] Versorgungseinrichtungen, wenn auch teilweise nur wenig intensiv. Nahezu zwei Drittel des Lehr*angebots* bezog sich auf die Vermittlung praktischer Fertigkeiten; dieser sehr hohe Anteil ergab sich vor allem durch die Notwendigkeit von Parallelveranstaltungen – wegen der Teilnahmebeschränkungen. Trotzdem konnten an der Universität nur Ansätze praktischer Kenntnisse vermittelt werden. Es wurden vor allem therapeutische *Methoden* gelehrt, die Arbeit mit Klienten blieb dagegen zurück: Lediglich 46,5% der Studierenden konnten 1977 zumindest eine Therapie unter Supervision durchführen.
Die „Ständige Konferenz für Klinische Psychologie und Psychotherapie“ hält deshalb eine berufsbegleitende Weiterbildung von 2 bis 3 Jahren für erforderlich, bevor ein Klinischer Psychologe eigenverantwortlich Therapie durchführt.

2 Zukünftige Tätigkeitsbereiche

Es ist anzunehmen, daß Psychologen sich künftig intensiver mit wichtigen gesellschaftlichen Problemen auseinandersetzen (vgl. *Wertheimer* u. a., 1978). Wir wollen aber in diesem Abschnitt nicht kühne Zukunftsvisionen ausmalen, sondern Hinweise geben auf sich abzeichnende neue Tätigkeitsbereiche von Klinischen Psychologen. Diese Tätigkeitsbereiche sind im Ansatz jetzt schon vorhanden, sie werden aber nach unserer Einschätzung erheblich an Bedeutung gewinnen. Sie werden die derzeitigen klinisch-psychologischen Haupttätigkeiten – also Diagnostik, Beratung und Therapie – vermutlich weniger ersetzen, als vielmehr *zusätzliche Schwerpunkte* bilden. Zwei dieser Schwerpunkte wollen wir im folgenden ausführlich darstellen: klinisch-psychologische Tätigkeit in der psychosozialen Versorgung und in der medizinischen Versorgung.

2.1 Klinische Psychologie in der psychosozialen Versorgung

Klinische Psychologen haben ihre Tätigkeiten bisher zu wenig an den Erfordernissen des psychosozialen Gesundheitswesens orientiert. Erfreulicherweise hat sich dies in den letzten Jahren etwas verändert. Insbesondere die Auseinander-

2 Der Begriff „psychosozial“ ist gemeint als Kürzel für ein Gebiet, das sich von „medizinisch“ oder „körperlich“ abgrenzt. Der Anteil „psychisch“ verweist dabei auf Verhalten und Erleben von Individuen (vgl. die entsprechende Definition der Psychologie); der Anteil „sozial“ weist zum einen darauf hin, daß Erleben und Verhalten eines Individuums in Interaktion mit anderen Menschen zu sehen sind, zum anderen darauf, daß es um gesellschaftliche Prozesse geht, wenn Verhalten und Erleben als „gestört“ oder „normal“ bezeichnet werden.

setzungen um das Psychotherapeutengesetz (vgl. dazu die zusammenfassende Dokumentation der Deutschen Gesellschaft für Soziale Psychiatrie, 1979) haben mitgeholfen, den Stellenwert der klinisch-psychologischen Tätigkeiten innerhalb des Gesundheitswesens zu reflektieren.
Die hier angedeutete Richtung zur Veränderung klinisch-psychologischer Aktivitäten wird derzeit besonders von der *Gemeindepsychologie* thematisiert (vgl. ausführlicher *Sommer/Ernst,* 1977a; *Sommer* u. a., 1978), deshalb seien die Hauptmerkmale und Konzepte der Gemeindepsychologie hier kurz genannt (vgl. *Kommer/Sommer*, 1977, *Sommer/Ernst*, 1977b, 2f.; *Sommer* u.a., 1978, 2915f.). Ziel gemeindepsychologischer Arbeit ist ein Höchstmaß psychosozialer Gesundheit der Bevölkerung. Dies soll angestrebt werden durch

- Betonung Primärer Prävention, die sowohl an der Umwelt ansetzen muß (Reduktion belastender Bedingungen; Vermittlung von Kompetenzen), als auch an den Individuen (Erwerb von Kompetenzen, d. h. Verhaltensweisen zur effektiven Auseinandersetzung mit konkreten Lebenssituationen, vgl. *Sommer,* 1977);
- aktives Aufsuchen von Betroffenen;
- räumlich und psychologisch gemeindenahe Interventionen, die umfassend sind und Kontinuität garantieren;
- Hilfe zur Selbsthilfe und Unterstützung von Nicht-Professionellen;
- Information der Bevölkerung über Entstehungs- und Veränderungsbedingungen psychosozialer Probleme;
- Forschung auf den Gebieten der Ätiologie, Epidemiologie, Kompetenzepidemiologie und Therapie;
- Evaluation derzeitiger Interventionsangebote und Entwicklung neuer Angebote.

Vor diesem Hintergrund gemeindepsychologischer Konzepte wollen wir am Beispiel individueller Ansätze zur Bewältigung von Problemen demonstrieren, daß derzeitige klinisch-psychologische Tätigkeiten zu kurz greifen.

Ansätze zur Bewältigung psychosozialer Probleme

Die meisten Menschen versuchen, ihre psychosozialen Probleme selbst oder mit Hilfe von Menschen aus ihrem engeren Lebenskreis zu bewältigen, z. B. Familienangehörigen, Nachbarn, Freunden; nur wenige Menschen suchen externe Hilfen auf (nach Schätzungen aus den USA einer von sieben; *Gurin/Veroff/Field,* 1960); von letzteren wiederum suchen nur 20 bis 30% sogenannte Experten auf (z. B. Psychologen, Psychiater, Sozialarbeiter), der größere Prozentsatz wendet sich an den Pfarrer oder (Haus-)Arzt (*Gurin* u. a., 1960).
Mit den folgenden Punkten sollen (im Sinne einer „Gesundheitspyramide“) verschiedene *Stufen zur Bewältigung psychosozialer Probleme* aufgezeigt werden. Die Stufungen kommen zustande durch ein zunehmendes Ausmaß an Fremdhil-

fe, Formalisierung und Professionalisierung; damit einhergehen dürfte eine geringere Anzahl von Klienten, die auf den jeweiligen Stufen ihre Probleme angehen. Im folgenden wird bewußt die aktive Rolle der Betroffenen verbal betont.

- Selbsthilfe, Eigensteuerung: Die Betroffenen bearbeiten ihre Probleme eigenständig.
- Informelle Hilfen: Die Betroffenen bearbeiten ihre Probleme mit Hilfe von Familie, Freunden, Nachbarn, Bekanntenkreis oder mit Hilfe von Berufsgruppen, die nicht zum psychosozialen Gesundheitssystem zählen (z. B. Friseur, Barkeeper).
- Selbsthilfegruppen: Betroffene, die gleiche oder ähnliche psychosoziale Probleme haben, helfen sich untereinander und gegenseitig, meist ohne Hilfe von Professionellen.
- „Nicht-Professionelle", Mediatoren, Betroffene bearbeiten ihre Probleme mit Unterstützung von Personen, die keine akademische Ausbildung im psychosozialen Bereich erhalten haben, die aber von Professionellen in unterschiedlichem Ausmaß ausgebildet, angeleitet, supervisiert werden.
- Professionelle Hilfe: Betroffene bearbeiten ihre psychosozialen Probleme mit Unterstützung von Personen, die für die Tätigkeit akademisch ausgebildet sind, z. B. Psychologen, Psychiater, Sozialarbeiter.

Diese unterschiedlichen Ansätze zur Bewältigung psychosozialer Probleme müssen in einem angemessenen psychosozialen Gesundheitssystem berücksichtigt werden. Es ist denkbar, daß das Selbstverständnis von Klinischen Psychologen dahingeht, sich hauptsächlich auf die direkte Beratung und Therapie von Betroffenen zu spezialisieren. Wir halten es aber für angemessener, die *Tätigkeit von Klinischen Psychologen* im Sinne der oben genannten Punkte zu *erweitern auf die folgenden Gebiete:*

1. Information der Bevölkerung: Das bedeuet unter anderem, Informationen zu vermitteln über Verbreitung, Entstehungs- und Veränderungsbedingungen psychosozialer Probleme. Dabei ist ein wichtiger Aspekt, psychosoziale Probleme nicht als Krankheiten zu definieren sondern als Lebensprobleme, die in engem Zusammenhang mit konkreten Lebensbedingungen wie Arbeit, Wohnen oder Familie stehen (vgl. dazu die sozialwissenschaftlichen Verhaltensmodelle). Zudem können neuere Erkenntnisse zur Modifikation vermittelt werden, unter anderem Veränderungsmöglichkeiten mit Hilfe von Selbsthilfegruppen, neuen Therapieformen wie Verhaltens- und kognitiven Therapien, aber auch mit Hilfe von Psychopharmaka.
2. Hilfe zur Selbsthilfe: Psychologisches Wissen an die Betroffenen geben, mit Hilfe dessen sie sich selbst und gegenseitig helfen können.
3. Ausbildung und Supervision von Mediatoren, Fortbildung von Berufsgruppen des psychosozialen Gesundheitssystems (Ärzte, Sozialarbeiter, Pflegepersonal).
4. Beratung, Psychotherapie.

Diese Überlegungen zu Aufgabenbereichen von Klinischen Psychologen sind teilweise abgeleitet aus Konzepten der Gemeindepsychologie.
Vergleichbare Vorstellungen zur Rolle des Klinischen Psychologen entwickelte eine Arbeitsgruppe der Weltgesundheitsorganisation (WHO-Report, 1973). Eine umfassende Studie über das psychosoziale Gesundheitswesen in den USA (President's Commission of Mental Health, 1978) kam zu Schlußfolgerungen, die ebenfalls mit unseren Vorstellungen über die Aufgaben von Klinischen Psychologen vereinbar sind. Da in den USA durch die Gesetzgebung zur Errichtung von Community Mental Health Centers und durch die Entwicklung der Gemeindepsychologie wichtige Anregungen zu einer Verbesserung der psychosozialen Gesundheitsversorgung gegeben wurden, die auch für die Bundesrepublik relevant sind, werden wir uns etwas ausführlicher mit dem Kommissionsbericht auseinandersetzen.

The President's Commission on Mental Health (1978)

Die Kommission betont zunächst, daß in den letzten 15 Jahren in den USA wesentliche Verbesserungen in der psychosozialen Versorgung erreicht wurden, und zwar insbesondere durch die Errichtung von (Comprehensive) Community Mental Health Centers (1978 waren 647 in Betrieb, 57 weitere im Aufbau). Trotzdem gebe es immer noch Millionen von Amerikanern, die „unversorgt, unterversorgt oder falsch versorgt sind" (S. 2). „Bei vielen liegt es an ihren Wohngegenden; bei anderen an ihrer Person, nämlich an Rasse, Alter oder Geschlecht; bei wieder anderen liegt es an ihrer spezifischen Störung oder an ökonomischen Bedingungen" (S. VII).
In ihrem „Brief an den Präsidenten" faßt die Kommission dann sehr knapp die einzelnen Empfehlungen zusammen, die dazu beitragen sollen, ein qualitativ hochwertiges psychosoziales Gesundheitssystem für alle Betroffenen zu erreichen (1978, S. VIII). Im folgenden zitieren wir diese Empfehlungen (vgl. ausführlich den Kommissionsbericht). Sofern es uns notwendig erscheint, geben wir einige ergänzende Erläuterungen:
– „Netzwerke qualitativ hochwertiger, umfassender psychosozialer Dienste im gesamten Land erstellen, die flexibel auf sich verändernde Bedingungen und auf unterschiedliche rassische und kulturelle Hintergründe der Menschen reagieren können. Diese Dienste sollten möglichst in den Gemeinden lokalisiert sein".
– „Gesundheitsdienste aus öffentlichen und privaten Mitteln so finanzieren, daß die Versorgung zu angemessenen Kosten erreichbar ist".
– „Sicherstellen, daß angemessen ausgebildetes Personal erreichbar ist, wo es gebraucht wird". Die Fertigkeiten und das Wissen des Personals (einschließlich der Nicht-Professionellen) sollen den Bedürfnissen der Betroffenen entsprechen. Dazu müssen die Bedürfnisse der Bevölkerung eruiert werden.
– „Dienste und Personal für Bevölkerungsgruppen mit speziellen Bedürfnissen – wie Kinder, Heranwachsende und ältere Menschen – erreichbar machen, wo und wann sie gebraucht werden".
– „Bundesweit eine Priorität setzen, um den Bedürfnissen der chronisch-psychiatrischen Klienten gerecht zu werden".
– „Engere Koordination der psychosozialen Gesundheitsdienste untereinander, mit allgemeinen Gesundheits- und anderen Diensten und mit den persönlichen und sozialen Unterstützungssystemen, die unsere Nachbarschaften und Gemeinden stärken". Die bestehenden Systeme gegenseitiger Unterstützung (wie Familie, Freunde, Nachbarschaft, Kirchen, Vereine) sollten wissenschaftlich untersucht und besser als bisher genutzt werden.

– „Das Wissen über Art und Behandlung psychosozialer Störungen erweitern“. Schwerpunkte der Forschung sollten sein: die Inzidenz von psychosozialen Problemen, die Nutzung von psychosozialen Einrichtungen sowie Interventionen und Institutionen.
– „Bundesweit konzertierte Anstrengungen zur Prävention psychosozialer Störungen unternehmen“. Insbesondere sei die Arbeit mit Kindern zu intensivieren.
– „Sicherstellen, daß psychosoziale Dienste und Programme menschliche Grundrechte respektieren ...“. Zudem seien neuere Untersuchungen mit dem Ziel eines besseren Verständnisses psychosozialer Probleme in der Öffentlichkeit und einer Reduktion von Diskriminierung notwendig.

Zu teilweise ähnlichen Ergebnissen zum psychosozialen Gesundheitssystem wie die amerikanische Kommission kommt der „Bericht über die Lage der Psychiatrie in der Bundesrepublik Deutschland“ (1975). Wir wollen hier lediglich kurz auf die soeben vorgelegte „Stellungnahme der Bundesregierung“ zu diesem Bericht (1979) eingehen.

Stellungnahme der Bundesregierung zum Bericht der Sachverständigen-Kommission

Obwohl die Zustände an den Psychiatrischen Landeskrankenhäusern schon erheblich gebessert seien, werden sie weiterhin als großes Problem angesehen. Neben internen Veränderungen sei dieses Problem vor allem durch flankierende Maßnahmen anzugehen: Durch den Ausbau ambulanter Dienste, die den Zugang neuer Klienten reduzieren, durch den Ausbau komplementärer und rehabilitativer Dienste, die eine Entlassung von Klienten erleichtern; durch Ermöglichung extramuraler Dienste an den Psychiatrischen Landeskrankenhäusern und durch eine engere Verzahnung von ambulanter und stationärer Versorgung.
Die Notwendigkeit von intensiver Forschung wird betont; dem entspricht der Schwerpunkt „Psychische Krankheiten“ des 1978 von der Bundesregierung beschlossenen Programms „Forschung und Entwicklung im Dienste der Gesundheit“.
Beim Verweis auf ein großes Defizit an therapeutischen Behandlungsmöglichkeiten werden gleichzeitig neue Ansätze wie Gruppentherapie und Verhaltenstherapie als Lösungsansätze benannt.
Die Notwendigkeit von verstärkter Prävention wird betont, dazu werden auch konkrete Ansätze vorgeschlagen, zudem wird das Konzept „Hilfe zur Selbsthilfe“ als wesentlich angesehen. Probleme der Diskriminierung von „psychisch Kranken“ und Ansätze zur Reduktion werden beschrieben.

Diese Einschätzungen der Bundesregierung entsprechen soweit unseren Überlegungen zu einem psychosozialen Gesundheitssystem, wie wir sie oben beschrieben haben. Ein zentrales Problem liegt nun darin, daß sowohl der Psychiatriebericht (1975) als auch die „Stellungnahme der Bundesregierung“ (1979) weitgehend unreflektiert am medizinischen Krankheitsmodell festhalten. Zwar werden die „noch bestehenden“ Abgrenzungsunsicherheiten zwischen Gesundheit und Krankheit beklagt, es wird aber nicht gesehen, daß dieses Problem medizinisch prinzipiell nicht zu lösen ist. Wesentliche Konsequenzen dieses Festhaltens am „medizinischen Modell“ sind in der „Stellungnahme der Bundesregierung“ zu sehen: Am *Krankheitsbegriff* wird festgehalten; den niedergelassenen *Fachärzten* für Psychiatrie und Nervenheilkunde wird eine zentrale Bedeutung beigemessen; *Ärzte* für Allgemeinmedizin und Innere Medizin sollen in die Lage versetzt werden, „psychisch Kranke und Behinderte auch laufend zu behandeln" (S. 11). Die Ausbildung von *Ärzten* in Psychiatrie, Psychotherapie und medizinischer Psychologie wird gefordert. So sehr einige dieser Bestrebungen prinzipiell zu begrüßen sind, so verwunderlich ist es andererseits, daß die Relevanz anderer Berufsgruppen, insbesondere von Psychologen und Klinischen Psychologen, offensichtlich von der Bundesregierung nicht gesehen wird (im Gegensatz zu amerikanischen Entwicklungen, vgl. *Fiester,* 1978). Hier ist gesundheitspolitisch offensichtlich noch viel zu tun, damit (Klinische) Psychologen und andere Berufsgruppen den ihnen zustehenden Platz im psychosozialen Gesundheitssystem auch offiziell einnehmen können.

2.2 Klinische Psychologie in der medizinischen Versorgung und Rehabilitation

Ein heute quantitativ nur schwer abschätzbares Spektrum von Aufgaben, deren Lösung hochqualifizierte klinisch-psychologische Kompetenzen erfordert, wird in nicht allzu ferner Zukunft innerhalb der Organmedizin selbst aktuell werden.

Es ist kaum mehr zu übersehen, daß Ärzte zunehmend mit Problemen konfrontiert sind, für die sie nicht ausreichend ausgebildet wurden. Zur gleichen Zeit versäumen sie keine Gelegenheit, nachdrücklich zu betonen, daß die anstehenden Probleme nur von Ärzten gelöst werden können. Derart lautstarke Bekundungen von Selbstsicherheit imponieren jedoch eher als Ausdruck von Verunsicherung. Altbewährte Verhaltensorientierungen scheinen in Frage gestellt zu sein, neue Erwartungen an den Arzt scheinen Änderungen von zentralen Paradigmen der Medizin erforderlich zu machen.

Das bei vielen Erkrankungen so bewährte *Ätiologie-Paradigma* (eine Noxe wirkt auf einen mehr oder weniger abwehrbereiten Organismus und löst eine akute Erkrankung aus) erweist sich heute häufig als unzureichend. Viele ambulante Patienten leiden unter wechselnden Zuständen autonom-nervöser Erregung oder depressiver Erschöpfung, die sich nur schwer in dieses Schema einfügen lassen und deshalb zu oft als primär organische Funktionsstörungen interpretiert und symptomatischen Verlegenheitsbehandlungen mit Psychopharmaka zugeführt werden. Schon heute kann man allerdings unter Ärzten eine gewisse Bereitschaft beobachten, Störungen dieser Art einer psychologischen Behandlung zuzuführen.

Sogar die häufigste Krankheit und Todesursache unserer Zeit, der Verschleiß unseres Herz-Kreislaufsystems, erweist sich als Problem, das mit den Mitteln der Organmedizin kaum zu beherrschen ist. Einige der wichtigsten „Risikofaktoren" für diese Krankheit leiten sich aus schwer beeinflußbaren Verhaltensweisen wie körperlicher Trägheit oder übermäßigem Essen und Rauchen ab. Die Beeinflussung dieser Verhaltensweisen wird bereits heute zunehmend als Domäne verhaltenstherapeutisch orientierter Klinischer Psychologen akzeptiert.

Auch das traditionelle *Paradigma der ärztlichen Behandlung* orientiert sich an den früher häufigen, heute jedoch in den Hintergrund tretenden akuten Erkrankungen. Der akut Erkrankte liegt danieder. Er erhält ein hohes Maß an pflegender Zuwendung, die in dem Moment aufhört, wo die akute Erkrankung unübersehbar zu Ende ist. Diese für Patient und Arzt hilfreichen Orientierungspunkte – der eindeutige Beginn und das ebenso eindeutige Ende der Erkrankung – scheinen immer verschwommener zu werden. Viele Zustände, die früher unweigerlich zum Tode führten, gehen heute, dank erfolgreicher ärztlicher Intervention, in weniger dramatische Zustände über. Sie machen dann allerdings langdauernde, oft lebenslange Behandlung erforderlich; oder sie resultieren in funktionellen Einschränkungen, die wiederum im Laufe der Zeit zu sekundären Schädigungen führen können. Dabei wird es immer schwieriger, verbindlich zu sagen, ob ein Mensch krank oder gesund ist.

Schließlich ist auch das über Jahrtausende gültige *Paradigma der Arzt-Patient-Beziehung* fragwürdig geworden. Zu Zeiten, als akute Krankheiten vorherrschten, war es durchaus sinnvoll, daß der Arzt – gleichsam als Sachwalter der vitalen Interessen seines Patienten – die erforderlichen Maßnahmen mit väterlicher Autorität verordnete. Diese direktive Variante der Patienten-„Führung" gerät jedoch bereits dort in Schwierigkeiten, wo der Arzt zwar über wirksame Medikamente verfügt, um z. B. die verheerenden Folgen eines erhöhten Blutdruckes zu kontrollieren oder zumindest zu reduzieren, wo es ihm jedoch häufig nicht gelingt, den Patienten zu einer dauerhaften Kooperation (Compliance) bei der Behandlung zu bewegen (*Kallinke,* 1978b).

Noch schwieriger wird die Situation für den Arzt dort, wo sich ein Patient etwa mit einer rheumatischen Erkrankung depressiv-apathisch abfindet und alle jene funktionserhaltenden Aktivitäten unterläßt, die allein eine rasche Verkrüppelung verhindern können. Hier resultiert das am Paradigma der Akutkrankheit orientierte ärztliche Verhalten in Zuwendung bei Schmerzen oder depressiven Symptomen, so daß die operanten Anteile von Krankheitsverhalten verstärkt werden können. Der Arzt, der mit seinen chronischen Patienten eine Beziehung auf lange Zeit eingeht, muß also lernen, auf bestimmte Anweisungen zu verzichten, und stattdessen selbstverantwortliches Handeln beim Patienten zu wecken, ihn bei Versuchen zur Selbsthilfe (Entspannung, Schmerzbewältigung, funktionserhaltende Übungen trotz Schmerzen) zu bestärken und allen jenen Verhaltensmöglichkeiten seine Aufmerksamkeit zu schenken, die trotz der fortbestehenden Funktionseinschränkung möglich sind (*Kallinke,* 1978a, 1979).

Diese Neuorientierung ärztlicher Verhaltensmuster wird sich nicht im Rahmen eines kurzen und mit Wissensvermittlung vollgestopften Medizinstudiums, sondern nur mit kompetenten, klinisch-psychologisch geschulten Beratern verwirklichen lassen.

Viele der bisher geschilderten Probleme zwischen Arzt und Patient, die sich im Verlauf etlicher chronischer Erkrankungen ergeben, kann der Arzt durchaus noch im Rahmen des traditionellen Paradigmas der Arzt-Patient-Beziehung bewältigen, indem er den Patienten mit Hinweis auf die Folgen einer Nichtkooperation einschüchtert, ihn zur Krankengymnastik „kommandiert“, Schmerzen mit Analgetika, Spannungszustände mit relaxierenden Tranquilizern und Depressionen mit Antidepressiva zu beeinflussen versucht. Er wird nur in Kauf nehmen müssen, daß die Arzt-Patient-Beziehung sich verschlechtert, der Patient zunehmend passiv-resignierend oder passiv-fordernd reagiert bzw. insgesamt unselbständig und abhängig wird.

Verwirrende Konfliktsituationen zwischen Arzt und ärztlichem Personal einerseits und zwischen Patienten andererseits sind in jenen Bereichen der medizinischen Versorgung an der Tagesordnung, in denen vital gefährdete Patienten mit technischen Mitteln überleben (*Moos,* 1977), wie z. B. bei der Behandlung von niereninsuffizienten Menschen mit der künstlichen Niere oder bei der Versorgung von Querschnittsgelähmten.

Die betroffenen Patienten befinden sich in einer Lage, die sie sich kaum einzugestehen wagen oder auf die sie mit Angst und Niedergeschlagenheit reagieren. Nicht selten lehnen sie sich gegen ein sinnlos erscheinendes Leben voller Abhängigkeiten in der Weise auf, daß sie dem ärztlichen Personal die Mitarbeit verweigern, oder seine Bemühungen zu sabotieren scheinen. Derartige Reaktionen des Patienten verweisen darauf, daß er sich mit seiner chronischen Krankheit auseinanderzusetzen versucht (*Kallinke/Banthien,* 1978). Diese durchaus einfühlbaren Verhaltensweisen des Patienten richten sich jedoch gegen Helfer, die sich selbst in einer schwierigen Lage befinden (*Gunther,* 1977). Sie wurden ausgebildet, die Krankheit zu besiegen, d. h. ein Ziel anzustreben, das sich vielleicht bei akuten, nicht jedoch bei chronischen Krankheiten erreichen läßt. Trotz größten Einsatzes müssen sie erleben, daß der Zustand des Patienten häufig schlechter, selten jedoch dramatisch besser wird. Allein dies kann zu Unzufriedenheit und beträchtlichen Spannungen zwischen den Mitarbeitern führen. Wenn sich dann auch noch der Patient als widersetzlich und „undankbar“ erweist, können sich rasch verzweifelte Kraftproben zwischen Arzt und Patient ergeben, die die ganze Problematik einer nicht an den Bedürfnissen des Patienten orientierten Kooperation offenbaren.

Die auf den vorausgehenden Seiten angedeuteten Probleme innerhalb der medizinischen Versorgung sind sicherlich nicht durch ein Lehrfach „Medizinische Psychologie“ zu überwinden. Auch der Versuch, allen Ärzten ausreichende psychotherapeutische Kenntnisse und Fertigkeiten zu vermitteln, wird unrealistisch sein, denn die Ärzte sind voll damit beschäftigt, ihren schwierigen Part bei der medizinischen Versorgung der Patienten zu spielen. Sie benötigen jedoch kompetente Berater, die ihnen in Teamarbeit am konkreten schwierigen Fall immer wieder modellhaft vorführen, wie man klientenzentriert und problemlösend mit schwierigen Reaktionen der Patienten bzw. mit schwierigen zwischenmenschlichen Situationen auf einer Medizinischen Abteilung umgehen kann. Diese Beratungsfunktion muß nicht auf psychiatrische Konsiliarien (*Lipowski,* 1968) beschränkt sein, sie könnte sicherlich auch von Klinischen Psychologen mit mehrjähriger Erfahrung in Therapie und Supervision wahrgenommen werden.

3 Schlußfolgerungen für eine zukünftige Ausbildung

Die Klinische Psychologie ist ein anschauliches Beispiel dafür, wie schnell sich Arbeitsgebiete ausweiten und verändern können. Das Wissen der Klinischen Psychologie vor 10 Jahren ist gemessen an den derzeitigen beruflichen Aktivitäten völlig unangemessen. Es besteht keinerlei Grund zu der Annahme, daß unser heutiges Wissen in 10 Jahren anders eingeschätzt wird. Dazu seien einige wissenschaftliche Entwicklungstendenzen erwähnt, von denen wir eine wesentliche Veränderung der Klinischen Psychologie erwarten.

– Therapieschulen-übergreifende klinisch-psychologische Interventionen (z. B. *Bastine,* 1975): Dabei werden zum einen die Gemeinsamkeiten derzeitiger Ansätze, zum anderen ihre Ergänzungsbedürftigkeit deutlicher herausgearbeitet werden. Es muß jedoch vor der möglichen Gefahr eines intuitiven Eklektizismus eindringlich gewarnt werden. Als Leitlinie für klinisch-psychologisches Vorgehen bietet sich an: theoretisch begründetes und empirisch überprüftes Handeln.

– Situationsbezogene Kompetenzdiagnostik (*Goldfried/D'Zurilla,* 1969; *Sommer,* 1977): Diagnostische Verfahren werden die situative Bedingtheit menschlichen Verhaltens stärker berücksichtigen; zudem werden sich die diagnostischen Ermittlungen stärker auf solche motorischen, kognitiven und emotionalen Verhaltensweisen beziehen, die erwünscht und als Therapieziele anzusehen sind, die dem Individuum eine effektive Auseinandersetzung mit seinen Lebenssituationen ermöglichen.

– Alternative Ansätze zur Klassifikation abweichenden Verhaltens (z. B. *Bandura,* 1968; *Kanfer/Grimm,* 1977; *Rehm,* 1977): Diese Klassifikationsversuche orientieren sich – in Abhebung von den klassischen psychiatrischen Krankheitsbildern – u. a. an Verhaltensdimensionen, die gleichermaßen geeignet sind zur Beschreibung „abweichenden“ wie „normalen“ Verhaltens, z. B. sozialen Verhalten, Attribuierung, Selbstverstärkung.

Ausgehend von der Überzeugung, daß sich das klinisch-psychologische Wissen auch in Zukunft stark verändern wird, ergeben sich für die Ausbildung die folgenden Konsequenzen: Es können während der kurzen universitären Ausbildung nur kleine Teile des jeweiligen Wissens und der wünschenswerten praktischen Fertigkeiten behandelt werden. Es sind daher vor allem grundlegende Inhalte zu vermitteln, die einen großen Anwendungsbereich haben und auf deren Basis eine weitere Spezialisierung relativ leicht möglich ist. Weitergehende praktische und theoretische Erfahrungen in Diagnostik, Beratung, Therapie und den oben ge-

nannten neuen Aufgabenbereichen sind durch Weiterbildungssysteme zu fördern.
Die im folgenden aufgezählten Inhalte sind z. T. angelehnt an die Beschlüsse der „Ständigen Konferenz für Klinische Psychologie und Psychotherapie", zum Teil wurden sie bereits in früheren Veröffentlichungen angeführt (*Bastine/Malchow/Schmook/Sommer,* 1975; *Birtsch/Kämmerer/Sommer,* 1978); daher können wir uns hier auf stichpunktartige Aufzählungen beschränken.

I Theoretisches Wissen

1. Wissenschaftliches Denken bei psychologischen Arbeiten, z. B. aus Theorien Hypothesen ableiten; Hypothesen empirisch überprüfen; Relevanz und Werte psychologischer Tätigkeit reflektieren.
2. Forschungsmethodisches Wissen, z. B. Versuchsplanung, Einzelfallanalyse, Beurteilung empirischer Arbeiten; Methoden und Kriterien zur Evaluation von Therapeuten, Interventionen und Institutionen kennen und beurteilen.
3. Klinisch-psychologisches Wissen; unter anderem Wissen über psychosoziales Gesundheitswesen, psychische Störungen, Diagnostik, Interventionsansätze, Interventionsbausteine bzw. -techniken haben, zudem Wissen aus Nachbargebieten wie Medizin und Soziologie.

II Praktische Fertigkeiten in klinisch-psychologischem Verhalten

1. Klinisch-psychologisches Basisverhalten erwerben, vor allem Gesprächsführung; dazu sind zum einen Elemente aus der Gesprächspsychotherapie verwendbar, insbesondere zur Herstellung einer Beziehung zwischen Klient und Berater und zur Reflexion von Gefühlen; zum anderen Elemente aus der Verhaltensanalyse, insbesondere zur strukturierten und konzeptgeleiteten Informationssammlung, -verarbeitung und -vermittlung. Dieses Basisverhalten ist auch relevant bei der Kooperation mit anderen Berufsgruppen und bei Ausbildung und Supervision.
2. Typische schwierige Situationen in Diagnostik, Beratung, Therapie, Ausbildung und Supervision kennenlernen, dafür sensibel werden und sie handhaben können. Individuelle Grenzen und Grenzen der Klinischen Psychologie kennenlernen und beim Handeln angemessen berücksichtigen.
3. Ausgewählte Interventionstechniken wie verbale Interventionen, Rollenspiele und Entspannungsverfahren kennen und indiziert anwenden können.

III Kennenlernen eines exemplarischen Anwendungsbereichs

Der Anwendungsbereich kann sich einmal auf bestimmte Störungen beziehen (z. B. Ängste, Depressionen, sexuelle Funktionsstörungen), zum anderen auf bestimmte Versorgungsdienste (z. B. Tagesklinik, Ambulanz, Erziehungsberatung).

Bei der Ausbildung in einem exemplarischen Anwendungsbereich sollte mit reflektiert werden, welchen Stellenwert dieser Bereich im Rahmen der psychosozialen Gesundheitsversorgung hat. Dies könnte besonders eindringlich dann geschehen, wenn die klinisch-psychologischen Arbeitseinheiten der Universitäten angebunden wären an ein Standardversorgungsgebiet.

Literatur

Bandura, A.: A social learning interpretation of psychological dysfunctions. In: *London, P., Rosenhan, D.* (Eds.): Foundations of abnormal psychology. N.Y.: Holt, Rinehart & Winston, 1968, 293–344.

Bastine, R.: Auf dem Wege zu einer integrierten Psychotherapie. Psychol. heute, 1975, 53–58.

Bastine, R./Malchow, C./Schmook, C./Sommer, G.: Heidelberger Thesen zur Ausbildung in Klinischer Psychologie. Mitteilungen der Gesellschaft zur Förderung der Verhaltenstherapie, 1975, 7, 398–405.

Bericht über die Lage der Psychiatrie in der Bundesrepublik Deutschland. Deutscher Bundestag, Drucksache 7/4200, 1975.

Birtsch, V./Kämmerer, A./Sommer, G.: Universitätsausbildung in Klinischer Psychologie. In: Deutsche Gesellschaft für Verhaltenstherapie (Hrsg.): Verhaltenstherapie in der psychosozialen Versorgung II, 1978, 249–262.

Deutsche Gesellschaft für Soziale Psychiatrie: Eine Chance vertan? DGSP, 1979.

Fiester, A. R.: JCAH standards for accreditation of community mental health service programs. Amer. Psychol., 1978, 33, 1114–1121.

Goldfried, M. R./D'Zurilla, T. J.: A behavior-analytic model for assessing competence. In: *Spielberger, C. D.* (Ed.): Current topics in clinical and community psychology, Vol. 1. N.Y.: Academic Press, 1969, 151–196.

Groeger, W. M./Wittchen, H. U./Dvorak, A./Fichter, M.: Zur klinisch-psychologischen Schwerpunktausbildung im Rahmen des Diplomstudienganges „Psychologie". Eine empirische Analyse, Teil 1. Psychol. Rundschau, 1979, 30, 180–198.

Gunther, M. S.: The threatened staff: A psychoanalytic contribution to medical psychology. Compreh. Psychiat., 1977, 18, 385–396.

Gurin, G./Veroff, J./Field, S.: Americans view their mental health. N.Y.: Basic Books, 1960.

Kallinke, D.: Die Bedeutung von Depressionen für die Manifestation und den Verlauf von rheumatischen Erkrankungen. Akt. Rheumatol., 1978a, 3, 107–111.

Kallinke, D.: Die Bedeutung von psychologischen Faktoren für Genese, Verlauf und Rehabilitation von rheumatischen Erkrankungen (am Beispiel der chronischen Polyarthritis). Vortrag beim Heidelberger Rehabilitationskongreß 1978. In: *Scholz, J. F.* (Hrsg.), Rehabilitation als Schlüssel zum Dauerarbeitsplatz. Springer Verlag, Berlin, Heidelberg, New York, 1979.

Kallinke, D.: Psychologische Methoden zur Hochdrucktherapie. Einführungsreferat beim 2. Essener Hypertonie-Kolloquium am 18./19. November 1978b (im Druck).

Kallinke, D./Banthien, V.: Psychologische Aspekte der Behinderungsbewältigung bei der Rehabilitation von Dialysepatienten. Vortrag beim Heidelberger Rehabilitationskongreß 1978. In: *Scholz, J. F.* (Hrsg.), a.a.O., S. 163f.

Kanfer, F. H./Grimm, L. G.: Behavioral analysis: Selecting target behaviors in the interview. Behav. Mod. 1977, 1, 7–28.

Kommer, D./Sommer, G.: Psychiatriereform und Perspektiven der Gemeindepsychologie. In: *Sommer, G./Ernst, H.* (Hrsg.): Gemeindepsychologie. München: Urban & Schwarzenberg, 1977a, 259 – 279.

Lipowski, Z. J.: Review of consultation psychiatry and psychosomatic medicine. III. Theoretical Issues. Psychosom. Med., 1968, 30, 395 – 422.

Moos, R. H. (Ed.): Coping with physical illness. N.Y.: Plenum, 1977.

The President's Commission on Mental Health: Report to the President from the President's commission on mental health. Washington, 1979.

Rehm, L. P.: A self-control model of depression. Behav. Ther., 1977, 8, 787 – 804.

Sommer, G.: Kompetenzerwerb in der Schule als Primäre Prävention. In: *Sommer, G./Ernst, H.* (Hrsg.): Gemeindepsychologie. München: Urban & Schwarzenberg, 1977, 70 – 98.

Sommer, G./Bastine, R./Malchow, C. P.: Diskussionsentwurf: Ausbildungsinhalte in Klinischer Psychologie und Psychotherapie im Diplomstudiengang Psychologie nach der neuen Prüfungsordnung. Unv. Ms., 1977.

Sommer, G./Ernst, H. (Hrsg.): Gemeindepsychologie. München: Urban & Schwarzenberg, 1977a.

Sommer, G./Ernst, H.: Einführung. In: *Sommer, G./Ernst, H.* (Hrsg.): Gemeindepsychologie. München: Urban & Schwarzenberg, 1977b, 1 – 9

Sommer, G. u. a.: Gemeindepsychologie. In: *Pongratz, L. J.* (Hrsg.), Handbuch der Psychologie. Bd. 8: Klinische Psychologie, 2. Hbd., 1978, 2913 – 2979.

Ständige Konferenz der Vertreter für Klinische Psychologie und Psychotherapie an Hochschuleinrichtungen für Psychologie: Ausbildungsinhalte in Klinischer Psychologie und Psychotherapie im Diplom-Studiengang Psychologie an den Psychologischen Instituten der Bundesrepublik Deutschland und West-Berlin. Psychol. Rundschau, 1978, 29, 169 – 171.

Stellungnahme der Bundesregierung zum Bericht der Sachverständigen-Kommission über die Lage der Psychiatrie in der Bundesrepublik Deutschland. Deutscher Bundestag, Drucksache 8/2565, 1979.

Wertheimer, M. u. a.: Psychology and the future. Amer. Psychol., 1978, 33, 631 – 647.

WHO: The role of the psychologist in mental health services. Report on a working group convened by the regional office for Europe of the WHO, Cracow, 8 – 11, Mai 1973, Copenhagen, 1973, 1 – 47.

Wittchen, H. U., Dvorak, A., Groeger, W. M., Fichter, M.: Inhaltliche Aspekte der Universitätsausbildung im Schwerpunkt „Klinische Psychologie". Eine empirische Analyse, Teil. 2., Psychol. Rundschau, 1979, 30, 286 – 306.

2 Lernziele der Ausbildung

Reiner Bastine

Ausbildung in psychotherapeutischen Methoden und Strategien[1]

Zusammenfassung

Die Ausbildung in Klinischer Psychologie wird unter dem Aspekt der Vermittlung psychotherapeutischer Fertigkeiten und Kenntnisse behandelt. Ausgangspunkt ist das allgemeine Psychotherapiemodell: Psychotherapie wird verstanden als ein geplantes und strukturiertes Geschehen, in dem durch zielgerichtete Operationen des Psychotherapeuten konstruktive Änderungen im Erleben und Verhalten des Klienten herbeigeführt werden.
Der Praxisbezug der universitären Ausbildung wird in der Verknüpfung von zwei unterschiedlichen Ansätzen („Praxis-Lernen", „Methoden-Lernen") gesehen. In diesem Rahmen werden verschiedene Stufen unterschiedlicher Praxisnähe unterschieden, in denen psychotherapeutisches Basisverhalten und psychotherapeutische Strategien zu vermitteln sind. Abschließend wird auf einige Probleme der Ausbildung (Ausbildungsforschung, Selektion von Ausbildungskandidaten, Supervision und ethische Fragen) hingewiesen.

1 Einleitung

Fragen der psychotherapeutischen Ausbildung werden selten oder nur kurz in Lehrbüchern der Klinischen Psychologie behandelt (z. B. *Kanfer & Phillips,* 1970; *Matarazzo,* 1971; *Schraml,* 1975; *Strotzka,* 1975), obwohl gerade Konzepte und Vorgehensweisen der Ausbildung für das Verhalten und die Effektivität künftiger Psychotherapeuten außerordentlich wichtig sind. Systematische empirische Untersuchungen über Ausbildungsprobleme fehlen weitgehend; empirische Ansätze sind auffallend häufig in schwer zugänglichen Dissertationen zu finden (z. B. *Birtsch,* 1977; *Seidenstücker,* 1976; *Stauß,* 1975; *Tscheulin,* 1972). Darüberhinaus werden Ausbildungskonzepte weitgehend im Rahmen der psychotherapeutischen Gesellschaften diskutiert, was vor allem zur Folge hat, daß Ausbildungsfragen auf einzelne psychotherapeutische Schulrichtungen eingeengt werden.
Es erscheint daher notwendig, die Ansatzpunkte, Methoden und Ergebnisse der psychotherapeutischen Ausbildung in einem schulübergreifenden und umfassen-

1 Für wertvolle Anregungen danke ich Prof. Dr. Gert *Sommer* und Dipl.-Psych. Annette *Kämmerer.*

deren Rahmen zu diskutieren. Das Thema erhält eine weitere Bedeutung dadurch, daß Klinische Psychologen vermehrt selbst Ausbildungsaufgaben für andere Berufsgruppen und für nicht-professionelle Helfer übernehmen.

2 Psychotherapie im Rahmen der klinisch-psychologischen Universitätsausbildung

2.1 Definitionen

Ein wesentlicher Bestandteil der klinisch-psychologischen Ausbildung wird traditionellerweise in der Vermittlung von psychotherapeutischen Methoden und Strategien gesehen. Die besondere Bedeutung, die der Einzel-Psychotherapie in der Ausbildung dabei beigemessen wird, ist vermutlich in der Annahme begründet, daß sie den schwierigsten Teil der klinischen Tätigkeit ausmacht. Dies trifft sicher insofern zu, als an das psychotherapeutische Verhalten hohe persönliche Anforderungen gestellt sind, die umfangreiche Kenntnisse ebenso wie differenzierte psychologische Fähigkeiten und Fertigkeiten voraussetzen. Andererseits setzt sich seit einigen Jahren die Auffassung durch, daß andere Tätigkeitsfelder des Klinischen Psychologen ebenfalls eine intensive Vorbereitung in der Ausbildung nötig machen; beispielsweise in den Methoden der Prävention, in der Beratung von Institutionen, in der Organisation und Anleitung von Selbsthilfegruppen, im Mediatorentraining, in Methoden der Gruppenbehandlung (u. a. *Weissman* et al., 1971). Daher kann die Einzelpsychotherapie im Rahmen der Klinischen Psychologie nur einen unter anderen Ausbildungsbestandteilen ausmachen und ist mit den anderen Ausbildungsinhalten abzustimmen (u. a. *Bastine* et al., 1975; *Birtsch* et al., 1978; *Rönneberg,* 1976).
In dem vorliegenden Beitrag wird Psychotherapie verstanden als ein geplantes und strukturiertes Geschehen, in dem durch zielgerichtete Operationen des Psychotherapeuten konstruktive Änderungen im Erleben und Verhalten des Klienten[1] herbeigeführt werden. Die Operationen zielen auf die Gestaltung der Interaktion (Beziehungsaspekt) und auf das Verhalten und Erleben des Klienten innerhalb und außerhalb der Interaktion (Technik und Generalisierungsaspekte) ab. Innerhalb dieses Konzeptes wird der Vermittlung von psychotherapeutischen Methoden und Strategien eine große Bedeutung eingeräumt.

1 Entsprechend der Problematisierung des Krankheitsbegriffes für psychische Störungen (vgl. *Keupp,* 1972) wird hier von „Klienten“ anstelle von „Patienten“ gesprochen, um den gleichberechtigten Charakter von Psychotherapeut und Klient in dem Prozeß der „reflexiven Kommunikation“ (*Scheele,* 1978) herauszustellen.

Psychotherapeutische Methoden sind Vorgehensweisen, die bei bestimmten psychischen Problemen oder spezifischen Verhaltensweisen des Klienten relativ standardisiert verwendet werden. Beispiele für diese Methoden sind: Methoden der Gesprächsführung; Rollenspielübungen; Feedback-Übungen; Verhaltensanweisungen (Psychotherapeutische Aufgaben, „Hausaufgaben“); Assertives Training; Systematische Desensibilisierung; Selbstinstruktionsübungen).
Psychotherapeutische Strategien sind Interventionen, die komplexe Ziele in verschiedenen Veränderungsdimensionen verfolgen und bei denen psychotherapeutische Methoden kombiniert und in ihrer zeitlichen Abfolge individuell für einen Klienten geplant eingesetzt werden (vgl. *Bastine,* 1978). Beispiele für solche Strategien sind: Selbstaktivieren; Konkretisieren/Vereinfachen; Stabilisieren; Attribuieren; Konfrontieren; Amplifizieren (vgl. *Bastine,* 1976, 1978; *Bastine & Kommer,* 1978).

2.2 Praxisbezogene Ausbildung

In der Ausbildung wird in der Regel weniger die Vermittlung von Kenntnissen schwierig sein als die Vermittlung von psychotherapeutischen Fertigkeiten. Dies liegt u.a. daran, daß sich der Student ohne eigene Anschauung und Erfahrung nur eine unzureichende Vorstellung von der Durchführung der Methoden und den dabei auftretenden Schwierigkeiten machen kann.
Bei der Ausbildung in psychotherapeutischen Fertigkeiten stehen zwei Modelle einander gegenüber, die häufig als Extreme betrachtet werden: eine Ausbildung im Rahmen eigener praktischer Tätigkeit im Berufsfeld („Praxislernen“) oder eine Ausbildung durch Einübung von Methoden („Methodenlernen“).
Das *Praxislernen* erfolgt meist so, daß eine Gruppe von Studenten in einem Praxisfeld (z. B. Psychosoziale Kontaktstelle, Beratungsstellen u. a. in Obdachlosensiedlungen, Heimen, Kliniken) unter Betreuung von erfahrenem Personal tätig wird und regelmäßig auftretende Probleme bespricht und nach gemeinsamen Lösungen sucht (Beispiele: *Bock* et al., 1977; *Rakete,* 1978). Die Studierenden lernen in längerer kontinuierlicher Tätigkeit sämtliche Arbeitsbereiche der Einrichtung kennen und erwerben dabei die erforderlichen Fertigkeiten.
Das *Methodenlernen* geht von der Vermittlung wichtiger Psychotherapiemethoden aus, um dem Studierenden „das nötige Handwerkszeug“ an die Hand zu geben. Die Ausbildung erfolgt meist in Kursen durch gegenseitiges Einüben der Teilnehmer untereinander. Die Studenten sammeln ihre Erfahrungen mit psychotherapeutischen Methoden sowohl in der Klienten- wie in der Therapeutenrolle.
Beide Ausbildungsarten haben unterschiedliche Vor- und Nachteile: Das Praxislernen fördert die Motivation des Lernenden durch die unmittelbare Praxiserfahrung, ermöglicht das Kennenlernen des gesamten Lebenszusammenhangs des

Klienten, konfrontiert mit Klienten aus anderen Sozialschichten, vermittelt intensivere Erfahrungen langzeitiger Veränderungsprozesse, bezieht die Rahmenbedingungen der psychotherapeutischen Versorgungseinrichtungen mit ein und relativiert häufig die Wirksamkeitsansprüche der verschiedenen Therapierichtungen. Andererseits werden durch das Methodenlernen allgemeine und generalisierbare Fertigkeiten vermittelt, das therapeutische Vorgehen kann in Schritten zunehmender Komplexität schnell erlernt weden, die wissenschaftliche Reflexion und Kontrolle der Ausbildung ist leicht herzustellen, und die zeitlichen und personellen Kapazitäten sind besser ausnutzbar.
Aufgrund dieser verschiedenen Aspekte erscheint es sinnvoll, beide Ansatzpunkte in der Ausbildung zu berücksichtigen: Für eine Tätigkeit in einem Praxisfeld ist es außerordentlich hilfreich, über konkrete Methodenerfahrungen und in diesem Zusammenhang erlernte psychotherapeutische Fertigkeiten zu verfügen. Andererseits können komplexere Interventionen (Strategien) am besten in Praxisbezügen vermittelt werden. Eine *Verschränkung* der beiden Ansätze liegt daher nahe.
In der Ausbildung werden häufig Programme verwirklicht, die von einem Methodenlernen ausgehen und dabei zunehmend praxisbezogene Übungen vorsehen. *Truax & Carkhuff* (1967) haben ein solches Ausbildungsprogramm ausführlich beschrieben (ähnlich auch *Tausch*, 1974, 178 – 183):

1. Die Studierenden erhalten eine ausführliche Leseliste und werden anschließend auf ihre theoretischen Kenntnisse geprüft.
2. Sie erhalten Tonbandaufnahmen von Einzel- und Gruppen-Psychotherapie, die sie sich für eine Gesamtzeit von 25 Stunden anhören, um ihr Verhaltensrepertoire anzureichern.
3. Auszüge von diesen Tonbändern werden von ihnen anhand der Skalen über „einfühlendes Verstehen", „Wertschätzung" und „Echtheit" eingeschätzt. Für einige der Ausschnitte stehen bereits Expertenurteile zum Vergleich zur Verfügung.
4. Auf Klientenäußerungen, die auf Tonband aufgenommen sind, werden von den Studierenden Therapeutenantworten mit möglichst hohem Grad an einfühlendem Verstehen formuliert. Später wird auch die in den Antworten ausgedrückte Wertschätzung trainiert.
5. Außerhalb des Kurses nehmen die Studierenden Gespräche auf Tonband auf, indem sie wechselweise die Therapeuten- oder Klientenrolle übernehmen. Diese Gespräche werden im Kurs abgehört und anhand der psychotherapeutischen Skalen eingeschätzt.
6. Nachdem der Student ein bestimmtes Niveau der therapeutischen Bedingungen verwirklichen kann, führt er Einzel-Interviews mit tatsächlichen Klienten durch. Das Ziel ist, eine gute therapeutische Beziehung herzustellen und ein hohes Ausmaß an Selbstexploration des Klienten zu fördern. Die Tonband-

aufnahmen dieser Gespräche werden in der Ausbildungsgruppe besprochen.

7. Kann der Student in den Einzel-Interviews ein bestimmtes Niveau der therapeutischen Bedingungen verwirklichen, erhält er Klienten für eine fortlaufende Therapie. Die Sitzungen werden auf Tonband aufgenommen und periodisch in der Supervisionsgruppe besprochen.
8. In der sechsten Woche des Ausbildungsprogramms wird mit einer „Quasi-Gruppentherapie" für die Auszubildenden begonnen, die über den gesamten Zeitraum der Ausbildung fortgesetzt wird.

Als zentrale Bedingungen neben dem spezifischen didaktischen Aufbau werden von *Truax & Carkhuff* (1967) angesehen, daß einmal der Ausbilder einen *therapeutischen Kontext* schafft, indem er selbst ein hohes Maß an therapeutischen Bedingungen verwirklicht. Außerdem soll der Student fortlaufend in der Quasi-Gruppentherapie Erfahrungen für sich selbst gewinnen (*Truax & Carkhuff,* 1967, 242).

2.3 Praxisstufen in der Ausbildung

Bei dem Aufbau eines praxisbezogenen Ausbildungsprogrammes treten heute die als „Skalentraining", „Diskriminationstraining" und ähnlich bezeichneten Bestandteile deutlich zugunsten des Einübens komplexerer Vorgehensweisen zurück. Im Hinblick auf einen abgestuften Praxisbezug scheint folgende Abfolge sinnvoll (vgl. auch *Birtsch* et al., 1978):

(1) *Praxisdemonstrationen und Fallseminare:*
Hier erfolgt eine Darstellung der in der Praxis auftretenden Probleme, nach Möglichkeit durch eigene Anschaffung oder durch Ton- und Filmmaterial. Diese einführende Demonstration darf nicht auf rein psychotherapeutische Fälle beschränkt sein, um früh auch Grenzen der Therapiemöglichkeiten aufzuzeigen. Der Studierende sollte dabei verschiedene Perspektiven (theoretische, methodische, ethische und praktische) kennenlernen und Hinweise für die Einordnung der späteren eigenen Übungen erhalten.

(2) *Einüben von psychotherapeutischen Methoden*
In gezielten Übungen der Studierenden untereinander werden psychotherapeutisches Basisverhalten (*Bastine,* 1970; *Tscheulin,* 1972; 1978) und einzelne psychotherapeutische Methoden trainiert. Die Teilnehmer bringen eigene Probleme in die Übungen ein und lernen dabei die psychotherapeutischen Verfahren sowohl aus der Klienten- wie der Psychotherapeutenposition kennen. Zu den einzelnen Übungen sollen „Hausaufgaben" gegeben werden,

bei denen die Verfahren außerhalb des Kreises der Kursteilnehmer erprobt werden, um so die Schwierigkeiten der Anwendung bei Laien kennenzulernen.

(3) *Einüben von komplexeren Interventionsstrategien:*
Anhand von vorbereitetem Fallmaterial (möglichst mit Ton- und Filmausschnitten) werden komplexere Strategien des psychotherapeutischen Vorgehens eingeübt. Hier werden die vorhandenen Daten diagnostisch verarbeitet, Zielsetzungen und mögliche Behandlungsansätze diskutiert und in Rollenspielen eingeübt. Neben therapeutischen Maßnahmen sollen Probleme der therapeutischen Beziehung zum Klienten, ein Einbeziehen der Alltagsbedingungen des Klienten und die Förderung der Generalisierungsmöglichkeiten der Psychotherapie besprochen werden.

(4) *Konkurrente oder begleitende Fallpraktika:*
Bei einer laufenden Psychotherapie beobachten die Studenten in Kleingruppen gleichzeitig (über Einwegscheibe oder Video) und über längere Zeit den Verlauf der Behandlung und diskutieren anschließend mit dem Psychotherapeuten darüber. Dabei sollen auch die kommenden Behandlungsschritte erarbeitet und nach Möglichkeit Rollenspiele eingeübt werden.

(5) *Co-Therapien:*
Der Studierende führt eigene Therapien mit unmittelbarer Kontrolle eines erfahrenen Psychotherapeuten durch. Dies kann dadurch erreicht werden, daß beide Therapeuten gleichzeitig anwesend sind, der Studierende Verhaltensanweisungen durch unmittelbare Rückmeldung erhält („Knopf-im-Ohr“: *Ward* 1962; *Stauss* 1976) oder die Therapie abwechselnd von beiden Therapeuten durchgeführt wird (alternierende Gesprächspsychotherapie: *Tausch* et al., 1970).

(6) *Eigene Psychotherapien unter Supervision im Praxisfeld.*

2.4 Begleitende Faktoren der praxisbezogenen Ausbildung: Theoretische Kenntnisse und Selbsterfahrung

Begleitend zu dieser praxisbezogenen Ausbildung sollen die *theoretischen Kenntnisse* erarbeitet werden. Es ist natürlich sinnvoll, daß schon mit Beginn der ersten praktischen Veranstaltungen Überblicke über Theorien, Methoden und Ergebnisse vorhanden sind, auf die im praktischen Training zurückgegriffen werden kann. Entscheidend ist dabei aber, daß der theoretische Anteil der Ausbildung nicht isoliert von dem praktischen angeboten wird. Vielmehr muß die theoretische Schulung mit jedem Praxisschritt einhergehen. Beispielsweise sollte bei den konkurrenten Fallpraktika die Literatur über den Störungsbereich des behandelten Problemkreises bearbeitet werden.

Die weiteren Inhalte, die in der theoretischen Ausbildung in Klinischer Psychologie vermittelt werden müssen, sollen hier nur genannt werden: Psychologie psychischer Störungen und Psychopathologie, Psychodiagnostik, Gesundheits- und Sozialwesen, Forschung (vgl. *Birtsch* et al., 1978).
Ein begleitender Faktor für die praktische Ausbildung ist ferner die *Selbsterfahrung* des Ausbildungskandidaten. Im Unterschied zur psychoanalytischen Konzeption der Lehranalyse erscheint es sinnvoll, die Ausbildung mit einer intensiven Gruppen-Selbsterfahrung zu beginnen. Als Vorgehen können sowohl Encounter-Gruppen (*Rogers,* 1974; *Tausch,* 1976) als auch strukturierte Übungen (evtl. auch als gesamtes Programm; z. B. nach: *Fittkau, Müller-Wolf & Schulz von Thun,* 1977; *Schwäbisch & Siems,* 1974; *Teegen, Grundmann & Röhrs,* 1975; *Vopel & Kirsten,* 1974) gewählt werden. In dieser Eingangsphase soll der Studierende die eigene psychotherapeutische Motivation, eigene Probleme und die emotionalen, sozialen und kognitiven Anforderungen an die psychotherapeutische Tätigkeit kennenlernen. Durch das Feedback des Ausbilders und der übrigen Gruppenteilnehmer wird es ihm möglich, seine spezifischen Stärken und Schwächen einzuschätzen und auch seine Eignung für eine psychotherapeutische Tätigkeit zu beurteilen.
Auch bei den nachfolgenden Trainings sind ständig Bezüge zur Person des Auszubildenden herzustellen. Dies wird dadurch erleichtert, daß häufig in der Ausbildung die Klienten-Rolle übernommen werden muß, in die der Student seine eigenen Probleme einbringt. In den späteren Phasen werden dann die eigenen Strategien des Kandidaten im Umgang mit den Klientenproblemen thematisiert, um seine „interaktionelle Kompetenz“ (*Grawe & Dziewas,* 1978, 43) zu fördern. Die Selbsterfahrungsfunktion der Ausbildung wird gefördert, wenn die Ausbildung kontinuierlich von den gleichen Personen – nach Möglichkeit in einem enger zusammenarbeitenden Ausbildungsteam – durchgeführt wird.
Eine vollständige eigene Psychotherapie der Studenten scheint nicht erforderlich zu sein, wenn der Selbsterfahrungsgesichtspunkt bei der Ausbildung *fortlaufend* berücksichtigt wird. Dies integrierte Vorgehen („integrated didactic and experiential approach“: *Truax, Carkhuff & Douds,* 1964; *Tscheulin,* 1972) hat daneben den Vorteil, in *allen* Ausbildungsabschnitten jeweils beide Perspektiven – die des Klienten wie des Therapeuten – zu reflektieren.
Auf der anderen Seite berichten *Howard & Orlinsky* (1972, 628), daß viele Psychotherapeuten – in zwei Studien werden 58% bzw. 74% der befragten Psychotherapeuten angegeben – persönlich eine Psychotherapie in Anspruch genommen haben, auch wenn dies nicht in ihren Ausbildungsprogrammen gefordert worden war. Möglicherweise hängt das Ergebnis mit der besonderen emotionalen Belastetheit der Psychotherapeuten (*Schmidbauer,* 1977) oder auch mit der beruflichen Nähe der Psychotherapie zusammen, so daß bei Lebensproblemen auch eher selber psychotherapeutische Hilfe gesucht wird.
Insgesamt ist der kontinuierlichen Selbsterfahrung während der Ausbildung ein

erhebliches Gewicht zu geben. Eine Eigentherapie des Auszubildenden erscheint dann als regelmäßige Ausbildungsanforderung nicht notwendig.

3 Psychotherapeutische Ausbildungsinhalte: Basisverhalten und Strategien

Im folgenden Abschnitt soll auf die Inhalte der Veranstaltungen eingegangen werden, die sich mit der praktischen Vermittlung von psychotherapeutischen Methoden und Strategien befassen (insbesondere Punkte 2, 3 und 4 der Praxisstufen).

3.1 Psychotherapeutisches Basisverhalten

Die zunächst zu erlernenden Fertigkeiten können als *psychotherapeutisches Basisverhalten* bezeichnet werden. Obwohl dieser Begriff aus der klientenzentrierten Psychotherapie abgeleitet ist und zunächst nur die therapeutischen Variablen „empathisches Verstehen", „emotionale Wärme/positive Wertschätzung" und „Echtheit/Selbstkongruenz" (*Rogers,* 1957) umfaßte, wird er heute in der Ausbildung durchaus weiter gefaßt (vgl. *Tscheulin,* Kap. 2.3 in diesem Band). Er beinhaltet die Gestaltung der therapeutischen Beziehung, die Anwendung von psychotherapeutischen Methoden und Prozeduren, sowie die Informationsgewinnung und -verarbeitung.

Ein wesentliches Ziel des Basisverhaltens ist es, eine *therapeutische Beziehung* zum Gesprächspartner aufzubauen und aufrechtzuerhalten. Therapeutische Beziehung meint, daß zwischen Berater und Klient eine offene, vertrauensvolle Beziehung hergestellt wird, die dem Klienten eine emotionale Sicherheit gibt und die es ihm ermöglicht, seine Ängste und Probleme mitzuteilen. Neben den klienten-zentrierten Einstellungs- und Verhaltensmerkmalen ist das nonverbale Verhalten des Therapeuten von Bedeutung, insbesondere die dadurch vermittelten Gefühle der Ruhe und Sicherheit. Ferner soll der Therapeut auch motivierend und überzeugend für den Klienten sein.

In der Ausbildung lassen sich diese Aspekte besonders gut in Rollenspiel-Übungen, u.U. mit wiederholten Durchgängen bei den gleichen Klienten-Problemen, und durch Rollentausch vermitteln. Für den Studenten sind zwei Lernziele zentral: Einmal muß der Student lernen, auch schwierige, komplexe Probleme selbst emotional ertragen zu können und mit Geduld und Ausdauer die Schwierigkeiten des Klienten zu klären versuchen. Eine sehr große Hilfe ist dabei, die Probleme aus der Sicht des Klienten zu betrachten und sich nicht dem Druck auszusetzen, eine Lösung für die Schwierigkeiten präsentieren zu müssen. Zum anderen soll der Studierende lernen, sein eigenes Verhalten steuernd einzusetzen. Er muß in der Ausbildung erfahren, welche Auswirkungen seine Verhaltensweisen auf den Gesprächspartner haben, und *daß es für ihn jeweils verschie-*

dene Möglichkeiten gibt, um ein erwünschtes Zielverhalten auf Seiten des Klienten hervorzurufen. Um ein Beispiel zu nennen: Wenn es sinnvoll erscheint, daß der Klient über seine eigenen Gefühle spricht, kann der Therapeut das durch das Verbalisieren emotionaler Erlebnisinhalte erreichen. Er kann aber auch ein konkretes Erlebnis des Klienten aufgreifen und direkt nach dessen Gefühlen in dieser Situation fragen. Der Student erwirbt durch dieses Training eine größere Flexibilität seiner Verhaltensweisen, die er in der Behandlung variabel einsetzen kann.

Ein weiterer wichtiger Bestandteil des Basisverhaltens ist der Erwerb von elementaren *psychotherapeutischen Kenntnissen* und der praktische Erwerb von *psychotherapeutischen Methoden.* In der Schulung der Methoden erscheint es sinnvoll, dem Vorschlag von *Birtsch, Kämmerer & Sommer* (1978) zu folgen und einzelne *Methodenbausteine* einzuüben. Methodenbausteine sind Komponenten von Interventionstechniken, die immer wieder in der Therapie eingesetzt werden und die daher einen hohen Generalisierungswert für die Ausbildung haben. *Birtsch* et al. führen u. a. folgende Bausteine auf (1978, 255 – 256):

- Informationen geben;
- Instruktionen geben;
- Modelle darbieten;
- Verhaltenshilfen geben;
- Muskelkoordination, Entspannung;
- kognitive Strukturierungen aufbauen (Informationsverarbeitung, -speicherung, -abrufung; Probleme benennen; Alternativen generieren und bewerten; Selbstinstruktion, -evaluation, -verstärkung, -beobachtung; Attribuierungen)
- Hierarchien erstellen;
- Feedback geben;
- Hausaufgaben erstellen.

Eine Gefahr dieses Vorgehens kann darin liegen, daß den Studierenden mit dem Einüben der Methoden eine technologische Haltung nahegelegt wird, indem sie eine Erwartungshaltung aufbauen, daß das richtige Beherrschen und Anwenden der psychotherapeutischen Methoden nahezu zwangsläufig den psychotherapeutischen Erfolg sicherstellen würde. Diese Haltung kann ausgeschlossen werden, wenn bei jeder Übung gleichzeitig das Beziehungsverhältnis Klient – Therapeut reflektiert und zum eigenen Bestandteil des Feedbacks des Ausbilders wird. Die Gefahr wird auch dann vermindert, wenn die Methoden im Rollenspiel der Teilnehmer untereinander eingeübt werden und die Klienten-Perspektive jeweils in die Bewertung einbezogen wird.
Ein weiteres Element des Basisverhaltens stellt die *Informationsgewinnung und -verarbeitung* dar, bei dem der Studierende lernt, die notwendigen Informationen vom Klienten zu erheben und für die Behandlung umzusetzen.

Das Lernziel in der Vermittlung von *psychotherapeutischen Strategien* besteht in dem Aufeinanderabstimmen von Therapiezielen und verschiedenen therapeutischen Methoden. Der Studierende soll lernen, aus den relativ komplexen Informationen des Klienten mögliche Therapieziele und einen Behandlungsplan für den Klienten herauszuarbeiten („prinzipielle und konkrete Planung der Therapie"; *Schulte,* 1974), der mit dem Klienten abgestimmt wird. Die einzelnen Schritte der Intervention sollen dann, zumindest in Ansatzpunkten (z. B. in schriftlichen Plänen, in Teambesprechungen), eingeübt werden.

Bei der Bestimmung der Therapieziele kann von drei Teilprozessen ausgegangen werden: der *Zielfindung,* der *Zielvereinbarung* und der *Zielumsetzung* (*Bastine,* 1978; vgl. auch *Meichenbaum,* 1977):

In der Zielfindung werden die Informationen des Klienten strukturiert und mögliche Zielalternativen entwickelt. In der nachfolgenden Phase der Zielvereinbarung erfolgt die gegenseitige Zielabstimmung von Klient und Therapeut. Die Zielumsetzung beinhaltet die Planung und Ausführung der Intervention; sie stellt damit das Kernstück des psychotherapeutischen Vorgehens dar.

Bei der Zielumsetzung ist es notwendig, die verfügbaren therapeutischen Mittel auf die individuellen Zielsetzungen des Klienten abzustimmen, indem die therapeutischen Methoden modifiziert oder kombiniert in einer bestimmten Reihenfolge angewendet werden. Da der gesamte psychotherapeutische Prozeß selten gradlinig erfolgt und daher auch kaum von Beginn an vollständig geplant werden kann, muß von einzelnen Teilzielen in der Behandlung ausgegangen werden. Damit kann ein mittlerer Weg zwischen vollständiger Verplanung und planlosem Vorgehen eingeschlagen werden.

In diesem Teil der Ausbildung werden komplexere Falldaten zugrunde gelegt. Die Studierenden arbeiten in Kleingruppen diese Informationen auf und versuchen, Teilziele für ein schrittweises therapeutisches Vorgehen zu definieren. Entsprechend den Teilzielen werden dann das therapeutische Vorgehen geplant und einzelne Abschnitte der Behandlung in Rollenspielen eingeübt, wobei einer der Ausbildungsteilnehmer den Klienten simuliert.

Große Aufmerksamkeit muß in diesem Ausbildungsabschnitt das Einbeziehen der Umwelt des Klienten in die therapeutischen Überlegungen erhalten. Das geschieht in verschiedener Weise: einmal ist jeweils zu prüfen, wie sich die Lebensbedingungen des Klienten auf dessen Erleben und Verhalten – auch in den Problembereichen – auswirken.

Diese Bedingungen müssen bei der Behandlung berücksichtigt werden, indem beispielsweise auf eine Änderung von Umwelteinflüssen hingearbeitet wird oder Bezugspersonen in das psychotherapeutische Vorgehen einbezogen werden.

Über dem Vermeiden von Störfaktoren hinaus liegt die Aufgabe hier in der Entscheidung für sinnvolle und realitätsangemessene psychotherapeutische Maßnahmen (z. B. Verbindung von individueller Problembearbeitung und Maßnahmen der Umweltgestaltung).

Zum andern soll die Behandlung frühzeitig eine Generalisierung ihrer Effekte einleiten. Dazu gehört vor allem die Erhöhung der Eigenbeteiligung des Klienten (Selbstaktivierung, Selbststeuerung) und die therapeutische Nutzung der Zwischenzeiten zwischen den Kontakten.

Darüber hinaus können therapeutische Strategien vor allem in den konkurrenden Fallpraktika (Praxisstufe 4) und in den Co-Therapien (Praxisstufe 5) vermittelt werden, da der Studierende die psychotherapeutischen Prozesse hier langzeitig und kontinuierlich verfolgen kann. Beispielsweise können die Bedingungen für das Einsetzen einer Konfrontationsstrategie (vgl. *Bastine,* 1976; 1978) und die Möglichkeiten ihrer Realisierung ausgearbeitet werden.

3.3 Hilfsmittel und zeitliche Durchführung

Bei der Durchführung der praxisbezogenen Psychotherapie-Ausbildung haben sich *Kurzmanuale* für die Studierenden bewährt. Die Manuale geben ausführliche Informationen über die Ziele und Vorgehensweisen in einzelnen Lerneinheiten, die im Rahmen des Kurses oder Praktikums angeboten werden sollen. In einem Anhang werden dazu Lernmaterialien an die Ausbildungsteilnehmer verteilt. Die Manuale strukturieren die Kursinhalte, geben konkrete Lernhilfen und informieren über „Hausaufgaben", die zum Nacharbeiten oder zur Vorbereitung auf die nächsten Übungen dienen (vgl. die therapeutischen Manuale der „DGVT-Materialien" oder Trainingsprogramme, z. B. von *Kagan,* 1972).

Unentbehrlich sind für die Ausbildung *technische Hilfsmittel* wie Tonband-, Film- oder Videogeräte, Einwegscheibe und „Knopf-im-Ohr", mit denen psychotherapeutische Abläufe beobachtet und im Detail analysiert werden können. Diese Hilfsmittel sollen vom Beginn der Ausbildung an eingesetzt werden.

Häufig stellt sich die Frage, ob die Ausbildungskurse *massiert,* z. B. als ganztägige Blockkurse, oder *verteilt,* z. B. als wöchentliche Kurstermine, angeboten werden sollen. Eine eindeutige Bevorzugung der einen oder der anderen Vorgehensweise scheint es nicht zu geben. Wenn der Selbsterfahrungsanteil einer Veranstaltung hoch ist, ist eher eine Massierung angezeigt, da für Gruppenprozesse dann genügend Zeit zur Verfügung steht. In unseren Praktika hat sich allerdings auch eine „odd-even-Anordnung" bewährt: Mit geraden und ungeraden Tagen wechseln Praktikumstage mit freien Tagen ab. Die Studierenden haben dabei eine bessere Möglichkeit, Gelerntes zu verarbeiten, und sie können zugleich die kommende Sitzung an den freien Tagen etwas vorbereiten.

4 Probleme der Ausbildung

Die Probleme von Ausbildungskonzeptionen und der Ausbildungspraxis sind außerordentlich vielfältig und unterschiedlicher Natur. Es werden hier nur einige dieser Themen aufgegriffen: Probleme der Ausbildungsforschung; Auswahl der „geeigneten" Psychotherapeuten-Kandidaten; Bedeutung der Supervision und berufsethische Fragen.

4.1 Ausbildungsforschung

Die *Probleme der Ausbildungsforschung* hat bereits Ruth *Matarazzo* (1971) in ihrem Sammelreferat auch noch für heute gültig ausgedrückt. Sie kennzeichnet vier Hauptprobleme: (a) Die Beschreibung der Eigenschaften eines „idealen" Psychotherapeuten – als einer Kriteriumsvariablen – sind weitgehend unbrauchbar; (b) unsere Kenntnisse über die differenzierten Abläufe in einer Psychotherapie sind außerordentlich gering; (c) die (mehrdimensionalen) Veränderungen des Studenten-Therapeuten sind nur unzureichend zu erfassen, und (d) „die wirkliche Prüfung des Puddings" (vgl. die Punkte (a) bis (c)) „besteht nicht einfach darin, ob das Verhalten des Studenten dem ähnlicher wird, was der Ausbilder als therapeutisch ansieht, sondern darin, ob sich die Patienten oder Klienten des Studenten tatsächlich verbessern" (*Matarazzo,* 1971, 896).
Die Evaluation der psychotherapeutischen Ausbildung müßte also durch Langzeitstudien erfolgen, deren Kriterien von Verbesserungen der Klienten abgeleitet werden (vgl. auch *Birtsch,* 1977, bes. 19 – 23). Diese Forderung ist in Anbetracht der komplexen interferierenden Einflüsse und auch durch die sich in den letzten Jahren rapide ändernden Ausbildungsbedingungen nahezu illusorisch. Die Evaluation erfolgt daher fast ausschließlich durch Kurzzeitstudien oder durch Expertenkonsens und häufig im formalen Rahmen von Dissertationen.

4.2 Selektion der Ausbildungskandidaten

Die *Selektion der Ausbildungskandidaten* ist ein weiteres Problem, das gegenwärtig ungelöst ist, und das eng mit den Schwierigkeiten der Ausbildungsforschung zusammenhängt. Aufgrund der Forschungsprobleme dürfte sich keine der derzeit praktizierten Ausleseprozeduren empirisch bestätigen lassen. Geeigneter als eine Zulassungsregelung erscheint es, dem Ausbildungskandidaten durch intensives Feedback von Ausbildern und Gruppenteilnehmern eine Selbsteinschätzung seiner Fähigkeiten zu vermitteln und andererseits in der Ausbildung eine Modifikation problematischer Verhaltensweisen anzuzielen.

4.3 Supervision

In allen psychotherapeutischen Ausbildungen spielt die *Supervision* eine große Rolle. Sie dient einmal der Aufgabe, die Beziehung zwischen Klient und Therapeut zu kontrollieren und Schwierigkeiten, die aus diesem Verhältnis erwachsen, zu klären. Zum anderen ist allgemein in der Psychotherapie – verglichen mit anderen Professionen – der Anteil der dogmatisch festgelegten Verfahren und Methoden relativ klein (*Harenburg,* 1977). Daraus ergibt sich die Notwendigkeit, die vielfältigen Bedingungen und Einflußmöglichkeiten gegeneinander abzuwägen, um die bestmöglichen Maßnahmen zu ergreifen. Hierbei ist die Konsultation von erfahrenen Psychotherapeuten von großer Hilfe. Entsprechend ist auch die Bedeutung der Supervision in den psychotherapeutischen Ausbildungsgängen am größten, die einen relativ niedrigen Anteil an vorstrukturierenden Regeln, Methoden und Strategien aufweisen, z. B. in der Gruppen- und in der Familientherapie.

4.4 Ethische Fragen

In den letzten Jahren sind *ethische Fragen* als Ausbildungsinhalte in der Psychotherapie etwas zu kurz gekommen, obwohl diese Probleme in den Lehrbüchern häufig erörtert werden (*Begelmann,* 1975; *Craighead* et al., 1976; *Krasner,* 1976). Das Zukurzkommen liegt wohl darin begründet, daß die Forderung nach Transparenz psychotherapeutischer Entscheidungen vor nicht allzu langer Zeit mit dem Argument der ethischen Bedenklichkeit abgewehrt wurde. Die ethische Begründung erschien dabei vielfach als Vorwand, um gegen Einblicke in die Berufsausübung zu schützen und um eine Kontrolle zu verhindern. Mit der verfälschenden Verwendung des Ethik-Argumentes geriet auch das Thema selbst in Mißkredit. Die inhaltliche Auseinandersetzung mit ethischen Problemen ist aber gerade in einem Bereich, der in erheblichem Maße von sozialen Normen beeinflußt wird und der einen relativ hohen Anteil an nicht eindeutig geregelten Maßnahmen beinhaltet, in der Ausbildung unverzichtbar.

Literatur

Bastine, R.: Schwierige Situationen in der Gesprächspsychotherapie. Unveröffentlichtes Manuskript, 1970.

Bastine, R.: Ansätze zur Formulierung von Interventionsstrategien in der Psychotherapie. In: *Jankowski, P.* et al. (Hrsg.): Klientenzentrierte Psychotherapie heute. Göttingen: Hogrefe, 1976, S. 193–207.

Bastine, R.: Strategien psychotherapeutischen Handelns. In: *Reimer, F.* (Hrsg.): Weinsberger Kolloquium. Stuttgart: Thieme, 1978, S. 59–66.

Bastine, R./Kommer, D.: Konfrontation als Strategie psychotherapeutischen Handelns. Kongreß der DGfP (Mannheim), 1978, im Druck.

Bastine, R./Malchow, C./Schmook, C./Sommer, G.: Heidelberger Thesen zur Ausbildung in Klinischer Psychologie. Mitteilungen der GVT, 1975, *7*, 398–405.

Begelman, D. A.: Ethical and legal issues of behavior modification. In: *Hersen, M., Eisler, R. M. & Miller, P. M.* (Eds.): Progress in behavior modification. Vol. I. New York: Academic Press, 1975, S. 159–189.

Birtsch, V.: Evaluation klinisch-psychologischer Ausbildung und empirische Analyse eines praxisbezogenen Grundkurses. Phil. Diss. Heidelberg, 1977.

Birtsch, V./Kämmerer, A./Sommer, G.: Universitätsausbildung in Klinischer Psychologie. In: DGVT (Hrsg.): Verhaltenstherapie in der psychosozialen Versorgung. Sonderheft II/1978, 249–257.

Bock, T. et al.: Der Lotse in Wilhelmsburg: Treffpunkt, Beratung, Hausbesuche, Telefonberatung. In: DGVT (Hrsg.): Verhaltenstherapie in der psychosozialen Versorgung. Sonderheft II/1978, 72–92.

Craighead, W. E., Kazdin, A. E. & Mahoney, M. J.: Behavior modification: Principles, issues, and applications. Boston: Houghton Mifflin, 1976.

Fittkau, B./Müller-Wolf, H. M./Schulz von Thun, F.: Kommunizieren lernen (und umlernen). Braunschweig: Westermann, 1977.

Grawe, K./Dziewas, H.: Interaktionelle Verhaltenstherapie. DGVT (Hrsg.), Sonderheft I, 1978, 27–49.

Harenburg, J.: Beschreibung eines DFG-Projekts: Vergleichende Beratungsanalyse (Beratung im juristischen, medizinischen und im psychosozialen Bereich). Darmstadt, 1977 (unveröffentlichtes Manuskript).

Howard, K. I./Orlinsky, D. E.: Psychotherapeutic processes. Ann. Rev. Psychol., 1972, *23*, 615–668.

Kagan, N.: Influencing human interaction: Student manual. East Lansing: Michigan State University, 1972.

Kanfer, F. H./Phillips, J. S.: Learning foundations of behavior therapy. New York: Wiley, 1970.

Keupp, H. (Hrsg.): Der Krankheitsmythos in der Psychopathologie. München: Urban & Schwarzenberg, 1972.

Krasner, L.: Behavior modification: Ethical issues and future trends. In: *Leitenberg, H.* (Ed.): Handbook of behavior modification and behavior therapy. Englewood Cliffs, N.J.: Prentice-Hall, 1976, S. 627–650.

Matarazzo, R. G.: Research on the teaching and learning of psychotherapeutic skills. In: *Bergin, A. E. & Garfield, S. L.* (Eds.): Handbook of psychotherapy and behavior change. New York: Wiley, 1971, S. 895–924.

Meichenbaum, D.: Methoden der Selbstinstruktion. In: *Kanfer, F. H. & Goldstein, A. P.* (Eds.): Möglichkeiten der Verhaltensänderung. München: Urban & Schwarzenberg, 1977, S. 407–450.

Rakete, G.: Planung eines gemeindenahen Behandlungszentrums an der TU Berlin. In: DGVT (Hrsg.): Verhaltenstherapie in der psychosozialen Versorgung. Sonderheft II/1978, 49–58.

Rönneberg, S.: Die Ausbildung von Psychotherapeuten – eine verhaltenspsychologische Perspektive. In: *Helm, J., Rösler, H. D. & Szewczyk, H.* (Hrsg.): Klinisch-psychologische Forschungen: Ergebnisse und Tendenzen. Berlin: VEB Deutscher Verlag der Wissenschaften, 1976, S. 345–352.

Rogers, C. R.: The necessary and sufficient conditions of therapeutic personality change. J. consult. Psychol., 1957, *21*, 95–103.

Rogers, C. R.: Encountergruppen. München: Kindler, 1974.

Scheele, B.: Kognitions- und sprachpsychologische Aspekte der Arzt-Patient-Beziehung. Heidelberg: Bericht des Psychologischen Instituts Nr. 12, 1978.
Schmidbauer, W.: Die hilflosen Helfer: Über die seelische Problematik der helfenden Berufe. Hamburg: Rowohlt, 1977.
Schraml, W. J.: Status und Ausbildung des Klinischen Psychologen. In: *Schraml, W. J. & Baumann, U. J.* (Hrsg.): Klinische Psychologie I. Bern: Huber, 1975, S. 704 – 717 (3. Aufl.).
Schulte, D.: Ein Schema für Diagnose und Therapieplanung in der Verhaltenstherapie. In: *Schulte, D.* (Hrsg.): Diagnostik in der Verhaltenstherapie. München: Urban & Schwarzenberg, 1974, S. 75 – 104.
Schwäbisch, C./Siems, M.: Anleitung zum sozialen Lernen für Paare, Gruppen und Erzieher. Hamburg: Rowohlt, 1974.
Seidenstücker, E.: Konstruktion und Evaluation eines Trainingsprogramms für Klinische Interviews. Phil. Diss. Regensburg, 1976.
Stauss, H.: Direkte Intervention während des Gesprächsverlaufs als Ausbildungsmöglichkeit in Gesprächspsychotherapie. Diss. Münster, 1975.
Stauss, H.: Unmittelbare positive Rückmeldung in der Ausbildung von Gesprächspsychotherapeuten. In: *Jankowski, P.* et al. (Hrsg.): Klientenzentrierte Psychotherapie heute. Göttingen: Hogrefe, 1976, S. 328 – 333.
Strotzka, H. H.: Psychotherapieausbildung. In: *Strotzka, H. H.* (Hrsg.): Psychotherapie: Grundlagen, Verfahren, Indikationen. München: Urban & Schwarzenberg, 1975, S. 135 – 140.
Tausch, R.: Gesprächspsychotherapie. Göttingen: Hogrefe, 1974 (6. Aufl.).
Tausch, R.: Klientenzentrierte Gesprächspsychotherapie und personenzentrierte Encounter-Gruppen. In: *Jankowski, P.* et al. (Hrsg.): Klientenzentrierte Psychotherapie heute. Göttingen: Hogrefe, 1976, S. 52 – 59.
Tausch, R./Sander, R./Bastine, R./Freise, H: Variablen und Ergebnisse bei client-centered Psychotherapie. Psychol. Rdsch. 1970, *21*, 29 – 38.
Teegen, F./Grundmann, A./Röhrs, A.: Sich ändern lernen. Hamburg: Rowohlt, 1975.
Truax, C. B./Carkhuff, R. R./Douds, J.: Toward an integration of the didactic and experiential approaches to training in counseling and psychotherapy. J. Counsel. Psychol., 1964, *11*, 240 – 247.
Truax, C. B./Carkhuff, R. R.: Toward effective counseling and psychotherapy. Chicago: Aldine, 1967
Tscheulin, D.: Ausbildung in therapeutischem Basisverhalten. Phil. Diss. Würzburg, 1972.
Tscheulin, D.: Lernziel therapeutisches Basisverhalten (in diesem Band). 1979.
Vopel, K. W./Kirsten, R. E.: Kommunikation und Kooperation. München: Pfeiffer, 1974.
Ward, C. H.: Electronic preceptoring in teaching beginning psychotherapy. J. Med. Educ., 1962, *37*, 1128 – 1129.
Weissman, H. N./Goldschmid, M. L./Stein, D. D.: Psychotherapeutic orientation and training: Their relation to the practices of clinical psychologists. J. Consult. Clin. Psychol., 1971, *37*, 31 – 37.

Hanko Bommert

Ausbildung in klinisch-psychologischer Diagnostik

Zusammenfassung

Es werden zunächst allgemeine Ausbildungsziele aus der Tatsache abgeleitet, daß psychologisches Diagnostizieren nie Selbstzweck ist, sondern entweder (1.) der modifikatorischen Strategie und/oder (2.) der Selektions- oder Plazierungsentscheidung dient. Sie ist darüber hinaus eine Maßnahme, die in jedem Stadium dieser beiden Arten psychologischer Interventionsstrategien sinnvoll und nützlich und in den Gesamtablauf psychologischer Intervention eingebettet ist.
Danach werden vier wichtige Ausbildungsinhalte aufgegriffen und dabei spezifische Ausbildungsziele bestimmt:

(1) Diagnostische Grundlagen und Methoden müssen sowohl für die Status- wie für die Prozeßdiagnostik, für die „trait"- wie für die Einzelfalldiagnostik erworben werden.
(2) Die Zielrichtung der Diagnostik steht mit der Zielrichtung der psychologischen Intervention in Wechselbeziehung und soll aus der Klient-Psychologe-Interaktion und nicht aufgrund einer apriori Problemsicht bestimmt werden.
(3) Fähigkeiten und Kenntnisse im diagnostischen Urteilen müssen durch Erlernen der Bewertung der Nützlichkeit von Informationen und durch Erlernen von Strategien zur Informationsgewinnung grundgelegt und durch themenzentrierte Selbsterfahrung problematisiert werden. Erst so ist die Handhabung einzelner diagnostischer Instrumente (Tests, etc.) gerechtfertigt.
(4) Die diagnostische Gesprächsführung sollte sowohl als Informationsgewinnung als auch als Informationsverarbeitung klientenzentriert sein.

Bezüglich der Ausbildungsmethodik in klinisch-psychologischer Diagnostik wird die Bedeutung des Praxisbezuges und des praktischen Trainings diskutiert und deutlich gemacht.

1 Ausbildungziele

Universitätsausbildung in klinisch-psychologischer Diagnostik hat sich – wie Ausbildung in anderen Bereichen auch – an den Erfordernissen zu orientieren, mit denen praktisch tätige Psychologen in der Berufstätigkeit konfrontiert werden. Das bedeutet, daß vor der Festlegung der Ausbildungs*ziele* eine Analyse praxisrelevanter Gegebenheiten zu erfolgen hat, die dann als Orientierungsrahmen bei der Fixierung von Ausbildungszielen und -inhalten herangezogen wer-

den können. Hierbei ist jedoch zu beachten, daß eine Analyse des status quo (d. h. hier die Analyse derzeit üblicher und gängiger Tätigkeiten klinisch-psychologischen Diagnostizierens im Praxisfeld) allein in der Regel nicht ausreichen wird, wenn nicht gleichzeitig Entwicklungstendenzen bzw. Lücken und Schwächen derzeitiger Vorgehensweisen mitbeachtet und in verändertes Handeln umgesetzt werden.
Die damit angesprochene Wandlung von Problem- und Zielbestimmungen über die Zeit hat sich im Bereich der experimentellen psychologischen Diagnostik seit ihrem Beginn gegen Ende des vorigen Jahrhunderts mit besonderer Deutlichkeit niedergeschlagen: So standen zunächst diagnostische Fragestellungen im Vordergrund, die sich stärker mit allgemein-psychologischen Aspekten befaßten und bei denen individuelle Differenzen zwischen verschiedenen Probanden nicht nur nicht berücksichtigt, sondern eher als lästige Meßfehler verstanden und interpretiert wurden (so z. B. etwa *Wundt* in seinem 1879 in Leipzig gegründeten Institut für experimentelle Psychologie). Bereits McKeen *Cattell* jedoch wandte ausgangs des letzten Jahrhunderts sein Hauptaugenmerk auf diese individuellen Differenzen.
Zu Beginn dieses Jahrhunderts fand dann eine rasche Ausweitung psychodiagnostischer Tests zur Prüfung individueller Differenzen statt, die bis heute auf fast alle Gebiete praktisch-psychologischer Tätigkeit übergegriffen hat.
In den letzten Jahren sind nun insbesondere aus dem Bereich der Klinischen Psychologie neue Gesichtspunkte in die Diskussion um Ziele und Methoden der Psychologischen Diagnostik hineingetragen worden. Dabei wurde deutlich, daß die bis dato entwickelten Modelle und praktischen Vorgehensweisen nicht das Gesamtspektrum an Erfordernissen praktisch-psychologischen Diagnostizierens abzudecken in der Lage waren, da die Diagnostik nun nicht mehr ihr ausschließliches Augenmerk auf die Erfassung interindividueller Differenzen legen konnte. Will man dieses Gesamtspektrum eingrenzen, so lassen sich als Strategie praktisch-diagnostischer Tätigkeiten von Psychologen zwei Vorgehensweisen voneinander abgrenzen, die in der Praxis zwar in ihrer „reinen" Form nur selten auftreten, die aber zur Kennzeichnung eines Kontinuums möglicher Vorgehensweisen dienen können (vgl. dazu auch *Pawlik,* 1976): Die Selektionsstrategie und die Modifikationsstrategie.
Bei der *Selektionsstrategie* geht es darum, bestimmte Kriterien durch eine „richtige" Auswahl von Problemen oder Bedingungen zu erreichen, wobei je nach Zielrichtung zwischen einer Probandenselektion und einer Bedingungsselektion unterschieden werden kann. Im Rahmen der Probandenselektion wird von bestimmten, festgelegten Kriterien ausgegangen, und es gilt, Probanden nach diesen Kriterien zu selegieren bzw. sie diesen Kriterien zuzuordnen. Beispiele: Schulreifetests zur Entscheidung über die Einschulung, oder bestimmte Fähigkeitstests bei der Einstellung oder Ablehnung eines Bewerbers in einem Betrieb. Im Gegensatz dazu wird im Rahmen der Bedienungsselektion von Probanden

mit bestimmten Merkmalsausprägungen ausgegangen, und es gilt, für jeden Probanden die bezüglich eines bestimmten Kriteriums optimale Bedingung zu isolieren. Beispiel: Schullaufbahnberatung oder Berufsberatung.

Bei der *Modifikationsstrategie* geht es darum, bestimmte Kriterien durch eine Verhaltens- bzw. Bedingungsänderung zu erreichen, wobei Strategien der Verhaltensmodifikation durch Beispiele wie Förderungsunterricht, Psychotherapie u. ä. skizziert werden können, und die Strategien der Bedingungsmodifikation Beispiele wie Veränderung der äußeren Situation am Arbeitsplatz, Verbesserung von Lernmedien u. ä. einschließen.

Die Frage nach der „Richtigkeit“ oder „Angemessenheit“ der beiden Strategien läßt sich nicht losgelöst von den praktischen Problemstellungen beantworten, sondern es muß der Stellenwert psychologisch-diagnostischer Tätigkeit im Rahmen psychologischer Gesamt-Interventionen berücksichtigt werden: Psychologisches Diagnostizieren ist nie Selbstzweck, sondern stets Mittel zum Zweck. Dieser Zweck ist dabei gleichzusetzen mit der breitesten Bedeutung des Begriffes „treatment“, der neben modifikatorischen Interventionen auch Selektions- bzw. Plazierungsentscheidungen bezüglich des Probanden umfaßt. Psychologisches Diagnostizieren ist damit unter das *Postulat der Problemorientierung* zu stellen, d. h., daß die Art, die Richtung und der Umfang der Informationserhebung mit der an den Psychologen herangetragenen Problemstellung variiert. So verstanden ist die Sammlung von Daten über den Probanden zum einen stets eingebettet zu sehen in den Gesamtablauf praktisch-psychologischer Tätigkeit, zum anderen können dabei aufgrund unterschiedlicher Fragestellungen auch unterschiedliche Strategien angezeigt sein.

Um nun die Ziele einer Ausbildung in klinisch-psychologischer Diagnostik festlegen zu können, bedarf es ferner einer Präzisierung des Geltungs- und Anwendungsbereichs der „Klinischen Psychologie“, in deren Rahmen diagnostische Prozeduren zur Lösung von Problemen beitragen sollen.

Hier wird davon ausgegangen, daß zum Bereich der Klinischen Psychologie und zur Tätigkeit des Klinischen Psychologen nicht nur die Anwendung psychologischer Therapieverfahren (und entsprechende diagnostische Tätigkeiten) zu zählen sind, sondern daß auch beraterische Tätigkeiten im engeren Sinne (z. B. Beratung bezüglich der Wahl eines bestimmten Schultyps bei Schulproblemen u. ä.) zu diesem Aufgabenbereich dazugehören. Dies wiederum impliziert, daß Ausbildung in Klinisch-psychologischer Diagnostik sich sowohl auf Modifikationsstrategien und die damit einhergehenden diagnostischen Prozeduren zu beziehen, als auch Plazierungsentscheidungen und die dazu notwendigen diagnostischen Mittel zu berücksichtigen hat.

Weiterhin ist davon auszugehen, daß die Psychologische Diagnostik – verstanden im Sinne einer zweckgerichteten Teildisziplin der Psychologie – als „treatment“-begleitende Maßnahme zu sehen ist, die nicht nur zu Beginn einer psychologischen Intervention (etwa zur Indikationsstellung) von Bedeutung ist, son-

dern daß die Sammlung von Informationen über den Klienten und dessen Veränderungen ein Prozeß ist, der erst mit dem endgültigen Abschluß der psychologischen Intervention (etwa nach einer follow-up-Phase) beendet ist. Die Erhebung und Verarbeitung von Informationen kann also grundsätzlich in jedem Stadium einer psychologischen Intervention sinnvoll und nützlich sein.
Diese Einbettung der klinisch-psychologischen Diagnostik in den Gesamtablauf psychologischer Intervention, wie auch die damit einhergehende Möglichkeit bzw. Notwendigkeit zu mehrfacher, fortlaufender Informationserhebung und -verarbeitung kann beispielhaft an dem in Anlehnung an *Kaminski* (1970) entwickelten Prozeßmodell psychologischer Erziehungsberatung von *Bommert & Plessen* (1978) verdeutlicht werden (vgl. Abb. 1).

In diesem Verlaufsschema kennzeichnen Rechtecke Handlungen des Psychologen, des Probanden oder eine Interaktion zwischen beiden, Sechsecke symbolisieren eine Abfrage bzw. einen Prüfungsprozeß.

Wie aus dem Verlaufsschema entnehmbar, sind diagnostische Handlungen wie z. B. „Planung der Informationserhebung", „Durchführung der Informationserhebung", „Informationsverarbeitung", „Kontrolle der Auswirkung auf den Klienten", (vgl. Punkte (2), (6), (7), (8) des Verlaufsschemas), wie auch die Abfrage „Veränderung in Richtung auf das Ziel", (vgl. Punkt (15) des Verlaufsschemas) per Rückkoppelungsschleife derart in den Gesamtprozeß psychologischer Tätigkeit integriert, daß ein fortlaufendes Ineinandergreifen verschiedenster Prozesse und Methoden der Informationserhebung und -verarbeitung, der Zieldefinition, psychologischer Interventionen und der Evaluation resultiert. Dies impliziert, daß auch die Ergebnisse (das „outcome") von therapeutischen oder beraterischen Interventionen den Stellenwert diagnostischer Informationen erhalten, da sie zu neuen Entscheidungen über den weiteren Interventionsverlauf führen können (vgl. auch *Tack,* 1976).
Es kann somit als ein weiteres wesentliches Ziel der Ausbildung in klinischpsychologischer Diagnostik verstanden werden, dem Studierenden diese enge Verflechtung zwischen den einzelnen Teiltätigkeiten des Psychologen zu verdeutlichen und die gegenseitigen Abhängigkeiten der Einzelaspekte untereinander herauszuarbeiten.

Als *übergeordnete, allgemeine Ausbildungsziele* lassen sich damit zusammenfassend folgende Punkte skizzieren:

- Vermittlung von Kenntnissen und Fertigkeiten zur problemorientierten Informationserhebung und -verarbeitung
- Verdeutlichung und Berücksichtigung der Einbettung klinisch-diagnostischer Tätigkeit in den Gesamtrahmen klinisch-psychologischer Interventionen und der Interdependenzen der Teiltätigkeiten.

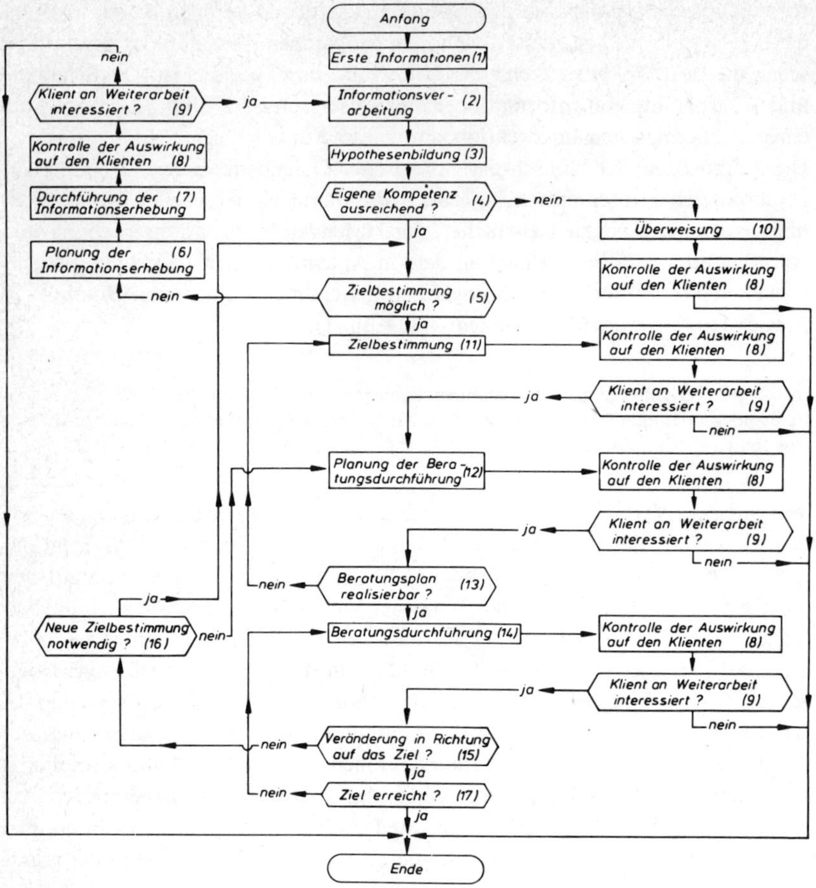

Abbildung 1: Prozeßmodell Psychologischer Erziehungsberatung – Verlaufsschema (aus: *Bommert, H./Plessen, U.:* Psychologische Erziehungsberatung. Stuttgart: Kohlhammer 1978, S. 40).

2 Ausbildungsinhalte

Die aus diesen übergeordneten Ausbildungszielen abzuleitenden *speziellen Ausbildungsziele* sollen in der Folge nun anhand von vier schwerpunktmäßig ausgewählten Ausbildungs*inhalten* operationalisiert werden. Es geht dabei darum, Bereiche aufzuzeigen, die für das praktisch-diagnostische Handeln von wesentlicher Bedeutung sind, und in denen sich durch eine gezielte und systematische Ausbildung „Gefahrenpunkte" isolieren und beseitigen lassen, die in der Praxis letztlich dem Klienten zum Nachteil gereichen würden.

2.1 Diagnostische Grundlagen und Methoden

Im Feld klinisch-psychologischer Tätigkeit sowie in der Ausbildung ist in den vergangenen Jahren eine Polarisierung der Diskussion um Grundlagen und Methoden der Psychologischen Diagnostik forciert worden, die dazu angelegt ist, den Eindruck entstehen zu lassen, daß es in diesem Tätigkeitsfeld grundsätzlich „richtige" und grundsätzlich „falsche" Grundlagen und Methoden des Diagnostizierens gebe. Oftmals hängt dies damit zusammen, daß der Bereich klinisch-psychologischer Tätigkeit auf den Bereich der Anwendung einer bestimmten psychologischen Therapieform verkürzt wird, und andere Fragestellungen, die in der klinischen Praxis zu bearbeiten sind, übersehen oder ausgeklammert werden.

Wir haben oben bereits darauf hingewiesen, daß nach dem hier zugrundegelegten Verständnis des Geltungsbereichs der Klinischen Psychologie sowohl Selektions- als auch Modifikationsstrategien des Psychologen impliziert sind, die unterschiedlichen theoretischen Konzeptionen zuzuordnen sind und die mit jeweils unterschiedlichen Methoden der Informationserhebung einhergehen.

Vor der Anwendung neuerer psychologisch-therapeutischer Verfahren galt das *„trait-Konzept"* als unbestrittener Orientierungspunkt psychologisch-diagnostischer Tätigkeit. Zu lösende Probleme bewegten sich in der Regel in folgenden Bereichen:

- Selektion (z. B. Aufnahme in eine bestimmte Schule oder nicht?)
- Klassifikation (in bezug auf bestimmte Merkmale)
- Prognose (z. B. erfolgreiche Berufsausübung oder nicht?)
- Beratung (z. B. Wahl eines bestimmten Schultyps).

Für die Beantwortung dieser und ähnlicher Fragen und die damit einhergehende Isolierung interindividueller Differenzen wird beim trait-Konzept von einem Denkmodell ausgegangen, daß die infrage stehenden Merkmale einer Person als stabil über die Zeit und als Indikatoren von zugrundeliegenden Dispositionen oder Persönlichkeitseigenschaften annimmt.

Im Kontext der starken Ausweitung klinisch-psychologischer Tätigkeit in Richtung auf die Anwendung psychologischer Therapieverfahren rückten aber stärker Aspekte in den Mittelpunkt, die sich wie bei der individuellen Therapieplanung oder der individuellen Veränderung durch Therapie um die *Einzelfalldiagnostik* zentrieren: Dabei geht es nicht um *inter*individuelle Differenzen, sondern um *intra*individuelle Merkmalsvariation in Abhängigkeit von bestimmten Situationen. Damit verschiebt sich auch das Zentrum der Aufmerksamkeit von breiten trait-Merkmalen situationsstabiler Art zur Analyse der jeweiligen Interdependenzen von situativen Bedingungen, infragestehenden Merkmalen und begleitenden kognitiven Prozessen (vgl. dazu *Mischel,* 1973).

Pawlik (1976) hat in diesem Zusammenhang eine Gegenüberstellung von „Statusdiagnostik" und „Prozeßdiagnostik" vorgenommen: Die Statusdiagnostik hat das Ziel, einen psychologischen Ist-Zustand festzustellen, wobei davon ausgegangen wird, daß das diagnostische Ergebnis entweder selbst hohe Stabilität besitzt und damit auf andere Zeitpunkte und Erhebungsbedingungen verallgemeinbar ist, oder die spätere Entwicklung so bestimmt, daß eine den Status gleichförmig fortschreibende Prognose zulässig ist. Statusdiagnostik bzw. die damit verbundene Stabilitätsannahme ist als Voraussetzung für Selektionsstrategien zu sehen.

Die Prozeßdiagnostik hat das Ziel, Veränderungen in psychischen Merkmalen festzustellen, wobei diese Veränderungen spontan (z. B. psychische Entwicklung) oder willentlich induziert (z. B. psychologisch-therapeutische Behandlung) auftreten können.

Während die Statusdiagnostik zeit- und bedingungs*konstante* Ergebnisse fokussiert, wird in der Prozeßdiagnostik erwartet, daß gerade zeit- und bedingungs*variable* Komponenten erfaßt werden.

In diesem Zusammenhang weist *Pawlik* (1976) mit Recht darauf hin, daß in der Diagnostik-Diskussion oft übersehen wird, daß zwar Selektionsstrategien in der Regel mit einer reinen Statusdiagnostik zurechtkommen werden, Modifikationsstrategien dagegen *sowohl* Verfahren der Prozeßdiagnostik *als auch* statusdiagnostische Methoden (z. B. in der therapeutischen Indikationsstellung oder in der Untersuchung differentieller Therapieeffekte in Abhängigkeit vom prä-therapeutischen Status) voraussetzen (vgl. *Pawlik,* 1976, S. 24). Auch hinsichtlich testtheoretischer Überlegungen ist die Unterscheidung zwischen Statusdiagnostik und Prozeßdiagnostik von entscheidender Bedeutung. So umfaßt der „wahre" Wert in der Klassischen Testtheorie (vgl. *Gulliksen,* 1950; *Lord & Novick,* 1968) lediglich zeit- und bedingungskonstante Merkmalskomponenten, intraindividuelle Variabilität wird als Meßfehler definiert; damit kann die Klassische Testtheorie – zumindest in ihrer unveränderten Form – lediglich den Ansprüchen der Statusdiagnostik gerecht werden. In dem hier gesteckten Rahmen kann auf diese Problematik und denkbare Lösungsmöglichkeiten nicht weiter eingegangen werden. Für die Ausbildung ergibt sich die Notwendigkeit, dem Auszubildenden die unterschiedlichen theoretischen Ansätze und deren Implikationen nicht nur zu vermitteln, sondern ihn angesichts der Grenzen der einzelnen Ansätze auch mit der oftmals sehr eingeschränkten Aussagemöglichkeit einzelner diagnostischer Ansätze bei der Lösung spezieller Probleme zu konfrontieren.

Je nach Zielsetzung einer diagnostischen Prozedur werden sich auch die Methoden zu ändern haben, mit denen die Informationen über den Probanden erhoben werden: Konzepte und Zielsetzungen diagnostischer Tätigkeiten, die sich auf zeitstabile und situationsinvariante Komponenten stützen, können nicht mit gleicher Sinnhaftigkeit und Effektivität für Konzepte und Zielsetzungen verwandt werden, deren Hauptaugenmerk gerade auf (intraindividuelle) Differenzen in bestimmten Merkmalen in Abhängigkeit von einer Situationsvariation gerichtet ist – und umgekehrt.

Diese unterschiedliche Herangehensweise schlägt sich z. B. in der Wahl des itempools, aus dem die items für die jeweiligen Tests ausgewählt werden, nieder: Im

ersten Fall ist nach der allgemeinen, situationsunabhängigen Ausprägung eines Merkmals zu fragen (z. B. „Ich bin oft aufgeregt und nervös"), im zweiten Fall müssen dagegen gerade situationsspezifische Gegebenheiten einbezogen werden (z. B. „Im Gespräch mit Vorgesetzten bin ich oft aufgeregt und nervös") bzw. explizit Veränderungen erhoben werden (z. B. „Ich bin bei Gesprächen mit Vorgesetzten jetzt viel ruhiger als vor 3 Monaten") – vgl. auch *Goldfried & D'Zurilla* (1969) und *Goldfried & Kent* (1972), *Zielke & Kopf-Mehnert* (1978).
Hieran wird auch deutlich, daß das Konzept der Reliabilität der Klassischen Testtheorie lediglich für den ersten Fall Gültigkeit haben kann: Dieses Konzept geht davon aus, daß bei wiederholter Messung (etwa durch die Test-Re-Test-Methode) sich die Merkmalsausprägung nicht verändert haben sollte und postuliert damit die Stabilität des Merkmals über die Zeit. Ähnlich liegt es bei der Internen Konsistenz als Maß der Reliabilität, bei der der Aspekt der Situationsinvarianz eines Merkmals fokussiert wird.
Im Bereich der Klinischen Psychologie kommt es nun aber oft gerade *nicht* darauf an, stabile und situationsinvariante Merkmale zu erfassen, sondern es wird vielmehr die Veränderung des Merkmals und deren Erfassung oder die Erfassung eines zur Veränderung anstehenden Merkmals angesteuert: Damit rückt das, was in der Klassischen Testtheorie als Meßfehler betrachtet wird (nämlich eine situations- und zeitabhängige Veränderung des „wahren" Wertes eines Probanden in einem Merkmal) in den Mittelpunkt der Betrachtung und Bewertung. Hier liegen auch die grundlegenden Probleme, die sich bisher bei der Bewertung von Therapie-Erfolgen aufzeigten: Mangels geeigneter anderer Meßinstrumente wurde in der Regel versucht, Veränderungen des „wahren" Wertes von Probanden mit Verfahren zu diagnostizieren, die gerade unter dem Gesichtspunkt konstruiert werden, daß eine Veränderung des „wahren" Wertes per definitionem „Meßfehler" und damit unerwünscht ist.
Das bedeutet, daß in der klinisch-psychologischen Praxis bei bestimmten Aufgabenstellungen (z. B. Aufstellen eines Therapieplans für einen Probanden oder eine Probandengruppe) nicht die Anwendung psychologischer Tests, die von einer Zeit bzw. Situations-Invarianz-Annahme ausgehen, angezeigt ist, sondern eher Verfahren wie Anamnese, Exploraion, Verhaltensbeobachtung oder aber (neu zu entwickelnde) Tests, die stärker Veränderungskomponenten berücksichtigen und unmittelbarer und direkter auf die im Einzelfall fokussierten Verhaltensweisen und stimuli abheben (vgl. *Goldfried & Kent,* 1972; *Schulte,* 1976a).

Hierbei ist auch zu berücksichtigen, daß die einzelnen psychologischen Therapie-Schulen hinsichtlich des Stellenwertes und der Funktion der Psychologischen Diagnostik recht unterschiedliche Annahmen machen:
So geht etwa die *orthodoxe* Gesprächspsychotherapie davon aus, daß eine Diagnose des Ist-Zustandes eines Klienten vor Beginn der Therapie nicht nötig sei, zumal ohnehin alle Klienten mit einer gleichartigen Methodik behandelt würden (vgl. *Rogers,* 1973; *Tausch,* 1976). Neuere Ansätze, die ein differentielles Therapiegeschehen betonen, weisen dagegen

auf die Notwendigkeit (auch therapiebegleitender) Diagnostik hin (vgl. *Bommert,* 1979a, *Zielke* 1979). In der Verhaltenstherapie wurde bereits seit ihren Anfängen die enge Verflechtung zwischen Diagnostik und Therapie betont und beide in einem gemeinsamen Bezugsrahmen eingebettet. Auch bleibt die Verhaltensanalyse nicht bei der Erfassung von Verhaltensweisen und Stimuli stehen (s. o.), sondern aus der im Einzelfall beobachteten Kovarianz zwischen beiden wird auf einen funktionalen Zusammenhang geschlossen, der – da er nur hypothetischen Charakter hat – mittels systematischer Bedingungsvariation zu überprüfen ist (vgl. *Kanfer & Saslow,* 1969; *Schulte,* 1976b).

Es bleibt also festzuhalten, daß es im Bereich der Klinischen Psychologie kein grundsätzlich „richtiges" oder „falsches" Bezugsmodell der Diagnostik und daraus abgeleitete Methoden gibt, sondern daß die Entscheidung für die Bevorzugung eines der Modelle sich stets nach dem *praktischen Ziel der Diagnostik* zu richten hat. Daraus ergibt sich die Notwendigkeit, in der Ausbildung die unterschiedlichen Modelle zu berücksichtigen und sich bei der Auswahl der (exemplarisch) zu behandelnden Methoden nicht auf die Darstellung und Bewertung von Methoden *eines* Bezugsmodells zu beschränken. Dabei ist im Auge zu behalten, daß sowohl das dem trait-Konzept verpflichtete Diagnostizieren als auch das dem Einzelfall-Ansatz folgende Vorgehen spezifische „blinde Flecken" aufweist:
Das trait-Konzept ist – wie oben dargelegt – nur schwerlich in Einklang zu bringen mit situations- (und personen-)spezifischen Merkmalen und deren intraindividueller Variation. Hinzu kommt, daß die traits oftmals nicht nur als deskriptives Muster kovariierender Merkmale verstanden und behandelt werden, sondern es wird ihnen oftmals Erklärungsfunktion zugeschrieben.

Auf Vorstellungen und Ansätze zur Weiterentwicklung dieses Konzepts – etwa die im Rahmen der Klassischen Testtheorie denkbare Aufteilung der „wahren" Werte in intraindividuell stabile und intraindividuell variable Werte (vgl. *Pawlik,* 1976) oder die eigenschaftsfreie Interpretation von Persönlichkeitsfaktoren (vgl. *Pawlik,* 1974) – kann in diesem Rahmen nicht näher eingegangen werden.

Die Einzelfalldiagnostik kann dagegen Fragen nicht beantworten, die im Zusammenhang mit Selektions- bzw. Plazierungsentscheidungen zu stellen sind. Diese spielen jedoch nicht nur in den beraterischen Teiltätigkeiten des Klinischen Psychologen eine Rolle, sondern auch im engeren Bereich der psychologisch-therapeutischen Aktivitäten, z. B. bei der Zuweisung bestimmter Klienten zu bestimmten Formen der Behandlung (vgl. *Blaser,* 1977; *Wiggins,* 1973). Hinzu kommt das Problem der Verwertung der im Einzelfall erhaltenen Informationen für die praktische Behandlung eines Klienten: Hier müßten – wenn die Einzelfalldiagnostik „bessere" (weil spezifischere) Informationen für die nachfolgende Behandlung liefern soll – identische Informationen bei unterschiedlichen Therapeuten mindestens zu identischen Therapie*plänen* führen (vgl. *Mash & Terdal,* 1974); dafür fehlen bisher jedoch empirische Belege.

Würde man ferner die Analyse des Einzelfalls als ausschließliches Vorgehen postulieren und davon ausgehen, daß für jeden Klienten eine spezielle Diagnose gelte, die grundsätzlich nicht verallgemeinbar ist und auch nicht verallgemeinert werden sollte, so wäre damit auch die Möglichkeit zu epidemiologischen Untersuchungen verbaut, die als eine Voraussetzung gerade eine Klassifikation von „Störungen", d. h. ein (abstrahierendes) Hinausgehen über den Einzelfall, erfordern (vgl. *Kendell,* 1978).

Im Bereich der Einzelfalldiagnostik finden neuerdings auch Ansätze stärker Berücksichtigung, die weniger Gewicht legen auf einzelne, situationsspezifische Merkmale bzw. Verhaltensweisen, sondern deren Hauptaugenmerk auf breiter angelegte Verhaltensmuster und Bewältigungsfähigkeiten (coping skills) gerichtet ist (vgl. etwa *Lazarus*, 1976; *Meichenbaum,* 1976).
Gemeinsam ist der Statusdiagnostik und der Veränderungsmessung – weitgehend unabhängig von der Art ihrer jeweiligen Fragestellungen – die Tendenz zu einer zunehmenden Ausdifferenzierung der diagnostischen Daten. Die aufgrund diagnostischer Informationen zu treffenden Entscheidungen bezüglich eines treatments werden zunehmend auf der Basis mehrer, systematisch kombinierter Meßmethoden getroffen (*multimethodale Diagnostik*).
Dabei gibt es derzeit zwar eine Vielzahl vom empirischen Arbeiten im Bereich der Klinischen Psychologie, in denen mehr als eine diagnostische Methode verwendet wird, aber nur wenige Arbeiten, die die Beziehungen zwischen den Methoden diskutieren (*Seidenstücker & Baumann* 1978). Gerade aber die Probleme, die sich im Zusammenhang mit einer multimethodalen Diagnostik ergeben (z. B. Diskrepanzen in den Aussagen verschiedener Datenquellen, relative Gewichtung der Datenquellen, Phasenspezifität der treatment-Ergebnisse etc., vgl. auch *Ciminero et al.* 1977) müssen im Rahmen der Ausbildung thematisiert werden (vgl. dazu auch den Abschnitt „Diagnostischer Urteilsprozeß").

2.2 Diagnostik und Treatment-Ziele

Es wurde bereits darauf hingewiesen, daß Psychologische Diagnostik nie Selbstzweck, sondern stets Mittel zum Zweck ist. Auch dürfte deutlich geworden sein, daß bestimmte diagnostische Aussagen sinnvoll nur im Kontext bestimmter Modell-Annahmen und spezifischer Erhebungsprozeduren erstellt und weiterverarbeitet werden können.
Hier gilt es nun zu verdeutlichen, daß zwischen der Art und der Richtung, in der in der Praxis diagnostiziert wird, und den jeweiligen Treatment-Zielen Interdependenzen bestehen, die es in der Ausbildung zu verdeutlichen gilt. Der Begriff „Treatment" wird dabei wieder so verstanden, daß alle Interventionen und Entscheidungen umfaßt werden, die – in der Folge einer diagnostischen Prozedur – auf den oder die Klienten einwirken.
Die Bestimmung der Treatment-Ziele ist für den gesamten klinisch-psychologischen Prozeß von grundsätzlicher Bedeutung und als ein zentraler Punkt klinisch-psychologischen Handelns aufzufassen. Treatment-Ziele lassen

sich jedoch nicht wissenschaftlich und objektiv erarbeiten oder festlegen. Vielmehr kann die inhaltliche Zielbestimmung ausgerichtet sein z. B. an den spezifischen Vorstellungen einer Theorie der „gesunden“ Persönlichkeit, den gesellschaftlichen Vorstellungen über „normales“ Verhalten, also an Kriterien, die außerhalb der Person des Klienten zur Einschätzung seines Verhaltens entwickelt werden, sie kann sich aber auch an den Werten und Vorstellungen des Klienten selbst (die wiederum durch die gesellschaftlichen Umgebungsbedingungen modifiziert werden) orientieren (vgl. *Bommert & Plessen*, 1978).
In der klinisch-psychologischen Praxis ist anzusteuern, daß die Bestimmung der Treatment-Ziele als Teil der Behandlung in der Interaktion zwischen dem Psychologen und dem Klienten herauskristallisiert werden. Dieser Such- und Bestimmungsprozeß postuliert von der theoretischen Seite her eine weitgehende Offenheit von Psychologe und Klient hinsichtlich der einzelnen Schritte des Treatment-Verlaufs. Diese Offenheit wird in der Praxis jedoch oftmals zu Beginn der Interaktion dadurch erheblich eingeengt, daß von Seiten des Psychologen bestimmte diagnostische Prozeduren und Sichtweisen in die Interaktion eingebracht werden, die – besonders im Rahmen der Anwendung psychologischer Therapieverfahren – mit bestimmten orthodoxen Behandlungskonzepten einhergehen, deren eingeschränktes Wirkungsspektrum somit in den Behandlungsverlauf hineingetragen wird (vgl. auch *Innerhofer* 1979).
So hat beispielsweise die unterschiedliche Akzentuierung von Aspekten der Aktion bzw. von Aspekten der Emotion bei der klinisch-psychologischen Tätigkeit durch den jeweiligen Psychologen erhebliche Auswirkungen auf das diagnostische Vorgehen, auf die im Prozeßverlauf zum Tragen kommenden Interventionselemente und die angesteuerten Ziele (vgl. *Bommert & Plessen*, 1978): Betont z. B. ein Psychologe a priori stärker den Aktionsaspekt einer Problematik, so wird er eher mit einer Analyse der verursachenden bzw. aufrechterhaltenden Bedingungen des Problemverhaltens in den Prozeßablauf einsteigen. Dies wiederum hat zur Folge, daß der Psychologe in der Regel nachfolgend eine Problemreduktion auf der aktionalen Ebene ansteuert, was wiederum spezifische, einseitig selegierte Interventionselemente nahelegt.
Vergleichbare diagnostische Informationen können dagegen z. B. für einen den Emotionsaspekt a priori betonenden Psychologen (etwa ein orthodoxer Gesprächspsychotherapeut) weniger bedeutungsvoll sein – er verzichtet evtl. sogar auf eine (zumindest explizite) Diagnose. Auch er definiert damit das Problem in ganz spezifischer Form und kommt folglich zu völlig anderen Zielen und Interventionselementen.
Das heißt, daß durch die Art des diagnostischen Herangehens an eine bestimmte Problemstellung – die in der Regel durch die a priori vorhandene Grundgewichtung und Betonung einzelner klinisch-psychologischer Konzepte durch den Psychologen nahgelegt wird – die Zieldefinition und die Auswahl der für die Zielerreichung herangezogenen Interventionselemente de facto diktiert wird.

Diese a priori Gewichtung einzelner klinisch-psychologischer Konzepte resultiert dabei weniger aus einer Orientierung an den Problemstellungen im klinisch-psychologischen Praxisfeld, sondern spiegelt eher die Ausbildungssituation an den deutschen Hochschulen wieder: Aufgrund zu geringer Ausbildungskapazitäten ist es z. B. im Bereich psychologischer Therapie-Ausbildung in der Regel nicht möglich, mehr als einen Therapieansatz sowohl umfassend kennenzulernen als auch praktisch zu trainieren. Werden alternativ mehrere Ansätze angeboten, so erfolgt die Wahl oftmals nach sachlich fragwürdigen Kriterien (z. B. veröffentlichte Meinung bezüglich eines Ansatzes in der jeweiligen Ausbildungsinstitution). Hinzu kommt, daß auch von manchen Ausbildern (aufgrund eigener Sozialisationsprozesse) oftmals Omnipotenzvorstellungen hinsichtlich des von ihnen selbst vertretenen Ansatzes geweckt und genährt werden, die in einer Einschränkung des Blickfelds bei den Auszubildenden resultieren können.

Die wechselseitige Verflechtung zwischen Diagnostik und Treatmentzielen wird auch im Zusammenhang mit der Definition des „Symptomträgers" deutlich und muß entsprechend reflektiert werden. Hiermit ist die Frage angesprochen, über welche Personen und mit ihnen zusammenhängende Umgebungsbedingungen Informationen erhoben werden. Diese Fragestellung wird besonders dann aktuell wenn, wie z. B. bei Partner- oder Erziehungsproblemen, mehrere Personen in das problematische Interaktionsfeld einbezogen sind. Läßt z. B. im Bereich der Erziehungsberatung der Psychologe die von den Eltern an ihn herangetragene Problemdefinition (z. B. „Schulproblem des Kindes") und des Symptomträgers (Kind) unbefragt, und erhebt diagnostische Informationen lediglich über das Kind, so ist in der Regel damit bereits auch festgeschrieben, daß die Richtung der Behandlung (Behandlungsziele) ausschließlich auf das Kind abzielt. Einer Zielsetzung, die grundsätzlich auch die Möglichkeit offen läßt – in dem gewählten Beispiel – auch Veränderungen bei den Eltern anzustreben, muß durch eine breitere Anlegung diagnostischer Erhebungsstrategien Rechnung getragen werden. Das würde in dem o. g. Beispiel bedeuten, daß der Psychologe vor der Auswahl und Anwendung diagnostischer Verfahren zunächst die an ihn herangetragene Fragestellung selbst daraufhin prüft, ob die darin enthaltene Problemdefinition die einzig denkbare und sinnvolle ist, oder ob nicht eine *Umdefinition des Problems* und eine Neudefinition des oder der Problemträger notwendig ist. Im letzteren Fall sind sodann auch diagnostische Erhebungsprozeduren angezeigt, die das Verhalten der Eltern miteinschließen.
Mit der Definition des Problemträgers und der daraus abgeleiteten Auswahl von Informationserhebungsmethoden wird also auch in diesem Fall die Zielrichtung der nachfolgenden Behandlung bereits festgelegt. Hieraus wird deutlich, daß in der Ausbildung in klinisch-psychologischer Diagnostik zum einen auf diese Zusammenhänge aufmerksam gemacht werden muß, und daß zum anderen der Auszubildende auch in die Lage versetzt werden muß, einseitige Selektionen und Lücken in den an ihn herangetragenen Informationen zu erkennen, diese in der Interaktion mit den Klienten anzusprechen, notwendige Ergänzungen zu initiieren und Problemumdefinitionen einzuleiten, die vor Umsetzung in weitere

Behandlungsschritte jeweils mit dem Klienten abgestimmt werden müssen (vgl. dazu auch den Abschnitt „Gesprächsführung“).

2.3 Diagnostischer Urteilsprozeß

Im diagnostischen Urteilprozeß kommt die Frage zum Tragen, wie der Psychologe von einer begrenzten Menge an Informationen zu bestimmten Entscheidungen und abgeleiteten Maßnahmen kommt, bzw. kommen sollte. Jede Art von Information über den Klienten löst beim Psychologen bewußt oder nicht bewußt bestimmte *Folgerungen* aus, die sich im weiteren Verlauf des diagnostischen, beraterischen und therapeutischen Vorgehens niederschlagen; d.h. der Psychologe trifft während des gesamten Interventionsprozesses immer neue, den Beratungs- und Behandlungsprozeß bestimmende Entscheidungen, ohne daß es ihm in jedem Falle deutlich ist, daß er sich in den einzelnen Schritten der Informationserhebung, Informationsverarbeitung, Hypothesenbildung o.ä. befindet (vgl. Abb. 1, sowie *Bommert & Plessen,* 1978).

Die Frage nach dem diagnostischen Urteilsprozeß ist immer dann von Bedeutung, wenn es darum geht, bestimmte Informationen zu bewerten und in eine Entscheidung bezüglich eines „Treatments“ umzusetzen, praktisch also vom ersten bis zum letzten Kontakt einer klinisch-psychologischen Beratung und Behandlung. Von der inhaltlichen Seite her kann sich der Urteilsprozeß auf so unterschiedliche Tätigkeiten beziehen wie die Auswertung eines anamnestischen Gesprächs, einer Verhaltensbeobachtung, die Interpretation der Daten einer Testbatterie, die Gewichtung verschiedenster Informationen untereinander u.ä.m.

Eben aufgrund der Tatsache, daß der diagnostische Urteilsprozeß sich auf so vielfältige Inhalte bezieht und in nahzu allen Phasen des Behandlungsverlaufes von Bedeutung ist, muß der Auszubildende über diesen Prozeß und damit zusammenhängende Probleme informiert werden, zumal dieser von ihm zu vollziehende Urteilsprozeß die Grundlage für Selektions-, Plazierungs- oder Modifikationsentscheidungen bezüglich des Klienten ist und ein fehlerhafter Urteilsprozeß sich unmittelbar in einer Einschränkung der Hilfsmöglichkeit für den Klienten auswirken kann.

Zur theoretischen Durchdringung dieses Gebietes lassen sich grob zwei unterschiedliche Ansätze voneinander abgrenzen (vgl. *Westmeyer,* 1976): Zum einen der deskriptiv/explanative Ansatz, in dessen Rahmen versucht wird, die bei der diagnostischen Urteilsbildung zu beachtenden Vorgänge zu verstehen, zu beschreiben bzw. zu erklären, zum anderen der normative Ansatz, in dessen Rahmen versucht wird, Handlungsanweisungen für die Informationsverarbeitung zu erstellen.

Beim *deskriptiv/explanativen Ansatz* sollen vor allem Modelle entwickelt werden, die das tatsächliche Vorgehen des Diagnostikers möglichst genau abbilden. Im Rahmen dieses Ansatzes lassen sich die Strategien der *Prozeßerforschung* und der *black-box-Strategie* unterscheiden (vgl. *Green*, 1968). Mit beiden Methoden kann näher beschrieben werden, wie der Diagnostiker aufgrund bestimmter Eingangsdaten („Informationen") zu bestimmten Ausgangsdaten („Entscheidungen") gelangt. Die Analyse der unterschiedlichen Ansätze kann den Auszubildenden zur Reflexion des eigenen Vorgehens anregen.

Bei der *Prozeßerforschung* werden diejenigen Faktoren herausgearbeitet, die die Zusammenhänge zwischen eingegebenen und ausgegebenen Daten bewirken. Die Methode der Prozeßerforschung kann als anschauliches Beispiel für den Versuch dienen, diejenigen Vorgänge zu erfassen, die während der Urteilbildung im Psychologen (in seinem „Hinterkopf") anlaufen. Dazu wird vor allem die Analyse von Protokollen herangezogen, in denen Diagnostiker beschreiben, wie sie zu einer bestimmten Entscheidung kommen, indem sie während des Urteilsprozesses „laut denken". Es läßt sich nun zeigen (z. B. *Kleinmuntz*, 1968, 1970; *Waltert*, 1977), daß es möglich ist, anhand einer größeren Zahl derartig protokollierter Entscheidungsverläufe eine Reihe sequentieller Entscheidungsregeln zu entwickeln, die z. B. als Handlungsanweisungen für den einzelnen Berater benutzt bzw. auch in ein Computerprogramm übertragen werden können (näheres s. *Bommert & Plessen*, 1978).

Bei der *black-box-Strategie* wird der diagnostische Urteilsprozeß als eine Form der Datenverarbeitung aufgefaßt, die in einem nicht einsehbaren Kasten (black box) abläuft. Allein die Beziehung zwischen Eingangs- und Ausgangsdaten sind der Beobachtung zugänglich. Es wird nicht untersucht, warum aufgrund bestimmter Daten eine bestimmte Entscheidung getroffen wird, sondern von Bedeutung ist allein der mathematisch beschreibbare Zusammenhang zwischen eingegebenen und ausgegebenen Daten. Der Diagnostiker braucht bei diesem Ansatz nicht „laut zu denken", sondern es erfolgt lediglich die Berechnung der Multiplen Regression zwischen den einzelnen Informationen, die dem Diagnostiker zur Verfügung stehen (unabhängige Variablen) und dessen Urteil (abhängige Variablen) (näheres s. *Bommert & Plessen*, 1978).

Beim *normativen* Ansatz wird angestrebt, für das diagnostische Vorgehen ein System von Regeln zu entwickeln, die dem Praktiker die Schritte des diagnostischen Prozesses vorschreiben (vgl. *Westmeyer*, 1972). Die Entscheidung soll damit im Einzelfall unabhängiger vom einzelnen Diagnostiker werden, die zu seinen Lasten gehenden Fehleranteile bei der Entscheidung sollen reduziert werden, indem ihm vorgeschrieben wird, nach welcher Regel er sich zu richten hat.

Beim Vorliegen mehrerer Prediktorvariablen für ein bestimmtes Kriterium können z. B. vom einzelnen Diagnostiker unabhängigere diagnostische Entscheidungen getroffen werden, indem aufgrund von multiplen Regressionsanalysen den einzelnen Prediktorvariablen bestimmte Gewichte zugewiesen werden. Diese Gewichtsermittlung basiert hier nicht auf den Urteilen des Diagnostikers, sondern auf der empirisch gefundenen Korrelation zwischen den Prediktorvariablen und dem Kriterium („aktuarisches Vorgehen").

Die im Bereich der Klinischen Psychologie notwendig werdenden Entscheidungen haben jedoch häufig von Klient zu Klient so unterschiedliche Informationsquellen zu berücksichtigen, so daß die Entwicklung der angestrebten Regeln erhebliche Schwierigkeiten bereitet und der normative Ansatz in diesem Bereich bisher für die praktische Entscheidungsfindung nahezu bedeutungslos ist.

Zudem gibt es Hinweise darauf, daß Diagnostiker in ihrem Urteilsverhalten auch dann die normativen Gesetze verletzen, wenn ihnen alle zur Anwendung normativer Regeln notwendigen Informationen bekannt sind. *Karras & Asam* (1976) z. B. zeigten auf, daß für Kliniker jeweils nur das Ausmaß der Repräsentativität der Daten von Bedeutung war und die zusätzlich vorhandenen statistischen Informationen, die eine Entscheidung nach normativen Regeln ermöglicht hätten, unberücksichtigt blieben.

Kann bereits die Beschäftigung mit diesen unterschiedlchen Ansätzen der Modellbildung im Rahmen des diagnostischen Urteilsprozesses zu einer differenzierten und reflektierten Handlungsweise des Auszubildenden anregen, so läßt sich dieses Ziel weiterhin durch die Vermittlung von Informationen über Faktoren, die das diagnostische Vorgehen beeinflussen, ansteuern. Bedeutsam sind hier u. a. die Phänomene, die bei der *kognitiven Bearbeitung von Informationen durch den Diagnostiker* auftreten.
Bommert & Plessen (1978) tragen eine Reihe von Beispielen zusammen, aus denen u. a. deutlich wird, daß einzelne Informationen in der Praxis selegiert, verzerrt wahrgenommen oder einseitig bewertet werden, daß keine lineare Beziehung zwischen der Informationsmenge und der Güte der Diagnose angenommen werden kann, daß erhebliche Diskrepanzen bestehen zwischen der subjektiven Einschätzung der Richtigkeit der Diagnose durch den Diagnostiker und der tatsächlichen Validität, daß die eigentliche Entscheidung des Diagnostikers oft schon nach der Erhebung weniger Informationen feststeht und neue Informationen sein Urteilsverhalten kaum noch beeinflussen können u. ä. m.
Als Konsequenzen für die Ausbildung in klinisch-psychologischer Diagnostik folgt aus diesen Sachverhalten: Die Beschäftigung mit dem einzelnen diagnostischen Instrument (Test im engeren Sinne, Beobachtungsverfahren, Anamnese etc.) kann nur *ein* Grundpfeiler der Ausbildung sein. Hinzukommen muß – mit erheblichem Gewicht – zum einen das *Erlernen der Bewertung der Nützlickeit von Informationen*, sowie das *Erlernen von Strategien zur Informationsgewinnung*. Zum anderen sollte dem Auszubildenden durch *themenzentrierte Selbsterfahrung* verdeutlicht werden, wie leicht es zu Verzerrungen bei der Wahrnehmung von Informationen während der Informationserhebung, Informationsverarbeitung und Hypothesenbildung kommen kann, um ihn somit zu reflektiertem Handeln in der Praxis zu stimulieren.

Sieht man von speziellen Schwerpunkten einzelner Methoden der Selbsterfahrung ab, so können als grundsätzliche Ziele der Selbsterfahrungskonzepte die Erhöhung der Selbstreflexion, der Flexibilität der Wahrnehmung der eigenen Person und eigener Reaktionen und der Erkenntnis und Verarbeitung der Wirkung auf andere Personen angesehen werden. Diese Ziele werden in der Regel über die Interaktion mit anderen Personen (Einzelpersonen oder Gruppe) zu erreichen versucht.

Die *themenzentrierte* (auch: problemorientierte) Selbsterfahrung hat nun nicht zum Ziel, sämtliche Aspekte einer Person zu beleuchten. Im hiesigen Kontext geht es vielmehr darum, diejenigen in der Person des angehenden Psychologen liegenden Bedingungen zu isolieren, die eine unvoreingenommene Einstellung auf bestimmte Klienten, Informationen, Probleme oder Zielfestlegungen sowie die Durchführung sachlich indizierter Interventionen wesentlich behindern können. Ursachen hierfür können z. B. in der persönlichen Betroffenheit durch ein bestimmtes Problem, in ethisch-moralischen Bedenken bezüglich einzelner Zielfestlegungen, in starrer einseitiger Einbindung in gesellschaftlich-politische Zielprojektionen u. ä. m. liegen. Während im Gesamtfeld der Selbsterfahrung in starkem Maße *inter*individuelle Momente zum Tragen kommen (etwa dadurch, daß Gruppenteilnehmer einem Gruppenmitglied Rückmeldung darüber geben, wie sie es in einer bestimmten Situation wahrgenommen haben), wird bei den Konzepten und Methoden des Selbst*erlebens* stärker die *intra*individuelle Komponente betont: Hierbei handelt es sich um die spontane oder induzierte Konzentration einer Person auf ihren Gefühlsprozeß und dessen Änderung im Kontext spezieller Situationen (vgl. *Bommert & Dahlhoff*, 1978; *Bommert* et al., 1978). Auch hierdurch können Änderungsprozesse beim Auszubildenden eingeleitet werden, die im Abbau von für die Praxistätigkeit hinderlichen „blinden Flecken“ resultieren.

2.4 Gesprächsführung

Diagnostisch-therapeutische Interventionen im Rahmen der Klinischen Psychologie laufen zu einem erheblichen Teil auf der Ebene der verbalen Kommunikation zwischen Psychologe und Klient ab. Dies gilt auch dann, wenn das eigentliche Treatment gänzlich oder zu einem großen Teil nichtverbaler Natur ist. Bevor ein Treatment zum Tragen kommen kann, sind mehrere Stationen zu durchlaufen, die durch erhebliche sprachliche Anteile gekennzeichnet sind und bei denen damit die Frage nach einer angemessenen Gesprächsführung von Bedeutung ist.

„Angemessen“ bedeutet hier, daß nicht schon durch eine bestimmte Art der Gesprächsführung das damit inhaltlich angesteuerte Ziel blockiert wird, sondern vielmehr die Erreichung der mit Hilfe von Gesprächen zwischen Psychologe und Klient angesteuerten Ziele durch die Form der Gesprächsführung unterstützt wird. Grob klassifiziert lassen sich dabei zwei Ziele isolieren: Zum einen die Gesprächsführung zur Erhebung von Informationen über den Klienten und sein Umfeld, zum anderen die Gesprächsführung zur Verarbeitung dieser Informationen im Sinne einer Ziel- und Methodenbestimmung zur Reduktion der Problematik.

Da die Betonung dieses Beitrags auf den diagnostischen Komponenten des klinischpsychologischen Interventionsprozesses liegt, wird hier nicht auf die Konzepte und Methoden eingegangen, die die Gesprächsführung nicht nur zur Erreichung der o. g. Ziele einsetzen, sondern bei denen das Gespräch als (im engeren Sinne) therapeutisches Medium fungiert. Hierauf ist an anderer Stelle ausführlicher eingegangen worden (vgl. *Bommert*, 1979a; 1979b).

Bei der *Gesprächsführung zur Erhebung von Informationen über den Klienten und sein Umfeld* ist ein wesentlicher Ansatzpunkt in der Tatsache zu sehen, daß mit dem Aufkommen neuerer therapeutischer Behandlungsmethoden im Bereich der Klinischen Psychologie auch im Kontext der Informationserhebungphasen Schwerpunktverlagerungen stattgefunden haben: So steht nicht mehr die Informationsgewinnung aufgrund standardisierter Tests und deren populationsabhängiger Normaussagen (und die implizite Stabilitätsannahme der „wahren" Werte, s. o.) allein im Mittelpunkt, sondern oftmals werden Verfahren wie Anamnese und Exploration zur treatmentrelevanten Informationsgewinnung priorisiert. Diese Verfahren sollen (wie alle diesbezüglichen Informationserhebungen) ein möglichst realitätsgetreues Abbild der Situation des Klienten ermöglichen, und möglichst wenig gefiltert und gesteuert werden durch im verbalen (und nonverbalen) Verhalten des Psychologen sich manifestierende persönliche Einstellungen und Sichtweisen desselben.
Für die praktische Gesprächsführung ergeben sich daraus einige Postulate bezüglich des Verbalverhaltens des Psychologen, auf die in der Ausbildung einzugehen ist: So muß z. B. gewährleistet sein, daß der Psychologe in dieser Phase nicht durch Suggestivfragen oder persönliche Bewertungen von einzelnen Informationen die Sammlung treatmentrelevanter Informationen einseitig vornimmt und/oder in eine falsche Richtung steuert. Dies gilt auch für das „Überhören" einzelner Informationen aufgrund der Tatsache, daß der Psychologe mehr auf ein bestimmtes Konzept als auf den Klienten zentriert ist. Dieses weitgehende Offenlassen der *Inhalte* der Informationserhebung ist nicht gleichbedeutend mit einer formalen Strukturlosigkeit bei der Ordnung der Informationen und schließt auch nicht die anschließende „Übersetzung" in eine bestimmte diagnostisch-therapeutische „Sprache" (z. B. die lerntheoretische) aus. Es muß allerdings beachtet werden, daß eine solche Formalisierung nicht zur Ausblendung oder Unterbetonung treatmentrelevanter Informationsaspekte führt; diese Gefahr ist besonders bei zu früher Übersetzung der Klientenäußerungen in eine „Fachsprache" gegeben.
Die erhobenen Informationen müssen nach ihrer Auswertung wiederum mit dem Klienten besprochen und in ihrer Bedeutsamkeit für ihn reflektiert werden (vgl. dazu den mehrfach wiederkehrenden Punkt (8) „Kontrolle der Auswirkung auf den Klienten" im Verlaufsschema der Abb. 1, S. 90); dies führt unmittelbar zum zweiten Ziel der Gesprächsführung in diesem Rahmen.
Bei der *Gesprächsführung zur Verarbeitung der Informationen im Sinne einer Ziel- und Methodenbestimmung zur Reduktion der Problematik* liegt der Ansatzpunkt in der Tatsache begründet, daß sich die Ziele eines psychologischen Treatments nicht wissenschaftlich und objektiv festlegen lassen (vgl. S. 95), sondern mit dem Klienten zusammen erarbeitet und bestimmt werden müssen. Grundlage ist dabei die von Klient und Psychologe gemeinsam vorgenommene Bewertung der erhobenen Informationen. Die Gesprächsführung des Psycho-

logen muß nun zunächst so angelegt sein, daß dem Klienten eine Zielbestimmung möglich wird, ohne daß der Psychologe in dieser Phase seine eigenen Sichtweisen und Werthaltungen in diesem Bestimmungsprozeß geltend macht – ein Ziel, was sicherlich nur annäherungsweise erreichbar ist.
Dies kann *nicht* bedeuten, daß der Psychologe grundsätzlich im zielbestimmenden Gespräch auf das Einbringen eigener Sichtweisen und Wertungen verzichtet; vielmehr sind sogar *Zielkonflikte* zwischen Klient und Psychologen zu erwarten, wenn der Klient Ziele ansteuert, die der Psychologe aus ethischen Gründen nicht mitanzusteuern bereit ist (z. B. Erlernen von Techniken, die die einseitige Abhängigkeit schwächerer Sozialpartner festschreiben). Der Klient muß jedoch die Möglichkeit haben, mit Hilfe des Psychologen seine eigenen Sichtweisen und Wünsche bezüglich der Treatment-Ziele zu entwickeln.
Sind die Treatment-Ziele festgelegt, so stehen oftmals mehrere unterschiedliche Methoden zur Zielerreichung (Problemreduktion) zur Verfügung. In einem derartigen Fall können im Rahmen der Gesprächsführung die aus der Sicht des Klienten sich ergebenden Vor- und Nachteile der einzelnen Methoden – über die der Psychologe in knapper, sachlicher Form informiert – erarbeitet, bewertet und in eine Methodenfestlegung überführt werden. Auch in diesem Fall ist es angezeigt, im Rahmen der Gesprächsführung die Sichtweisen und Meinungen des Psychologen (nicht jedoch sachspezifische Hinweise und Klarstellungen hinsichtlich der einzelnen Alternativen) zugunsten der Präferenzklärung beim Klienten zurückzustellen.
Ferner gilt es zu registrieren, daß die Art der Gesprächsführung zwischen Klient und Psychologe auch im Zusammenhang steht mit der „Rollenverteilung“ zwischen beiden. Hier gilt es – auch durch die Art der Geprächsführung – von vornherein zu verdeutlichen, daß der Klient nicht die lediglich informationsliefernde Person und der Psychologe die anschließend problemreduzierende Person ist, sondern daß der Klient als für die Lösung seiner Probleme eigenverantwortlich betrachtet wird, ihm lediglich ein sachkompetenter Helfer zur Seite steht.
Aus obigen Darlegungen läßt sich für die *Ausbildung* in klinisch-psychologischer Diagnostik ableiten, daß dem Auszubildenden eine Gesprächsführung nahegebracht werden muß, die es ihm ermöglicht, phasenweise die eigenen Sichtweisen und Werthaltungen in den Hintergrund treten zu lassen, sich stärker auf die des Klienten einzustellen, und dem Klienten die Notwendigkeit seiner aktiven Mitarbeit zu verdeutlichen. Das spezielle Ziel des Erlernens einer solchen Gesprächsführung ergibt sich aus der Tatsache, daß sich im praktischen Gespräch mit dem Klienten sehr schnell und oftmals von Klient und Psychologe unbemerkt und ungewollt Sichtweisen und Normen des Psychologen in die Informationserhebung oder Ziel- und Methodenbestimmung einschleichen. Diese Gefahr läßt sich durch gezielte Ausbildung in diesem Bereich verringern. Als praktisches Orientierungskonzept bietet sich hier das zentrale Konzept der Gesprächspsycho-

therapie an, das in Abb. 2 in schematischer Form in Anlehnung an *Bommert* (1979a) dargestellt ist.

Wesentlich ist dabei, daß der Psychologe auf vom Klienten geäußerte Probleme, Bewertungen, Sichtweisen etc. eingeht, indem er sich zunächst bemüht, sich *gedanklich und erlebnismäßig in den Klienten hineinzuversetzen* (A), und weitere Aktivitäten verbaler oder non-verbaler Art (z. B. in Richtung auf die Problemreduktion) *auf der Basis der Sichtweise und des Erlebens des Klienten* (B) reali-

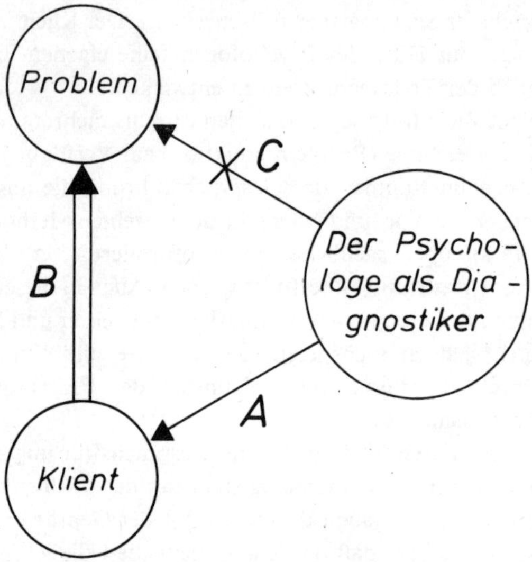

Abbildung 2: Der Diagnostiker in der Gesprächsführung – Erläuterungen im Text.

siert. Er bemüht sich dabei, den „direkten" Weg von sich aus zum Problem des Klienten (C) zu vermeiden, d. h. – soweit möglich – seine eigenen Sichtweisen, Arten des Herangehens an Probleme, Erfahrungen und Einschätzungen zum Problem oder zur Problemreduktion zurückzustellen (näheres vgl. *Bommert*, 1979a, S. 62ff).

Im Zusammenhang damit ist wiederum die themenzentrierte Selbsterfahrung des Auszubildenden von Bedeutung: Hier gilt es zu erarbeiten, warum z. B. der angehende Psychologe an bestimmten Stellen des Gesprächs Suggestivfragen stellt, welche Einstellung er bestimmten Treatment-Zielen gegenüber hat, wie weit er andere Arten von Zielen zu tolerieren oder aktiv zu unterstützen bereit ist, ob er bestimmte Methodenpräferenzen zur Zielerreichung hat, wenn ja, warum u. ä. m.

3 Ausbildungsmethoden

Die Ausbildungsmethoden im Bereich der klinisch-psychologischen Diagnostik entsprechen grundsätzlich den Ausbildungsmethoden im Rahmen des Gesamtfeldes der Klinischen Psychologie; daher soll an dieser Stelle nur kurz darauf eingegangen werden. Diese Entsprechung ergibt sich zum einen aus der wechselseitigen Verflechtung von Diagnostik- und Treatment-Schritten im Rahmen klinisch-psychologischer Interventionen, zum anderen aus der Tatsache, daß sich im Ausbildungsbereich der Universität – zumindest soweit es die Psychologie betrifft – einige grundsätzliche Eckpfeiler effektiver Ausbildung konstatieren lassen, an denen eine Ausbildungsmethodik orientiert werden sollte. In dem hier gesteckten Rahmen soll nur kurz auf die Eckpfeiler *Praxisbezug* und *praktisches Training* eingegangen werden.

Der *Praxisbezug* ist nicht nur im Zusammenhang mit der generellen Zielsetzung für eine Ausbildung in klinisch-psychologischer Diagnostik (vgl. S. 86) von Bedeutung, sondern trägt auch in erheblichem Maße zur Lernmotivation der Auszubildenden bei, die selbst wiederum ein wesentliches Moment der Ausbildungseffektivität ist. Neben diesem motivationalen Aspekt ist ferner von Bedeutung, daß bei einer Orientierung an Gegebenheiten und Anforderungen der Berufspraxis auch das Erlernen und die Bewertung einzelner diagnostischer Ausbildungselemente (z. B. Urteilsprozeß, Gesprächsführung etc.) durch eine strukturierende Einbindung in praxisrelevante Handlungsabläufe erleichtert wird. Diese Erleichterung wird um so nachhaltiger wirksam werden können, je umfassender die Information des Auszubildenden über die Handlungsabläufe in der praktisch-psychologischen Tätigkeit ist. Der Informationsstand selbst läßt sich wiederum durch in die Ausbildung eingebundene Praktika, Hospitationen u. ä. wirksam beeinflussen.

Der Praxisbezug sollte auch in den Fällen gewahrt oder hergestellt werden, in denen es um die *theoretische* Erörterung einzelner diagnostischer Fragestellungen geht: Die Erörterung von Optimalmodellen diagnostischen Vorgehens z. B. wird oftmals durch ein konsequentes Gegenprüfen an faktischen Möglichkeiten der Praxis als ineffektives Wunschdenken deutlich, wobei zunächst dahingestellt bleiben kann, ob die faktischen Möglichkeiten durch materielle oder ideelle Faktoren eingegrenzt werden.

Andererseits kann und darf dies nicht bedeuten, die derzeitigen Möglichkeiten und Grenzen psychologischer Tätigkeit als naturgegeben und unveränderlich zu betrachten. Die heute bereits oftmals feststellbare „Verschulung“ der Ausbildung und die Abkopplung von perspektivischem Denken behindert nicht nur Innovationen, sondern steht auch im Gegensatz zum Postulat der Kreativität und Flexibilität, unter das sich ein Psychologe, der nach seiner Ausbildung oftmals 40 Jahre beruflicher Tätigkeit absolviert (wenn auch evtl. mit gelegentlichen Fortbildungen), gestellt sieht.

Praktisches Training wird heute im Rahmen der Ausbildung in Klinischer Psychologie allgemein als sinnvoll und notwendig angesehen. Dabei stehen

Techniken wie das Rollenspiel, Micro-Counseling, Video-Feedback u. ä. im Vordergrund. Bisher beschränkt sich dieses praktische Training jedoch oftmals auf das Erlernen spezifischer Modifikationselemente, während wesentliche Elemente des (dazugehörenden) diagnostischen Vorgehens vernachlässigt werden. Sofern diagnostische Elemente nicht „nebenbei" im Rahmen des Erlernens von Modifikationsstrategien trainiert werden (etwa Gesprächsführung im Rahmen der Gesprächspsychotherapieausbildung) klaffen hier erhebliche Lücken. Diese lassen sich jedoch durch praktisches Training ebenso schließen, wie dies im engeren Bereich des Modifikationstrainings bereits selbstverständlich ist. So kann z. B. die Durchführung standardisierter Tests praktisch und unter Supervision trainiert werden, ein Gesprächsführungstraining im Rollenspiel absolviert werden, die Bewertung und Einordnung von erhobenen Einzelinformationen an fiktiven Fällen durchgespielt, die Zielbestimmung mit „Probe-Klienten" geübt werden u. ä. m. Die Liste praktischer Trainingsmöglichkeiten auch im engeren diagnostischen Bereich wird in der Regel weniger durch objektive Hindernisse eingeschränkt, sondern eher durch eine Unterschätzung der Notwendigkeit eines praktischen Trainings in diesem Bereich. Jedoch: Auch wenn die klinisch-psychologische Diagnostik nicht Selbstzweck, sondern Mittel zum Zweck ist (vgl. S. 88), kann nicht davon ausgegangen werden, daß dieses Mittel vom Auszubildenden ohne praktisches Training wirksam gemacht werden kann.

Literatur

Blaser, A.: Der Urteilsprozeß bei der Indikationsstellung zur Psychotherapie. Bern: Huber, 1977.

Bommert, H.: Grundlagen der Gesprächspsychotherapie. Theorie-Praxis-Forschung. Stuttgart: Kohlhammer, 1979^2(a).

Bommert, H.: Möglichkeiten und Grenzen des Gesprächs als therapeutisches Medium. In: *S. Schmidtchen & F. Baumgärtel* (Hrsg.): Methoden der Kinderpsychotherapie. Stuttgart: Kohlhammer, 1979 (im Druck) (b).

Bommert, H./Dahlhoff, H.-D. (Hrsg.): Das Selbsterleben (Experiencing) in der Psychotherapie. München: Urban & Schwarzenberg, 1978.

Bommert, H./Plessen, U.: Psychologische Erziehungsberatung. Stuttgart: Kohlhammer, 1978.

Bommert, H./Dahlhoff, H.-D./Esser, P.: Kritische Anmerkungen zur Theorie und Praxis der Konzepte und Methoden des Selbsterlebens. In: *H. Bommert & H.-D. Dahlhoff* (Hrsg.): Das Selbsterleben (Experiencing) in der Psychotherapie. München: Urban & Schwarzenberg, 1978.

Ciminero, G., Calhoun, K. & Adams, H. (Hrsg.): Handbook of behavioral assessment. New York: Wiley, 1977.

Goldfried, M. R./D'Zurilla, T. J.: A behavioral-analytic model for assessing competence. In: *C. D. Spielberger* (Hrsg.): Current topics in clinical and community psychology, Vol. I. New York: Academic Press, 1969, 151 – 196.

Goldfried, M. R./Kent, R. N.: Traditional versus behavioral personality assessment. Psychological Bulletin 77, 1972, 409 – 420.

Green, B. F.: Descriptions and explanations: a comment on papers by Hoffman and Edwards. In: *B. Kleinmuntz* (Hrsg.): Formal presentation of human judgement. New York: Wiley, 1968.
Gulliksen, H.: Theory of mental tests. New York: Wiley, 1950.
Innerhofer, P.: Der Einfluß theoretischer Modelle auf die Informationsauswahl in der Diagnosephase. Vortr. 2. Tagung für Kinder- u. Jugendlichenpsychother., München 1979.
Kaminski, G.: Verhaltenstheorie und Verhaltensmodifikation. Stuttgart: Klett, 1970.
Kanfer, F. H./Saslow, G.: Behavioral diagnosis. In: *C. M. Franks* (Hrsg.): Behavioral therapy. New York: McGraw-Hill, 1969, 417–444.
Karras, W./Asam, V.: „Repräsentativität" und klinische Urteilsbildung: Eine Untersuchung zum Urteilsverhalten klinischer Experten. Z. exp. angew. Psychol., 23, 1976, 240–252.
Kendell, R. E.: Die Diagnose in der Psychiatrie. Stuttgart: Enke, 1978.
Kleinmuntz, B.: The processing of clinical information by man and machine. In: *B. Kleinmuntz* (Hrsg.): Formal presentation of human judgement. New York: Wiley, 1968.
Kleinmuntz, B.: Clinical Information processing by computer. In: *H. Newcomb* (Hrsg.): New directions in psychology. New York: Holt, Rinehart & Winston, 1970.
Lazarus, A. A.: Multimodal assessment. In: *Lazarus, A. A.* (Hrsg.): Multimodal behavior therapy. New York: Springer, 1976.
Lord, F. M./Novick, M. R.: Statistical theories of mental test scores. Massachusetts: Addison-Wesley, 1968.
Mash, E. J./Terdal, L. G.: Behavior-therapy Assessment: Diagnosis, design and evaluation. Psychological Reports, 35, 1974, 587–601.
Meichenbaum, D.: A cognitive behavior modification approach to assessment. In: *M. Hersen & A. S. Bellack* (Hrsg.): Behavioral assessment – a practical handbook. Oxford: Pergamon, 1976.
Mischel, W.: Toward a cognitive social learning reconceptualisation of personality. Psychological Review, 80, 1973, 252–283.
Pawlik, K.: Ansätze für eine eigenschaftsfreie Interpretation von Persönlichkeitsfaktoren. In: *L. Eckensberger & U. S. Eckensberger* (Hrsg.): Ber. 28. Kongr. Dt. Ges. f. Psychol., Göttingen: Hogrefe, 1974, 248–256.
Pawlik, K.: Modell- und Praxisdimensionen psychologischer Diagnostik. In: *K. Pawlik* (Hrsg.): Diagnose der Diagnostik. Stuttgart: Klett, 1976, 13–43.
Rogers, C. R.: Die klient-bezogene Gesprächstherapie. München: Kindler, 1973.
Schulte, D.: Psychodiagnostik zur Erklärung und Modifikation von Verhalten. In: *K. Pawlik* (Hrsg.): Diagnose der Diagnostik. Stuttgart: Klett, 1976, 149–176 (a).
Schulte, D. (Hrsg.): Diagnostik in der Verhaltenstherapie. München: Urban & Schwarzenberg, 1976 (b).
Seidenstücker, G. & Baumann, U.: Multimethodale Diagnostik. In: *U. Baumann, H. Berbalk & G. Seidenstücker* (Hrsg.): Klinische Psychologie. Trends in Forschung und Praxis 1. Bern: Huber, 1978, 134–182.
Tack, W. H.: Diagnostik als Entscheidungshilfe. In: *K. Pawlik* (Hrsg.): Diagnose der Diagnostik. Stuttgart: Klett, 1976, 103–130.
Tausch, R.: Gesprächspsychotherapie. Göttingen: Hogrefe, 1976.
Waltert, A.: Zur Formalisierung eignungsdiagnostischer Entscheidungsprozesse: Entwicklung und Evaluation eines Modells. In: *J. K. Triebe & E. Ulrich* (Hrsg.): Beiträge zur Eignungsdiagnostik. Bern: Huber, 1977.
Westmeyer, H.: Logik der Diagnostik. Stuttgart: Kohlhammer, 1972.
Westmeyer, H.: Grundlagenprobleme Psychologischer Diagnostik. In: *K. Pawlik* (Hrsg.): Diagnose der Diagnostik. Stuttgart: Klett, 1976, 71–101.

Wiggins, J. S.: Personality and prediction: Principles of personality assessment. Massachusetts: Addison-Wesley, 1973.
Zielke, M.: Indikation zur Gesprächspsychotherapie. Stuttgart: Kohlhammer, 1979.
Zielke, M. & Kopf-Mehnert, C.: Der Veränderungsfragebogen des Erlebens und Verhaltens (VEV). Manual. Weinheim: Beltz, 1978.

Dieter Tscheulin

Lernziel Therapeutisches Basisverhalten

Zusammenfassung

Psychotherapeutisches Basisverhalten umfaßt alle Erlebens- und Verhaltensweisen von Klient und Therapeut, die eine therapeutisches Beziehung aufbauen und aufrechterhalten. Ihre Verwirklichung durch den Therapeuten ist die Basis für Psychotherapie als Differentielle Therapie und für viele andere, z. B. diagnostische, beraterische und präventive Tätigkeiten des Klinischen Psychologen. Die Verwirklichung eines solchen Basisverhaltens durch den Therapeuten wird in verschiedenen Therapierichtungen gleichermaßen gefordert. Wenngleich die Begriffe teilweise verschieden sind, so ähneln sich die inhaltlichen Kennzeichnungen doch stark.
Neben der Grundlagenfunktion kommt dem Therapeutischen Basisverhalten in der Psychotherapie eine Zusammenhalt stiftende Funktion („Klammer-Funktion") und eine Veränderung bewirkende („direkte therapeutische") Funktion zu.
Alle drei Funktionen des Therapeutischen Basisverhaltens werden um so eher erfüllt, je mehr es in folgenden Dimensionen eine hohe Merkmalsausprägung zeigt: Realitätsbezogenheit, Personbezogenheit und Bedingungsfreiheit.
Eine Ausbildung in Therapeutischem Basisverhalten kann als ein einheitliches schulübergreifendes Lernziel einer praktischen Grundausbildung in Klinischer Psychologie und Psychotherapie angesehen werden, in der Beziehungs- und Technikfaktoren gleichermaßen berücksichtigt und Grundfertigkeiten und Grundeinstellungen erlernt werden, die der spätere Klinische Psychologe und Psychotherapeut in verschiedenen Rahmenbedingungen benötigt.

1 Einleitung

Die Ausbildung in Klinischer Psychologie und Psychotherapie muß von einem wichtigen Grundtatbestand ausgehen:
Bestandteil jeder einzelnen Tätigkeit des Klinischen Psychologen ist die Aufnahme einer personalen Beziehung. Die Beziehung zu seinem oder seinen Klienten muß ungestört und tragfähig bleiben, wenn unverzerrte Information erhalten (Psychodiagnostik), konstruktive psychische Veränderungen erreicht (Psychotherapie und Beratung) oder entwicklungsfördernde zwischenmenschliche Interaktionen eingeleitet und erhalten werden sollen (Prävention und Rehabilitation).
In der psychotherapeutischen Tätigkeit des Klinischen Psychologen ist diese Forderung am deutlichsten und hier auch am besten erforscht worden (*Pongratz,*

1973). Psychotherapie, insbesondere als Einzeltherapie, soll deshalb ins Zentrum der folgenden Ausführungen gerückt werden.
Wegen der großen Bedeutung von „Therapeutischer Beziehung" wird in der Gesprächspsychotherapie manchmal der extreme Standpunkt vertreten, daß in der Psychotherapie nur diese Beziehung und nicht die Techniken wichtig seien. So vertritt *Rogers* (1957) die Hypothese, daß die Verwirklichung einer bestimmten Art von therapeutischer Beziehung nicht nur notwendig, sondern auch hinreichend sei, und daß Techniken in der Psychotherapie keine Rolle spielten. Die empirische Forschung in der Gesprächspsychotherapie (z. B. *Truax,* 1966), die vergleichende Psychotherapieforschung und vor allem die praktischen Erfahrungen und Fallberichte (z. B. *Tscheulin,* 1976) haben m. E. gezeigt, daß diese Hypothese nicht aufrecht erhalten werden kann (vgl. *Bastine,* 1976; *Minsel,* 1974). Auf der anderen Seite ist allerdings auch zu bedenken, daß die Psychotherapieforschung (z. B. *Staples* et al., 1975; *Strupp,* 1973; *Sloane* et al., 1975; *Frank,* 1973) nachgewiesen hat, daß „erfolgreiche Therapeuten" unterschiedlicher Orientierung in hohem Ausmaß ein Beziehungsverhältnis zum Klienten verwirklichen, das sich am ehesten durch die „Rogers-Variablen" empathisches Verstehen, emotionale Wärme und Echtheit beschreiben läßt. Es liegt deshalb nahe, anzunehmen, daß es ein Beziehungsverhältnis gibt, das in verschiedenen Therapierichtungen gleichermaßen verwirklicht wird und daß die wichtigsten Variablen der Gesprächspsychotherapie darin enthalten sind.
Tatsächlich wird auch in der Verhaltenstherapie dem Beziehungsfaktor immer mehr grundlegende Bedeutung beigemessen (z. B. *Wilson & Evans,* 1977; *Wilson* et al., 1968; *Goldfried & Davidson,* 1976; *Grawe & Dziewas,* 1977). Diese Entwicklung geht parallel mit der zunehmenden Tendenz, Beziehung operational zu definieren und als instrumentelles Therapieziel zu kontrollieren.
Im Zuge dieser Entwicklung wird häufig jedoch so getan, als könnten „Therapeutische Beziehung" und „Techniken" als getrennte Größen einander gegenübergestellt und getrennt zum Einsatz gebracht werden. So wenig es aber sinnvoll erscheint, therapeutische Wirksamkeit nur einzelnen Beziehungsfaktoren zuzusprechen, so wenig ist es sinnvoll, einen extremen technologischen Standpunkt einzunehmen und Personen- und Beziehungsvariablen in eine unendliche Fülle einzelner Techniken aufzulösen und diese als letztlich entscheidend für den Therapieerfolg hinzustellen. Dies zeigt z. B. auch eine kritische Literaturübersicht von *Kazdin & Wilcoxon* (1976) über empirische Arbeiten zur Systematischen Desensibilisierung. Sie fragen nach der spezifischen Effektivität von systematischer Desensibilisierung unter Berücksichtigung sog. nicht-spezifischer Faktoren (bes. Klientenerfolgserwartung). Ihre methodischen Überlegungen und ihre Prüfung der großen Fülle empirischer Untersuchungen zu diesem Thema zeigen, daß die therapeutische Wirksamkeit von Beziehungsvariablen wie Klientenerwartung nicht von den spezifischen Technikvariablen zu trennen sind. Sie müssen als instrumental wirksame Faktoren berücksichtigt werden.

Im Folgenden wird versucht, Psychotherapie so zu betrachten, daß zwar eine unterschiedliche Bedeutung, Funktion und Gewichtung von Beziehungs- und Technikaspekten deutlich werden kann, gleichzeitig aber eine bloße Gegenüberstellung von Beziehungs- und Technikfaktoren vermieden wird. Es wird angenommen, daß dies möglich ist, wenn, nach einem Vorschlag von *Bastine* (1976), am gesamten psychotherapeutischen Interaktionsgeschehen ein Basisverhalten und ein differentielles Vorgehen unterschieden wird. Die zugrundeliegende These lautet: Jede Psychotherapie ist differentielle Therapie, aber sie ist nur möglich aufgrund der Verwirklichung eines Therapeutischen Basisverhaltens.
Die Sichtweise von Psychotherapie als „Therapeutisches Basisverhalten" und „Differentielle Psychotherapie" hat für die universitäre Ausbildung in Klinischer Psychologie und Psychotherapie eine große Bedeutung. Es ist innerhalb dieser Ausbildung nicht möglich, Fertigkeiten und Wissen für das gesamte Spektrum klinisch-psychologischer Aufgaben und psycho-therapeutischer Situationen zu vermitteln. Vielmehr ist es notwendig, Grundfertigkeiten und Grundeinstellungen auszubilden, die der spätere Fachpsychologe für Klinische Psychologie oder der spätere Psychotherapeut unter verschiedenen Rahmenbedingungen einsetzen kann. Und es ist ein allgemeines Problem, wie eine dermaßen grundlegende Ausbildung bei der Vielfalt teilweise sich widersprechender Therapietheorien zu bewerkstelligen ist. Die hier vertretene Position ist: Eine solche Grundausbildung muß sich, auch wenn sie von verschieden orientierten Ausbildern (Gesprächspsychotherapeuten, Verhaltenstherapeuten oder tiefenpsychologisch fundierten Therapeuten) durchgeführt wird, doch irgendwo auf einer gemeinsamen Basis treffen. Diese kann in dem Lernziel „Therapeutisches Basisverhalten" gesehen werden.
In den folgenden Abschnitten werden zunächst die Begriffe „Therapeutisches Basisverhalten" und „Differentielle Psychotherapie" definiert. Danach werden die funktionalen Aspekte und die inhaltlichen Dimensionen des „Therapeutischen Basisverhaltens" beschrieben.
Die Methoden zur Ausbildung von Therapeutischem Basisverhalten werden in den Artikeln von *Helm & Frohburg* (Kap. 3.2), *Birtsch* (Kap. 3.4) und *Tscheulin* (Kap. 3.3) in diesem Sammelband referiert.

2 Die Betrachtung von Psychotherapie als Therapeutisches Basisverhalten und Differentielle Psychotherapie

Am gesamten psychotherapeutischen Interaktionsgeschehen kann ein Basisverhalten und ein differentielles Vorgehen abgehoben werden, und wir definieren: *Psychotherapeutisches Basisverhalten* umfaßt alle Erlebens- und Verhaltensweisen des Therapeuten und des Klienten, die eine therapeutische (statt veränderungsneutrale oder psychonoxische) *Beziehung* aufbauen und aufrechterhalten.

Diese Definition hat zwei wichtige Implikationen:
Basisverhalten bezieht sich auf Therapeuten, *und* Klientenverhalten. Und „Therapeutisches Basisverhalten" ist kein Synonym für „Therapeutische Beziehung". Es enthält genauso einfach Regeln, Techniken oder Fertigkeiten zur Bewältigung und Benennung einzelner Probleme, wie z. B. Informationsgewinnung, Verstehen als Informationsverarbeitung, Eröffnungs- und Beendigungsrituale u. ä. Eine therapeutische Beziehung ist aber Ziel und Produkt des Basisverhaltens. Und in diesem Sinne können alle hier einschlägigen Verhaltens- und Erlebensweisen, auch isolierte Therapeutenprozeßvariablen, wie sie ins Zentrum der Ausbildung gesetzt werden, als Beziehungsvariablen bezeichnet werden.
Werden solche Beziehungsvariablen von der Therapeutenseite her gekennzeichnet, dann ist Therapeutisches Basisverhalten eine fundamentale psychotherapeutische *Strategie* (*Bastine,* 1978), die das komplexe Ziel „Aufbau und Aufrechterhaltung" des therapeutischen Interaktionsgeschehens verfolgt und aus einer Kombination verschiedener einzelner Vorgehensweisen, wie z. B. „Blickkontakt halten" und „Gefühle reflektieren" u. ä. besteht. Dabei wird es in verschiedenen Schulrichtungen unterschiedliche Akzente geben, jenachdem, ob das Therapiemedium stärker verbal oder stärker aktional ist, welche Rahmenbedingungen gelten usw. Es wird angenommen, daß diese Akzente an der entscheidenden Zielrichtung des Basisverhaltens nichts ändern.
Dem Therapeutenverhalten entspricht auf der Erlebensseite eine bestimmte Einstellung gegenüber dem Klienten, z. B. eine akzeptierend-wertschätzende Einstellung (*Rogers*, 1959) oder eine optimistisch-hoffnungsfördernde Haltung (*Frank*, 1973).
Werden Beziehungsvariablen auf der Seite des Klienten zu erfassen versucht, dann kann Therapeutisches Basisverhalten als eine Strategie zur Lebensbewältigung gekennzeichnet werden, die sich in einem intensiven verbal und nonverbal geäußerten Selbsterleben (SE) und einer bestimmten Haltung gegenüber dem Therapeuten, z. B. in Hilflosigkeit und Bereitschaft zur Mitarbeit äußert.
Im Folgenden wird zwar Psychotherapie ins Zentrum der Betrachtung gestellt, die Bedeutung des Therapeutischen Basisverhaltens kann sich aber auf verschiedene situative Kontexte erstrecken. In seiner inhaltlichen Dimensionalität ist es nicht auf Psychotherapie beschränkt, sondern gilt ebenso für die Situationen „Beratung", „Eltern-Kind", „Ehe" o. ä. Es ist aber in der Psychotherapie von entscheidender Bedeutung, weil diese auf Bedingungen gerichtet ist, in der andersgeartete Strategien und Methoden, wie Befehlen, Bemühungen um Informationsvergabe, bloße Willenskundgebungen und Bereitstellen von Modellen zur Nachahmung versagen.
Demgegenüber ist die Bedeutung des Begriffes „Differentielle Psychotherapie" allein dem Bereich klinisch-psychologischer Behandlung (= Psychotherapie i. e. S.) vorbehalten:
Differentielle Psychotherapie umfaßt alle sachkundigen und beabsichtigten *Ope-*

rationen (Techniken) des Psychotherapeuten, die aus psychologischen Prinzipien abgeleitet sind und bei verschiedenen Klienten, bzw. Klientengruppen auf die Modifikation von Verhaltens- und Erlebensweisen abzielen, die vom Therapeuten und Klienten als veränderungsbedürftig, d. h. ohne fremde sachkundige Hilfe als nicht veränderbar, und vom Therapeuten zusätzlich als veränderungsfähig beurteilt werden (vgl. *Meltzoff & Kornreich,* 1970).

Während die Beurteilungen beim Therapeuten erfahrungswissenschaftlich fundiert sind, bestimmt sich die Beurteilung des Klienten nach dessen subjektiver Überzeugung, ohne fremde Hilfe keine Linderung oder Verbesserung seines Zustandes zu erreichen.

Die Operationen umfassen nach *Bastine* (1978) sowohl *Methoden,* die bei bestimmten psychischen Problemen relativ standardisiert verwendet werden (z. B. Selbstsicherheitstraining, Rollenspielübungen, Systematische Desensibilisierung), als auch *Strategien,* die komplexe Ziele in verschiedenen Veränderungsdimensionen verfolgen (z. B. Konfrontation, Erlebnisaktivierung u. ä.).

In der Differentiellen Therapie findet eine Abstimmung der Methoden und Strategien auf individuelle Bedingungen statt. Individuelle spezifische Zielsetzungen werden mit generellen „unspezifischen" Zielsetzungen des Therapeutischen Basisverhaltens verschränkt. Dieses gewinnt in der Anwendung auf einen individuellen Klienten eine spezifische Ganzheitlichkeit.

Hier fließen auch in besonderem Maße die „Klinische Erfahrung" des Therapeuten im Umgang mit dem Klienten und auch sein persönlicher Erfahrungsschatz ein.

Die Unterscheidung von Therapeutischem Basisverhalten und Differentieller Therapie ersetzt die Unterscheidung von therapeutischer Beziehung und therapeutischer Technik als sich ausschließende Variablen und trägt damit der Tatsache Rechnung, daß Psychotherapie immer Gestaltung eines Interaktionsprozesses (= Beziehung) ist und immer die Einflußgrößen Situation, sowie Klienten- und Therapeutenverhalten vorhanden sind.

Sie gibt aber auch die Möglichkeit einzuordnen, in welchem therapeutischen Bereich mehr Beziehungsfaktoren und in welchem mehr Technikfaktoren eine Rolle spielen.

Wird Psychotherapie als rein technische Angelegenheit angesehen, dann wird das Therapeutenverhalten von Klient zu Klient (oder von Situation zu Situation) stark variieren: Dies wäre der Bereich der Differentiellen Therapie.

Wird Psychotherapie mehr als Beziehung angesehen, die durch die Person des Therapeuten gestaltet wird, dann wird das Therapeutenverhalten wenig variieren und sollte idealiter wenig durch Klienten- und Situationsvariablen beeinflußt werden: Dies wäre der Bereich des Therapeutischen Basisverhaltens.

Wir wissen, daß beide Beobachtungen in erfolgreichen Therapien gemacht werden können (vgl. *Moos & McIntosh,* 1970).

3 Die funktionalen Aspekte des Therapeutischen Basisverhaltens

Wenn wir sagen, daß Differentielle Therapie nur aufgrund der Verwirklichung eines Therapeutischen Basisverhaltens möglich ist, dann bedeutet das, daß ihm bestimmte Funktionen zukommen. Diese Funktionen möchte ich als Klammer-Funktion (Klammer i. S. v. Zusammenhalt), als Grundlagen-Funktion und als direkte therapeutische Funktion bezeichnen. Die *Klammer*-Funktion drückt am direktesten die strategische Zielsetzung und Verantwortlichkeit des Therapeuten für die Aufrechterhaltung der Beziehung aus. Es geht um den Zusammenhalt der Dyade, bzw. um die Kohäsion der Gruppe. Folgende Beziehungsaspekte gehören dazu (vgl. *Saltzman* et al., 1976; *Frank,* 1974):

(1) *„Prognose"*, d. h. Einschätzung des Therapeuten bzgl. der Änderungsfähigkeit des Klienten. Diese geschieht im Rahmen des therapeutischen *Konzeptes,* nach dem er die quälenden Zustände des Klienten und seine Verhaltensweisen erklärt und benennt.

(2) *„Sicherheit des Therapeuten"* durch aktive Beteiligung im Rahmen des psychotherapeutischen *Rituals*, das auf dem therapeutischen Konzept basiert. Für den Therapeuten bedeutet dies vor allem Sicherheit, aber auch Engagement und Rechtfertigung für die Aufrechterhaltung der Beziehung.

Dies ermöglicht sowohl auf Klienten- als auch auf Therapeutenseite:

(3) *„Kontinuität"* der Beziehung. Diese meint das Erleben des Klienten und des Therapeuten, in einer kontinuierlichen Beziehung zu stehen, die sie auf irgendeine Art zwischen den Sitzungen antizipieren.

(4) *„Sicherheit des Klienten"*, d. h. sein Vertrauen in die Kompetenz des Therapeuten und in seine Zusage, ihm solange zur Seite zu stehen, wie Hilfe notwendig ist.

(5) *„Bewegung"*, d. h. Zufriedenheit und Erfolgserwartung des Klienten, sein Gefühl, daß er fähig wird, seine Probleme zu packen und daß er Fortschritte bei ihrer Lösung macht.

Die Beziehungsaspekte (1) und (5), sowie (2) und (4) entsprechen sich in der Klient-Therapeut-Beziehung.

Die *Grundlagen-Funktion* bringt zum Ausdruck, daß die therapeutische Beziehung insgesamt in der Lage ist, eine Fülle von neuen und alten Verhaltens- und Erlebensmuster entstehen und sichtbar werden zu lassen, die jetzt der weiteren Bearbeitung und differentiellen Förderung zugänglich sind.

Am besten läßt sich die Grundlagen-Funktion durch Hinweise auf die Verbindung mit der Differentiellen Psychotherapie deutlich machen: Obwohl das differentielle Vorgehen an individuellen Zielsetzungen des Klienten orientiert ist, ist es stark theoriegeleitet.

In der Psychoanalyse wird man es unter die Überschrift „Bearbeitung der Übertragung“ bringen können, welches auf Klientenseite nach *Greenson* (1973) als Oszillation, als Hin-und-her-Pendeln zwischen dem therapeutischen Arbeitsbündnis (als Basisverhalten) und den neurotischen Übertragungsreaktionen beschrieben werden kann.

„Eine Voraussetzung für die Durchführung der psychoanalytischen Arbeit ist die Fähigkeit des Patienten, zwischen dem Arbeitsbündnis und den neurotischen Übertragungsreaktionen hin und her zu pendeln. Diese Fähigkeit läuft parallel der Spaltung im Ich des Patienten: zwischen einem vernünftigen, beobachtenden, analysierenden Ich und einem erlebenden, subjektiven, irrationalen Ich“ (*Greenson,* 1973, S. 60).

In der Verhaltenstherapie wird es z. B. um die schrittweise und kontrollierte Bearbeitung von funktionalen Verhaltensproblemen oder um die Optimierung der individuellen Lernmöglichkeiten gehen.
In der Gesprächspsychotherapie, in der ein differentielles Vorgehen noch am wenigsten weit entwickelt worden ist, gibt es immerhin Ansätze zur differentiellen Förderung der Selbstexploration z. B. durch Konfrontation (*Anderson,* 1968) oder durch andere spezifische Maßnahmen (*Tscheulin,* 1976).
Die *direkte therapeutische Funktion* des Basisverhaltens ist vor allem darin zu sehen, daß die in der Beziehung auftretenden Interaktionsmuster vom Therapeuten wahrgenommen und dem Klienten so zugänglich gemacht werden, daß dieser sie nutzen kann, um neue Interaktionen auszuprobieren, um neue Wahrnehmungen zu machen (z. B. von bisher geleugneten Gefühlen) und um neue Bewertungen vorzunehmen. Es ist in diesem Punkte unwichtig, ob dies über Prozesse der sozialen Verstärkung, der Aktivierung natürlicher Prozesse oder der katalytischen Auslösung von natürlichen Wachstumskräften erklärt wird. Diesen drei Erklärungsversuchen entsprechen verschiedene Annahmen über die kausalen Zusammenhänge einer therapeutischen Veränderung. Sie treffen sich in der gemeinsamen Annahme, daß diese Veränderungen nur auf der Basis einer personalen Beziehung möglich sind (vgl. *Tscheulin,* 1979).

4 Inhaltliche Dimensionen des Therapeutischen Basisverhaltens

Alle drei Funktionen des Therapeutischen Basisverhaltens werden um so eher erfüllt, je mehr es folgende Merkmale aufweist:

- Realitätsbezogenheit: Sie zeigt sich in dem Ausmaß der Offenheit für die persönliche Wirklichkeit und reale Situation der Interaktionspartner.
- Personenbezogenheit: Sie zeigt sich in dem Ausmaß des korrekten Verstehens der persönlichen Eigenart der Interaktionspartner.

– Bedingungsfreiheit: Sie zeigt sich in dem Ausmaß der Achtung vor der individuellen Eigenart der Interaktionspartner.

Es ist gefordert, daß das Verhalten und Erleben des Therapeuten während des gesamten Interaktionsgeschehens in möglichst starkem Maß von diesen Merkmalen geprägt ist. Erleben und Verhalten des Klienten wird zu Beginn der Therapie (und wechselnd auch während des Therapieprozesses) in nur geringem Ausmaß von diesen Merkmalen gekennzeichnet sein. Ein höheres Ausmaß an Merkmalsausprägung in diesen drei Dimensionen bleibt jedoch Ziel des Therapieprozesses.

Es ist richtig, daß diesen drei Charakteristiken leicht die „therapeutischen Bedingungen“ von *Rogers* (1957) zugeordnet werden können. Ihnen können jedoch auch jene Beziehungsdefinitionen zugeordnet werden, die von der Psychoanalyse und der Verhaltenstherapie (um nur diese Richtungen paradigmatisch herauszugreifen) als fundamental und notwendig erkannt werden. Die hier vertretene These ist, daß diese drei Merkmale die *Dimensionen* eines therapeutischen Raumes aufspannen, der in den verschiedenen Schulrichtungen gleichermaßen die Basis darstellt. Die Begriffe und theoretischen Fassungen mögen zwar verschieden sein, sie bringen aber etwas sehr Ähnliches zum Ausdruck und können deshalb als einheitliches Lernziel für die praktische Ausbildung eines Therapeutischen Basisverhaltens in der klinisch-psychologischen Universitätsausbildung angesehen werden. Dies soll im Folgenden dadurch deutlich gemacht werden, daß die Begriffe Realitätsbezogenheit, Personenbezogenheit und Bedingungsfreiheit schwerpunktmäßig nach den drei Schulrichtungen „Psychoanalyse“, „Verhaltenstherapie“ und „Gesprächspsychotherapie“ abgehandelt werden.

4.1 Realitätsbezogenheit

Die Kennzeichnung von Verhaltens- und Erlebensweisen des Therapeuten und Klienten als „realitätsbezogen“ oder als „real“ besagt, daß die Grundlage ihrer Interaktion eine Orientierung an der persönlichen Wirklichkeit und der realen Situation der Interaktionspartner ist. Die Grundlage der Interaktion soll eine „unneurotische“ Definition der Beziehung sein und bleiben.

4.1.1 Das therapeutische Arbeitsbündnis

Dieses kann als psychoanalytische Konzeption von Realitätsbezogenheit der therapeutischen Beziehung gesehen werden. Tiefenpsychologische Auffassungen von therapeutischer Beziehung sind sehr vielfältig und nuancenreich. Sie sind aber auch schwer exakt und operational zu fassen. Einen Einblick in diese Problematik und Vielfalt gibt der Sammelband von *Battegay & Trenkel* (1978).

Eine weite Verbreitung und besondere Bedeutung hat die Konzeption von *Greenson* (1966, 1973) gefunden. Er faßt das, was *Freud* als „leistungsfähige Übertragung“ oder „ordentlicher Rapport“ bezeichnet, als eine realitätsorientierte Abmachung zwischen Therapeut und Klient: als *therapeutisches Arbeitsbündnis.* Implizit oder explizit ist diese Form der Beziehung in jeder Art von Psychotherapie grundlegend und erforderlich. Auch dann, wenn die theoretischen Erklärungen, Begriffe und Folgerungen nicht geteilt werden. Aus diesen Gründen soll als psychoanalytische Konzeption hier das Konzept von *Greenson* verwendet werden. Er definiert:

„Das Arbeitsbündsnis ist eine relativ unneurotische, rationale Beziehung zwischen dem Patienten und dem Analytiker, die es dem Patienten ermöglicht, in der analytischen Situation zielstrebig zu arbeiten (a.a.O. 1973, S. 59).“

Diese Definition entspricht der in der Psychoanalyse häufig getroffenen Indikationstellung, daß nur „ein relativ gesunder Neurotiker ... ohne größere Modifikationen oder Abweichungen psychoanalytisch behandelt” werden kann (*Greenson,* 1973, S. 58).
Das therapeutische Arbeitsbündnis wird als reale, wirklichkeitsbezogene Beziehung gleichrangig neben die „Übertragungsneurose“ als neurotische Beziehung gestellt, die beide zusammen die gesamten Therapeut-Klient-Interaktionen bestimmen.
Die reale Situation, auf der Klient und Therapeut aufbauen, besteht darin, daß der Klient wirklich nicht ohne fremde Hilfe auskommt (*Hilflosigkeit des Klienten; „Leidensdruck“*) und daß es dem Therapeuten wirklich um die Bedürfnisse, Gedanken und Gefühle des Klienten, und nicht um seine eigenen geht (*„Spiegelhaltung“* und *„Abstinenzregel“*). Die Bedürfnisse des Klienten sollen nicht durch den Therapeuten (und die des Therapeuten nicht durch den Klienten) ersatzweise gestillt werden. Das Verhalten auf beiden Seiten bleibt gebunden an das Ziel „Überwindung des Leidens“.
Crowder (1972) hat empirisch nachgewisen, daß mit Hilfe des „Interpersonalen Diagnoseschemas“ von *Freedman* et al. (1951) realitätsbezogenes Verhalten des Klienten und Therapeuten, ebenso Übertragungsverhalten und Gegenübertragungsverhalten, operational definiert und voneinander abgehoben werden können und daß erfolgreiche Therapien durch mehr realitätsbezogenes Verhalten und weniger durch Übertragungs- und Gegenübertragungsverhalten gekennzeichnet sind. Auch andere Autoren, z.B. *Birk & Birk-Brinkley* (1974) weisen darauf hin, daß durch ein solchermaßen therapeutisches Arbeitsbündnis Übertragungsphänomene wohltuend reduziert werden.
Untersuchungen wie die von *Crowder* sind für die Ausbildung wichtig: Sie geben einmal (formal) die Möglichkeit der operationalen Definition und der empirischen Kontrolle auch psychoanalytischer Ausbildungsinhalte, und zum anderen

setzen sie (inhaltlich) Ausbildungsziele, wie z. B. die Fähigkeit zum Aufbau eines realitätsorientierten Arbeitsbündnisses.

4.1.2 Die Inhaltsrelevanz

In der Verhaltenstherapie kann das Beziehungsmerkmal „Realitätsbezogenheit" in der Forderung nach der Fähigkeit zu inhaltsrelevantem Verhalten des Therapeuten (*Rosen*, 1972) wiedererkannt werden.

Inhalts-Relevanz ist definiert als das Ausmaß, in dem der Inhalt der Therapeutenäußerung vom Klienten (und entsprechend der Klientenäußerung vom Therapeuten) als relevant angesehen wird für die eigene Definition von Therapie und die eigene Erwartung an die Inhalte der Therapie.

Irrelevant wäre vor allem jedes Therapeutenverhalten, das nicht an der Wirklichkeit des Klienten (sondern der des Therapeuten) orientiert ist; irrelevant aber auch das Klientenverhalten, das nicht der Definition von Psychotherapie entspricht, wie sie der Therapeut sieht.

Die Brauchbarkeit für die empirische Forschung und die Ausbildung wird z. B. in zwei Studien von *Rosen & Wish* (1973) sichtbar (vgl. unten den Abschnitt „Personenbezogenheit").

Die Definition von *Rosen* entspricht ganz gut der Position von *Grawe & Dziewas* (1977). Sie definieren eine „gute Behandlungsbeziehung" (= Therapeutisches Basisverhalten) als Kongruenz oder Vereinbarkeit von „Interaktionsangebot, das der Therapeut mit seiner Person und seinem technischen Vorgehen dem Patienten macht, mit den interaktionellen Möglichkeiten des Patienten" (a. a. O., S. 30). Noch stärker als in der Beziehungsdefinition von *Greenson* oder *Rosen & Wish* ist hier die wechselseitige Beeinflussung von Therapeut und Klient berücksichtigt. Aufgabe des Therapeuten ist es, ein funktionierendes Interaktionsmuster herzustellen, und durch ständige Analyse der gegenseitigen Beeinflussung dieses Interaktionsmuster für die Erreichung individueller Therapieziele (Differentielle Therapie) funktionsfähig zu halten. Das methodische Vorgehen zum Erreichen dieser Aufgabe ist die sogenannte vertikale Verhaltensanalyse, die sich sowohl auf die Klientenberichte als auch auf die Klient-Therapeut-Interaktion als Material bezieht. Im Gegensatz zur systematischen Verhaltensanalyse, in der funktionale Modelle über „Verhalten-in-Situation" gebildet werden, wird hier in Anlehnung am *Miller, Galanter & Pribram* (1973) die funktionale Bedeutung untersucht, die Verhalten als Unterplan in einem übergeordneten Plan hat, und wie „zwei aufeinander bezogene, sich gegenseitig durch Verstärkung aufrechterhaltende" Interaktionspläne zweier Personen (Interaktionsmuster) zusammenpassen. Sowohl zu sehr verschiedene als auch zu sehr ähnliche interaktionale Pläne von Therapeut und Klient verhindern eine dauerhafte Behandlungsbeziehung.

Für die Gestaltung einer guten Behandlungsbeziehung in der interaktionalen Verhaltenstherapie müssen folgende Fragen gestellt und beantwortet werden:

(1) Welche Interaktionsmuster geht der Klient bevorzugt mit dem Therapeuten oder anderen Personen ein?
(2) Welche zwischenmenschlichen Verhaltensweisen versucht er bei seinem Interaktionspartner (z. B. auch beim Therapeuten) herzustellen?
(3) Welche zwischenmenschlichen Verhaltensweisen seiner Interaktionspartner versucht der Klient zu vermeiden?
(4) Welche Strategien verwendet der Klient, um das Auftreten dieser Verhaltensweisen zu verhindern?

Die Befähigung zur Beantwortung dieser Fragen und zur Korrektur eines inadäquaten Therapeutenverhaltens kann als Ausbildungsziel für ein Therapeutisches Basisverhalten innerhalb des verhaltenstherapeutischen Settings angesehen werden (*Goldfried & Davison*, 1976). Motivierung der Klienten, Präzisierung der Erwartungen und die Schaffung der individuellen Voraussetzungen für den einzelnen Klienten können aufgrund dieser Vorgehensweise *spezifisch* erfolgen. „Viele der schwer gestörten Patienten vefügen ja nicht von vornherein über die Voraussetzungen, die zum Eingehen einer funktionsfähigen Arbeitsbeziehung zum Therapeuten und zur Gruppe erforderlich sind; häufig liegt eine grundlegende Aufgabe der Therapie gerade darin, mit dem Patienten allmählich die interaktionellen Verhaltensprobleme zu lösen, die seinen Therapieprozeß selbst behindern.“ (*Dziewas & Grawe*, 1977, S. 5) In der psychoanalytischen Terminologie hieße das, das therapeutische Arbeitsbündnis aufzubauen und aufrechtzuerhalten.

4.1.3 Selbstkongruenz

In der Gesprächspsychotherapie wird der realitätsbezogene Charakter der Klient-Therapeut-Beziehung in der Forderung an den Therapeuten deutlich, „echt“ oder „selbstkongruent“ und damit für den Klienten als reale Person faßbar zu sein.
Selbstkongruenz (Echheit) des Therapeuten als reales Zugegensein in der Klient-Therapeut-Interaktion heißt: Der Therapeut spricht und verhält sich dem Klienten gegenüber nicht anders als er ihm gegenüber fühlt und denkt. Er ist in der Interaktion mit dem Klienten ohne Maske und Abwehr ganz er selbst. Sein Erleben und Verhalten gegenüber dem Klienten ist in seiner Person als Ganzheit integriert. Dem entspricht auf der Klientenseite, daß dieser nach Selbst-Kongruenz strebt, und die bestehende Inkongruenz (Diskrepanz) Motor seines Verhaltens und Erlebens im Therapieprozeß bleibt.
Die Wirklichkeit, auf die Therapeut und Klient bezogen sind und nach der diese Art von Kongruenz bestimmt ist, ist jeweils das eigene innere Erleben, die auf den Partner gerichteten Gefühle, die Selbstbewertungen, ebenso wie die mehr ungerichteten Gefühle, wie Angst, Depression oder freudige Erregung.

Selbstkongruenz des Therapeuten ist über Klientenbefragung oder Ratingskalen erfaßbar, indem z. B. das Ausmaß eingeschätzt wird, indem der Therapeut gegenüber dem Klienten so spricht und sich verhält, wie er ihm gegenüber auch denkt und fühlt. Oder aber indem das Ausmaß an Professionalisierung, an Maskenhaftigkeit und Abwehr eingeschätzt wird.
Das Beziehungsverhältnis Klient-Therapeut ist eine Art von komplementärer Vereinbarkeit: Dem Zustand der Inkongruenz beim Klienten entspricht ein Zustand der Kongruenz beim Therapeuten.
Ein selbstkongruentes (sprich realitätsbezogenes) Verhalten der Therapeuten gegenüber dem Klienten in der therapeutischen Situation ist umso wahrscheinlicher, je mehr der Therapeut auch außerhalb der Therapiesituation die Persönlichkeitseigenschaften „psychological openess" oder *Offenheit* gegenüber dem eigenen Erleben und „self-disclosure" oder *Äußerungsbereitschaft* besitzt. Untersuchungen von *Allen* (1972), *Foulds* (1969) und *Graff* (1970) zeigen, daß diese Persönlichkeitseigenschaften des Therapeuten in korrelativem Zusammenhang mit Variablen des Basisverhaltens in der Therapie stehen (wie z. B. mit Empathiefähigkeit des Therapeuten oder Zufriedenheit des Klienten).
In vielen Untersuchungen zeigt sich übereinstimmend, daß die Offenheit und Äußerungsbereitschaft des Therapeuten vor allem das Selbsterleben und die Äußerungsbereitschaft des Klienten (z. B. *Jourard*, 1971) oder die sogenannte Selbstexploration des Klienten (*Truax & Carkhuff*, 1965) hervorrufen und zu fördern in der Lage sind. Sie festigt die Bereitschaft zur weiteren Zusammenarbeit (*Giannandrea & Murphy*, 1973) und läßt die Zusammenarbeit als hilfreich erleben (*Bundza & Simonson*, 1973), was wieder ein Hinweis auf die Klammerfunktion von Therapeutischem Basisverhalten ist (vgl. den Artikel „Lernziel Therapeutisches Selbsterleben" in diesem Sammelband).
Auf der Klientenseite ist es das Ausmaß an *Selbsterleben* (vgl. *Bommert & Dahlhoff*, 1978), was für die Interaktion grundlegend ist. Selbsterleben meint hier in der Dimension Realitätsbezogenheit den Zugang zur inneren Wirklichkeit des Klienten, zu seinem Selbst und zu seinen Gefühlen.
Sie findet sich auch in den anderen Dimensionen und dort mit zusätzlichen Inhalten (Sehen von Zusammenhängen; Selbstbejahung). Selbsterleben als Zugang zu und Äußern von Gefühlen, zusammen mit dem Suchen und Klären von Zusammenhängen, kann als *Selbstexploration* bezeichnet werden. Für Gesprächstherapeuten ist es die wichtigste Klientenvariable im Therapeutischen Basisverhalten.
Erfolg und Mißerfolg der Therapie hängen von ihrem Ausgangsniveau und von ihrem Änderungsverlauf ab. Dies zeigt z. B. eine Untersuchung von *Tscheulin & Neidhardt* (1979), in der der Verlauf dieser Selbstexploration in den vier Anfangskontakten bei fünf sehr erfolgreichen und fünf nicht erfolgreichen Klienten verglichen wurde. Es zeigte sich, daß erfolgreiche Klienten auf einem höheren SE-Niveau beginnen als nicht-erfolgreiche. Und erfolgreiche Klienten erreichen

innerhalb einer Therapiestunde schon sehr früh ein hohes Selbstexplorationsniveau, das „Suchen und Klären von Zusammenhängen“ mitbeinhaltet. In der zweiten Sitzung erreichen sie dieses Niveau im letzten Drittel der Sitzung und ab der dritten Sitzung schon in der Mitte der Stunde.

4.2 Personenbezogenheit

Mit dieser Bezeichnung des Therapeutischen Basisverhaltens soll festgehalten werden, daß die Rollenübernahmefähigkeit des Therapeuten, seine Empathie, seine Fähigkeit, sich vom Erleben der anderen Person ein adäquates Bild zu machen, die Grundlage des therapeutischen Interaktionsgeschehens ist, und nicht etwa ein technisches Verfahren, eine unpersönliche Mechanik oder eine hierarchische Machtstruktur, denen sich der Klient anzupassen und zu unterwerfen hat.

4.2.1 Einfühlung und Einsicht

Im therapeutischen Arbeitsbündnis, bzw. in der psychonanalytischen Konzeption wird diese Dimension mit Einfühlung oder Verstehen benannt. Nach *Greenson* (1973) ist dabei der „entscheidende Faktor das konsequente und unerschütterliche Suchen nach Einsicht, das der Analytiker in seinem Umgang mit den Einzelheiten des Materials und des Verhaltens, die der Patient bringt, an den Tag legt.“ (a. a. O., S. 221). Dies gilt insbesondere für die *Analyse von Widerstand!* Auf Klientenseite ist dessen *Introspektionsfähigkeit*, d. h. seine Bereitschaft und Fähigkeit zum analytischen Arbeiten, ein wichtiger Faktor.
Ein anderer Aspekt von Einfühlung und Verstehen im Arbeitsbündnis ist die *„Beobachtersituation“*, die auf Therapeutenseite bedeutet, daß dieser den Überblick behält, dabei aber keine zu strenge, zu distanzierte oder gar autoritär-kontrollierende Haltung entwickelt (Nähe-Distanz-Problem). Auf der Klientenseite kann die vorübergehende und teilweise *Identifikation* mit der Einstellung und Arbeitsweise des Analytikers genannt werden.

4.2.2 Interaktionskongruenz

In der Verhaltenstherapie begegnen wir dem Merkmal verstehender Personenbezogenheit z. B. in der Beziehungsdefinition von *Rosen* (1972), speziell in der Definition von Interaktionskongruenz (stimulus-response-congruence). Interaktionskongruenz ist das Ausmaß an Rückmeldung in der Therapeutenanwort (oder Klientenäußerung) darüber, daß eine Mitteilung verstanden („empfangen“) wurde.
Wie bei der Definition von Inhaltsrelevanz kommt auch hier in der Definition von Interaktionskongruenz der Charakter der Beziehungsvariablen darin zum

Ausdruck, daß sie für Klient und Therapeut gleichermaßen gilt. Interaktionskongruenz läßt sich ebenfalls über Tonbandaufnahmen zuverlässig signieren und z. B. als Proportionsindex verrechnen. In einer experimentellen Analogiestudie von *Rosen & Wish* (1973) zeigte sich, daß auf Seiten des Therapeuten (hier Sozialarbeiter) interaktionskongruentes Verhalten vom Verhalten des Klienten und von der Ausbildung des Sozialarbeiters abhängt. Es besteht die Gefahr, daß Berater-Therapeuten mit Inkongruenz reagieren, wenn Klienten inkongruent sind. Und dies ist besonders bei mangelnder Ausbildung zu erwarten.
Auf der anderen Seite hängt auch das interaktionskongruente Verhalten des Klienten vom Verhalten des Therapeuten ab. Dazu untersuchten *Rosen & Wish* (1973) die Behandlungsbeziehung in 24 Fällen von Sexualberatung bei Ehepaaren, wobei von jedem Ehepartner zwei Diagnostik-Interviews analysiert wurden. Es zeigte sich, daß die Interaktionskongruenz des Klienten abhängig ist von der Variablen Inhalts-Relevanz beim Therapeuten (Realitätsbezug, vgl. Abschnitt 4.1.2). Klienten können am leichtesten Therapeutenäußerungen aufnehmen und verstehen, wenn diese sich auf Inhalte beziehen, die die Klienten für sich als relevant ansehen können.
Dies setzt ein klares Ziel für die Ausbildung von Basisverhalten beim Psychotherapeuten:

- Lernen, mangelnde Interaktionskongruenz zu erkennen, sowohl im Klientenverhalten wie im eigenen Verhalten,
- Befähigung zu interaktionskongruentem Verhalten unabhängig von der Interaktions-Inkongruenz der Sprech- und Verhaltensweise des Klienten.

4.2.3 Empathie als Mitteilung über richtiges Verstehen der persönlichen Eigenart

In der Gesprächspsychotherapie wird die Personbezogenheit des Therapeutischen Basisverhaltens vor allem in der Therapeutenvariablen Empathie als Mitteilung über richtiges einfühlendes Verstehen deutlich.
Der Therapeut ist bemüht und befähigt, sich in die Eigenart der Wahrnehmung und des bewertenden Erlebens des Klienten richtig einzufühlen und ihm dies mitzuteilen. Der Therapeut versucht zwar, sich in die phänomenale Welt des Klienten zu versetzen (d. h. mit dessen Augen wahrzunehmen) und seine Bewertungen nachzuvollziehen, er übernimmt sie jedoch nicht als seine eigenen, sondern teilt sie dem Klienten als dessen „stellvertretende Wahrnehmung“ mit.
Ein Aspekt von Empathie ist also der Versuch des Therapeuten, vom inneren *Bezugsrahmen des Klienten* auszugehen und innerhalb dieses Rahmens zu verstehen. Dabei werden vom Therapeuten vor allem die emotionalen Erlebnisinhalte des Klienten aufgegriffen und verbalisiert („*Verbalisation emotionaler Erlebnisinhalte*“).

Der Empathie des Therapeuten entspricht auf der Klientenseite ein *Selbsterleben*, das in zunehmendem Maße von Suchen und Klären von Zusammenhängen gekennzeichnet ist. Hier heißt richtiges Verstehen ein Selbstverstehen, bei dem gefühlte innere Wirklichkeit und bewußte kognitive Selbstsicht deckungsgleich sind.
Die Bedeutung dieses Aspekts von Therapeutischem Basisverhalten ist in der gesprächspsychotherapeutischen Forschung häufig untersucht und bestätigt worden (vgl. z. B. *Tausch*, 1974; *Truax & Mitchell*, 1977). In der empirischen Forschung zur Psychotherapieausbildung wird vor allem auf diesen Aspekt von Psychotherapie zurückgegriffen (vgl. *Helm & Frohburg* und *Tscheulin* in diesem Sammelband).
Ein anderer Aspekt von Empathie ist die *aktive Teilnahme* des Therapeuten am Klienten, sein Suchen und Nachdenken und Sich-Bemühen um Verständnis im Wechselgespräch mit dem Klienten und auch in der nonverbalen Interaktion. Dies zeigt sich vor allem dann, wenn der Therapeut die *Beziehung aufgreift*, die der Klient dem Therapeuten gegenüber entwickelt, oder dann, wenn er sonstwie das Gespräch zu spezifischen und konkreten Erfahrungen des Klienten führt. Auf Klientenseite ist dessen *Konkretheit*, bzw. abstraktes und intellektualisierendes Sprechen ein wichtiger Faktor.
Konkretheit meint: Ausdruck aller persönlichen relevanten Gefühle und Erfahrungen, wie sie mit spezifischen Situationen oder Verhaltensweisen verbunden sind. (In der Differentiellen Therapie wird z. B. versucht, diese Konkretheit durch gezielte Taktiken zu erreichen, wenn sie nicht vorhanden ist.)

4.3 Bedingungsfreiheit

Dieses Merkmal des Therapeutischen Basisverhaltens weist darauf hin, wie stark eine Person (Therapeut oder Klient) fähig ist, sich selbst oder eine andere Person in der persönlichen Eigenart zu akzeptieren. Als Therapeutenmerkmal besagt dies, daß die Zuwendung des Therapeuten gegenüber dem Klienten sowohl in ihrer verstehenden personbezogenen Kapazität als auch in ihrer realitätsbezogenen Qualität nicht davon abhängig sein darf, daß der Klient persönliche Vorstellungen und Einstellungen besitzt oder Verhaltensweisen verwirklicht, die dem Wertsystem des Therapeuten oder seinem Verhalten entsprechen.
Das Merkmal weist aber genauso auf die Art des Selbsterlebens des Therapeuten, der fähig sein sollte, auch dann seine Eigenart wahrzunehmen und zu akzeptieren ohne sie zu verbergen, wenn diese negative Gefühle und Bewertungen einschließt (vgl. den Artikel „Therapeutisches Selbsterleben").
Auf Seiten des Klienten ist dieses Merkmal zu Beginn der Therapie und zu kritischen Zeiten während des Therapieprozesses wenig ausgeprägt, was jeweils den Aufbau bzw. die Aufrechterhaltung einer therapeutischen Beziehung erschwert.

4.3.1 Emotionale Wärme und Verzicht auf Wertungen

In dem psychoanalytischen Arbeitsbündnis wird dieses Merkmal als „aufrichtige und nicht-wertende Haltung" des Therapeuten gekennzeichnet (*Greenson*, 1973). Andere psychoanalytische Autoren sprechen von „unconditional kindness" (*Nacht*, 1962) oder von „open-ended acceptance of the patient *for himself*" (*Gitelson*, 1962). Der Verzicht auf Wertungen zeigt sich in der „permissiven Einstellung" des Therapeuten, die ihren therapeutischen Wert nicht aus *Neutralität*, sondern aus *Liebe* erhält. Ohne diese kann der Klient die analytische Situation nicht nutzen, sagt *Freud* (1906), und er fügt hinzu: „Es ist eigentlich eine Heilung durch Liebe."

In der Verhaltenstherapie wurde die Bedeutung dieser Beziehungsdimension durch die vergleichende Therapieforschung offensichtlich. Dabei wird vor allem der Aspekt der „emotionalen Wärme" oder „non-possesiven Wärme" betont, die der Therapeut besitzen müsse, wenn die Therapie erfolgreich sein soll.

Die Bedeutung des Beziehungsfaktors wurde in der Verhaltenstherapie von *Wolpe & Lazarus* (1966) schon früh herausgestellt. Er wird aber in der letzten Zeit immer stärker betont und bei der empirischen und theoretischen Einschätzung von Psychotherapieerfolgen berücksichtigt. *Morris & Suckerman* (1974) fanden z. B. bei der Desensibilisierung von Schlangenphobien, daß Therapeuten, die ein emotional warmes Beziehungsverhältnis zu ihren Klienten hatten, bessere Ergebnisse erzielten als emotional-kalte Therapeuten und daß keine signifikante Differenz zwischen „kalten" Therapeuten und Kontrollgruppen nachzuweisen ist. *Grawe* und Mitarbeiter (vgl. *Grawe & Dziewas,* 1977) berichten aus der Analyse von verhaltenstherapeutischen Gruppen, „daß am Ende der Therapie nicht erfolgreiche Patienten sich von den später erfolgreichen schon frühzeitig während der Therapie dadurch unterschieden, daß sie eine schlechtere Beziehung zum Therapeuten und zu den anderen Gruppenmitgliedern hatten" (S. 28). Die spezifisch behavioralen Hinweisreize dieser Beziehungsvariablen hat *Bayes* (1972) herausgearbeitet.

4.3.2 Achtung vor der persönlichen Eigenart

Am deutlichsten und differenziertesten ist der bedingungsfreie Charakter eines Therapeutischen Basisverhaltens in der Gesprächspsychotherapie herausgearbeitet worden, und zwar unter dem Aspekt der Achtung vor der Eigenart des Klienten. Die Achtung vor der Eigenart des Klienten zeigt sich einmal in *positiver Wertschätzung* und zum anderen in nicht-bindender *Verantwortlichkeit.* Der Therapeut verwirklicht Wertschätzung dann in hohem Maße, wenn die Achtung vor der Eigenart des Klienten an keine Bedingungen gebunden ist, sie keinen Einschränkungen unterliegt, und er ihn so als Person von eigenem Wert erlebt *(bedingungsfreie positive Wertschätzung).* In umgekehrt reziprokem Verhältnis dazu steht das Selbsterleben des Klienten: Dieses ist zu Beginn der Therapie an

Werthaltungen gebunden und der Klient besitzt wenig *Selbst-Achtung*. Besitzt er es in ausreichendem Maße, dann wird das Beziehungsverhältnis Klient-Therapeut überflüssig.
Eine Verantwortlichkeit, die nicht bindet und entmündigt, kann auf Therapeutenseite als *„facilitative responsibility“* (*Pierce & Schauble*, 1970), als fördernde Verantwortlichkeit beschrieben werden:
Der Therapeut ist bemüht, dem Klienten zu eigenen Lösungswegen zu verhelfen, für die der Klient auch die Verantwortung tragen muß. Damit ist das Erleben und Verhalten des Klienten unter diesem Aspekt der Verantwortlichkeit schon angezeigt: Der Klient erkennt und akzeptiert die Verantwortlichkeit dafür, seine eigenen Probleme zu lösen und sein eigenes Verhalten zu ändern, und nicht es dem Therapeuten zu überlassen, daß dieser es für ihn tut (Verantwortlichkeit des Klienten).

4.4 Verwirklichung von Therapeutischem Basisverhalten

Die Verwirklichung von bedingungsfreier Wertschätzung stellt, zusammen mit der Verwirklichung von Selbstkongruenz und Empathie, in der Gesprächspsychotherapie die zentrale therapeutische Wirkgröße dar.

> „Je mehr der Klient den Therapeuten als real oder echt, als empathisch und ihn bedingungsfrei akzeptierend wahrnimmt, desto mehr wird sich der Klient von einem statischen, gefühlsarmen, fixierten, unpersönlichen Zustand psychischer Funktionen auf einen Zustand zubewegen, der durch ein fließendes, veränderliches, akzeptierendes Erleben differenzierter persönlicher Gefühle gekennzeichnet ist“ (*Rogers*, 1977, S. 128).

Die Bedeutung eines solchermaßen gekennzeichneten Therapeutischen Basisverhaltens für den Therapieprozeß und Therapieerfolg ist in der empirischen Psychotherapieforschung über klientzentrierte Psychotherapie gut gesichert (vgl. z. B. *Truax & Mitchell*, 1977; *Tausch*, 1974). Für die Überprüfung, ob solche Basisfähigkeiten in der Klient-Therapeut-Interaktion verwirklicht sind, stehen in der Gesprächspsychotherapie verschiedene Operationalisierungsversuche vor allem in Form von Rating-Skalen (z. B. *Truax*-Skalen, vgl. *Tausch*, 1974) und Fragebogen (*Barrett-Lennard*, 1962; *Eckert*, 1974) zur Verfügung.
Diese können auch in der Ausbildung wertvolle Dienste leisten. Es ist jedoch kritisch anzumerken, daß die Validität dieser Verfahren vornehmlich innerhalb eines spezifisch gesprächspsychotherapeutischen Rahmens nachgewiesen wurde. Diese Einschränkung gilt am wenigsten dort, wo zur Einschätzung der therapeutischen Beziehung entweder direkte Berichte des Klienten oder des Therapeuten verwendet werden, oder wo Einschätzungsinstrumente auf dem Boden von Klientenberichten und Therapeutenberichten konstruiert werden. Ein solches Verfahren zur Erfassung von Beziehungsvariablen wurde z. B. in der Arbeit von

Saltzman et al. (1976) gewählt. Es zeigte sich, daß das Therapeutische Basisverhalten von psychoanalytisch, existentialtherapeutisch und verhaltenstherapeutisch arbeitenden Therapeuten schon in der ersten Stunde eingeschätzt und mit dem späteren Erfolg in Zusammenhang gebracht werden kann: Bei Verwirklichung eines Therapeutischen Basisverhaltens verbleiben Klienten eher in Therapie und verändern sich stärker positiv.

Literatur

Allen, Th. W.: Psychological openess and Counselor effectiveness: A further investigation. J. Person. Assess. 1972, *36*, 13–18.

Anderson, S. C.: Effects of confrontation by high- and lowfunctioning therapists. J. Counsel. Psychol., 1968, *15*, 411–416.

Barrett-Lennard, G. T.: Dimensions of therapist response as causal factors in therapeutic change. Psychol. Monographs, 1962, *76*, Whole Nr. 562.

Bastine, R.: Ansätze zur Formulierung von Interventionsstrategien in der Psychotherapie. In: *Jankowski, P.* et al. (Hrsg.): Klientzentrierte Psychotherapie heute. Göttingen: Hogrefe, 1976.

Bastine, R.: Konfrontation als psychotherapeutische Strategie. Vortrag auf dem Mannheimer Kongreß der DGfP 17.–21. 9. 1978.

Battegay, R./Trenkel, A. (Hrsg): Die therapeutische Beziehung unter dem Aspekt verschiedener psychotherapeutischer Schulen. Bern: Huber, 1978.

Bayes, M. A.: Behavioral cues of interpersonal warmth. J. Consult. Clin. Psychol., 1972, *39*, 333–339.

Birk, L./Birk-Brinkley, A. W.: Psychoanalysis and behavior therapy. The Americ. J. of Psychiatry, 1974, *131*, 499–510.

Bommert, H./Dahlhoff, H.-D. (Hrsg.): Das Selbsterleben (Experiencing) in der Psychotherapie. München: Urban & Schwarzenberg, 1978.

Bundza, K./Simonson, N.: Therapist self-disclosure: Its effect on impressions of therapist and willingness to disclose. Psychoth.: Theory, Research and Practise, 1973, *10*, 215–217.

Crowder, J. E.: Relationship between therapist and client interpersonal behaviors and psychotherapy outcome. J. Counsel. Psychol., 1972, *19*, 68–75.

Dziewas, H./Grawe, K.: Das interaktionelle Problemlösungsvorgehen (IPV) in Gruppen. Vortrag auf dem Jahreskongreß der DGVT vom 28. 9. – 1. 10. 1977 in Berlin.

Eckert, J.: Prozesse in der Gesprächspsychotherapie. Hamburg: Diss. Photo-Druck, 1974.

Foulds, M. L.: Self-actualization and the communication of facilitative conditions during counseling. J. Counsel. Psychol., 1969, *16*, 132–136.

Frank, J. D.: Persuation and healing. A comparative study of psychotherapy. Baltimore: John Hopkins Univ. Press, 1973².

Frank, J. D.: Common features of psychotherapies and their patients. Psychotherapy and Psychosomatics, 1974, *24*, 368–371.

Freedman, M. B./Leary, T. F./Ossorio, A. G./Coffey, H. S.: The interpersonal dimensions of personality. J. Personality, 1951, *20*, 143–162.

Freud, S.: An C. G. Jung, 6. 12. 1906 (S. 509). In: Jones, F., Das Leben und Werk von *S. Freud,* Bd. II. Bern: Huber, 1962.

Giannandrea, V./Murphy, K. C.: Similarity self-disclosure and return for a second interview. J. Counsel. Psychol., 1973, *20*, 545–548.

Gitelson, M.: The curative factors in psychoanalysis. Intern. J. Psycho-Anal., 1962, *43*, 194–205.

Goldfried, M. R./Davison, G. C.: Clinical behavior therapy. New York: Holt, 1976.

Graff, R. W.: The relationship of counselor selfdisclosure to counselor effectiveness. J. Experim. Educ., 1970, *38*, 19–22.

Grawe, K./Dziewas, H.: Interaktionelle Verhaltenstherapie. Vortrag auf dem Jahreskongreß der DGVT vom 28. 9. – 1. 10. 77 in Berlin.

Greenson, R. R.: Das Arbeitsbündnis und die Übertragungsneurose. Psyche, 1966, *20*, 81–103.

Greenson, R. R.: Technik und Praxis der Psychoanalyse. Stuttgart: Klett, 1973.

Jourard, S.: Self-disclosure: An experimental analysis of the transparent self. New York: Wiley, 1971.

Kazdin, A. E./Wilcoxon, L. A.: Systematic desensitization and nonspecific treatment effects: A methodological evaluation. Psychol. Bull., 1976, *83*, 729–758.

Meltzoff, J./Kornreich, M.: Research in Psychotherapy. New York, 1970.

Moos, R./McIntosh, S.: Multivariate study of the patient-therapist system: A replication and extension. J. Counsult. Clin. Psychol., 1970, *35*, 298–307.

Morris, R. J./Suckerman, K. R.: The importance of the therapeutic relationship in systematic desensitization. J. Consult. Clin. Psychol., 1974, *42*, 148.

Miller, G. A./Galanter, E./Pribram, K. H.: Strategien des Handelns. Pläne und Strukturen des Verhaltens. Stuttgart: Klett, 1973.

Minsel, W. R.: Praxis der Gesprächspsychotherapie. Wien: Böhlaus, 1974.

Nacht, S.: The curative factors in psychoanalysis II. Intern. J. Psycho-Analysis, 1962, *43*, 206–211.

Pierce, R. M./Schauble, P. G.: A note on the role of facilitative responsibility in the therapeutic relationship. J. Clin. Psychol., 1970, *26*, 250–252.

Pongratz, L. J.: Lehrbuch der klinischen Psychologie. Göttingen: Hogrefe, 1973.

Rogers, C. R.: The necessary and sufficient conditions of therapeutic personality change. J. Counsult. Psychol., 1957, *21*, 95–103.

Rogers, C. R.: Therapeut und Klient. München: Kindler, 1977.

Rogers, C. R.: A theory of therapy, personality and interpersonal relationship, as developed in the client-centered framework. In: *Koch, S.* (Ed.): Psychologie, a study of science. Vol. 3 (pp. 184–256) New York: McGraw-Hill, 1959.

Rosen, A.: The treatment relationship: A conceptualization. J. Consult. Clin. Psychol., 1972, *38*, 329–337.

Rosen, A./Wish, E.: Behaviorally specific variables for managing the therapeutic relationship. Washington: Proceedings, 81st Ann. Conv., APA, 1973, *8*, 485–486.

Saltzman, C./Luetgert, M. J./Roth, C. H./Creaser, J./Howard, L.: Formation of therapeutic relationship: experiences during the inital phase of psychotherapy as predictors of treatment duration and outcome. J. Consult. Clin. Psychol., 1976, *44*, 546–555.

Sloane, R. B./Staples, F. R./Cristol, A. H./Yorkston, N. J./Whipple, K.: Psychotherapy versus behavior therapy. Cambridge, Mass.: Harvard. Univ.-Press, 1975.

Staples, F. R./Sloane, R. B./Whipple, K./Cristol, A. H./Yorkston, N. J.: Differences between behavior therapists and psychotherapists. Arch. Gen. Psychiatry, 1975, *32*, 1517–1522.

Strupp, H. H.: On the basic ingredients of psychotherapy. J. Consult. Clin. Psychol., 1973, *41*, 1–8.

Tausch, R.: Gesprächspsychotherapie, Göttingen: Hogrefe, 1974[6].

Thibaut, J. W./Kelley, H. H.: The social psychology of groups. New York: Wiley, 1959.

Truax, Ch. B.: Reinforcement and nonreinforcement in Rogerian psychotherapy. J. Abnorm. Psychol., 1966, *71*, 1–9.

Truax, Ch. B./Carkhuff, R. R.: Client and therapist transparency in the psychotherapeutic encounter. J. Counsel. Psychol., 1965, *12*, 3–9.

Truax, Ch. B./Mitchell, K. M.: Forschungsergebnisse über den Zusammenhang zwischen Therapeuteneigenschaften („interpersonal skills") und Therapieverlauf bzw. Therapieerfolg. In: *Petermann, F. & Schmook, C.* (Hrsg.): Ergebnisse der Klinischen Psychologie. Bern: Huber, 1977.

Tscheulin, D.: Ein Ansatz zu einer differentiellen Gesprächspsychotherapie als Beitrag zur Theorienbildung in der klientzentrierten Psychotherapie. In: *Jankowski, P.* et al. (Hrsg.): Klientenzentrierte Psychotherapie heute. Göttingen: Hogrefe, 1976.

Tscheulin, D.: Gemeinsame Grundelemente in verschiedenen Psychotherapieformen. Erscheint in *Rey, E.-R.* (Hrsg.): Klinische Psychologie. Stuttgart: G. Fischer, 1979 (im Druck).

Tscheulin, D./Neidhardt, H.: Ausgangsniveau und Verlauf von Selbstexploration in psychotherapeutischen Anfangskontakten (in Vorbereitung)

Wilson, G. T./Evans, I. M.: The therapist-client relationship in behavior therapy. In: *Gurman, A. S. & Razin, A. M.* (Eds.): Effective psychotherapy. A handbook of research. Oxford: Pergamon Press, 1977.

Wilson, G. T./Hannon, A. E./Evans, W. I. M.: Behavior therapy and the therapist-patient relationship. J. Consult. Clin. Psychol., 1968, *32*, 103–109.

Wolpe, J./Lazarus, A. A.: Behavior therapy techniques. Oxford: Pergamon, 1966.

Klaus Grawe und Hartmut Dziewas

Ausbildung in interaktioneller Gruppentherapie

Zusammenfassung

In der Bestimmung des Konzeptes von Gruppentherapie wird von Therapie als einem interaktionellen Problemlösungsprozeß ausgegangen, in dem die Gruppensituation, die Therapeut-Patient-Beziehung und die Veränderungssituation als Elemente des gesamten Problemrahmens angesehen werden. Daraus werden die folgenden Lernziele für Gruppentherapeuten abgeleitet:

1. problematische soziale Verhaltensweisen diagnostizieren und gezielt verändern
2. Beziehungen unter den Gruppenteilnehmern und zwischen Gruppenteilnehmern und Therapeuten so gestalten, daß sie den Veränderungsprozeß aktiv fördern
3. Gruppen so leiten, daß sie möglichst allen Gruppenmitgliedern günstige Bedingungen für ihren individuellen Veränderungsprozeß bieten.

In der Diskussion dieser Lernziele und ihrer Implikationen für den Therapeuten wird vor allem die Bedeutung der Analysefähigkeit von Gruppensituationen und des Verhaltens von Patienten und Therapeuten in diesen Situationen sowie die kognitive und soziale Kompetenz zur Gestaltung und Veränderung von Situationen und Interaktionsformen der Teilnehmer betont. Hieran anschließend werden Ausbildungsinhalte herausgearbeitet, die der Therapeut zusätzlich zur Standardausbildung lernen muß. Sie bestehen in der Selbsterfahrung der Auszubildenden und in supervisierter praktischer Tätigkeit. Die Verwirklichung dieser Ausbildung durch Universitätsinstitute in Zusammenarbeit mit Praxisinstitutionen wird als dringlich angesehen.
Abschließend wird das Ausbildungskonzept der Autoren vorgestellt. Es umfaßt die Teilnahme an Gruppentherapie über Einwegscheibe mit simultaner Kommentierung durch den Ausbilder, die Beteiligung der Auszubildenden an der Auswertung und Planung der Therapiesitzungen und die eigene therapeutische Tätigkeit unter Supervision.

1 Vorbemerkungen

In unseren folgenden Überlegungen zur Ausbildung gehen wir von einem Konzept aus, in dem die Gruppe als „sozialer Mikrokosmos" (*Yalom,* 1974) betrachtet wird. Bei dieser Konzeption wird erwartet, daß die interaktionellen Schwierigkeiten, die der Patient in seinen Beziehungen außerhalb der Therapie hat und die ihn in die Therapie geführt haben, mit großer Wahrscheinlichkeit auch irgendwann im Verlaufe der Therapie innerhalb der Gruppe sichtbar werden. Die-

se Annahme ist die Grundlage dafür, daß die Interaktionen innerhalb einer Therapiegruppe als Mittel und als Realisierung therapeutisch relevanter Verhaltensänderungen betrachtet werden können.
Diese Grundannahme wird von der Mehrzahl interaktionell orientierter Gruppentherapeuten geteilt. Trotz dieser gemeinsamen Grundannahme unterscheiden sich die einzelnen gruppentherapeutischen Techniken zum Teil jedoch ganz erheblich. Es ist daher nicht möglich, ein Ausbildungskonzept zu erstellen, das all diese verschiedenen Formen gleichermaßen berücksichtigt. Unsere Überlegungen zur Ausbildung gehen von einer verhaltenstherapeutischen Denkweise aus. Wir betrachten Therapie als interaktionellen Problemlösungsprozeß, in dem der Therapeut geplant und zielorientiert versucht, den Veränderungsprozeß des Patienten aktiv in Richtung auf definierte Ziele zu fördern (siehe *Grawe,* 1978). Der Entscheidungsprozeß, der das Verhalten des Therapeuten steuert, darf sich dabei nicht nur auf die an der inhaltlichen Problematik des Patienten orientierten Problemlösungsmaßnahmen beschränken, sondern muß auch die Therapiesituation selbst, also die Gruppensituation, die Therapeut-Patient-Beziehung und die Veränderungssituation an sich als Elemente des gesamten Problemraumes berücksichtigen. Das ist ganz besonders wichtig, wenn die Therapie in einer komplexen zwischenmenschlichen Situation wie einer Gruppe und darüber hinaus mit Patienten stattfindet, deren Schwierigkeiten sich gerade in dieser Art von Situationen manifestieren.
Wir wollen unter dieser grob skizzierten Sichtweise in einem ersten Abschnitt überlegen, *was* ein Gruppentherapeut lernen muß, der in Gruppen zwischenmenschliche Schwierigkeiten behandeln will, und in einem zweiten Abschnitt dann Gedanken dazu entwickeln, *wie* er das lernen kann.

2 Was muß ein Gruppentherapeut lernen?

Um im Rahmen einer Therapiegruppe soziale Störungen behandeln zu können, muß ein angehender Gruppentherapeut folgende Fähigkeiten erlernen:

1. Er muß problematische soziale Verhaltensweisen diagnostizieren und gezielt verändern können.
2. Er muß die Beziehungen des Patienten innerhalb der Therapie, also zu den anderen Gruppenmitgliedern und zu sich selbst, dem Therapeuten, so gestalten können, daß sie den Veränderungsprozeß nicht behindern, sondern möglichst aktiv fördern.
3. Er muß die Gruppe so leiten können, daß sie möglichst allen Gruppenmitgliedern günstige Bedingungen für ihren individuellen Veränderungsprozeß bietet.

ad 1 (Diagnose und Veränderung problematischer Verhaltensweisen):

Eine längerfristige Therapiegruppe ist ein ausgezeichnetes diagnostisches Instrument zur Aufdeckung problematischer Interaktionsverhaltensweisen. Um die diagnostischen Möglichkeiten der Gruppensituation nutzen zu können, muß der Therapeut sich während seiner Ausbildung ein geeignetes Kategoriensystem erwerben, unter dem er die Gruppeninteraktionen beobachtet und kognitiv weiterverarbeitet.
Das Interaktionsverhalten in der Gruppe kann unter zwei Gesichtspunkten zur Problemidentifizierung dienen:

- unter dem Aspekt *sozialer Fähigkeiten* und
- unter dem Aspekt der *motivationalen Bedeutung* des Verhaltens.

Defizite in bestimmten sozialen Fertigkeiten können eine wesentliche Mitursache für unbefriedigende zwischenmenschliche Beziehungen und damit auch Grund für die Aufnahme einer Gruppentherapie sein. Für Patienten aus unteren Sozialschichten wird vielfach sogar angenommen (z. B. *Goldstein,* 1973) daß soziale Verhaltensdefizite der Hauptgrund für ihren behandlungsbedürftigen Zustand seien. Ganz gleich wie hoch man den relativen Anteil eines Mangels sozialer Fertigkeiten an der zwischenmenschlichen Problematik bestimmter Patientengruppen ansetzen will, bei Menschen mit schweren Störungen des Sozialverhaltens, wie sie für eine Gruppentherapie in Frage kommen, wird man jedenfalls immer die Möglichkeit einrechnen müssen, daß ihre Schwierigkeiten u. a. durch Defizite in bestimmten sozialen Fertigkeiten bedingt sind. Deshalb muß ein Gruppentherapeut bei seiner diagnostischen Auswertung der Gruppeninteraktion immer auch darauf achten, ob dem Patienten bestimmte soziale Fähigkeiten fehlen, die für eine befriedigende Gestaltung zwischenmenschlicher Beziehungen erforderlich sind.
Hierfür braucht der Therapeut zunächst einmal selbst ein Konzept, über welche sozialen Fähigkeiten ein psychisch gesunder Mensch verfügen sollte. Auch wenn darüber – abhängig vom Menschenbild usw. – sehr unterschiedliche Vorstellungen vertreten werden, so gibt es doch wenig Meinungsverschiedenheiten darüber, daß es z. B. besser ist, wenn ein Mensch über die Fähigkeit verfügt, mit seinem Gesprächspartner Blickkontakt zu halten, oder wenn er sich ärgert, in irgendeiner Form seinen Ärger äußern zu können usw. Es dürfte Übereinstimmung darin bestehen, daß es besser ist, wenn ein Mensch möglichst viele Fähigkeiten *verfügbar* hat, die Meinungsverschiedenheiten beginnen erst dort, wann er sie einsetzen sollte.
Auf dieser pragmatischen Ebene gibt es in der Literatur sehr detailliert ausgearbeitete Vorstellungen darüber, welche sozialen Fähigkeiten für ein befriedigendes Sozialverhalten erforderlich sind. Am konkretesten für therapeutische

Zwecke aufbereitet sind diese Vorstellungen in sogenannten „social-skills-"Trainingsprogrammen, wie sie in der Verhaltenstherapie in größerer Zahl vorliegen (z. B. *Salter,* 1949; *Alberti* und *Emmons,* 1974; *Berlin,* 1975; *Ullrich de Muynck* und *Ullrich,* 1976; *Schneider,* 1977). Diese Programme enthalten in der Regel mehrere Kategorien sozialer Fertigkeiten, die bis zur konkreten Ebene von Verhalten-in-Situationen ausgearbeitet sind. Der angehende Gruppentherapeut muß sich während seiner Ausbildung sehr eingehend mit solchen Trainingsprogrammen befassen, um sich ein konkretes, auf der Ebene von Verhalten-in-Situationen operationalisiertes Konzept der wichtigsten sozialen Fertigkeiten zu erwerben, die seine Wahrnehmung bei der Beobachtung der Gruppeninteraktionen leiten können.

Durch die Beschäftigung mit Programmen zum Training sozialer Fertigkeiten erwirbt sich der Therapeut nicht nur ein kognitives Konzept der wichtigsten zwischenmenschlichen Fähigkeiten, sondern auch das notwendige know how, um festgestellte Defizite zu beheben. Das wichtigste Mittel zur Vermittlung sozialer Fähigkeiten ist das gezielte Verhaltenstraining im Rollenspiel mit systematischer Ausformung einzelner Verhaltenskomponenten (siehe z. B. *Liberman* et al., 1975). Da ein wichtiges therapeutisches Mittel die Modellvorgabe ist, muß der Therapeut die wichtigsten sozialen Fähigkeiten selbst sehr gut beherrschen. Er muß sich daher solche Fähigkeiten, über die er noch nicht in ausreichendem Maße verfügt, durch gezieltes Training selbst erarbeiten und er muß sich durch Übung mit dem praktischen Training einzelner sozialer Fertigkeiten vertraut machen.

Während der Aspekt der sozialen Fertigkeiten in verhaltenstherapeutischen Gruppenkonzepten schon immer starke Beachtung gefunden hat (siehe *Grawe,* 1978), ist der Aspekt der *motivationalen Bedeutung* des Gruppeninteraktionsverhaltens von verhaltenstherapeutischer Seite etwas stiefmütterlich behandelt worden. Dafür steht er bei der Mehrzahl der übrigen interaktionell orientierten Gruppentherapien ganz im Vordergrund. Unter diesem Aspekt wird das beobachtbare Interaktionsverhalten in der Gruppe daraufhin analysiert, von welchen inneren Verhaltensdeterminanten es bestimmt ist.

Wenn die Gruppeninteraktion mit dem Ziel der Analyse persönlicher Verhaltensdeterminanten ausgewertet werden soll, erfordert dies einen Grad an Unstrukturiertheit der Gruppensituation, der dem einzelnen Gruppenmitglied genügend Raum läßt, sich seinen persönlichen interaktionellen Zielen entsprechend zu entfalten. In den gewöhnlich sehr straff strukturierten social-skills-Trainings-Gruppen ist diese Voraussetzung nicht gegeben, und daher spielt der Aspekt der motivationalen Analyse des Interaktionsverhaltens in diesen Gruppenkonzepten meist auch keine große Rolle. Den Gegenpol stellen die „dynamisch"-interaktionell orientierten Gruppenverfahren dar, bei denen aus eben diesem Grund die Gruppensituation durch den Gruppenleiter nur sehr geringfügig strukturiert wird. Mit diesem Vorgehen geht allerdings dann in der Regel eine

Vernachlässigung des Aspektes der sozialen Fertigkeiten einher. Gerade in der Verhaltenstherapie haben sich in den letzten Jahren aber einige Gruppenkonzepte herausgebildet, die geeignet erscheinen, beide Aspekte miteinander zu verbinden, da sie in der Mitte zwischen den Polen „sehr starke Strukturierung" vs. „völlige Unstrukturiertheit" liegen (*Lazarus,* 1974; *Johnson,* 1975; *Fiedler,* 1978; *Grawe, Dziewas* und *Wedel,* 1979).

Ob die damit grundsätzlich gegebenen Möglichkeiten zur Analyse motivationaler Bedeutungen des Interaktionsverhaltens ausgeschöpft werden können, hängt allerdings hauptsächlich davon ab, inwieweit es gelingt, eine theroetische Grundlage für eine solche Analyse zu entwickeln. Die lerntheoretische Verhaltensgleichung (siehe *Kanfer* und *Saslow,* 1969; *Schulte,* 1974) analysiert nur die Abhängigkeit des Verhaltens von äußeren Bedingungen. Sie kann daher nicht als Grundlage für die Analyse der Bedeutung innerer Verhaltensdeterminanten dienen. Das psychodynamische Denkmodell, das ausdrücklich auf die Analyse motivationaler Bedeutungen ausgerichtet ist, ist für einen Verhaltenstherapeuten u. a. deshalb nicht akzeptabel, weil es die Abhängigkeit des Verhaltens von situativen Bedingungen nicht mit konzipiert. Für eine umfassende Ausbildung in interaktioneller Gruppentherapie stellt dieses Fehlen einer theoretischen Grundlage, die beide Aspekte in Rechnung stellt und miteinander verbindet, zur Zeit noch ein schweres Handicap dar. Allerdings mehren sich innerhalb der Verhaltenstherapie in der letzten Zeit theoretische Ansätze dazu, auch innere Verhaltensdeterminanten in die Problemanalyse einzubeziehen (*Mischel,* 1973; *Fiedler,* 1979; *Grawe* und *Dziewas,* 1977). Ausführlich hat sich *Grawe* (1979) mit dieser Frage im Zusammenhang mit der diagnostisch-therapeutischen Funktion der Gruppeninteraktion auseinandergesetzt und ein konkretes Verfahren vorgeschlagen, wie beide Aspekte, sowohl die Abhängigkeit des Verhaltens von situativen Bedingungen als auch der Zusammenhang mit inneren Verhaltensdeterminanten, in der Problemanalyse berücksichtigt werden können.

Eine Weiterentwicklung der theoretischen Grundlagen in diese Richtung ist Voraussetzung für eine befriedigende Ausbildung in interaktioneller Gruppentherapie. Dies macht zugleich deutlich, daß heute noch kein Stand erreicht worden ist, auf dem ein allgemein akzeptiertes Ausbildungskonzept verhaltenstherapeutischer Gruppentherapie möglich wäre.

ad 2 (Förderung der Beziehung):

Eine funktionsfähige Therapiebeziehung ist Voraussetzung dafür, daß in der Gruppe mit Aussicht auf Erfolg an der inhaltlichen Problematik des Patienten gearbeitet werden kann. Bei interaktionell gestörten Patienten, wie sie für eine Gruppentherapie vor allem in Frage kommen, muß man jedoch damit rechnen, daß gerade diese Voraussetzung für eine erfolgreiche Therapie nicht erfüllt ist. Bei vielen Patienten manifestieren sich die Schwierigkeiten, die sie außerhalb der

Therapie haben, auch in der Beziehung zum Therapeuten und zu anderen Gruppenmitgliedern. Dies ist ja auch die schon eingangs erwähnte Grundannahme des Konzeptes von der Therapiegruppe als sozialem Mikrokosmos. Der zukünftige Gruppentherapeut muß daher während seiner Ausbildung lernen, wie er die Therapiebeziehung trotz dieser zu erwartenden Schwierigkeiten so gestalten kann, daß der inhaltliche Therapieprozeß nicht behindert wird. Auch hierfür ist wieder ein geeignetes Instrumentarium Voraussetzung, das ihm erlaubt, Beziehungen in einer dafür geeigneten Weise zu analysieren. Wieder erweist sich die lerntheoretische Verhaltensgleichung für diese Zwecke als unzureichend. Sie trennt bei der Analyse von Interaktionen notwendig in abhängige und unabhängige Variablen auf, indem sie das Verhalten des einen Interaktionspartners als R und das des anderen als S ansieht. Auch wenn die Seite der Betrachtung durchaus gewechselt werden kann, bleibt diese Sichtweise im Prinzip unidirektional. Die Kommunikationsforschung hat uns jedoch die Augen dafür geöffnet, daß eine solche Interpunktion zwischenmenschlicher Interaktionen willkürlich ist (siehe *Watzlawick, Beavin* und *Jackson,* 1969) und daß man interaktionelle Abläufe nur dann voll verstehen kann, wenn man die Dyade selbst als System betrachtet, deren Elemente, die beiden Interaktionspartner, in einer streng interaktionellen Beziehung zueinander stehen (siehe *Selvini Palazzoli* et al. 1977).

Weiterhin geht die lerntheoretische Verhaltensgleichung von einem reaktiven Verhaltensbegriff aus, während wir, wenn wir die Analyse motivationaler Bedeutungen mit in die Therapie einbeziehen wollen, davon ausgehen müssen, daß das Interaktionsverhalten an bestimmten Zielen orientiert ist. In dieser Hinsicht überlappt sich die theoretische Schwierigkeit, die wir schon für die Analyse motivationaler Bedeutungen festgestellt hatten, mit der für die Analyse dyadischer Beziehungen. Es ist daher auch zu erwarten, daß neue theoretische Konzeptionen, die eine Lösung des einen Problems bringen, auch das andere Problem lösen werden. Ein ausführlicher Versuch dazu ist in der schon erwähnten Arbeit von *Grawe* (1979) gemacht worden.

Auch für die Analyse der Therapiebeziehung muß also festgestellt werden, daß bisher keine einheitliche, allgemein akzeptierte Grundlage vorliegt, auf der eine Ausbildung in interaktioneller Gruppentherapie aufgebaut werden könnte.

Zur Gestaltung einer funktionsfähigen Therapiebeziehung ist aber noch mehr erforderlich als ein geeignetes analytisches Instrumentarium. Der Therapeut muß auch über die Fähigkeit verfügen, aufgrund einer solchen Analyse, die auch sein eigenes Verhalten einbezieht, sich während der Therapie in einer kontrollierten, an einer interaktionellen Strategie ausgerichteten Weise zu verhalten. Darin können ihn vor allem eigene interaktionelle Schwierigkeiten behindern, die entweder durch ein Defizit bestimmter sozialer Fertigkeiten oder durch problematische persönliche interaktionelle Ziele bedingt sind. Hieraus leitet sich die Forderung nach einer ausreichenden supervidierten Selbsterfahrung des Therapeuten ab, die sich auf beide möglichen Behinderungen seiner therapeutischen Kompetenz richten muß. Mehr zur Frage der Selbsterfahrung in Abschnitt II.

ad 3 (Hilfreiche Gruppenleitung):

Wenn für Psychotherapie ganz allgemein gilt, daß die inhaltliche Arbeit an den Problemen des Patienten eine funktionierende Therapiebeziehung voraussetzt, so gilt für die Gruppentherapie zusätzlich, daß beides, sowohl eine fruchtbare Arbeit an den Problemen des Patienten als auch die Herstellung und Aufrechterhaltung einer funktionierenden Therapiebeziehung, zur Voraussetzung haben, daß auf Gruppenebene bestimmte Bedingungen erfüllt sind, die für das Funktionieren der Gruppe als ganzer wichtig sind. Wir haben diese Bedingungen wegen der Mittel-Zweck-Relation, in der sie zu den beiden anderen genannten Aspekten des Therapieprozesses stehen, instrumentelle Gruppenbedingungen genannt (*Grawe,* 1978). In der sozialpsychologischen Kleingruppenforschung und in der Gruppenliteratur besteht relativ große Übereinstimmung über eine Reihe von Variablen, die für das Arbeiten einer Gruppe förderlich oder notwendig sind (siehe dazu ausführlicher *Dziewas,* 1979). Das gilt etwa für Gruppenkohäsion, Vertrauen, Offenheit, Arbeitshaltung, um nur einige der wichtigsten Bedingungen zu nennen. Wegen der instrumentellen Funktion dieser Variablen für das Therapieergebnis aller Patienten in der Gruppe hat die Herstellung und Aufrechterhaltung dieser Bedingungen durch den Therapeuten Vorrang vor allen anderen therapeutischen Maßnahmen.
Der zukünftige Gruppentherapeut muß sich daher während seiner Ausbildung intensiv damit vertraut machen, welche Bedingungen für eine gute Arbeit einer Gruppe erforderlich sind. Die Antwort darauf, vor allem über die optimale Ausprägung dieser Variablen, hängt im einzelnen natürlich von der spezifischen Technik und der Art der behandelten Patientenpopulation ab, aber der Therapeut muß wenigstens wissen, welche Variablen dafür überhaupt systematisch zu berücksichtigen sind. Wichtig ist darüber hinaus, daß das Konzept, das sich der Therapeut von den instrumentellen Gruppenbedingungen erwirbt, bis zur Ebene konkreten Verhaltens-in-Situationen ausgearbeitet ist, denn nur auf dieser Ebene kann der Therapeut entscheiden, in welchem Ausmaß diese Bedingungen erfüllt sind und nur auf dieser Ebene kann er Einfluß auf sie nehmen. Für die Bedingungen Kohäsion, Vertrauen und Arbeitshaltung ist eine solche Operationalisierung auf Verhaltensebene bei *Krumboltz* und *Potter* (1973) vorgenommen worden. *Grawe* (1979) hat ein präskriptives Modell entwickelt, wie bzw. in welche Richtung der Therapeut den Gruppenprozeß weiterzusteuern hat, wenn bestimmte Gruppenbedingungen nicht ausreichend erfüllt sind.
Insgesamt liegt über solche Variablen, die wir hier instrumentelle Gruppenbedingungen genannt haben, genügend Material vor, um als Grundlage einer Ausbildung dienen zu können.

Ebenso wie die vorgenannten theoretischen Konzepte und praktischen Fähigkeiten kann man die Fähigkeit, als Gruppenleiter den Gruppenprozeß so zu steuern, daß für möglichst alle Gruppenmitglieder optimale Lernbedingungen gewährleistet sind, allerdings nicht aus Büchern lernen, oder jedenfalls nur einen kleinen Teil davon. Wir kommen damit zur Frage, *wie* die genannten Inhalte im Rahmen einer Ausbildung vermittelt werden können.

3 Wie kann der zukünftige Gruppentherapeut das erforderliche Wissen und die Fähigkeiten lernen, die er zur Durchführung von Gruppentherapien braucht?

Eine Ausbildung in Gruppentherapie geht, wie unsere vorangegangenen Ausführungen zu den Ausbildungsinhalten gezeigt haben, über eine Standardausbildung in einem der gängigen therapeutischen Verfahren hinaus.

- Der Therapeut muß zusätzlich zu seiner Funktion als Therapeut für den einzelnen Patienten als *Gruppenleiter* fungieren,
- er muß für mehrere Patienten gleichzeitig *Therapeut* sein, d. h. die Problematik mehrerer Patienten gleichzeitig im Kopf haben. Er muß also in einer viel komplexeren Situation handeln als in einer Einzeltherapie
- und er muß über eine besondere *interaktionelle Kompetenz* verfügen, da er es gerade in Gruppentherapien häufig mit interaktionell besonders schwierigen Patienten zu tun haben wird.

Wir beschränken unsere folgenden Ausführungen auf solche Ausbildungsinhalte, die der Therapeut gegenüber einer Standardausbildung zusätzlich lernen muß, wenn er Therapien in Gruppen durchführen will und gehen davon aus, daß der Therapeut eine verhaltenstherapeutische Grundausbildung bereits erhalten hat. Wir wollen weiter voraussetzen, daß sich der Therapeut durch Literaturstudium und/oder entsprechende Lehrveranstaltungen mit den wichtigsten Grundlagen der Gruppentherapie vertraut gemacht hat.

Dafür kann auf das Standardwerk von *Yalom* (1974) sowie – für verhaltenstherapeutisch orientierte Gruppentherapien – auf den Reader von *Grawe* (1979) und die Monographie von *Rose* (1977) verwiesen werden.

Diese Ausbildungsabschnitte vorausgesetzt, gliedert sich die erforderliche Ausbildung des zukünftigen Gruppentherapeuten in zwei Hauptteile:

1. Selbsterfahrung
2. Ausbildung und Supervision in einer realen gruppentherapeutischen Situation.

ad 1: Selbsterfahrung

a) Wenn der Therapeut in der Gruppe Defizite in sozialen Fertigkeiten erkennen und verändern will, dann muß er zum einen eine ganz konkrete Vorstellung davon haben, welche Fertigkeiten für ein effektives Sozialverhalten wichtig sind, welche Aspekte dabei besonders zu beachten sind, und zum anderen muß er selbst über diese Fertigkeiten verfügen. Beide Voraussetzungen kann er sich dadurch am besten erwerben, daß er zusammen mit anderen Ausbildungskandidaten einschlägige Trainingsprogramme (siehe oben) gemeinsam durchnimmt, also die darin vorgesehenen Rollenspiele und Übungen selbst in einer Gruppe mit dem feedback der anderen Teilnehmer durchführt. Die einzelnen Gruppenmitglieder können dabei reihum die Rolle des Therapeuten übernehmen, so daß damit – außer dem inhaltlichen Kennenlernen der wichtigsten Verhaltensaspekte und deren Einübung – gleichzeitig eine Einübung in die Therapeutenrolle verbunden ist.
Selbsterfahrungsgruppen dieser Art können weitgehend autonom arbeiten, d. h. sie erfordern keinen ständigen hochqualifizierten Gruppenleiter, sondern kommen mit einer gelegentlichen Supervision durch eine Lehrperson aus, deren Funktion es ist, darauf zu achten, daß alle wichtigen Aspekte wirklich behandelt werden. Hilfreich wirkt sich für diese Art der Selbsterfahrungsgruppen die Möglichkeit zu einem Video-feedback aus.
Dieser Abschnitt der Ausbildung ist von seiten des erforderlichen Lehrpersonals wenig aufwendig und kann ohne Schwierigkeiten in ein Studium der Klinischen Psychologie integriert werden.

b) Wesentlich aufwendiger ist der zweite Selbsterfahrungsanteil der Ausbildung. Der zukünftige Gruppentherapeut muß selbst über eine hohe interaktionelle Kompetenz verfügen. Dazu gehört, außer daß er die wichtigsten sozialen Fertigkeiten beherrscht, vor allem auch, daß er sich über seine eigenen interaktionellen Pläne klar ist, die sein zwischenmenschliches Verhalten bestimmen. Der Ausbildungskandidat muß sein davon bestimmtes Interaktionsverhalten soweit bewußt kontrollieren lernen, daß er sich als Therapeut nach den sachlichen Erfordernissen, die durch die Problematik des Patienten bestimmt sind, verhält und nicht nach seinen eigenen zwischenmenschlichen Bedürfnissen. Für viele Ausbildungskandidaten kann dieser Selbsterfahrungsanteil durchaus den Charakter einer Therapie annehmen, d. h. sie müssen daran arbeiten, eigene problematische Verhaltensanteile dauerhaft so zu verändern, daß sie sie später als Therapeuten nicht behindern. Für Ausbildungskandidaten mit sehr flexiblen interaktionellen Möglichkeiten hat dieser Selbsterfahrungsanteil mehr die Funktion, einen höheren Bewußtseinsgrad für die Determinanten ihres eigenen zwischenmenschlichen Verhaltens zu erreichen. Er ist damit eine Einübung in eine Fähigkeit, die der Ausbildungskandidat später immer wieder ausüben muß, wenn er sein eigenes Verhalten systematisch in der Therapieplanung mitberücksichtigen muß.

Eine wichtige Forderung an diesen Selbsterfahrungsanteil besteht darin, daß sie nach demgleichen theoretischen Konzept erfolgen sollte, wie dem, mit dem der Therapeut später Patienten therapiert. In der Verhaltenstherapie sind Selbsterfahrungskonzepte, die von den Therapeuten als angemessen und relevant für sich selbst erlebt werden, noch nicht weit entwickelt. Das liegt zum großen Teil an dem oben schon bemängelten Fehlen geeigneter theoretischer Grundlagen für die Analyse innerer Verhaltensdeterminanten. Für eine Ausbildung in interaktioneller Gruppentherapie ist es jedoch ein unhaltbarer Zustand, wenn die Ausbildungskandidaten ihre Selbsterfahrung in psychoanalytischen oder an Rogers orientierten Selbsterfahrungsgruppen machen, auf ihre Patienten dann jedoch ein simpleres theoretisches Rüstzeug anwenden, als ob deren Verhalten nicht ebenso von inneren Motiven bestimmt und ebenso komplex wäre wie ihr eigenes Verhalten. Sie könnten mit ihren Patienten dann konsequenterweise gleich eine psychoanalytische oder klientenzentrierte Gruppentherapie durchführen.
Hier liegt eine der großen noch ungelösten Schwierigkeiten einer verhaltenstherapeutisch orientierten Ausbildung in interaktioneller Gruppentherapie. Am besten geeignet als einheitliche Grundlage der Therapieausbildung und Selbsterfahrung dürften gegenwärtig das Konzept der verhaltensanalytischen Gruppentherapie von *Fiedler* (1979) sowie das Konzept der Interaktionellen Problemlösungsgruppen von *Grawe, Dziewas* und *Wedel* (1979) sein. Letzteres ist bereits mit Erfolg für die Selbsterfahrung von Angehörigen psychosozialer Berufsgruppen verwendet worden und wird von den Teilnehmern durchaus als relevante Selbsterfahrung erlebt.
Eine praktische Schwierigkeit bei der Realisierung dieses für eine Gruppentherapieausbildung unverzichtbaren Ausbildungsabschnittes ist die Tatsache, daß derartige Selbsterfahrungsgruppen einen hochqualifizierten Gruppenleiter mit ausgedehnter Gruppenerfahrung erfordern. Da Selbsterfahrungsgruppen nicht mehr als 7 bis 8 Teilnehmer haben sollten und unter einer Dauer von mindestens einem Jahr bei einmal wöchentlichen Sitzungen kaum sinnvoll erscheinen, stößt die Realisierung dieses Selbsterfahrungsanteils bei der gegenwärtigen Studiensituation schnell an Kapazitätengrenzen. Es erscheint daher unrealistisch, diesen Ausbildungsanteil allein mit dem Lehrpersonal von klinisch-psychologischen Instituten abzudecken. Es erscheint uns daher dringend erforderlich, die finanziellen und organisatorischen Voraussetzungen dafür zu schaffen, daß dieser Ausbildungsanteil kooperativ von Praktikern anderer Institutionen, in denen Gruppentherapien durchgeführt werden, getragen wird. Eine enge Zusammenarbeit mit derartigen Praxisinstitutionen erscheint auch für den zweiten Teil der praktischen Ausbildung unbedingt erforderlich:

ad 2: Ausbildung und Supervision in einer realen gruppentherapeutischen Situation

Ziel einer gruppentherapeutischen Ausbildung ist selbstverständlich, daß der Ausbildungskandidat in die Lage versetzt wird, selbständig und eigenverantwortlich Gruppentherapien durchzuführen. Die unmittelbar vor diesem Ziel liegende letzte Stufe seiner Ausbildung muß daher sein, daß er schon weitgehend selbständig, aber noch unter Supervision eines erfahrenen Therapeuten reale Gruppentherapien durchführt.

Dafür wiederum muß er bereits vorher ein Ausbildungsstadium absolvieren, in dem er mit allen Problemen einer realen gruppentherapeutischen Situation konfrontiert wird und lernt, sie kognitiv zu verarbeiten, ohne selbst schon zum Handeln gezwungen zu sein. Dieser Ausbildungsabschnitt ist für eine Gruppentherapieausbildung deswegen besonders wichtig, weil es sich in Gruppentherapien um äußerst komplexe Situationen handelt, in denen der Therapeut auf viele Dinge gleichzeitig achten muß. Der Therapeut muß Gruppengesichtspunkte, interaktionelle Abläufe zwischen einzelnen Gruppenmitgliedern und die inhaltliche Problematik von etwa 7 Patienten gleichzeitig im Auge haben und jeweils Entscheidungen treffen, welchem Aspekt im Augenblick Vorrang gebührt. Wenn er in diesem frühen Lernstadium – neben der kognitiven Verarbeitungsleistung – auch noch gezwungen wäre, aktiv zu handeln, dann wäre die Grenze seiner Verarbeitungskapazität schnell überschritten.

Es kommt unseres Erachtens daher darauf an, daß der Ausbildungskandidat, bevor er wirklich die Rolle des Therapeuten übernehmen muß, gelernt hat, aus einem Gesamtverständnis der therapeutischen Situation heraus die richtigen Entscheidungen für die im Augenblick bestehenden situativen Anforderungen zu treffen.

Wir selbst gehen daher bei unserer Ausbildung nach dem Konzept der Interaktionellen Problemlösungsgruppen folgendermaßen vor:

Nach den unter 1 genannten Ausbildungsabschnitten, einer Grundausbildung in Verhaltenstherapie und den oben genannten theoretischen Grundlagen interaktioneller Gruppentherapie nehmen die Ausbildungskandidaten zuerst für etwa 50 Sitzungen hinter dem Einwegspiegel an einer Gruppentherapie teil. Die Gruppensitzungen werden alternierend von zwei Therapeuten durchgeführt, die sich im letzten Stadium ihrer praktischen Ausbildung befinden. Der Therapeut, der alternierend gerade nicht in der Gruppe selbst sitzt, nimmt ebenfalls hinter dem Einwegspiegel an der Gruppensitzung teil. Hinter dem Einwegspiegel wird die Gruppensitzung fortlaufend von einem erfahrenen Ausbilder kommentiert und zwar immer unter Bezug auf das schriftlich vorliegende Konzept der Interaktionellen Problemlösungsgruppen, so daß die Ausbildungskandidaten lernen, das theoretische Konzept auf wahrnehmungsmäßig gerade gegebene Situationen zu beziehen. Hinter dem Einwegspiegel besteht darüber hinaus natürlich auch die Möglichkeit, gezielt zu fragen, warum der Therapeut sich jetzt so und nicht anders verhält, bestimmte Beobachtungen und Vorschläge auszutauschen usw. Der Therapeut in der Gruppe fungiert dabei als live-Modell, während der Ausbilder hinter der Scheibe gleichsam als Alter-ego expliziert, was vermutlich im Kopf des Therapeuten gerade vorgeht, wenn er sich jetzt so und so verhält. Gleichzeitig

kann der Ausbilder dabei auf Fehler des Therapeuten aufmerksam machen und begründen, warum er im Moment ein anderes Verhalten günstiger fände. Das Verfolgen der Gruppensitzungen durch die Einwegscheibe ist also ein intensives kognitives Einüben in die Entscheidungsgrundlagen für therapeutische Interventionen.
Unmittelbar im Anschluß an die Gruppensitzung findet eine ebenfalls etwa eineinhalbstündige Nach- und Planungsbesprechung statt, in der der Verlauf der Gruppensitzung noch einmal im einzelnen durchgesprochen wird. Dabei wird der Therapeut mit der Wahrnehmung der Ausbildungskandidaten und des Ausbilders hinter der Scheibe konfrontiert und er hat Gelegenheit, eventuell abweichende Interventionen, die von den anderen als nicht günstig empfunden wurden, zu begründen. Danach wird dann auf der Grundlage dieser Besprechung die nächste Gruppensitzung geplant, die vom alternierenden Therapeuten mit dieser Planung als Grundlage durchgeführt wird. Die Planung der nächsten Gruppensitzung ist dabei nicht als strenge Vorschrift zu verstehen, sondern als Entscheidungsgrundlage, die dem Therapeuten durchaus die Freiheit und Verantwortung läßt, sein tatsächliches Vorgehen in der nächsten Gruppensitzung flexibel auf die sich einstellenden, nicht immer voraussehbaren Situationen abzustimmen.
Nachdem ein Ausbildungskandidat mindestens etwa 50 Sitzungen hinter der Einwegscheibe als Beobachter und Mitplaner an der Gruppentherapie teilgenommen hat und sich selbst dazu in der Lage fühlt, löst er den „älteren" der beiden alternierenden Therapeuten als Therapeut ab, der damit seine Ausbildung beendet. Nach unserer Erfahrung ist es notwendig, daß die Phase, in der der Ausbildungskandidat selbst als Therapeut fungiert, ebenfalls mindestens etwa 50 Sitzungen umfaßt.
Wie aus der Beschreibung des Settings schon hervorgegangen ist, befindet sich der Therapeut während seiner praktischen Tätigkeit unter einer äußerst engen Supervision, in der buchstäblich jede seiner Handlungen, Bemerkungen usw. aufmerksam verfolgt, später kommentiert und gegebenenfalls korrigiert wird. Dies bedeutet für den Therapeuten, vor allem in den Anfangsstadien, einen nicht zu unterschätzenden Streß. Es ist daher sehr wichtig, daß in der Beobachtungsgruppe generell eine wohlwollende, wenig kritiksüchtige Atmosphäre herrscht. Obwohl wir durchaus die technischen Möglichkeiten haben, dem Therapeuten auch während der Gruppensitzungen schon wichtige Hinweise durch einen „Knopf im Ohr" zu übermitteln, benutzen wir diese Möglichkeit nicht. Wir halten es für wichtig, daß der Therapeut lernt, selbständig Entscheidungen zu treffen und Selbstverantwortung zu übernehmen. Dies beinhaltet auch die Freiheit, ab und zu ungehindert Fehler machen zu können. Dieses Vorgehen ist nach unseren Erfahrungen auch unter Versorgungsgesichtspunkten durchaus vertretbar. In *einer* Gruppensitzung können kaum so schwerwiegende Fehler gemacht werden, daß sie nicht durch eine sorgfältige Planung der nächsten Sitzung wieder weitgehend ausgeglichen werden können.

Aus allem vorher Gesagten dürfte klar geworden sein, daß eine Gruppentherapieausbildung kaum von einem klinisch-psychologischen Institut allein geleistet werden kann. Sie setzt enge Zusammenarbeit mit Praxisinstitutionen voraus, in denen regelmäßig zu Versorgungszwecken Gruppentherapien durchgeführt werden und deren Therapeuten sich bereiterklären, an dieser Ausbildung mitzuwirken. Da die Tätigkeit für die Ausbildung aber sehr zeitintensiv ist (jede Gruppensitzung erfordert mit Nachbesprechung mindestens 3 Stunden intensiver Arbeit), wird man kaum geeignete und dazu bereite Ausbilder finden, es sei denn, die Ausbildung wird zu einem Teil ihrer offiziellen Aufgabe oder sie wird ihnen in anderer Weise, etwa durch Zusammenarbeit in der Forschung, Lehraufträge usw., attraktiv gemacht. Eine zusätzliche Schwierigkeit besteht darin, daß die verschiedenen Ausbilder natürlich möglichst nach einem einheitlichen Konzept arbeiten sollten, was wegen des Fehlens einer allgemein akzeptierten theoretischen Grundlage zur Zeit noch weitgehend illusorisch erscheint.
Diese beiden Punkte, das Fehlen der notwendigen theoretischen Grundlagen und die genannten Schwierigkeiten einer engen Zusammenarbeit mit Praxisinstitutionen werden, solange sie nicht behoben sind, wohl weiterhin verhindern, daß eine qualifizierte Ausbildung in interaktioneller Gruppentherapie von psychologischen Instituten in nennenswertem Umfang als Teil einer klinisch-psychologischen Ausbildung angeboten werden kann.

Literatur

Alberti, R. E./Emmons, M. L.: Your perfect right. San Luis Obisco, CA. 1974.

Berlin, J.: Das offene Gespräch: Paare lernen Kommunikation. München, 1975.

Dziewas, H.: Instrumentelle Gruppenbedingungen als Voraussetzung des individuellen Lernprozesses. In: *Grawe, K.* (Hrsg.): Verhaltenstherapie in Gruppen. Urban u. Schwarzenberg, München, 1979.

Fiedler, P.: Zur Theorie und Praxis verhaltenstherapeutischer Gruppen. In: Psychologie des 20. Jahrh., Band VIII, Lewin und die Folgen. Herausgegeben von *Heigl-Evers, A.* und *Streek, U.,* Zürich, 1978.

Fiedler, P.: Diagnostische und therapeutische Verwertbarkeit kognitiver Verhaltensanteile. In: *Hoffmann, N.* (Hrsg.): Grundlagen kognitiver Therapien. Huber, Bern, 1979.

Goldstein, A. P.: Structured Learning Therapy. New York, 1973.

Grawe, K.: Verhaltenstherapeutische Gruppentherapie. In: *Pongratz, L.* (Hrsg.): Handbuch der Psychologie, Band 8/2. Hogrefe, Göttingen, 1978.

Grawe, K.: Die diagnostisch-therapeutische Funktion der Gruppeninteraktion in verhaltenstherapeutischen Gruppen. In: *Grawe, K.* (Hrsg.): Verhaltenstherapie in Gruppen. München, 1979.

Grawe, K. (Hrsg.): Verhaltenstherapie in Gruppen. Urban und Schwarzenberg, München, 1979.

Grawe, K./Dziewas, H.: Interaktionelle Verhaltenstherapie. Partnerberatung *14,* 188–204. 1977.

Grawe, K./Dziewas, H./Wedel, S.: Interaktionelle Problemlösungsgruppen. In: *Grawe, K.* (Hrsg.): Verhaltenstherapie in Gruppen. München, 1979.
Johnson, W. G.: Group Therapy: A Behavioral Perspective. Beh. Ther. *6*, 30–38. 1975. Deutsch in: *Grawe, K.* (Hrsg.): Verhaltenstherapie in Gruppen, München, 1979.
Kanfer, F. H./Saslow, G.: Behavioral diagnosis. In: *Franks, C.* (Hrsg.): Behavior Therapy: Appraisal and status. New York. 1969.
Krumboltz, J./Potter, B.: Behavioral techniques for developing trust, cohesiveness and goal accomplishments. Educational Technology *13*, 26–30. 1973. Deutsch in: *Grawe, K.* (Hrsg.): Verhaltenstherapie in Gruppen. München, 1979.
Lazarus, A. A.: Multimodal Behavior Therapy in Groups. Manuskript. 1974. Deutsch in: *Grawe, K.* (Hrsg.): Verhaltenstherapie in Gruppen. München, 1979.
Liberman, R. P./King, L. W./DeRisi, W. J./McCann, M.: Personal Effectiveness. Champaign, Ill. 1975.
Mischel, W.: Toward a cognitive social learning reconceptualization of personality. Psychol. Rev. *80*, 252–283. 1973.
Rose, S. D.: Group Therapy: A behavioral approach. Prentice Hall, Englewood Cliffs, N. J. 1977.
Salter, A.: Conditioned reflex therapy. New York, 1949.
Schneider, R.: Ein verhaltenstherapeutisches Programm zur Einübung von Selbstsicherheit in Gruppen – eine Anleitung für Therapeuten. Manuskript IFT, München, 1977.
Schulte, D.: Ein Schema für Diagnose und Therapieplanung in der Verhaltenstherapie. In: *Schulte, D.* (Hrsg.): Diagnostik in der Verhaltenstherapie. München, 1974.
Selvini Palazzoli, M. et al.: Paradoxon und Gegenparadoxon. Klett, Stuttgart, 1977.
Ullrich de Muynck, R./Ullrich R.: Einübung in Selbstvertrauen und soziale Kompetenz. 3 Bände. Pfeiffer, München, 1976.
Watzlawick, P./Beavin, J. H./Jackson, D. D.: Menschliche Kommunikation. Huber, Bern, 1969.
Yalom, I.: Gruppentherapie. Kindler, München, 1974.

Dieter Tscheulin

Lernziel Therapeutisches Selbsterleben

Zusammenfassung

Aus der empirischen Forschung zum Thema „Person des Therapeuten" werden drei charakteristische Merkmale seines Erlebens und Verhaltens abgeleitet, beschrieben und als notwendige Lernziele für eine klinisch-psychologische Ausbildung bestimmt und diskutiert:
(1) Offenheit und Äußerungsbereitschaft; (2) Erkennen eigener Bedürfnisbefriedigung und relative Unabhängigkeit von ihr; (3) Störungserleben bei relativer Störungsfreiheit.
In ihrer Gesamtheit werden diese drei Merkmale als „Therapeutisches Selbsterleben" bezeichnet, weil sie (1.) die psychische Funktionsfähigkeit des Therapeuten kennzeichnen und weil sie (2.) sich positiv auf die psychotherapeutischen Prozesse und Effekte auswirken.
Die Zusammenhänge dieser Merkmale des Selbsterlebens des Therapeuten mit Merkmalen des Therapeutischen Basisverhaltens werden an Hand empirischer Forschungsarbeiten belegt. Es wird versucht aufzuzeigen, welche Konsequenzen sich für die Ausbildung ergeben, und die Bedeutung von isolierter Eigentherapie und therapeutischer Selbsterfahrung zur Erreichung der Lernziele wird diskutiert.

1 Einleitung

Beeinflußt von der psychoanalytischen Tradition war es lange Zeit ein allgemein akzeptierter und verbreiteter Gedanke, daß der Klinische Psychologe und Psychotherapeut seine persönlichen Eigenarten genau kennen müsse, um seinen Klienten helfen zu können. Durch eine Eigentherapie soll z. B. verhindert werden, daß unbewußte Wünsche und Bedürfnisse die Wahrnehmungen des Therapeuten verzerren, seine Reaktionsmöglichkeiten einengen und damit die therapeutische Interaktion belasten.
Im Gegensatz zu dieser Position wurde in der Verhaltenstherapie zunächst die radikale These vertreten, daß nur die therapeutischen Techniken die Veränderungsprozesse bewirken, nicht aber die Person des Therapeuten oder seine Einstellung und seine Beziehung zum Klienten. Zwar wurde nicht die Person des Therapeuten ignoriert, aber spezifische Verhaltensweisen des Therapeuten wurden letztlich in der Funktion von Techniken gesehen, die zum Einsatz kommen und in unterschiedlichem Maße günstige oder ungünstige Lernsituationen dar-

stellen. Dadurch wurde die Blickrichtung in der Universitätsausbildung in Klinischer Psychologie mehr auf die möglichen Interventionstechniken ausgerichtet. Die Frage nach einem evtl. therapeutisch günstigen oder ungünstigen persönlichen Erleben des Therapeuten trat in den Hintergrund.

Eigenartiger Weise ist diese Entwicklung durch den klientenzentrierten Einfluß auf die klinisch-psychologische Ausbildung bisher nicht entscheidend verändert worden, obwohl gerade in der klientenzentrierten Gesprächspsychotherapie nicht die Techniken, sondern die Person des Therapeuten, d. h. seine Einstellungen und sein Beziehungsverhältnis zum Klienten, als entscheidende therapeutische Wirkgrößen angesehen werden. Allerdings ist in der Verhaltenstherapie in den letzten Jahren eine Wende eingetreten, die in gewisser Weise diesen Einfluß widerspiegelt. Die Durchführung von Selbstkontrolltechniken beim Klienten macht die stärkere Beachtung von Beziehungsvariablen notwendig. Der Verhaltenstherapeut muß seinen persönlichen Anteil an dieser Beziehung beurteilen können, und dies wiederum setzt Erfahrungen in der Änderung des eigenen Verhaltens (Selbstmodifikation) voraus (vgl. z. B. *Teegen,* 1977). Aber in der Gesprächspsychotherapieausbildung wird umgekehrt auch der Einfluß der Verhaltenstherapie sichtbar. Die Person des Therapeuten, sein Erleben und seine Kommunikation mit dem Klienten wird mehr und mehr auf sog. „Therapeutenvariablen" im Sinne von Interventionstechniken uminterpretiert. Und damit werden Techniken und deren Bedeutung insgesamt stärker hervorgehoben.

Die stärkere Betonung der Techniken in der Ausbildung entspricht möglicherweise mehr der Sichtweise der Therapeuten als der Klienten. Dies könnte nach einem Untersuchungsbefund von *Feifel & Eells* (1963) über die Bewertung der Psychotherapie durch Klienten und Therapeuten vermutet werden. Sie fanden heraus, daß Therapeuten die therapeutischen Techniken und die Unterstützung für den Klienten als am meisten segensreich ansehen. Klienten aber erleben die persönlichen oder „menschlichen" Charakteristiken des Psychotherapeuten als hilfreich!

Um solche persönlichen Charakteristiken geht es in der folgenden Lernzielbestimmung. Die Person des Therapeuten steht im Zentrum, aber nicht als Vergleichsgröße „Person" neben der Vergleichsgröße „Technik", sondern als eine Einflußgröße, die in unterschiedlichem Maße Therapeutisches Basisverhalten verwirklicht. Sie zeigt gegenüber dem Klienten in unterschiedlichem Maße ein Verhalten und eine Einstellung, von denen wir wissen, daß sie für den Therapieerfolg notwendig sind (vgl. das Kapitel „Lernziel Therapeutisches Basisverhalten"). Und der Therapeut erlebt sich vor allem auch unabhängig vom Verhalten gegenüber dem Klienten in spezifischer Weise. Welche Zusammenhänge bestehen hier? Folgenden Fragen soll nachgegangen werden:

– Welche Merkmale des Selbsterlebens des Psychologen stehen im Zusammenhang mit seiner Fähigkeit, eine therapeutische Beziehung zu verwirklichen?

- Wie werden diese Merkmale vom Klienten erlebt?
- Muß der Student sich während seiner Ausbildung persönlich weiterentwickeln, oder braucht nur das Augenmerk auf die Modifizierung und Verbesserung seines technischen Geschicks gelenkt zu werden?

Die Fragen zielen auf die Person des Klinischen Psychologen und Psychotherapeuten. Ihre Beantwortung soll nicht davon abhängig sein, ob er in der Funktion als Berater, als Therapeut oder als Diagnostiker tätig ist.
Im Folgenden werden aus dem Überblick über die empirische Forschung drei Merkmale abgeleitet und als Lernziele bestimmt:

(1) Offenheit und Äußerungsbereitschaft;
(2) Erkennen eigener Bedürfnisbefriedigung und relative Unabhängigkeit von ihr;
(3) Störungserleben bei relativer Störungsfreiheit.

Diese drei Merkmale können zusammengenommen und aus zwei Gründen als Therapeutisches Selbsterleben bezeichnet werden. Sie kennzeichnen erstens die Art des Selbsterlebens des Therapeuten, aufgrund dessen dieser ein relativ uneingeschränktes psychisches Leben führen und sich selbst helfen kann, bzw. nicht zum „Hilflosen Helfer" (*Schmidbauer,* 1977) wird. Und zweitens können diese drei Merkmale als notwendige Faktoren oder Kräfte gesehen werden, die es dem Therapeuten ermöglichen, im Beziehungsverhältnis zum Klienten hilfreich zu sein. Dementsprechend können sie auch den inhaltlichen Merkmalen eines Therapeutischen Basisverhaltens zugeordnet werden:
„Offenheit und Äußerungsbereitschaft" trägt zur Realitätsbezogenheit bei, „Erkennen der eigenen Bedürfnisbefriedigung und relative Unabhängigkeit von ihr" bezieht sich auf den personbezogenen Charakter eines Therapeutischen Basisverhaltens und „Störungserleben bei relativer Störungsfreiheit" gehört durch die dabei nötige Selbstakzeptierung zur Dimension Bedingungsfreiheit.
Die Arbeiten, die zum Beleg der formulierten Lernziele herangezogen werden, sind zum Teil älteren Datums. Dies liegt an dem Thema, das in der letzten Zeit weniger bearbeitet worden ist. Die Probleme liegen in den schwierigen und häufig unzureichenden Operationalisierungen (z. B. bei Verwendung projektiver Verfahren oder Fragebogen ohne Kontrolle der sozialen Erwünschtheit). Auf der anderen Seite liefern verschiedene Untersuchungen mit je anzweifelbaren Operationalisierungen dennoch ähnliche Ergebnisse. Der vorliegende Artikel soll auch die Diskussion dieses Themas und damit die Forschungsaktivität neu beleben.

2 Offenheit gegenüber dem eigenen Erleben und Äußerungsbereitschaft

2.1 Offenheit und Äußerungsbereitschaft

Unter „Offenheit gegenüber dem eigenen Erleben“ soll das bezeichnet werden, was in der englischsprachigen Literatur „psychological openess“ (*Allen,* 1967, 1972) heißt, und soviel meint, wie das Gewahrsein von eigenen „Gefühlen, Sehnsüchten, Impulsen und Vorstellungen“ (*Allen,* 1967, 1972). Eine „offene Person“ ist in hohem Maße zur Selbst-Kommunikation fähig (*Rokeach,* 1960).
Äußerungsbereitschaft (vgl. *Lutz & Kretschmer,* 1979) oder „self-disclosure“ bezeichnet darüber hinaus die Bereitschaft oder das Wagnis, das bei sich Wahrgenommene auch andere Personen wissen zu lassen und sein eigenes reales Selbst den anderen transparent zu machen (z. B. *Jourard,* 1971; vgl. Literaturübersicht bei *Cozby,* 1973). Beide Teilstücke werden hier in einem Lernziel zusammengefaßt, weil sie von der Sache her eng zusammen gehören und von ihrer pragmatischen Bedeutung her auch synonym verwendet werden können. Das wesentliche Element ist der Zugang zu den eigenen inneren Erfahrungen, zum Erleben und genauen Differenzieren der eigenen inneren Befindlichkeit.
Die Versuche zur Operationalisierung sind sehr verschieden und häufig problematisch (vgl. *Cozby,* 1973). *Allen* (1972) verwendet den Rorschachtest und dabei insbesondere den sog. Rorschachindex für repressiven Stil (RIRS) und menschliche Bewegungsantworten mit gutem Formniveau (M^+), die das Ausmaß angeben sollen, in dem Personen sich selbst mit ihren Gedanken und Gefühlen wohlfühlen, um sich ihren Phantasien und Launen hinzugeben. *Jourard* (1964, 1971) entwickelte einen Fragebogen, der häufige Verwendung in anderen Forschungsbemühungen auf diesem Gebiet findet. Und viele andere benutzen allein oder zusätzlich Schätzskalen (z. B. *Allen,* 1967; *Hamilton,* 1971).

2.2 Zusammenhang mit Therapeutischem Basisverhalten

Die meisten Untersuchungen zeigen einen deutlichen Zusammenhang dieser Merkmale mit Charakteristiken eines therapeutischen Basisverhaltens, insbesondere mit dem, was als Einfühlung, Verstehen oder Empathie bezeichnet wird (vgl. z. B. *Allen,* 1967, 1972; *Passon & Olson,* 1969; *Foulds,* 1969; *Fish,* 1970).

Allen (1967) ließ 26 graduierte Berater-Studenten aufgrund ihrer Fallberichte in der Supervision von zwei Ratern reliabel danach einschätzen, wie hoch ihre Bereitschaft und Fähigkeit ist, sich mit ihren eigenen Gefühlen auseinanderzusetzen statt mit äußeren Sachverhalten (Offenheit). Von den Ausbildern wurde zusätzlich beurteilt, wie hoch ihre allgemeine Kompetenz als Berater und ihre Sensibilität für die Gefühle der Klienten ist.
Es zeigte sich, daß die Offenheit der Berater mit diesen beiden Kriterien für Be-

ratereffektivität in positiver Beziehung steht. (Die gleiche positive Korrelation wurde gefunden bei Verwendung des Rorschach-Index für Offenheit.)

In einer Nachfolgeuntersuchung (*Allen,* 1972) an 25 nicht-graduierten Berater-Studenten ließ *Allen* das tatsächliche Therapeutische Basisverhalten mit Hilfe der *Truax*-Schätzskalen an Hand von Tonbandaufnahmen beurteilen. Und die Ergebnisse bestätigen den früheren Befund. Empathiefähigkeit und Selbstkongruenz als Indikatoren des Therapeutischen Basisverhaltens in der tatsächlichen Beratungssituation korrelieren positiv und signifikant mit der über Rorschachprotokolle erfaßten „Offenheit gegenüber dem eigenen Erleben" (rho gleich .35 und .47) und ebenfalls mit der Beurteilung der Ausbilder (rho gleich .49 und .51).

Die ebenfalls eingeschätzte bedingungsfreie Wertschätzung korrelierte allerdings negativ mit der psychologischen Offenheit. Dieses Ergebnis ist nach anderen Untersuchungen (z. B. *Foulds,* 1969) und auch nach Meinung von *Allen* nicht überraschend und kann auf die Verwendung von Ratingskalen und neutrale Beurteiler zurückgeführt werden: Eine Person, die offen gegenüber ihren eigenen Gefühlen ist und diese auch nicht verbirgt, kann von neutralen Beurteilern der Tonbandstichproben leichter als weniger wertschätzend gegenüber anderen und weniger bedingungsfrei erlebt werden, als eine Person, die mehr darin geübt ist, ihre eigenen Gefühle zu dissimulieren.

Die Frage, die sich aber damit stellt, ist, wie die *Klienten* es für sich erleben, wenn ihre Therapeuten in hohem Maße äußerungsbereit und ihren eigenen Gefühlen gegenüber geöffnet erscheinen.

Nach einer Untersuchung von *Graff* (1970) scheint sich Offenheit und Äußerungsbereitschaft des Therapeuten positiv sowohl auf das „Klima" der Beratungssituation, wie auf das Wohlbefinden und die Zufriedenheit des Klienten auszuwirken. *Graff* untersuchte bei 41 graduierten Studenten in einem Kursus über psychologische Beratung den Zusammenhang zwischen Äußerungsbereitschaft und Beratereffektivität. Äußerungsbereitschaft wurde über das Self-Disclosure Iventory (SDI) von *Jourard* (1964) erfaßt und die Beratereffektivität wurde von Klienten und Ausbildern eingeschätzt. Das Klientenurteil über Beratungsklima, Wohlergehen und Zufriedenheit wurde aufgrund von mindestens 4 Klienten eines Beraters mit einer 5-stufigen Schätzskala ermittelt. Die Ausbilder (Supervisoren) bezogen sich in ihren Beurteilungen auf eine 3-monatige Ausbildungsperiode, in der sie die Berater-Studenten an Hand von Tonbandaufnahmen und an Hand der mündlichen und schriftlichen Berichte über die Beratungsgespräche genau kennenlernten. Sowohl die Ratings der Klienten als auch die Ratings der Supervisoren korrelierten alle relativ hoch ($r \approx .50$) mit Äußerungsbereitschaft. Am höchsten war der Zusammenhang dieser Beratereigenschaft mit der Zufriedenheit der Klienten über die Beratung ($r = .57$).

In vielen Untersuchungen zeigt sich übereinstimmend, daß die Offenheit und Äußerungsbereitschaft des Therapeuten vor allem die Äußerungsbereitschaft des Klienten (z. B. *Jourard,* 1964; 1971) oder die sog. Selbstexploration des Klienten (*Truax & Carkhuff,* 1965) hervorzurufen und zu fördern in der Lage ist, oder die Bereitschaft zur weiteren Zusammenarbeit mit dem Berater festigt (*Giannandrea & Murphy,* 1973) und diese als hilfreich erleben läßt (*Bundza & Simonson,* 1973).

Allerdings zeigt sich in sozialpsychologischen Untersuchungen, daß eine solche Effektivität nicht bei jedem Äußerungsgrad und ohne Berücksichtigung von Differenzierungen und Interaktionseffekten mit anderen Variablen zu erwarten ist (z. B. *Ehrlich & Graeven,* 1971; *Derlega* et al., 1973a, 1973b; *Cozby,* 1973). *Hamilton* (1971) fand z. B., daß unabhängig von der Äußerungsbereitschaft des Therapeuten in einer therapieanalogen Studie psychoneurotische Probanden mehr intimes Material preisgeben als psychisch stabile Personen und daß nur eine hohe Offenheit des Therapeuten die Äußerungsbereitschaft des Klienten erhöht. Oder *Thompson* (1973) konnte in einer Untersuchung über den Einfluß von Äußerungsbereitschaft des Therapeuten auf die Klient-Therapeut-Beziehung in Anfangskontakten nur geringe oder keine Effekte nachweisen. Es zeigt sich aber, daß Klienten bei stark öffnungsbereiten im Unterschied zu wenig öffnungsbereiten Therapeuten in zunehmend stärkerem Maße über ihr Erleben von negativen Gefühlen sprechen konnten! Dies entspricht Untersuchungsbefunden aus dem Bereich der Gesprächspsychotherapie, die zeigten, daß ein Zusammenhang zwischen Erfolg und Sprechen über negative Gefühle besteht (*Tausch,* 1973, S. 292).

Schließlich muß nach einer Therapie-Analogie-Studie von *Simonson* (1976) damit gerechnet werden, daß nicht jede Art von Äußerungsbereitschaft des Therapeuten die Äußerungsbereitschaft des Klienten erhöht. Klienten, die mit emotional kalten Therapeuten zusammenkommen, werden vermutlich gleichermaßen unfähig sein, sich ihm gegenüber zu öffnen, egal wie äußerungsbereit er ihnen erscheint. Und bezüglich des Intim-Grades der Äußerungsbereitschaft des Therapeuten ist mit einer nicht-linearen Beziehung zur Äußerungsbereitschaft des Klienten (nach Art einer U-Kurve) zu rechnen: Bei einer Unterscheidung zwischen „keiner“, „gemäßigt-persönlicher“ und „intim-persönlicher“ Äußerungsbereitschaft vermag nur ein mittleres Ausmaß an Intimität, also eine gemäßigt-persönliche Art, den Klienten veranlassen, sich erlebnismäßig zu öffnen und sich mitzuteilen. Eine sehr intime Art der Selbstmitteilung des Therapeuten unterscheidet sich in ihren Effekten nicht von einer Situation, in der er überhaupt nichts von sich enthüllt.

2.3 Konsequenzen für die Ausbildung

Der vielfach nachgewiesene Zusammenhang zwischen Offenheit und Äußerungsbereitschaft des Beraters und Psychotherapeuten mit Variablen eines Therapeutischen Basisverhaltens wie Empathie und Selbstkongruenz des Therapeuten oder Zufriedenheit und Erfolgserwartung des Klienten, lassen es notwendig erscheinen, diese

Eigenschaft des Therapeuten als Ausbildungs*ziel* zu berücksichtigen. Doch kann Offenheit und Äußerungsbereitschaft gelernt werden? Ist diese Eigenschaft trainierbar? Die Frage scheint bejaht werden zu können, obwohl sehr wenig Forschung explizit zu diesem Problem durchgeführt wurde. Die vorliegenden Untersuchungsergebnisse (z. B. *Pierce* et al., 1967, 1972) zeigen, daß durch Ausbildungsprogramme in Beratung und Psychotherapie Offenheit und Äußerungsbereitschaft bei den Auszubildenden vergrößert wird, daß der Erfolg dieser Ausbildung aber abhängig ist von der persönlichen Qualifikation der Ausbilder. Eine Abhängigkeit von der Art des Ausbildungsprogramms ist ebenfalls zu vermuten, wobei es wichtig ist, daß dieses therapeutische Selbsterfahrung ermöglicht, die mit den inhaltlichen Ausbildungszielen integrativ verbunden ist (vgl. den Artikel „Das integrative Ausbildungsmodell" in diesem Sammelband).

Pierce, Carkhuff & Berenson (1967) untersuchten den Ausbildungserfolg von 17 freiwilligen Laienhelfern, die bei hochqualifizierten und bei wenig qualifizierten Ausbildern eine 20stündige Ausbildung in hilfreichem Verhalten nach dem integrativen Ausbildungsmodell mitmachten. Es zeigte sich, daß gleichzeitig mit der Verbesserung solcher Basisfähigkeiten wie Empathie, Wertschätzung und Selbst-Kongruenz, auch die Äußerungsbereitshaft der Laienhelfer bezüglich eigenen persönlichen Erlebens anstieg. Diese Veränderung war aber nur bei denen festzustellen, die bei den hochqualifizierten Ausbildern waren.

Pierce & Zarle (1972) fanden bei 19 ausgebildeten und nichtausgebildeten Berater-Studenten, die zum Zwecke der Untersuchung abwechselnd die Rollen des Beraters und des Klienten einnahmen, daß diejenigen, die in der Beraterrolle stärker zu einfühlendem Verstehen fähig waren, auch häufiger in der Rolle als Klient ihre Gefühle gegenüber anderen Personen äußern und explorieren konnten. Und die Ausgebildeten zeigten gegenüber den Nichtausgebildeten diese Fähigkeit in signifikant höherem Maße.

Diese Ergebnisse enthalten eine Herausforderung: Der Ausbilder in Klinischer Psychologie und Psychotherapie darf sich nicht darauf beschränken, Lernziele zu definieren und entsprechende Übungen in didaktisch-intellektueller Art anzubieten; und er darf auch nicht das Erlernen von Offenheit einer von der Ausbildungssituation isolierten „Eigentherapie" oder Selbsterfahrung überlassen. Die Ausbildungsveranstaltung muß mit der Selbsterfahrung verbunden und in ihr integriert sein, und der Ausbilder muß in der Ausbildungssituation mit seinem Verhalten und Erleben das selbst verwirklichen, was er inhaltlich anspricht.

3 Erkennen eigener Bedürfnisbefriedigung und relative Unabhängigkeit von ihr

3.1 Personale Nähe und kognitive Flexibilität

Mit diesen beiden Begriffen soll versucht werden, das Lernziel näher einzugrenzen, obwohl ihre Operationalisierung und damit ihre Präzision noch unbefriedi-

gend ist. Unter dem Begriff „Personale Nähe" sollen hier alle die Befürfnisbefriedigungen zusammengefaßt werden, die mit dem Wunsch anderen zu helfen, bzw. für andere zu sorgen (Fürsorgebedürfnis) und mit dem Wunsch nach freundschaftlichen und persönlich bereichernden Beziehungen (Kontaktbedürfnis) angestrebt werden. Operationale Definitionen erscheinen möglich und wurden mit unterschiedlichen Erfolgen versucht, z. B. durch Persönlichkeitsfragebogen wie den „Edwards Personal Preference Schedule – EPPS" (*Edwards,* 1959) oder durch Projektive Verfahren wie den TAT.
Untersuchungen jedoch, die Zusammenhänge zwischen dem Wunsch zu helfen und Therapieprozeß- oder Erfolgsvariablen ausfindig zu machen suchten, sind entweder widersprüchlich oder schwer zu interpretieren (*Bergin & Solomon,* 1970; *Bergin & Jasper,* 1969; *Mills & Abeles,* 1965).
Der Wunsch zu helfen und persönlich für den Klienten da zu sein genügt alleine nicht. Viel eher ist es wichtig, diesen Wunsch zu erkennen und eine relative Unabhängigkeit von seiner Befriedigung zu erreichen. Dies soll hier als Lernziel definiert werden. Es enthält eine adäquate oder eine situationsangemessene Befriedigung des Wunsches. Aber der Therapeut benötigt gleichzeitig und zusätzlich zu seiner Helfer-Motivation die kognitive Distanz, d. h. das Erkennen seiner Motivation in ihrem Stellenwert für ihn selber und für den Klienten.
Hier kann das Konzept der „kognitiven Flexibilität" das Problem und damit das Lernziel präzisieren helfen. In Anlehnung an *Whiteley* et al. (1967, S. 227) soll unter kognitiver Flexibilität die Fähigkeit des Klinischen Psychologen und Psychotherapeuten verstanden werden, situationsangemessen gleichzeitig zu handeln und zu denken. Trotz der durch Handeln gegebenen Unmittelbarkeit und Nähe, besteht gleichzeitig eine angemessene Unabhängigkeit und Distanz durch Erkennen. Dabei ist seine „menschliche" Überzeugungskraft und nicht die professionelle Perfektion oder die absolute technische Geschicklichkeit entscheidend („Irren ist menschlich", vgl. *Dörner & Plog,* 1978).
Kognitive Flexibilität gewährleistet damit vor allem, daß Wahrnehmung und Erkennen nicht durch vorzeitiges Schließen verzerrt und Verstehen nicht durch die eigene Bedürfnislage und Perspektive gefährdet wird. Das Gegenteil von kognitiver Flexibilität ist Rigidität, Intoleranz von Ambiguität und eine exzessive Bedürfnislage (vor allem nach Ordnung und Planung), die ein Erkennen der Realität in uneindeutigen Situationen, wie es die psychotherapeutische häufig ist, erschweren oder unmöglich machen.
Bezogen auf den Klinischen Psychologen in seinem Wunsch zu helfen kann nun folgende These vertreten werden:
Erfolgreich ist jener Psychotherapeut (oder Berater), der seine Bedürfnisse nach personaler Nähe erkennt und gleichzeitig so unabhängig von ihnen (d. h. so flexibel) ist, daß er die Perspektive des Klienten unverfälscht wahrzunehmen vermag und Zusammenhänge erkennen kann, die sich aus dem eigenen Verhalten, dem des Klienten und aus der Interaktion ergeben.

3.2 *Empirische Grundlagen und Zusammenhänge mit Therapeutischem Basisverhalten*

Bergin & Solomon (1970) berichten 1963 an Hand einer Untersuchung mit dem EPPS bei 18 post-graduierten Therapeuten-Studenten der Klinischen Psychologie von einem unerwarteten Befund. Sie fanden eine statistisch nicht signifikante geringe negative Korrelation zwischen Empathie (als einer Dimension des Therapeutischen Basisverhaltens) und dem Bedürfnis nach Kontakt ($r = -.18$) und nach Fürsorge ($r = -.19$). Eine signifikante positive Korrelation fanden sie dagegen mit dem Machtbedürfnis ($r = .54$), das sie aufgrund anderer Hinweise in dem Sinne interpretieren können, daß die Therapeuten eine Freiheit und Selbstsicherheit entwickelt haben, die es ihnen erlaubt, sich vollständiger auf die Bedürfnisse des Klienten als auf die eigenen zu zentrieren. In einem Replikationsversuch an 36 etwas weniger erfahrenen Therapeuten-Studenten (*Bergin & Jasper,* 1969) konnten zwar die geringen negativen Korrelationen mit Kontaktbedürfnis ($r = -.38$, $p < .02$) und Fürsorgebedürfnis ($r = -.27$, n.s.) wiedergefunden werden, nicht aber der positive Zusammenhang mit dem Machtbedürfnis ($r = .16$), so daß die Autoren die Ergebnisse insgesamt nur als Zufallsschwankungen verstehen können.
Wahrscheinlicher ist jedoch, daß die Untersuchungen wegen der unterschiedlichen Erfahrung der Therapeuten-Studenten nicht miteinander vergleichbar sind. Zu dieser Annahme gibt die Untersuchung von *Mills & Abeles* (1965) Anlaß. Diese Autoren untersuchten 13 erfahrene Therapeuten, 14 post-graduierte Studenten der Klinischen Psychologie (mittlere Erfahrung) und 10 Praktikanten als Anfänger, die ihre ersten Klienten zur Zeit der Untersuchung sahen. Kontakt- und Fürsorgebedürfnis wurden ebenfalls über den EPPS erfaßt. Zusätzlich jedoch maßen sie auch über ein Semantisches Differential die „Zuneigung zum Klienten“ als Wunsch mit ihm zusammenzuarbeiten und ihm nahe zu sein. Es zeigte sich, daß nur bei den unerfahrenen Praktikanten eine relativ hohe signifikante Korrelation (um .80) zwischen „Zuneigung“ und Kontakt- und Fürsorgebedürfnis besteht, bei den mittelmäßig erfahrenen Postgraduierten jedoch eine nicht signifikante geringe negative Korrelation (entsprechend den Ergebnissen von *Bergin & Solomon,* 1970, und *Bergin & Jasper,* 1969). Bei den Erfahrenen wiederum ergab sich eine geringfügige positive (wegen der geringen Pbn.-Anzahl nicht signifikante) Korrelation um .30.
Die Interpretation, die die Autoren geben, erscheint einleuchtend: Zu Beginn der Ausbildung in Klinischer Psychologie wünscht und verwirklicht der Student in hohem Ausmaße eine personale Nähe und kommunikative Intimität. Zuneigung, Fürsorge für den Klienten und Kontaktbedürfnis gehen zusammen. In der Mitte der Ausbildung lernt er, daß er mit einem Zuviel an Hilfsangebot dem Klienten nicht hilft, sondern eventuell nur Abhängigkeit schafft. Erst wenn er diese Gefahr wieder „im Griff“ hat, kann er wieder in stärkerem Maße und

situationsangemessen flexibel dem Kontakt- oder dem Fürsorgebedürfnis nachgeben.

Der Zusammenhang zwischen der Variablen „Erfahrung/Ausbildung“ und der Variablen „relative Unabhängigkeit von der eigenen Motivation“ zeigt sich auch, wenn Untersuchungen zur kognitiven Flexibilität herangezogen werden. Mit zunehmender Erfahrung erwirbt der Berater oder Therapeut eine größere Flexibilität.

Whiteley et al. (1967) untersuchten 19 noch wenig erfahrene Schulberater-Studenten. Kognitive Flexibilität schätzten sie mittels Ratingskalen und an Hand von Rorschach- und TAT-Protokollen, sowie an Hand von schriftlichen Bearbeitungen von zwei kritischen Fallstudien ein.

Das Therapeutische Basisverhalten (Effektivität i. S. v. hoher Merkmalsausprägung in verschiedenen Dimensionen des Beraterverhaltens) wurde ebenfalls mittels Ratingskalen von den Ausbildern nach einem 5-monatigen Praktikum und aufgrund von Tonbändern und von schriftlichen und mündlichen Berichten während dieser Ausbildungszeit eingeschätzt. Es ergab sich eine hohe positive Korrelation (r = .78 und .73) zwischen den Flexibilitätsmaßen und den Einschätzungen der Effektivität. Zu Beginn der Ausbildung sind die Helfer am hilfreichsten, die bereits über eine stärkere kognitive Flexibilität verfügen. Die als flexibel eingeschätzten Therapeuten-Studenten sind auch diejenigen, die mehr auf die Gefühle der Klienten als auf äußere Sachverhalte eingehen, d. h. in höherem Maße personenbezogen sind.

Während die Pbn. bei *Whiteley* et al. (1967) relativ wenig erfahrene Berater-Studenten waren, untersuchten *Jackson & Thompson* (1971) erfahrene Berater, die im Berufsleben stehen. Die insgesamt 73 Schulberater wurden aufgrund ihrer Beurteilung am Ende der Ausbildung in eine Gruppe von 39 sehr effektiven und eine Gruppe von 34 am wenigsten effektiven Beratern eingeteilt. Nach 1 – 5 Jahren Berufstätigkeit und Berufserfahrung ergab sich zwischen beiden Gruppen kein signifikanter Unterschied mehr bezüglich ihrer kognitiven Flexibilität oder ihrer Toleranz gegenüber Ambiguität. Offensichtlich kann während der Berufstätigkeit eine Entwicklung in Richtung größerer Flexibilität stattfinden.

Diese positive Entwicklung ist aber nicht auf andere Bereiche zu verallgemeinern. Die nach der Ausbildung als wenig effektiv beurteilten Studenten sind später in der Berufsausübung zu sich selbst negativer eingestellt als die Effektiven. D. h. sie erleben sich mehr von anderen Menschen entfernt und entfremdet, erleben, daß ihnen die Befriedigung fehlt, die sie suchen, und können ihre Unzufriedenheit schlechter handhaben und zugeben. Sie sehen die „meisten Leute“ und die „meisten Klienten“ als weniger freundlich, weniger fähig und weniger wertvoll an und beurteilen die Psychologische Beratung als weniger befreiend, weniger altruistisch und weniger wichtig als dies die Effektiven tun (vgl. auch *Combs & Soper,* 1963).

Hier erhebt sich die Frage, ob nicht bei bestimmten Helfer-Personen, die bereits nach der Ausbildung als wenig hilfreich beurteilt werden, der Erwerb von kognitiver Flexibilität mit dem Verzicht auf Befriedigung von Wünschen erkauft wird, die anfänglich an die therapeutische Kommunikation mit Klienten geknüpft wurden. Wenig hilfreiche Klinische Psychologen wären dann jene, die sozusagen resignativ auf die Befriedigung von Fürsorge- und Kontaktbedürfnissen verzichten, statt zu lernen, diesen flexibel und situationsangemessen nachzugeben. Dies ergäbe das Bild des nur professionellen Helfers, der statt kommunikativer Intimität und personaler Nähe nur professionelle Geschicklichkeit und neutrale Distanz verwirklicht.

3.3 Welche Bedeutung hat die intellektuelle Leistungsfähigkeit?

Die Forderung nach Erkennen eigener Motivationen und nach kognitiver Flexibilität in der Kommunikation mit dem Klienten wirft die Frage auf, inwiefern die Erfüllung dieser Forderung während der Ausbildung von der intellektuellen Leistungsfähigkeit oder von dem akademischen Leistungsniveau abhängig ist. Auch in dieser Frage sind die empirischen Ergebnisse nicht widerspruchsfrei, wenngleich eine größere Anzahl von Untersuchungen die Ansicht nahelegen, daß Intelligenz- und akademische Leistungskriterien für die Ausbildung in Psychotherapie und Beratung von untergeordneter Bedeutung sind (vgl. vor allem *Carkhuff,* 1969).

Whiteley et al. (1967) fanden z. B. keinen Zusammenhang (r = .09) zwischen kognitiver Flexibilität und Leistungsmaßen, wie sie durch den Miller-Analogie-Test (MAT) oder durch akademische Prüfungen ermittelt werden. Untersuchungen z. B. von *Bergin & Solomon* (1970) oder *Anthony* et al. (1974) legen ebenfalls nahe, daß kein Zusammenhang besteht zwischen intellektuellen Leistungsmaßen und psychotherapeutischen Fähigkeiten, wie sie ein Therapeutisches Basisverhalten erfordert.

Andere Untersuchungen (z. B. *Jansen* et al. 1970; *Felker,* 1973) fanden aber wieder, daß intellektuelle Leistungsmaße zumindest mit Teilbereichen von therapeutischer Effektivität korrelieren. *Felker* (1974) zeigte, daß bei 51 unerfahrenen Berater-Studenten die akademische Durchschnittsnote (GPA) und die Intelligenz (nach dem Miller-Analogie-Test) relativ hoch mit der Fähigkeit korrelieren (r = .43), auf vorgegebene Klientenäußerungen eine hilfreiche Antwort zu formulieren („Kommunikationsindex“ nach *Carkhuff,* 1969). Mit der Fähigkeit, hilfreiche von wenig hilfreichen Antworten zu unterscheiden, bestand bereits jedoch nur eine geringe nicht-signifikante Korrelation (r = .23). Vermutlich wird man eine gute intellektuelle Leistungsfähigkeit für eine klinisch-psychologische Tätigkeit genauso wie für eine pädagogische Tätigkeit als Basis voraussetzen müssen, in ihr aber ab einer gewissen überdurchschnittlichen Höhe keine wesentliche Einflußgröße mehr sehen können. Weitere Forschung erscheint dringend nötig.

3.4 Ist der Therapeut ein Machiavellist?

Der Wunsch anderen zu helfen, kann eventuell nicht nur Fürsorge- und Kontaktbedürfnisse implizieren, sondern kann sich auch auf den Wunsch beziehen, über andere Macht zu haben und über sie zu verfügen, sie lenken oder manipulieren zu können, um sich selber dadurch leichter behaupten zu können. Tatsächlich sollen nach *Christie & Geis* (1970) Medizinstudenten, die im klinisch-psychiatrischen Sektor tätig werden wollen, mehr machiavellistisch sein als andere Medizinstudenten. Nach *Christie & Geis* (vgl. auch *Klapprott,* 1974; *Henning & Six,* 1977) sind Personen mit hohen Machiavellismus-Werten zwar realitätsangepaßt, „da neurotische und psychotische Persönlichkeitsmerkmale zu einer verzerrten Wahrnehmung der Umwelt führen und die Einflußstrategien wirkungslos bleiben würden" (*Hennig & Six,* 1977, S. 185), aber sie sind gleichzeitig in der Interaktion mit anderen wenig emotional beteiligt und besitzen eine geringe Bindung an konventionelle Moralvorstellungen bezüglich des sozialen Zusammenlebens. Statt sich an langfristigen idealen Zielen zu orientieren, versuchen sie, kurzfristige Ziele durch den Einsatz manipulativer interpersonaler Taktiken zu erreichen. Es wird vermutet, daß machiavellistische Personen in unstrukturierten Situationen mit Spielraum zur Improvisation, wie sich die psychotherapeutische Interaktionssituation darstellt, besonders erfolgreich sind. Und von daher mag sie diese Situation auch anziehen.

Abramson (1973) untersuchte diese Hypothese an 18 Studenten der Klinischen Psychologie, die er mit 12 Studenten der Pädagogischen und Experimentellen Psychologie verglich. Er verwendete die von *Christie & Geis* (1970) entwickelte MACH-V-Skala, die, unter Ausschaltung von Sozialer Erwünschtheit, machiavellistische Einstellung und Neigung zu manipulativen Taktiken erfaßt. Es zeigte sich, daß bezüglich der Variablen „machiavellistische Neigung" keine signifikante Differenz zwischen den Vergleichsgruppen besteht, obwohl die vorhandenen Differenzen in diese Richtung weisen ($t = 1.62$ bei $df = 28$). In bezug auf die Neigung zu interpersonaler Manipulation („Machiavellistische Taktiken", MT) hatten jedoch die Studenten der Klinischen Psychologie gegenüber den Pädagogik-Studenten signifikant höhere Werte. Sollten sich diese Befunde auch in der Zukunft und in deutschen Untersuchungen bestätigen, dann muß davon ausgegangen werden, daß Studenten, die sich für die Klinische Psychologie und Psychotherapie interessieren, in stärkerem Maße als andere Studentengruppen eine Neigung besitzen, andere zu lenken und zu manipulieren.

Diese Motivation müßte in der Ausbildung besonders beachtet werden, denn es zeigte sich in der Untersuchung von *Abramson* weiter, daß hohe Werte in machiavellistischen Taktiken negativ mit Variablen des Therapeutischen Basisverhaltens korrelieren (z. B. r = –.64 mit Empathiefähigkeit). Und es ist nicht damit zu rechnen, daß mit zunehmender Erfahrung eine machiavellistische Einstellung sozusagen von allein verschwindet. Nach *Iwashita* (1973) sollen bei Berater-Studenten Machiavellismus und Erfahrungsniveau nicht miteinander korrelieren.

3.5 Konsequenzen für die Ausbildung

Die Untersuchungen, die hier zur Verdeutlichung und zum Beleg des Lernziels „Erkennen der eigenen Bedürfnisbefriedigung und relative Unabhängigkeit von ihr" herangezogen wurden, machen deutlich, daß die Ausbildung in Klinischer Psychologie und Psychotherapie sich nicht nur auf die Ausbildung von Methoden und Strategien zur Veränderung von Erlebens- und Verhaltensweisen des Klienten erstrecken darf, sondern daß es auch notwendig ist, dem Auszubildenden die Möglichkeit zu geben, sich selbst in den eigenen motivationalen Grundlagen erkennen zu können. Es erscheint wichtig, daß der Klinische Psychologe und Psychotherapeut durch Erfahrung und Ausbildung eine Möglichkeit findet, seine Bedürfnisse wie Fürsorge- und Kontaktbedürfnisse nicht nur zu erkennen, sondern sie auch situationsangemessen zu befriedigen. Offen und fraglich erscheint es noch, ob mit dem Wunsch, anderen zu helfen, einzugreifen und zu verändern, auch machiavellistische Tendenzen verbunden sind. Der Wunsch zu verändern, einzugreifen und damit zu helfen, ist konstituierend für eine klinisch-psychologische Tätigkeit. Der Wunsch andere zu manipulieren, über sie Macht zu gewinnen und sie zu beherrschen darf damit jedoch nicht verbunden sein. Wenn solche Bedürfnisse beim Auszubildenden vorhanden sein sollten, dann muß die Ausbildung dies ganz besonders beachten und bearbeiten. Auch in dieser Frage, und gerade in ihr, ist eine weitere Forschungsarbeit dringend erforderlich.

4 Störungserleben und relative Störungsfreiheit

4.1 Dysphorische Störungen bei Psychotherapeuten

Das Selbsterleben des Psychotherapeuten kann wie das des Klienten gestört sein. Es sind vor allem dysphorische Störungen, Angst und Depressivität, die bei Psychotherapeuten vorgefunden und untersucht werden. Dabei wird häufig angenommen, daß dies mit einer geringeren Fähigkeit zu therapeutischem Verhalten zusammenhängen müsse. Doch die Untersuchungsergebnisse, die Zusammen-

hänge zwischen Therapeutischem Basisverhalten und „psychischer Gestörtheit" des Therapeuten aufdeckten, sind widersprüchlich. Auf der einen Seite stehen Befunde, daß ängstliche oder depressive Therapeuten in geringem Ausmaß therapeutisch wirken (*Bandura*, 1956; *Bergin & Solomon*, 1970; *Gurman*, 1972). Auf der anderen Seite zeigten sich positive Korelationen zwischen der Ängstlichkeit des Therapeuten und der Einschätzung seiner Kompetenz durch Supervisoren (*Bergin & Solomon*, 1970), durch Klienten (*Wogan*, 1970) oder durch neutrale Beurteiler an Hand von Tonbandratings (*Gurman*, 1973).
Eine Lösung dieses Widerspruchs kann möglicherweise aus der Arbeit von *Wogan* (1970) abgeleitet werden. Er untersuchte 12 Therapeuten und ihre 82 stationären Patienten mit dem MMPI, dessen Standardskalen faktorenanalytisch auf 6 Skalen reduziert werden konnten. Diese Faktoren-Skalen waren u.a.:

– „Ängstlichkeit" (mit positiven Ladungen auf F, D, Pp, Pa, Pt, Sc und Si, und negativen Ladungen auf L und K),
– „Repression" (mit positiven Ladungen auf Hd, D, Hy, und negativen Ladungen auf Pp und Pa),
– „Feinsinnigkeit (Subtlety)" (mit hohen positiven Ladungen auf K und hohen negativen Ladungen auf L),
– „Somatisierung" (mit positiven Ladungen auf K, Hd, Sc, und negativen Ladungen auf Hy, Pp und Pa).

2 Wochen nach Therapiebeginn schätzen Patienten und Therapeuten den therapeutischen Prozeß ein.
Es zeigt sich, daß Patienten dann ihren Therapeuten mehr mochten und in der Kommunikation als hilfreicher erlebten, wenn dieser zwar „ängstlich" war und in sich unangenehmes Erleben registrieren konnte (pos. Korrelation mit „Ängstlichkeit" und „Somatisierung"), aber nicht dazu neigte, Symptome bei sich zu verneinen (neg. Korrelationen mit „Repression"). Die Patienten erleben einen schnelleren Therapiefortschritt, wenn sie bei Therapeuten waren, die hohe Werte auf der Substilitäts-Skala und niedere Werte auf der Repressions-Skala hatten. Darüberhinaus waren alle Skalenwerte im sogenannten Normalitätsbereich.
Aus diesen und ähnlichen Befunden läßt sich die Hypothese aufstellen, daß erfolgreich jener Psychotherapeut arbeiten kann, der psychische Störungen und inneres Unbehagen bei sich erleben kann, ohne dabei zu stark von seinen eigenen Problemen okkupiert zu sein (Fähigkeit zu Störungserleben bei relativer Störungsfreiheit). Oder anders ausgedrückt: Der als hilfsreich erlebte Therapeut ist fähig, auch dann seine Eigenart wahrzunehmen und als Realität zu respektieren, ohne sie zu verbergen, wenn diese negative Gefühle und Bewertungen einschließt.
Einzelergebnisse aus ansonsten widersprüchlichen Untersuchungen können im Rahmen dieser Hypothese interpretiert und sinnvoll eingeordnet werden.

Bergin & Solomon (1970; vgl. auch *Bergin & Jasper,* 1969; und *Jansen* et al. 1973) fanden bei fortgeschrittenen Berater-Studenten signifikante negative Korrelation zwischen deren Empathiefähigkeit (nach Tonbandeinschätzungen) und deren Ängstlichkeit (nach MMPI-Skalen Pt und D). Einschätzungen der Ängstlichkeit durch die Supervisoren korrelierten aber nicht mit der Empathiefähigkeit! Danach könnte vermutet werden, daß die erhöhten Pt- und D-Werte im MMPI mehr die erhöhte Okkupation mit der eigenen Störung widerspiegeln und die Supervisoren-Ratings das Störungserleben der Berater angeben, das bei diesen in der Ausbildungssituation sichtbar wird und zu dem diese fähig sind, ohne es unterdrücken zu müssen.
Diese Interpretation ist relativ willkürlich, da die Operationalisierung von Ängstlichkeit über das MMPI und die bloßen Angaben von Korrelationen viele Interpretationsmöglichkeiten offenlassen. Und MMPI-Studien über Berater und Psychotherapeuten, die durchschnittliche Skalenniveaus angeben, sind ebenfalls in ihrer Gesamtheit wenig aussagekräftig, wie *Heikkinen & Wegner* (1973) in einer Literaturübersicht aufzeigen. Nach ihnen können Berater und Psychotherapeuten im Vergleich zu anderen Berufsgruppen am ehesten noch (tendenziell) mit niederen Si- und Ma-Werten, hohen K-Werten und niederen L-Werten beschrieben werden.
Eindrucksvoller und aufschlußreicher sind die Befunde von *Gurman* (1972, 1973) über den Zusammenhang zwischen dysphorischer Verstimmung des Therapeuten und seinem Therapeutischen Basisverhalten. In seiner Studie von 1972 überprüfte er diesen Zusammenhang bei 12 Therapeuten unterschiedlicher Orientierungen an Hand von Selbsteinschätzungen der durchschnittlichen täglichen Stimmungslagen während 14 Tagen und die Stimmungsschwankungen. Als Variablen des Therapeutischen Basisverhaltens wurden das Ausmaß an Empathie, Emotionaler Wärme, Echtheit und Offenheit in den Therapiegesprächen eingeschätzt. Es zeigt sich, daß weniger depressive und weniger ängstliche („glücklichere") Therapeuten in höherem Ausmaß Therapeutisches Basisverhalten verwirklichen (Rangkorrelationen um .50). Die wahrgenommenen Stimmungsschwankungen, die als Variabilität der wahrgenommenen Stimmungslagen bestimmt wurden, korrelierten aber ebenfalls relativ hoch (zwischen .59 und .71) mit den Variablen des Therapeutischen Basisverhaltens! Und *Gurman* (1972, S. 170) schlußfolgert: „The results of this study suggest that therapists relatively free of psychological disturbance, yet willing to acknowledge emotional discomfort when it is present, are better able to respond facilitatively to their patients".
In der *Gurman*-schen Studie von 1973 wurde dann bei 6 von den 12 Therapeuten der ersten Studie der Einfluß der Stimmung unmittelbar vor der Therapiestunde auf das Verhalten in dieser Stunde untersucht. Und die Therapeuten wurden in sehr Hilfreiche und wenig Hilfreiche eingeteilt. Es zeigte sich, daß die sehr

Hilfreichen bei relativ schlechter Stimmungslage vor der Stunde in stärkerem Ausmaß Therapeutisches Basisverhalten verwirklichten als bei relativ positiver Stimmungslage. Und das Umgekehrte gilt für die weniger hilfreichen Therapeuten, die dann noch eher hilfreich waren, wenn sie vor der Therapiestunde in einer relativ positiven, d.h. weniger ängstlichen und dysphorischen Stimmung waren. Danach erscheinen erfolgreiche Therapeuten bezüglich langandauernder durchschnittlicher Stimmungslagen als weniger dysphorisch und ängstlich. Bezüglich der kurzfristigen Stimmungslagen vor der Therapie sind sie aber dysphorischer und ängstlicher als weniger hilfreiche Therapeuten. Diese dysphorische Stimmung ist vermutlich der Ausdruck oder die Folge der hohen Bedeutung, die ihre Tätigkeit für sie hat, und die immer aufs Neue einer Wieder-Bestätigung bedarf und entsprechend immer vor der Theapie aussteht, – die aber deshalb auch häufig vom Therapeuten beobachtet wird und in sein Selbstbild eingeht.
Wie immer sie bedingt sein mag, der erfolgreiche Therapeut ist fähig, diese kurzfristigen dysphorischen Stimmungslagen wahrzunehmen, ohne von ihnen längerfristig im Sinne einer Störung okkupiert zu sein. Im Gegenteil, es kann vermutet werden, daß diese Fähigkeit zur Wahrnehmung von innerem Unbehagen es dem Therapeuten erleichtert, sich in die Erlebnisweise des Klienten zu versetzen, die normalerweise eher von Unbehagen und dysphorischem ängstlichen Erleben gekennzeichnet ist.

4.3 Konsequenzen für die Ausbildung

Aus dem Gesagten kann folgende Schlußfolgerung gezogen werden: Die Gestaltung von Ausbildungskursen sollte die Möglichkeit bieten, daß der Auszubildende auch negative Inhalte und Störungen seines Erlebens (dysphorische Störungen) zu erkennen und akzeptieren lernt. Sie sollte und kann eine Entwicklung in Richtung größerer Freiheit von neurotischen Symptomen oder von personaler Anpassung („Selbst-Aktualisation“) initiieren (*Foulds,* 1969). Ist dies nicht möglich, oder sind die Störungen derart, daß sie den Auszubildenden okkupieren, dann sollte ihm das Ausbildungsklima und die Ausbildungsorganisation die Möglichkeit bieten, Lern- und Ausbildungsziele zu finden, die dieser psychischen Situation gerecht werden. Dies mag eine Umorientierung in den Studienschwerpunkten oder den Aufschub einer solchen Entscheidung bis zum Abschluß einer intensiven psychotherapeutischen Behandlung beinhalten.
In jedem Falls bedarf es einer Ausbildung, bei der nicht nur der Erwerb technischer Geschicklichkeit, sondern genauso das Erleben der eigenen Befindlichkeit im Zusammenhang mit diesem Lernprozeß Ausbildungsziele sind (vgl. *Dörner & Plog,* 1978; *Lutz,* 1978; und das Kapitel „Das integrative Ausbildungsmodell“ in diesem Sammelband).
Arbeiten wie z.B. die von *Eiben & Clack* (1973), *Dungan* (1974), *Maynard* (1976) oder *Shapiro & Gust* (1974) berechtigen zu der Annahme, daß durch

klinisch-psychologische Ausbildungsveranstaltungen, die ein therapeutisches Selbsterleben integrativ miteinbeziehen, auch Veränderungen in Richtung größerer Selbst-Bejahung und geringerer neurotischer Selbsteinschränkung bewirken können. Es kann davon ausgegangen werden, daß eine Ausbildung in Therapeutischem Basisverhalten zugleich eine Entwicklung in Richtung größerer Selbstverwirklichung beinhaltet. Nach *Brown* (1975) erscheint aber eine extreme Selbstverwirklichung dabei genauso unrealistisch und wenig hilfreich, wie die Forderung nach völliger Angst- und Störungsfreiheit. Nicht völlige Störungsfreiheit ist das Lernziel, sondern Störungserleben bei relativer Störungsfreiheit.
Welche Bedeutung aber besitzt dann die Teilnahme an Selbsterfahrungsgruppen oder an einer Eigentherapie?

5 Die Bedeutung von Eigentherapie und therapeutischer Selbsterfahrung

Aufgrund der oben dargestellten Lernziele und der dabei ausgewerteten Untersuchungen können wir Kriterien für die Durchführung von Eigentherapie und therapeutischer Selbsterfahrung nennen. Die Frage aber ist, ob die bisher praktizierten Formen von Eigentherapie, Selbsterfahrung oder Selbstmodifikation zur Erreichung dieser Ziele geeignet sind.
Die drei Lernziele eines Therapeutischen Selbsterlebens können möglicherweise auf verschiedenen Wegen erreicht werden. Zwei Hauptlinien sind denkbar: (1.) Eine psychotherapeutische Selbsterfahrung in Verbindung mit den didaktischen Zielsetzungen der Ausbildung; und (2.) irgendeine Form der Eigentherapie, Selbsterfahrung oder Selbstmodifikation relativ abgehoben oder isoliert vom theoretischen und praktischen Ausbildungsprozeß.
Die empirsichen Forschungsarbeiten sprechen für den ersten Weg. Die therapeutische Selbsterfahrung muß integrativ mit der didaktischen Zielsetzung der Ausbildung verbunden sein.
Aus diesem Grund ist dieser Möglichkeit auch ein eigenes Kapitel in diesem Sammelband vorbehalten (Kap. 3.3. „Das integrative Ausbildungsmodell"). Im folgenden Abschnitt soll nur der zweite Weg auf seine empirische Fundiertheit überprüft werden.
Nach amerikanischen Erhebungen (vgl. *Garfield,* 1977, S. 79) hatten noch ca. 1974 63% der Mitglieder der APA-Sektion Klinische Psychologie sich irgendeiner Art von Eigentherapie unterzogen. In einer Befragung von 1969 zeigt sich, daß diese zu etwa 3/4 von psychoanalytisch orientierten Therapeuten durchgeführt wurde. Und *Lazarus* (1971) hat herausgefunden, daß Verhaltenstherapeuten, wenn sie selber eine psychotherapeutische Behandlung mitmachen, bevorzugt zu Psychoanalytikern gehen. Von 20 befragten Verhaltenstherapeuten mit

einer Eigentherapie waren 10 in psychoanalytischer und keiner in verhaltenstherapeutischer Behandlung!

Die Bedeutung der Eigentherapie wird von psychoanalytischen Schulrichtungen besonders hervorgehoben. Psychoanalytische Ausbildungsinstitute fordern die „Lehranalyse". Doch es darf Eigentherapie nicht mit Lehranalyse gleichgesetzt werden, die nur eine, wenngleich bisher häufigste Form von Eigentherapie darstellt. Andere psychotherapeutische Richtungen verlangen in ihrer Ausbildung sogenannte therapeutische Selbsterfahrung oder legen ihren Ausbildungskandidaten zumindest die Teilnahme an sog. Selbsterfahrungsgruppen nahe.

Dennoch gibt es zu der Frage, welche Auswirkungen eine persönliche Therapie auf die eigenen Fähigkeiten als Theapeut hat, wenig empirische Forschungsarbeit und praktisch keine, die heutigen Ansprüchen genügt. *Schmidbauer* (1972) weist darauf hin, daß die „Vorzüge der Lehranalyse ... bisher noch in keiner kritisch kontrollierten Vergleichsstudie nachgewiesen worden" sind und daß „der Zwang zur Lehranalyse in manchen Fällen auch Schaden anrichten und vor allem potentiell kreative Kandidaten abschrecken kann" (a.a.O., S. 22).

Strupp (1958a; vgl. *Strupp,* 1973, Chap. 9), der die Frage dadurch anging, daß er den Zusammenhang zwischen der Empathiefähigkeit und der Teilnahme an einer persönlichen Therapie (Eigentherapie, meist psychoanalytischer Orientierung) untersuchte, erhielt zudem Ergebnisse, die die Notwendigkeit von Längsschnittstudien nahelegen. Er fand, daß beruflich noch wenig erfahrene, aber analysierte Therapeuten nicht weniger oder mehr empathisch waren, als solche ohne Lehranalyse. Nach mehreren (3.5 bis 30) Jahren der Berufserfahrung aber war die Gruppe der analysierten Therapeuten doch empathiefähiger als die Gruppe der Nichtanalysierten. Dies könnte so interpretiert werden, daß Eigentherapie sich erst nach Jahren der Berufserfahrung positiv auswirkt („Zeitbombeneffekt").

In dieser Untersuchung von *Strupp* waren die Therapeuten Psychiater. In einem Vergleich zwischen Psychiatern und Psychologen (*Strupp,* 1958b) zeigte sich kein nennenswerter Unterschied zwischen analysierten Psychiatern und analysierten Psychologen. Analysierte Psychiater machten jedoch gegenüber den nicht-analysierten mehr Gebrauch von Schweigen und explorativen Fragen. Und bei den analysierten Psychologen fand sich kein solcher Unterschied.

Ein fehlender oder eher negativer Zusammenhang zwischen Eigentherapie und psychotherapeutischer Effizienz bei Therapeuten mit noch kurzer Berufserfahrung läßt sich auch aus den Arbeiten von *Woody* (1971) und *Garfield & Bergin* (1971) herauslesen. *Garfield & Bergin* untersuchten 18 Therapeuten und ihre 38 Klienten mit dem MMPI. Von den Therapeuten hatten 4 keine Eigentherapie, 7 hatten bis zu 175 Stunden und weitere 7 bis zu 450 Stunden Eigentherapie. Ohne die statistische Signifikanz zu prüfen (oder eine solche Überprüfung durch Angabe der Rohwerte zu ermöglichen) berichten sie von Klientenveränderungen im MMPI (D- und K-Skala) und in der Therapeutenerfolgsbeurteilung, die bei den Therapeuten eher höher erscheinen, die keine Eigentherapie erhalten hatten. Die im MMPI als gestört oder nicht gestört erscheinenden Therapeuten unterscheiden sich nicht bezüglich der Anzahl von Eigentherapie-Stunden. Die nichtgestörten bewirkten jedoch anscheinend stärkere positive Veränderungen bei den Klienten. Nach der Einteilung von *Strupp* hätten aber alle als „wenig berufserfahren" eingestuft werden müssen.

Auch andere Untersuchungen (*Derner,* 1960; *Katz, Lorr & Rubinstein,* 1958) lassen nur den Schluß zu, daß Therapeuten mit Eigentherapie und ohne Eigentherapie effektiv sein können, daß aber die Anzahl der Jahre Berufstätigkeit und die Erfahrung mitberücksichtigt werden müssen. Eine Art „Zeitbombeneffekt", wie er nach der Arbeit von *Strupp* (1958 a) angenommen werden könnte, ist bisher nicht bestätigt worden.

Im Lichte solch magerer empirischer Grundlagen ist die Bedeutung von Eigentherapie vorerst nicht valide einzuschätzen. Zwar ist ihre Bedeutung aufgrund theoretischer Vorannahmen immer wieder hervorgehoben worden und auch die oben formulierten Lernziele könnten Nützlichkeit einer Eigentherapie für ein Therapeutisches Selbsterleben und damit für eine höhere berufliche Effizienz nahelegen – aber bisher ist nicht nachgewiesen, daß Personen, die sich einer Psychotherapie selber unterziehen, effektiver (oder weniger effektiv) sind als Personen, die das nicht tun.

Es erscheint damit genauso wichtig, auf eine verstärkte Forschung zu dringen, wie es wichtig ist, auf weitere Spekulationen zu verzichten und die Universitätsausbildung von solchen Spekulationen freizuhalten, bis verläßliche empirische Grundlagen zur Klärung der Auswirkungen von Eigentherapie vorliegen.

Es sollte aber auch dabei zwischen Eigentherapie (als isolierter Programmteil der Ausbildung) und therapeutischer Selbsterfahrung (als integrierter Programmbestandteil von Ausbildungsveranstaltungen) unterschieden werden. Eine Ausbildung in grundlegenden psychotherapeutischen Fertigkeiten und Haltungen (Therapeutisches Basisverhalten) bedarf der gleichzeitigen therapeutischen Selbsterfahrung. Diese sollte jedoch mit einem theoretisch fundierten Verhaltenstraining integrativ verbunden sein.

Literatur

Abramson, E. E.: The counselor as a machiavellian. J. Clin. Psychol., 1973, *29*, 348 – 349.

Allen, Th. W.: Effectiveness of counselor trainees as a function of psychological openess. J. Counsel. Psychol., 1967, *14*, 35 – 40.

Allen, Th. W.: Psychological openess and counselor effectiveness: A further investigation. J. Person. Asses., 1972, *36*, 13 – 18.

Anthony, W. A./Gormally, J./Miller, H.: Prediction of human relations training outcome by traditional and nontraditional selection indices. Counselor Educ. Superv., 1974, *14*, 105–111.
Bandura, A.: Psychotherapists's anxiety level, self-insight, and psychotherapeutic competence. J. Abnorm. Soz. Psychol., 1956, *52*, 333–337.
Bergin, A. E./Jasper, L. G.: Correlates of empathy in psychotherapy: A replication. J Abnorm. Psychol., 1969, *74*, 477–481.
Bergin, A. E./Solomon, S.: Personality and performance correlates of empathic understanding in psychotherapy. In: *Hart & Tomlinson* (Eds.): New directions in clientcentered therapy. New York: Houghton Mifflin, 1970, (pp. 223–236).
Brown, R. W.: A counseling practicum training program: The relationship between self-actualization and counseling skill. Diss. Abstr. Intern., 1975, 35, (12-A, Pt1), 7643–7644.
Bundza, K./Simonson, N.: Therapist self-disclosure: Its effect on impressions of therapist and willingness to disclose. Psychoth.: Theory, research, and Practice, 1973, *10*, 215–217.
Christie, R./Geis, F. L.: Studies in Machiavellianism. New York: Academic Press, 1970.
Carkhuff, R. R.: Helping and human relations, Vol. I and II. New York, 1969.
Combs, A. W./Soper, D. W.: The perceptual organization of effective counselors. J. Counsel. Psychol., 1963, 10, 222–226.
Cozby, P. C.: Self-disclosure: A literature review. Psychol. Bull, 1973, *79*, 73–91.
Derlega, V. J./Harris, M. S./Chaikin, A. L.: Self-disclosure reciprocity, liking and the deviant. J. Exp. Soz. Psychol., 1973a, 9, 277–284.
Derlega, V. J./Walmer, J./Furman, G.: Mutual disclosure in social interactions. J. Social Psychol., 1973b, *90*, 159–160.
Derner, G. F.: An interpersonal approach to training in psychotherapy. In: *Dellis, N. P. & Stone, H. K.* (Eds.): The training of psychotherapists. Baton Rouge, La: Lousiana State Univ. Press., 1960 (pp. 130–145).
Dörner, K./Plog, U.: Irren ist menschlich. Rehburg-Loccum: Psychiatrie-Verlag, 1978.
Dungan, D. S.: The effect of didactic-intellectual training versus relationship-oriented training upon counseling behavior. Diss. Abstr. Intern., 1974, *34*, (8-A, Pt 1), 4736.
Edwards, A. L.: Edwards Personal Preference Schedule. Revised. New York: Psychol. Corporation, 1959.
Ehrlich, H. J./Graeven, D. B.: Reciprocal self-disclosure in a dyad. J. Exp. Soz. Psychol., 1971, *7*, 389–400.
Eiben, R./Clack, R. J.: Impact of a participatory group experience on counselors in training. Small Group Behavior, 1973, *4*, 486–495.
Feifel, H./Eells, J.: Patients and therapists assess the same psychotherapy. J. Consult. Psychol., 1963, *27*, 310–318.
Felker, S.: Intellectual ability and counseling effectiveness: Another View. Counselor Educ. Superv., 1973, *13*, 146–150.
Fish, J. M.: Empathy and the reported emotional experiences of beginning psychotherapists. J. Consult. Clin. Psychol., 1970, *35*, 64–69.
Foulds, M.: Self-actualization and the communication of facilitative conditions during counseling. J. Counsel. Psychol., 1969, *16*, 132–136.
Garfield, S. L.: Reasearch on the training of professional psychotherapists. Chapt. 4 in: *Gurman, A. S. & Razin, A. M.* (Eds.): Effective psychotherapy. A handbook of research. Oxford, 1977.
Garfield, S. L./Bergin, A. E.: Personal therapy, outcome and some therapists variables. Psychoth.: Theory, Research & Practice, 1971, *8*, 251–253.

Giannandrea, V./Murphy, K. C.: Similarity self-disclosure and return for a second interview. J. Counsel. Psychol., 1973, *20*, 545–548.
Graff, R. W.: The relationship of counselor selfdisclosure to counselor effectiveness. J. Experim. Educ., 1970, *38*, 19–22.
Gurman, A. S.: Therapists' mood patterns and therapentic facilitativeness. J. Counsel. Psychol., 1972, *19*, 169–170.
Gurman, A. S.: Effects of therapist and patient mood on the therapeutic functioning of high- and low-facilitative therapists. J. Consult. Clin. Psychol., 1973, *40*, 48–58.
Hamilton, L. K.: The relationship between self-disclosure and neuroticism. Diss. Abstr. Intern., 1971, 32, (6-B) 3635.
Heikkinen, Ch. A./Wegner, K. W.: MMPI studies of counselors: A review. J. Counsel. Psychol., 1973, *20*, 275–279.
Henning, H. J./Six, B.: Konstruktion einer Machiavellismus-Skala. Z. Sozialpsychol., 1977, *8*, 185–198.
Iwashita, H. T.: Relationship between machiavellianism, I-E Control and counseling orientation at three levels of counselor training experience. Diss. Abstr. Intern., 1973, *34*, (3-A), 1082.
Jansen, D. G./Bonk, E. C./Garvey, F. J.: MMPI characteristics of clergymen in counseling training and their relationship to supervisor's and peers' ratings of counseling effectiveness. Psychol. Reports, 1973, *33*, 695–698.
Jansen, D. J./Robb, G. P./Bonk, E. C.: Characteristics of high-rated and low-rated master's degree candidates in counseling and guidance. Counselor Educ. Superv., 1970, *9*, 162–171.
Jackson, M./Thompson, Cl. L.: Effective counselor: Characteristics and attitudes. J. Counsel. Psychol., 1971, *18*, 249–254.
Jorgensen, G. T./Hurst, J. C.: Empirical investigation of two presuppositions in counseling and psychotherapy. J. Counsel. Psychol., 1972, *19*, 259–261.
Jourard, S. N.: The transparent self. New York: Van Nostrand, 1964.
Jourard, S. N.: Self-disclosure: An experimental analysis of the transparent self. New York: Wiley-Intercience, 1971.
Katz, M. M./Lorr, M./Rubinstein, E. A.: Remainer patient attributes and their relation to subsequent improvement in psychotherapy. J. Consult. Psychol., 1958, *22*, 411–413.
Klapprott, J.: Eine deutschsprachige Version der Machiavellismus-Skala von Christie und Geis. Nürnberg: Wirtsch. Sozialw. Fachbereich (Forschungsbericht 63), 1974.
Lazarus, A. A.: Where do behavior therapists take their troubles? Psychol. Rep., 1971, *28*, 349–350.
Lubin, B.: Survey of psychotherapy training and activities of psychologists. J. Clin. Psychol., 1962, *18*, 252–256.
Lutz, R.: Das verhaltensdiagnostische Interview. (Urban-Taschenbuch 262). Stuttgart: Kohlhammer, 1978.
Lutz, R./Kretschmer, P.: Anamnese, Exploration, Interview. Zur Psychologie der Gesprächsführung. In: *Rey, E. R.* (Hrsg.): Klinische Psychologie. Stuttgart: Fischer, 1979.
Maynard, P. E.: Group training for counselors – A one-year follow-up. Counselor Educ. Superv., 1976, *15*, 225–228.
Mills, D. H./Abeles, N.: Counselor needs for affiliation and nurturance as related to liking for clients and counseling process. J. Counsel. Psychol., 1965, 12, 353–358.
Passons, W. R./Olsen, L. C.: Relationship of counselor characteristics and empathic sensitivity. J. Counsel. Psychol., 1969, *16*, 440–445.
Pierce, R. M./Zarle, T. H.: Differential referral to significant others as a function of interpersonal effectiveness. J. Clin. Psychol., 1972, *28*, 230–232.

Pierce, R./Carkhuff, R. R./Berenson, B. G.: The differential effects of high and low functioning counselors upon counselors-in-training. J. Clin. Psychol., 1967, *23*, 212–215.
Rokeach, M.: The open and closed mind. New York: Basic Books, 1960.
Schmidbauer, W.: Zur Frage der Lehranalyse. Dynamische Psychiatrie, 1972, *5*, 22–34.
Schmidbauer, W.: Die hilflosen Helfer: Über die seelische Problematik der helfenden Berufe. Hamburg: Rowohlt, 1977.
Shapiro, J. L./Gust, T.: Counselor training for facilitative human relationships. Counselor Educ. Superv., 1974, *13*, 198–206.
Simonson, N. R.: The impact of therapist disclosure on patient disclosure. J. Counsel. Psychol., 1976, *23*, 3–6.
Strupp, H. H.: The psychotherapist's contribution to the treatment process. Behavioral Science, 1958, *3*, 34–67, (a).
Strupp, H. H.: The performance of psychiatrists and psychologists in a therapeutic interview. J. Clin. Psychol., 1958, *14*, 219–226(b).
Strupp, H. H.: Psychotherapy: Clinical, research and theoretical issues. New York: Aronson, 1973.
Tausch, R.: Gesprächspsychotherapie. Göttingen: Hogrefe, 1973[5].
Teegen, F.: Selbsterfahrung in der Verhaltenstherapie-Ausbildung. In: Deutsche Gesellschaft f. Verhaltenstherapie (Hrsg.): Kongreßbericht Berlin 1976. Sonderheft II/1977 der „Mitteilungen der DGVT", Tübingen 1977.
Thompson, C. W.: A study of the effects of therapist self-disclosure on the therapist-client relationship. Diss. Abstr. Intern., 1973, *34*, (4-B) 1764.
Truax, C. B./Carkhuff, R. R.: Client and therapist transparency in the psychotherapeutic encounter. J. Counsel. Psychol., 1965, *12*, 3–9.
Whiteley, J. M./Sprinthall, N. A./Mosher, R. L./Donaghy, R. T.: Selection and evalution of counselor effectiveness. J. Counsel. Psychol., 1967, *14*, 226–234.
Wogan, M.: Effect of therapist-patient personality variables on therapeutic outcome. J. Consult. Psychol., 1970, *35*, 356–361.
Woody, R. H.: Self-understanding seminars: The effects of group psychotherapy in counselor training. Counselor Educ. Superv., 1971, *10*, 113–119.

Manfred Zielke

Ausbildungsziel: Training und Supervision von Laientherapeuten

Zusammenfassung

Es wird versucht, die häufig unscharf verwendeten Begriffe „Laien“ und „Psychotherapie“ durch definitorische Konventionen einzugrenzen. Dabei wird zwischen therapeutischem Hilfspersonal und Laienpsychotherapeuten unterschieden. Die Ergebnisse über die Verwendung von Laien im natürlichen Erziehungsfeld (Eltern) und in der Telefonberatung werden systematisiert und auf ihre Gültigkeit und Zuverlässigkeit hin untersucht. Therapeutische Funktionen von therapeutischem Hilfspersonal werden in eher unspezifischen Unterstützungen therapeutischer Maßnahmen und in der längerfristigen Nachsorge gesehen. Die Effekte von Laienpsychotherapeuten lassen sich durch die stärkere Professionalisierung des Trainings und die spezifischeren Patientenpopulationen eindeutiger bestimmen. Es wird aufgezeigt, in welchen Bereichen sich eine Trennung von Laien und „Professionellen“ ergibt und wo sie sich ergänzen können. Die Relevanz des wissenschaftlichen Studiums zum Erwerb der Kompetenz, therapeutisches Handeln zu beurteilen und zu kontrollieren, wird unterstrichen.

1 Einleitung

Man kann unterschiedlicher Auffassung darüber sein, welches die motivierenden Bedingungen dafür sind, daß in zunehmendem Umfang „Nicht-Professionelles“ Personal zur Prävention und Behandlung psychischer Störungen herangezogen wird: Begründungen für eine derartige Entwicklung werden – insbesondere für die Bundesrepublik Deutschland – aus dem Bericht zur Lage der Psychiatrie in der BRD (1975) abgeleitet, der die mangelhafte Bereitstellung psychotherapeutischer Hilfen offensichtlich gemacht hat. Die Entwicklung gemeindepsychologischer Konzepte, deren Anfänge auch bei uns sichtbar werden (*Sommer & Ernst,* 1977), wäre ohnedies ohne jene Personengruppen gar nicht denkbar, die in unserem Gemeinwesen Erziehungs- und Ausbildungsaufgaben wahrnehmen. Darüber hinaus gilt es zu überlegen, ob die „Professionellen“ – hierzu sind besonders die Psychologen zu rechnen – nicht eigentlich überqualifiziert sind als ausschließlich selbst therapeutisch und präventiv tätig zu werden, oder ob sie nicht sinnvoller Multiplikatoren-, Supervisions- und Kontrollfunktionen bei der Vermittlung von kompetenten Verhaltensweisen übernehmen könnten.

Es läßt sich nur schwer abschätzen, warum es bei uns insgesamt nur wenige systematische Versuche gibt, Laien in therapeutische Konzepte zu integrieren oder ihnen selbständige therapeutische Funktionen zu übertragen. Sicher ist ein wesentlicher Grund darin zu sehen, daß die eigentlichen Fachleute infolge des immer noch nicht spezifizierten Berufsbilds des Psychologen selbst noch um die Anerkennung ihrer klinisch-therapeutischen Tätigkeit bemüht sind und „Nicht-Professionelle" eher als Konkurrenten denn als unabdingbare Bestandteile eines Gesundheitssystems sehen. Es wäre zu wünschen, daß anstelle der Forderung nach mehr spezialisierten Fachleuten für eine wachsende Zahl von Symptomträgern mehr „Nicht-Professionelle" mit mehr oder weniger spezifischen therapeutischen Funktionen eingesetzt würden, auch, um präventiv das Vorkommen von Problemverhalten reduzieren zu helfen. Es gibt eine umfangreiche Reihe von Nachweisen darüber, daß eine derartige Forderung sinnvoll ist. In diesem Aufsatz wird versucht, aufzuzeigen, in welchen Bereichen welche Personengruppen arbeiten können und welche Effekte dabei aufgetreten sind oder erwartet werden können.

2 Definitionen

Tätigkeitsbereiche für „Nicht-Professionelle" lassen sich nach verschiedenen Kriterien klassifizieren. Die Gruppierung ist davon abhängig, ob man den Einsatzort (Schule, Familie, Klinik, Heim), die Bezugspopulation (Eltern, Lehrer, Krankenschwestern, Pastoren, Pflegepersonal), die Zielgruppe (hospitalisierte Patienten, verhaltensgestörte Kinder), den Grad der Professionalität oder die verwendeten therapeutischen Methoden (Gesprächstherapie, Verhaltenstherapie) als Klassifizierungsmerkmal heranzieht. Bei der vorgenommenen Einteilung werden mehrere Kriterien kombiniert verwendet, wobei der Grad der Professionalität und die Zielgruppe übergeordnete Merkmale sind.
Zur Vereinheitlichung sollen an dieser Stelle einige begriffliche Konventionen eingeführt werden: *Laien* oder *Nicht-Professionelle* sind Personen, die mit Klienten mehr oder weniger zielgerichtet therapeutisch arbeiten, ohne dazu ein umfangreiches professionelles Training erhalten zu haben. Sie können für ihre Tätigkeit unterschiedlich aufwendig ausgebildet und ausgewählt sein, selbst Mitglieder oder ehemalige Mitglieder der betroffenen Zielgruppen sein und unentgeltlich auf freiwilliger Basis arbeiten oder fest angestellt sein. Man sollte innerhalb der Gruppe der „Nicht-Professionellen" unterscheiden zwischen therapeutischem Hilfspersonal und Laienpsychotherapeuten. Mit *therapeutischem Hilfspersonal* sind Personen gemeint, die zum Zwecke der unsystematischen Unterstützung allgemeiner therapeutischer Maßnahmen eingesetzt werden und eine eher unspezifische therapeutische Schulung erfahren haben. Hierzu gehören

z. B. Krankenschwestern, Gemeindeschwestern, Pflegepersonal in Kliniken, sowie Lehrer, Erzieher und auch Eltern, die vornehmlich in ihren sonstigen Berufen tätig sind, gleichzeitig jedoch ein Training zur Verbesserung der emotionalen Kontaktaufnahme erfahren haben. *Laienpsychotherapeuten* sind Personen, die in einem speziellen Fertigkeitstraining für eine bestimmte Zielgruppe von Hilfesuchenden ausgebildet werden. Die Zielsetzungen ihrer therapeutischen Interventionen sind dabei relativ eindeutig eingrenzbar. Das Ausmaß der Eigenverantwortlichkeit für das therapeutische Handeln ist unterschiedlich hoch und hängt von dem Grad der erworbenen psychologischen Qualifikation ab. Sie üben ihre therapeutische Tätigkeit überwiegend nicht hauptberuflich und nicht in ihrem sonstigen Arbeitsbereich aus.
Laien in dem vorgenannten Sinn verfügen aufgrund ihrer beruflichen Qualifikation nicht über die umfangreichen psychologischen Kenntnisse, wie sie in einem psychologischen Fachstudium erworben werden. Zu diesen Kenntnissen zählen nach *Meltzoff & Kornreich* (1970, S. 4): „Empirische Untersuchungen und Theorien über Lernvorgänge, Konditionierung, Gefühle und Wahrnehmung, Begriffsbildung, Persönlichkeitstheorien, Tests und Meßprobleme; außerdem die Kenntnis der Entwicklungspsychologie, der physiologischen Psychologie und der vergleichenden Psychologie." Zur Frage, unter welchen Bedingungen Interaktionen zwischen Individuen als *Psychotherapie* bezeichnet werden können, soll folgende Eingrenzung festgelegt werden.
Als Therapeuten sollen Laien gelten, wenn sie folgende Bedingungen erfüllen:

1. Durch ein systematisches Training und eine qualifizierte Erfahrungsbildung sollen sie in der Lage sein, die gelernten Verhaltensweisen planvoll anzuwenden und in ihrem Verlauf zu kontrollieren.
2. Sie sollen ein formales Abkommen mit dem Klienten darüber treffen, wie die sozialen Interaktionen ablaufen und die Rollenverteilung festlegen. Dabei müssen Vereinbarungen getroffen werden über Ort, Zeit und Dauer der Zusammenkünfte sowie deren Beendigung; weiterhin über die Art des Therapeuten- und Klientenverhaltens sowie über Veränderungsziele und über externe Kontrollmaßnahmen des therapeutischen Prozesses.

Diese Abgrenzung zu unspezifisch helfenden Gesprächen lehnt sich eng an *Derners* Psychotherapiedefinition an, der unter Psychotherapie „den geplanten Versuch (versteht – vom Verfasser eingefügt), psychologische Prinzipien in einem zwischenmenschlichen Kontakt anzuwenden, um das Verhalten eines Menschen so zu ändern, daß es von seinem Leben mehr befriedigt ist" (1960, S. 130, vom Verfasser übersetzt). Diese Abkommensvereinbarungen, die vor Beginn getroffen werden sollen, schließen solche Interaktionen im Sinne der Therapie aus, die sich informell im Rahmen von Unterhaltungen oder in anderen sozialen Kontakten mit anderen Zielsetzungen ergeben.

3 Laien im natürlichen Erziehungsfeld

Die Vermittlung von entwicklungs- und pädagogisch/psychologischen Erkenntnissen für den erzieherischen Alltag und die Verbesserung der Erziehungskompetenz von Personengruppen, die in natürlichen Erziehungsbereichen tätig sind, sind wichtige präventive und kurative Strategien. Als eine wesentliche Zielgruppe werden dabei besonders Eltern vorgesehen. Zur angemessenen Erfüllung ihrer Erziehungsaufgaben benötigen Eltern Vorbereitung und Unterstützung, denn sie bilden einen wesentlichen Bereich der kindlichen Umwelt. Kompetentes Erziehungsverhalten ist somit von zentraler Bedeutung für die Reduktion abweichender Verhaltensweisen, insbesondere, wenn man in Betracht zieht, welche Folgen sich aus manifest gewordenen Erziehungsfehlern ergeben können.
Das Hauptgewicht der klinischen Elternarbeit liegt in therapeutischen Interventionen, wobei die Eltern in unterschiedlichem Ausmaß in die therapeutische Arbeit einbezogen werden. Dabei begünstigen die Positionen der Verhaltensmodifikation und der Gesprächstherapie die Entwicklung von Methoden, die eine aktive Einbeziehung der Eltern durch die Übernahme therapeutischer Funktionen vorsehen (s. *Minsel,* 1976; *Schmidtchen,* 1978). Das gesprächstherapeutische Vorgehen unterstreicht die Bedeutsamkeit der Kommunikation von Gefühlen zwischen Eltern und Kindern. Die Eltern lernen, die wesentlichen Prinzipien der gesprächstherapeutischen Verbalisierung zu beachten und sich ihren Kindern gegenüber einfühlend und akzeptierend zu verhalten. Durch systematische Kommunikationsübungen mit Eltern (*Duehn & Mayadas,* 1976) und durch die Einbeziehung spieltherapeutischer Vorgehensweisen, kombiniert mit selbsterfahrungszentrierten Elterngruppen (*Guerney,* 1964) wird eine verbesserte Erziehungskompetenz erwartet, die auf die häusliche Eltern-Kind-Interaktion übertragen werden soll. In verhaltenstherapeutisch orientierten Konzepten steht die Eltern-Kind-Interaktion im Vordergrund. Es wird versucht, durch die Modifikation konkreter Verhaltensweisen der Eltern den Handlungsablauf zu beeinflussen. Wesentliche Komponenten dieses Vorgehens bestehen darin, daß die Eltern in lerntheoretische Prinzipien eingeführt werden, daß sie lernen, Bedingungsanalysen für Problemverhalten zu erstellen, Verstärkerprogramme zu entwickeln, und daß sie eine kontinuierliche Rückmeldung über die erzielten Änderungen der Eltern und Kinder erhalten. Es wird angenommen, daß diese Fertigkeiten die Eltern in die Lage versetzen, eigene Verhaltensprogramme in bezug auf das problematische Verhalten der Kinder selbständig durchzuführen und zu kontrollieren (*Patterson* et al., 1975).
Beide Programmkonzepte wurden bei unterschiedlichsten familiären Problemen eingesetzt, wobei das Ausmaß der Effekte bei einer Vielzahl von Verhaltensproblemen durch verhaltenstherapeutische Elternarbeit erstaunlich ist. Um einer Manipulation durch die Eltern vorzubeugen – etwa wenn die Ziele der elterlichen Verhaltenskontrolle als problematisch anzusehen sind –, wurden inte-

grierte Konzepte erprobt, die die gefühlsbezogene Kommunikation zwischen Eltern und Kindern berücksichtigten, ohne auf die Vermittlung praktischer Fertigkeiten für die Verhaltenssteuerung zu verzichten. Eine solche Untersuchung wurde von *Minsel* (1976) durchgeführt. Das Trainingsprogramm erstreckte sich über 7 Sitzungen. Die dabei verwendeten Trainingselemente treten mit unterschiedlicher Gewichtung auch in anderen Übungskonzepten mit Eltern wieder auf: 1. Erziehungszieldiskussion, 2. Sprachtraining (Üben von partnerzentrierten Äußerungen), 3. Sensitivitätstraining (Übungen zum Erkennen von Gefühlen in verschiedenen Konfliktsituationen), 4. Informationen über Bekräftigungs- und Modellernen, 5. Beobachten des kindlichen Verhaltens, 6. Ausarbeiten von Bekräftigungsplänen und Durchführen der Programme. Die Evaluation eines solchen integrierten Konzepts (*Sadler & Seyden,* 1976) ergab deutliche Besserungen bei schulischen, sozialen und emotionalen Verhaltensproblemen der Kinder. Ebenfalls konnte eine Generalisierung der Effekte auf andere Kinder in denselben Familien festgestellt werden. Die genannten Konzepte haben ihren Niederschlag in zahlreichen Publikationen gefunden (s. die Übersichtsdarstellungen von *Sommer* et al., 1978). Die Ergebnisse weisen deutlich darauf hin, daß eine effektive Korrektur der elterlichen Erziehungsverhaltensweisen und des kindlichen Verhaltens durch bereitgestellte Supervisionsmöglichkeiten initiiert und stabilisiert werden kann.

Über Versuche im vorklinischen Bereich – Training mit impulsiven Kindern – unter Beteiligung der Mütter berichtet *Wagner* (1976). Diese Versuche verdienen besondere Beachtung, da das Training auf Verhaltensbereiche bezogen wird, die noch nicht klinisch auffällig geworden sind und noch nicht als durch Ettikettierungs- und Stigmatisierungsprozesse chronifiziert anzusehen sind. In einem Programm zur Förderung des Aufmerksamkeitsverhaltens bei bildungsbenachteiligten Kindern (d. h. Förderung des reflexiven Vorgehens bei aufgabenbezogenem Verhalten) wurden Mütter instruiert, wie sie mit vorgegebenen Materialien mit ihren Kindern üben sollten. In den Gruppentreffen wurden die Erfahrungen besprochen und die jeweils folgenden Übungen trainiert. Neben den günstigen Effekten bei den Müttern zeigten sich deutliche Veränderungen des Aufmerksamkeitsverhaltens der Kinder und eine Zunahme der Intelligenzleistungen, wobei *Wagner* (1976) darauf hinweist, daß die Intelligenzsteigerungen vornehmlich durch eine Verbesserung der Wahrnehmungsfähigkeit und des reflexiven Verhaltens zustande gekommen sind. *Gray & Klaus* (1968) fanden in mehrjährigen Versuchen mit ähnlichen Programmen sog. Ausbreitungseffekte. Sie stellten fest, daß die Mütter von sich aus begannen, Nachbarinnen einzuweisen. Dabei ergab sich bei Kindern des gleichen Wohnbezirks, die nicht direkt an den Programmen teilgenommen hatten, eine ähnliche Steigerung wie bei den direkt geförderten Kindern. Diese Effekte konnten gegen Veränderungen in Kontrollgruppen gesichert werden.

Allerdings sollte in diesem Zusammenhang darauf hingewiesen werden, daß die Zusammenarbeit mit Eltern eine Reihe von Schwierigkeiten mit sich bringt.

Neben den Schwierigkeiten, die eher in der Programmstruktur zu suchen sind, ist das Problem der Ausfallquoten von nicht ungewichtiger Bedeutung. *Innerhofer & Warnke* (1978) untersuchten die Bereitschaft von Müttern zur Mitarbeit bei der Durchführung therapeutischer Programme ihrer Kinder. Sie identifizierten ein weites Spektrum von möglichen Variablen, die die Kooperativität beeinflussen. Zwischen sozio-ökonomischen Variablen und Kooperation war der Zusammenhang besonders stark: Wohnverhältnisse, finanzielle Lage, Zahl der Kinder, Variablen des Berufs korrelierten signifikant mit mütterlicher Kooperativität. Die Autoren resümieren, daß diese Variablen selbst Bedingungen für Kooperation darstellen oder solche Bedingungen anzeigen, die die Kooperation der Mutter bei der heilpädagogischen Förderung des Kindes beeinflussen. Bei der Übertragung therapeutischer Funktionen auf Eltern wird man die deutlichen Befunde dieser Untersuchung in Zukunft stärker berücksichtigen müssen.
Ein vielversprechendes Modell für die Behandlung abweichenden Verhaltens von Kindern wurde von *Wolf, Philips & Fixen* (1977) entwickelt, das sie als „Trainingsfamilie" bezeichnen. Da vornehmlich kustodial ausgerichtete institutionelle Behandlungsmöglichkeiten für delinquente psychotische und retardierte Kinder die für das Leben in einer Gemeinschaft erforderlichen Fertigkeiten nicht vermitteln können, und viele Eltern selber schwere persönliche Probleme haben, übernehmen nach diesem Konzept Trainingsfamilien für einen begrenzten Zeitraum die Erziehungsverantwortung. Wenn die Verhaltensdefizite des Kindes verändert worden sind – wobei die Eltern gleichzeitig ein Training erfahren –, übernehmen die Eltern wieder stufenweise die Funktion, das angemessene Verhalten aufrechtzuerhalten.
Die Trainingseltern wohnen in einem familienähnlichen Heim mit 6 – 8 Kindern. Sie haben ein einjähriges professionelles Training erhalten. Dabei lernen sie verschiedene verhaltensmodifikatorische Verfahrensweisen wie z. B. die Handhabung von Münzverstärkungssystemen und andere, soziale Verhaltensweisen. *Wolf* et al. (1977) gehen davon aus, daß das Trainingsfamilienkonzept insbesondere durch die räumliche Nähe von professionellen Trainingseltern, Kindern und deren Eltern eine Übertragung der Erziehungsverantwortung auf die Eltern erleichtert und Hospitalisierungsschäden vorbeugt.

4 Telefonberatung

Die Telefonberatung (Telefonseelsorge) ist ein Angebot, Tag und Nacht ohne Unterbrechung und Warteliste in Krisensituationen ein Gespräch zu führen. Ihre vorrangige Funktion besteht darin, „aufzufangen, Kontakt und mitmenschliche Wärme anzubieten, zu klären und Orientierungshilfe zu geben, wo und wie diese Probleme bearbeitet werden können" (*Harsch,* 1976, S. 213). Das Personal be-

steht im Wesentlichen aus „Nicht-Professionellen“, die vornehmlich nebenamtlich arbeiten, sowie aus einigen Professionellen für Ausbildung, Beratung und Supervision. Die Telefonberatung ist zu einer wichtigen Institution geworden, die von Hilfesuchenden zunehmend in Anspruch genommen wird. Nach *Kaufmann* et al. (1976) wurden 1975 bereits 420000 Anrufe verzeichnet. Umsomehr erstaunt es, daß differenzierte Evaluationen aber noch weitgehend fehlen. *France* (1975) und *Zielke* (1977, 1979a) kommen nach der Durchsicht von Arbeiten zur Krisenberatung durch Telefonseelsorge zu dem Schluß, daß Untersuchungen zu diesem Bereich sich lediglich darauf beziehen, allgemeine Ausbildungsprogramme für Helfer bei den Telefondiensten zu entwickeln (vgl. *Pretzel,* 1970; *Brokopp,* 1970; *Brokopp & Jasser,* 1970; *Harsch,* 1976).
Eine Kontrolle der erfolgten Einflußnahme, die für eine empirische Evaluation eine unbedingte Voraussetzung wäre, ist jedoch nur schwer möglich, da solche Telefondienste darauf bedacht sind, ein Höchstmaß an Anonymität zu wahren. Selbst die Möglichkeiten, Beratungsgespräche magnetisch aufzuzeichnen, um mögliche Prozeßveränderungen der verbalen Verhaltensweisen untersuchen zu können, werden dadurch eingeschränkt, daß die Anrufer ihr verbindliches Einverständnis dafür erteilen müssen. Es wird befürchtet, daß durch solche formalen Absprachen über die Gesprächsbedingungen die Schwelle, Telefondienste in Anspruch zu nehmen, sich erhöhen könnte. Deshalb beschränkt man sich darauf, das Verbalverhalten von Telefonberatern zu untersuchen, die von instruierten Klienten wegen persönlicher Probleme angerufen werden. Nach diesen Ergebnissen kann angenommen werden, daß Helfer telefonischer Seelsorgedienste nach einem Training in der Lage sind, ein höheres Ausmaß an Empathie zu verwirklichen (vgl. *Carothers & Inslee,* 1974). Dies wird als wesentliche Bedingung dafür angesehen, eine Verringerung der Belastung von Telefonanrufen zu bewirken (*Teegen* et al., 1972).
Es dürfte allerdings bezweifelt werden, daß damit die von *France* (1975) genannten hauptsächlichen Funktionen des Telefonberaters (1. Überweisung der Ratsuchenden an Institutionen bzw. Personen, die ihm helfen können, 2. Hilfe durch Realisierung der gesprächspsychotherapeutischen Kernvariablen, 3. Erarbeitung von Problemlösungsmöglichkeiten oder therapeutischen Plänen aus der Kenntnis therapeutischer Techniken) angemessen wahrgenommen werden können. Darüber hinaus lassen die von *Harsch* (1976) genannten Gesprächsthemen von Anrufern nach einer Aufschlüsselung der evangelischen Telefonseelsorge München:

- Neurosen, Psychosen, Depressionen
- Probleme bei Suchterkrankungen
- Ehe- und Partnerschaftsprobleme
- Suizidgefährdung, -ankündigung
- Spannungen zwischen Eltern und Kindern
- Rechtsfragen

– Vereinsamung, Isolierung
– berufliche und wirtschaftliche Nöte

es als notwendig erscheinen, eine differenziertere Theorie der therapeutischen Wirksamkeit von telefonischen Kurzkontakten zu entwickeln und zu evaluieren. Hierbei wäre besonders zu berücksichtigen, worin die besondere Funktion der Laienarbeit zu sehen ist. Schließt man sich den von *Harsch* (1976, S. 211) hervorgehobenen Vorteilen bei der Mitarbeit von Laien an (mehr Möglichkeiten zu spontanem Handeln, niedrigere Kontaktschwelle für Anrufer, mehr Möglichkeiten zu Identifikation für den Ratsuchenden), steht zu befürchten, daß durch eine verbesserte therapeutische Qualifikation der Mitarbeiter gerade diese Elemente der Laienberatung verloren gehen. Ungeachtet dieser Überlegungen und der offensichtlichen Benutzerzufriedenheit sind Untersuchungen über die differentielle Wirksamkeit der Telefonberatung dringend erforderlich. Dabei sollten unter Beachtung des heterogenen Gesprächsangebots für verschiedene Problembereiche Handlungsstrategien entwickelt und deren Gültigkeit empirisch überprüft werden. Daß dieser Forschungskatalog auch für die professionellen therapeutischen Theorien gilt (vgl. *Bastine,* 1975), steht außer Frage.

5 Therapeutisches Hilfspersonal

Im Zusammenhang mit Überlegungen zur Gestaltung eines umfassenden Gesundheitssystems wurden Ausbildungspläne für das Betreuungspersonal in verschiedenen Institutionen entwickelt. Mit solchen Ausbildungsplänen wurde einerseits das Ziel verfolgt, durch eine Verbesserung des Sozialverhaltens des Pflegepersonals vorbeugend wirksam zu werden. Andererseits war man bemüht, die Wirksamkeit therapeutischer Maßnahmen durch eine gleichzeitige, unterstützende Betreuung und eine längerfristige Nachsorge zu erhöhen. Die therapeutischen Funktionen des Personals werden dabei unterschiedlich weit oder eng eingegrenzt.

So entwickelten *Euster & Addams* (1971) ein Ausbildungsprogramm für das Betreuungspersonal in psychiatrischen Anstalten. Das Ziel ihres Projekts bestand darin, die für institutionalisierte chronische Patienten als typisch angesehene Isolation abzubauen. Das Programm sollte humanitäre Einstellungen gegenüber Geisteskranken und die für freundliches Verhalten notwendigen Fähigkeiten fördern. In den Anstalten, in denen dieses Personal eingesetzt worden war, traten Änderungen in Richtung auf eine humanere Behandlung ein. Als Erfolg wurde von den Autoren gewertet, daß einige als chronisch eingestufte Patienten die Anstalt wieder verlassen konnten.

An dieser Untersuchung wird bereits deutlich, welche methodischen Probleme sich ergeben, wenn die Wirksamkeit solcher Programme untersucht werden soll:

1. Es ist kaum zu erwarten, daß sich im Rahmen eines solchen Projekts das Verhalten des Betreuungspersonals isoliert manipulieren läßt, während das Verhalten des übrigen Personals (Psychiater, Verwaltung) konstant gehalten wird. Dies wäre jedoch erforderlich, wollte man den Einfluß der einzelnen Personengruppen evaluieren.
2. Werden dem Personal unspezifische therapeutische Funktionen zugeschriebenn (z. B. freundliches Verhalten, humane Einstellungen), ist es unzulässig, als Effektkriterien Entlassungsquoten heranzuziehen; es sei denn, daß der Untersucher aufzeigen kann, in welchem kausalen Zusammenhang die in Aussicht genommene Manipulation mit dem Wirksamkeitskriterium steht. Dies dürfte jedoch bei den vielfältigen Einflußgrößen auf den Entlassungsprozeß und die Entlassungsentscheidung schwer fallen.

Eine Untersuchung von *Anker & Walsh* (1961) war darauf ausgerichtet, allgemeine zwischenmenschliche Verhaltensweisen in Anstalten zu verbessern. Pfleger wurden darin ausgebildet, Gruppenaktivitäten von Patienten in neuropsychiatrischen Krankenhäusern durch permissives und gleichzeitig strukturierendes Gruppenleiterverhalten systematisch zu fördern. Ein Vergleich der Verhaltensanpassung unterschiedlich geführter Gruppen von Patienten ergab eine deutliche Überlegenheit der Gruppen, die in hohem Ausmaß zur Eigenaktivität angeregt worden waren. Diese Überlegenheit zeigte sich auch dann, wenn sie mit den Effekten von verbal orientierten Psychotherapiegruppen verglichen wurden. Als besonders relevant sehen es die Autoren an, daß mit einem minimalen Aufwand an Personal, das über keine hochgradige therapeutische Qualifikation verfügte – dies sei nicht als Abwertung verstanden –, derartige Erfolge erzielt werden konnten.
Die Entwicklung des Einfühlungsvermögens bei Krankenschwestern hatte eine Untersuchung von *Kalish* (1971) zum Ziel. Er trainierte Studenten im Rahmen der Krankenpflegeausbildung in der Vermittlung empathischen Verstehens. Er ging davon aus, daß das veränderte Verhalten des Pflegepersonals sich positiv auf das Wohlbefinden der Patienten auswirken würde. Wegen des nur kurzen Untersuchungszeitraums konnten solche Wirkungen jedoch nicht nachgewiesen werden.
Während *Sobey* (1970) den Einsatz von nichtprofessionellem therapeutischen Pflegepersonal eher als vorbeugende Maßnahme zur Förderung der seelischen Gesundheit verstanden wissen will, betont *Harvey* (1964) die Wichtigkeit längerfristiger Nachsorgemaßnahmen im Anschluß an stationäre oder ambulante Behandlungsmaßnahmen. Er weist ebenso wie *Marler* (1971) nach, daß die Stabilität von Veränderungen durch den Einsatz nicht-professionellen Hilfspersonals erhöht werden kann.
Andere Untersuchungen befassen sich damit, solche Personen zu fördern, die durch ihr Berufsfeld in einem engen Kontakt mit Hilfesuchenden stehen. Dabei

wird angestrebt, die natürliche Sorge um Andere in einen vernünftigen Hilfsprozeß umzuwandeln. Die therapeutische Tätigkeit bleibt jedoch auf den eigenen Beruf beschränkt. Obwohl es eine Reihe von Ausbildungsmodellen und Handlungskonzepten darüber gibt (vgl. *Bonnell,* 1971; *Blech,* 1970; *Soper & Combs,* 1962), stehen Untersuchungen über die Wirksamkeit so geförderter Personen noch weitgehend aus.

Eine methodisch einwandfreie Studie liegt von *Pyle & Snyder* (1971) zu diesem Bereich vor. Sie gingen davon aus, daß Individuen in Krisensituationen dazu tendieren, Hilfe bei Personen zu suchen, die für sie wichtig sind, sog. „wichtige Andere". In diesem Zusammenhang schlugen professionelle Studentenberater vor, College-Neulingen Hilfe durch ausgebildete Mitstudenten anzubieten. Nach einem 30-Stunden-Training führten die Mitstudenten als Laienberater formelle und informelle Beratungen durch, wobei die wesentlichen Themen „Hilfen in Krisensituationen" und „Informationen über das College" waren. Die Effekte dieses Programms zeigten sich in der Verminderung von Spannungen während des Studienbeginns und der Verringerung der Isolation der Studenten. Des weiteren wurde deutlich, daß die Helfer selbst in nicht geringem Maße von ihrer Hilfeleistung profitierten (Helfer-Therapie-Prinzip).

6 Laienpsychotherapeuten

Detaillierte Untersuchungen liegen vor, die Effekte von Therapien durch Laientherapeuten, insbesondere bei Kindern zu erfassen. So konnten *Cowen* et al. (1968) nachweisen, daß ältere Personen – meist Rentner und Pensionäre – nach einem Training durch intensive Kontaktaufnahme mit verhaltensgestörten Kindern zu einer Verringerung der Störungen beigetragen haben. *Suinn* (1974) trainierte noch nicht graduierte Studenten in der Durchführung von Verhaltensmodifikationsprogrammen und Interviews (60 Stunden). Danach wurden sie als Berater in verschiedene Institutionen geschickt (Schulen, Kindergärten), um die Unterrichtenden bei der Aufstellung und Entwicklung von Programmen zu unterstützen. Allerdings geschah dies unter der Supervision von *Suinns* Mitarbeitern. Die Beratung erstreckte sich auf 21 Einzelfallprogramme und 2 Programme für Schulklassen. In 18 berichteten Fällen traten Änderungen in Richtung auf eine Verminderung von aggressivem Verhalten, von Unaufmerksamkeit und sozialer Unangepaßtheit ein. Als kritischen Punkt vermerkt *Suinn* (1974), Fähigkeiten zur Beratertätigkeit zu entwickeln bei Studenten, die keinen psychologischen Hintergrund hatten. Insbesondere weist er darauf hin, daß diese „angelernten" Therapeuten mögliche Fehlerquellen nicht wahrnehmen und selbständig korrigieren können.

McWilliams & Finkel (1973) bildeten High-School-Studenten in nicht-direktivem Therapeutenverhalten aus und ließen sie eine Gruppe von Grundschülern betreuen, die von Lehrern als scheu, schlecht sozialisiert, unreif und leistungsschwach eingeschätzt wurden. Im Vergleich zu einer Kontrollgruppe zeigten sich nach einer zehnwöchigen Betreuungszeit bedeutsame positive Änderungen bei diesen Kindern. Auch die Eltern betrachteten das Programm als hilfreich für ihre Kinder. Die Zuverlässigkeit dieser Ergebnisse wird jedoch dadurch eingeschränkt, daß die Beurteilenden wußten, welche Kinder der jeweiligen Versuchsgruppe zugeordnet waren.

Truax & Carkhuff (1965) führten in einem staatlichen Hospital ein 100 Stunden dauerndes Training mit psychiatrischen Hilfskräften durch. Dieses Training war darauf ausgerichtet, das Basisverhalten der klientenzentrierten Therapie zu erlernen. Diese Laienpsychotherapeuten führten dann mit insgesamt 75 hospitalisierten Patienten zeitlich begrenzte Gruppenpsychotherapien über eine Dauer von drei Monaten durch. Die Kontrollmessungen erfolgten durch Einschätzungen der Patienten durch das psychiatrische Pflegepersonal. Es ergaben sich bedeutsame Differenzen der Werte der Patienten von Laientherapeuten im Vergleich zu einer Kontrollgruppe. Die hierbei möglicherweise einwirkenden Beurteilungsfehler haben nach Ansicht der Autoren eher zu einer Unterschätzung der Effektivität geführt, da die Laientherapeuten bei dem Personal nicht sehr angesehen waren. Angaben über relative Besserungsquoten sollen hier nicht herangezogen werden, da keine prüfbaren Angaben über Besserungsschwellen vorlagen.

Katkin & Ginsburg (1971) überprüften die Einsatzmöglichkeiten weiblicher Freiwilliger zu Betreuung von Patienten nach der Entlassung aus einer Klinik. Nach einem Vortraining zur Verbesserung zwischenmenschlicher Verhaltensweisen führten weibliche Laientherapeuten regelmäßige Gespräche mit 36 Patienten, die nach einem stationären Klinikaufenthalt zur ambulanten Behandlung entlassen worden waren. Als Wirksamkeitskriterium wurde die Entlassungsquote festgesetzt. Nach einem Jahr stellten die Autoren eine bedeutsam geringere Wiedereinlieferungsquote der behandelten Patienten im Vergleich zu den Patienten einer Kontrollgruppe fest, die sich in mehreren demographischen Variablen und der durchschnittlichen Dauer des Klinikaufenthalts nicht von der Versuchsgruppe unterschieden. Die Autoren werten dies als gewichtigen Nachweis für einen wirksamen Einsatz von Laienpsychotherapeuten, weisen jedoch darauf hin, daß ein solcher Einsatz der Überwachung von Fachleuten bedarf, da Laientherapeuten die Angemessenheit ihres Verhaltens nicht wissenschaftlich verantwortungsvoll beurteilen können.

In einer jüngst vorgelegten Untersuchung überprüfte *Zielke* (1977, 1979a), ob trainierte Laienpsychotherapeuten klientenzentrierter Orientierung durch regelmäßige psychotherapeutische Kontakte eine bedeutsame Verminderung der psychischen Beeinträchtigung bei einer klinischen Klientenstichprobe bewirken können. In einer eigens dafür eingerichteten Beratungsstelle führten 17 Laienpsychotherapeuten (Pfarrer, Hausfrauen, Bewährungshelfer, Lehrer) nach einem erfolgreich absolvierten 100-Stunden-Training 9 Wochen lang psychotherapeutische Gespräche mit 45 neurotischen, mehrfach gestörten Klienten. Während dieses Zeitraums wartete eine gleichgroße Klientengruppe auf den Beginn der Gespräche. Die Gruppen waren nach Alter, Geschlecht, Neurotizismus, Extraversion, Intelligenz und Bildungsniveau parallelisiert. Als Folge der therapeutischen Einflußnahme zeigten sich bei weiblichen und männlichen Klienten Änderungen des „Allgemeinen Klinischen Syndroms" im Sinne einer Veränderung von Angst, Fehlanpassung und Neurotizismus, sozialer Erwünschtheit, Ich-Stärke und Dominanz. Veränderungen der Extraversion traten nur bei männlichen Klienten auf. Neben einer deutlichen Verminderung der Symptombelastung traten bei weiblichen Klienten Änderungen in den Symptombereichen: *Allgemeine Unsicherheiten, Psychosomatische Beschwerden, Berufliche Schwierigkeiten, Arbeitsstörungen, Familiäre Probleme, Verstimmungsstörungen* und *Psychiatrische Beschwerden* auf, während männliche Klienten Veränderungen bei *Allgemeinen Unsicherheiten, Psychosomatischen Beschwerden* und *Familiären Problemen* zeigten. Die nach der Therapie festgestellten Änderungen der Entspannung, Gelassenheit und des Optimismus im Erleben und Verhalten erwiesen sich in einer Nachuntersuchung über einen Zeitraum von 16 Monaten nach Abschluß der Therapien als stabil. Vergleiche mit den Behandlungserfolgen klientenzentrierter Fachpsychotherapeuten ergaben eine deutliche Überlegenheit der untersuchten Laienpsychotherapeuten, besonders bei der Behandlung weiblicher Patienten.

Wie bereits andere Autoren weist *Zielke* (1977, 1979a) ausdrücklich auf die Bedeutsamkeit einer kontinuierlichen Supervision der therapeutischen Praxis der Laientherapeuten hin. Dabei wird vermutet, daß die Supervisionsmethoden (vgl. *Zielke* et al., 1978) einen nicht unerheblichen Einfluß auf die Therapieeffekte haben.

7 Folgerungen

Abschließend soll auf der Grundlage der vorangehenden Analyse aufgezeigt werden, in welchen Bereichen sich eine Trennung der Aufgabenfelder von Laien und Professionellen ergibt und wo sie sich ergänzen können.

Verständlicherweise werden *Eltern* als *Laien* im *natürlichen Erziehungsfeld* bevorzugt zur Behandlung und Betreuung ihrer eigenen Kinder angeleitet. Die Bedeutung dieser Laiengruppe ergibt sich zwangsläufig aus den vorgelegten Nachweisen ihrer therapeutischen Wirksamkeit auch bei Störungen, die unter Verwendung herkömmlicher Konventionen bereits Krankheitswert besitzen. Allgemein könnte gefolgert werden, daß Eltern als therapeutische Mitarbeiter gewon-

nen werden sollten, wenn die kindlichen Verhaltensstörungen durch das Erziehungsverhalten der Eltern kontrolliert oder mitkontrolliert werden. Dabei sollte berücksichtigt werden, daß die Kontrolle der Veränderungsbedingungen so früh wie nur irgendwie vertretbar den Laien im natürlichen Erziehungsfeld übertragen werden sollte. Ein solches Vorgehen ist jedoch nur möglich, wenn die Eltern als therapeutische Mitarbeiter von Anfang an in den therapeutischen Änderungsprozeß einbezogen werden.
Neben den ökonomischen Vorteilen ergibt sich die Notwendigkeit für die Mitarbeit von Laien im natürlichen Erziehungsfeld auch aus einem anderen Grund: Durch ein vergrößertes Angebot an kurativen Einrichtungen ergibt sich auch für Eltern immer leichter die Möglichkeit, die Verantwortung für die Behandlung von „Verhaltensstörungen" ihrer Kinder an Fachleute zu delegieren. Damit besteht die Gefahr, daß einerseits problematische Verhaltensweisen von Kindern schon relativ früh als „krank" (auf dem Hintergrund eines medizinischen Krankheitsmodells, s. *Zielke,* 1979c) bezeichnet werden und daß andererseits die Wahrnehmung von Laien für die in ihrem eigenen Einflußbereich liegenden Verursachungsbedingungen getrübt oder zumindest nicht geschärft wird. Eine Rückübertragung der Verantwortung für den therapeutischen Heilungsprozeß von dem professionellen Therapeuten an den Laien im natürlichen Erziehungsfeld impliziert gleichzeitig die Vermittlung eines Krankheitskonzepts, das von einer sozialen Verursachung von Störungen ausgeht. Langfristig gesehen scheint uns diese Begründung für die Mitarbeit von Laien wichtiger als der ökonomische Vorteil.
Telefondienste erfüllen eher die Funktion von Kontaktpunkten zwischen Hilfesuchenden und therapeutischen oder beratenden Institutionen. Dies wäre jedoch bereits ein hinreichender Grund für die Entwicklung dieses Kontaktsystems. Inwieweit Telefondienste selbst therapeutisch wirksam sind, entzieht sich bislang der Erkenntnis. Geht man von der eingangs erwähnten Definition von Psychotherapie aus, sind Gespräche im Rahmen der Telefonberatung keine Psychotherapie, da die unter Pkt. 2 genannten Bedingungen nur schwerlich erfüllbar sind. Solange die Schwerpunkte der Laienarbeit bei der Telefonberatung darin gesehen werden, daß Laien mehr Möglichkeiten zu spontanem Handeln haben, eine geringere Kontaktschwelle für Anrufer und mehr Möglichkeiten zu Identifikation für den Ratsuchenden bieten, dürfte diese Dienstleistung mit einer gewissen Berechtigung auch eine Domäne von „Nicht-Professionellen" im eingangs genannten Sinne bleiben. Ergibt sich jedoch ein Funktionswandel der Telefondienste dahingehend, daß die Erarbeitung therapeutischer Pläne unter Verwendung differenzierter therapeutischer Techniken zunehmend Bedeutung gewinnt, ist eine stärkere Professionalisierung dieser kurativen Tätigkeit unumgänglich.
Das *therapeutische Hilfspersonal* erfährt überwiegend ein Training zur Verbesserung zwischenmenschlicher Verhaltensweisen. Es wird erwartet, daß ein verbessertes Sozialverhalten des Betreuungspersonals die Wirkung therapeutischer

Maßnahmen erhöht. Gleichzeitig wird therapeutisches Hilfspersonal eingesetzt, um an dem jeweiligen Arbeitsplatz vorbeugend oder nachsorgend tätig zu werden. Die therapeutischen Hilfsfunktionen werden jedoch unterschiedlich weit gefaßt. Wenn das Betreuungspersonal einer Klinik z. B. lernt, sich den Patienten gegenüber empathisch zu verhalten oder deren Selbständigkeit zu fördern, erfordert diese Tätigkeit keine spezifischen therapeutischen Qualifikationen, kann jedoch erheblich zu einer größeren Effizienz der therapeutischen Maßnahmen beitragen. Eine längerfristige Nachbetreuung durch das Pflegepersonal etwa nach stationären Behandlungen durch regelmäßige Besuchskontakte mit den Patienten außerhalb der Klinik – wie von *Marler* (1971) berichtet – erfordert jedoch bereits eine größere therapeutische Qualifikation, wenn z. B. Entscheidungen über zusätzliche Maßnahmen notwendig werden.

Laienpsychotherapeuten erfahren ein intensives Training, das sie befähigen soll, auf eine eng begrenzte Patientengruppe verändernd einzuwirken. Die Ergebnisse der Untersuchungen belegen nachdrücklich, daß Laienpsychotherapeuten bei Kindern, hospitalisierten Patienten und neurotischen Klienten deutliche psychische Besserungen bewirken können, die teilweise sogar über den Quoten von Fachtherapeuten liegen.

Nach unserer Auffassung geht es bei der Verwendung von Laienpsychotherapeuten nicht so sehr um die Frage, welche Patientengruppen durch Laien behandelbar sind, sondern darum, unter welchen Kontrollbedingungen Therapie durch Laien mit welchen Ausbildungsvoraussetzungen vertretbar ist. Dabei sollte berücksichtigt werden, daß die Anforderungen an die therapeutische und psychologische Qualifikation umso höher anzusetzen sind, je größer die geforderte Eigenverantwortlichkeit der Laientherapeuten für das eigene therapeutische Handeln ist. Es steht außer Zweifel, daß Laien infolge ihres eingeschränkten Wissens nur schwerlich in der Lage sind, die Angemessenheit des therapeutischen Vorgehens selbstverantwortlich zu beurteilen. Diese Einschränkung gilt umso mehr, je stärker die psychologischen Therapien die multiplen Abhängigkeiten auch bei relativ isolierten Einflußnahmen berücksichtigen. Mit zunehmender Differenziertheit der therapeutischen Methoden wächst auch das erforderliche Hintergrundwissen.

Das Abschätzen von Risiken im Therapieverlauf, die Bewertung von Komplikationen, die Berücksichtigung von Rückwirkungen auch bei Einzeltherapien auf das soziale Feld des Patienten, die stärkere Gewichtung diagnostischer Informationen über den Behandlungsverlauf und zur Störungsdiagnostik (vgl. *Zielke*, 1979b) erfordert eine fachliche Kompetenz in nahezu allen psychologischen Disziplinen, die nicht nur durch die Einübung von psychotherapeutischen Methoden erworben werden kann. *Einer eigenverantwortlichen therapeutischen Tätigkeit von Laien ist daher nachdrücklich entgegenzutreten.* Gleichwohl sind Laienpsychotherapeuten durchaus in der Lage – das bestätigen die vorgelegten Untersuchungen –, unter der kompetenten Kontrolle von Fachleuten wirksam psychotherapeutisch tätig zu sein.

Für die Zusammenarbeit zwischen Professionellen und Laien in den einzelnen Arbeitsgebieten ergibt sich danach eine Schwerpunktbildung für die psychologischen Fachleute in den folgenden Bereichen: (1) Begründung und Entwicklung von Interventionsprogrammen, (2) Initiierung und Förderung der Initiative zur Mitarbeit von Laien, (3) Anleitung zur Durchführung der Programme, (4) begleitende Kontrolle (Wirksamkeitskontrolle und Supervision).

Besonders im klinischen Bereich tätige Psychologen haben oft die Aufgabe, Laien (Eltern, Lehrer, Klinikpersonal, Sozialarbeiter u.a.) anzuleiten und zu trainieren. Die Voraussetzungen zur Erfüllung dieser Aufgaben müßten stärker als bisher durch das Universitätsstudium geschaffen werden. Neben der Entwicklung der eigenen therapeutischen Kompetenz gilt es, die Fertigkeit zu vermitteln, psychologisches Fachwissen in eine allgemein verständliche Sprache zu übertragen. Dieser Übertragungsprozeß müßte daher selbst Gegenstand einer wissenschaftlichen Ausbildung sein. Daß diese Fertigkeit nur im Kontakt mit den jeweiligen Laiengruppen vermittelt werden kann – etwa im Rahmen von studienbegleitenden Projekten – versteht sich von selbst. Bei der Übertragung von therapeutischen Funktionen auf Laien ist es unbedingt erforderlich, die spezifischen Tätigkeitsbedingungen der Laien zu berücksichtigen; dies setzt jedoch eine genaue Kenntnis des jeweiligen Tätigkeitsbereiches voraus. Vermittelt man z. B. Bewährungshelfern psychotherapeutische Techniken, sollte man berücksichtigen, daß deren Tätigkeitsfeld sich überwiegend in der Bewährungsüberwachung und der Bereitstellung aktiver Hilfen erschöpft.

Die psychologischen Praktika bieten jedoch nur wenige Möglichkeiten, während des Studiums Tätigkeitsbereiche von Laien kennenzulernen, da Praktika überwiegend nur unter der Supervision von Psychologen abgeleistet werden dürfen; diese arbeiten jedoch häufig gerade nicht im Tätigkeitsbereich von Laien. Als Möglichkeiten, diese Erfahrungsdefizite auszugleichen, bieten sich etwa regelmäßige Hospitationen in den Tätigkeitsbereichen von Laien (bei Eltern, Lehrern in Kliniken etc.) an, die von Universitätsveranstaltungen begleitet werden, in denen spezifische Kooperationsprogramme für einzelne Gruppen von „Nicht-Professionellen" entwickelt werden.

Literatur

Anker, J. M./Walsh, R. P.: Group psychotherapy: A special activity program and group structure in the treatment of chronic schizophrenics. Journal of Consulting Psychology, 1961, 25, 476–481.

Bastine, R.: Auf dem Wege zu einer integrierten Psychotherapie. Psychologie heute, 1975, 7, 53–58.

Bericht über die Lage der Psychiatrie in der Bundesrepublik Deutschland. Drucksache 7/4200, Deutscher Bundestag, 25. 11. 1975.

Blech, L. A.: Supervision in pastoral care and counseling: A prerequisite for effective ministry. Journal of Pastoral Care, 1970, 24, 322–239.

Bonnell, G. C.: The pastor's role in counseling the bereaved. Pastoral Psychology, 1971, 22, 27–36.

Brokopp, G. W.: A note on the telephone handling of the absence caller. Crisis Intervention, 1970, 2, 96–98.

Brokopp, G. W./Jasser, A.: Training the volunteer telephone therapist. Crisis Intervention, 1970, 2, 65–72.

Carothers, J. E./Inslee, L. J.: Level of empathy understanding offered by volunteer telephone services. Journal of Counseling Psychology, 1974, 21, 272–276.

Cowen, E. L./Leibowitz, E./Leibowitz, C.: The utilization of retired people as mental health aides in the schools. American Journal of Orthopsychiatry, 1968, 38, 900–909.

Derner, G. F.: An interpersonal approach to training in psychotherapy. In: *N. P. Dellis & H. K. Stone* (Ed.): The training of psychotherapists. Baton Rouge, 1960.

Duehn, W. D./Mayadas, N. S.: Behavioral rehearsals in group counseling with parents. Journal of Group Dynamics and Psychotherapy, 1976, 7, 13–23.

Euster, G. L./Addams, J.: Mental health workers: New mental hospital personnel for the seventies. Mental Hygiene, 1971, 55, 283–290.

France, K.: Evaluation of lay volunteer crisis telephone workers. American Journal of Community Psychology, 1975, 3, 197–220.

Gray, S. W./Klaus, R. A.: The early training project and its general rational. In: *R. D. Hess & R. M. Bear* (Ed.): Early education. Chicago: Aldine, 1968.

Guerney, B. G.: Filial therapy: description and rationals. Journal of Consulting Psychology, 1964, 28, 304–310.

Harsch, H.: Ausbildung zur Telefonseelsorge. In: *W. Becher* (Hrsg.): Seelsorgeausbildung. Göttingen: Vandenhoeck & Ruprecht, 1976, S. 210–220.

Harvey, L. V.: The use of nonprofessional auxiliary counselors in staffing a counseling service. Journal of Counseling Psychology, 1964, 11, 107–111.

Innerhofer, P./Warnke, A.: Eltern als Co-Therapeuten. Berlin, Heidelberg, New York: Springer, 1978.

Kalish, B. J.: Strategies for developing nurse empathy. Nursing Outlook, 1971, 19, 714–718.

Katkin, S./Ginsburg, M.: Effectiveness of female volunteers in the treatment of outpatients. Journal of Counseling Psychology, 1971, 18, 97–100.

Kaufmann, R./Kehr, O./Malina, J. & Ulrich, H. H.: Jahresbericht 1975. Informationsdienst Telefonseelsorge. 1976, 2, 4–14.

Marler, D. C.: The non-professionalization of the war on mental illness. Mental Hygiene, 1971, 55, 291–294.

McWilliams, S. A./Finkel, N. J.: High school students as mental health aides in the elementary school setting. Journal of Consulting and Clinical Psychology, 1973, 40, 39–42.

Meltzoff, J./Kornreich, M.: Research in Psychotherapy. New York: Altherton Press, 1970.

Minsel, B.: Veränderungen von Erziehungseinstellungen von Eltern durch Trainingskurse. Universität Hamburg: Unveröff. Dissertation, 1976.

Patterson, G. R./Reid, J. B./Jones, R. R./Conger, R. E.: A social learning approach to family intervention. Vol. 1: Families with aggressive children. Eugine/Oregon: Castalia Publ. Co., 1975.

Pretzel, P. W.: The volunteer clinical worker at the Suicide Prevention Center. Bulletin of Suicidology, 1970, 6, 29–34.

Pyle, R. R./Snyder, F. A.: Students as paraprofessional counselors at community colleges. Journal of College Student Personnel, 1971, 12, 259–262.

Sadler, O. W./Seyden, T.: An evaluation of „groups for parents": a standardized format encompassing both behavior modification and humanistic methods. Journal of Community Psychology, 1976, 4, 157–163.

Schmidtchen, S.: Die Verhaltenstherapie als Behandlungskonzept für Kinder und Jugendliche. In: *L. J. Pongratz* (Hrsg.): Handbuch der Psychologie. 8. Band: Klinische Psychologie, 2. Halbband. Göttingen: Hogrefe, 1978, 2451–2482.

Sobey, F.: The nonprofessional revolution in mental health. New York: Columbia University Press, 1970.

Sommer, G./Ernst, H. (Hrsg.): Gemeindepsychologie. München: Urban und Schwarzenberg, 1977.

Sommer, G./Kommer, B./Kommer, D./Malchow, C./Quack, L.: Gemeindepsychologie. In: *L. J. Pongratz* (Hrsg.): Handbuch der Psychologie. 8. Band: Klinische Psychologie, 2. Halbband. Göttingen: Hogrefe, 1978, 2931–2979.

Soper, D. W./Combs, A. W.: The helping relationship as seen by teachers and therapists. Journal of Consulting Psychology, 1962, 26, 288.

Suinn, R. M.: Training undergraduate students as community behavior modification consultants. Journal of Consulting and Counseling Psychology, 1974, 21, 71–77.

Teegen, F./Kranz, D./Fittkau, B.: Untersuchung über die Verwirklichung psychotherapeutischer Gesprächshaltungen. Zeitschrift für Klinische Psychologie, 1972, 1, 323–334.

Truax, C. B./Carkhuff, R. R.: An approach toward training for the aide-therapist: Research and implications. Mimeo-Manuscript, 1965.

Wagner, I.: Aufmerksamkeitstraining mit impulsiven Kindern. Stuttgart: Klett, 1976.

Wolf, M. M./Philips, E. L./Fixen, D. L.: Die Trainingsfamilie: Ein neues Modell für die Behandlung abweichenden Verhaltens von Kindern in der Gemeinde. In: *G. Sommer & H. Ernst* (Hrsg.): Gemeindepsychologie. München: Urban & Schwarzenberg, 1977, 169–182.

Zielke, M.: Empirische Kontrolle der Wirksamkeit klientenzentrierter Psychotherapie durch trainierte Laienpsychotherapeuten. Universität Kiel: Unveröff. Dissertation, 1977.

Zielke, M.: Laienpsychotherapeuten der klientenzentrierten Psychotherapie. Salzburg: Otto Müller, 1979a.

Zielke, M.: Indikation zur Gesprächspsychotherapie. Stuttgart: Kohlhammer, 1979b.

Zielke, M.: Krankheitserleben und Kausalattribution. Eine theoretische Analyse der subjektiven Ursachenwahrnehmung des Krankseins. Kiel: (Im Manuskript) 1979c.

Zielke, M./Gessert, A./Schneeweiß, J.: Supervision der therapeutischen Praxis. Kiel: Fotodruck, 1978.

3 Methoden der Ausbildung

Peter A. Fiedler

Adaptives Praxislernen im klinisch-psychologischen Projektstudium

Zusammenfassung

Das Ziel des Projektstudiums wird definiert als sich in einem bestimmten Praxisfeld aufhalten, es kennenzulernen, in ihm praktisch zu arbeiten – es sich also adaptiv zu erschließen. Für die Analyse und Durchführung von Praxisprojekten werden die folgenden Kriterien diskutiert. Der Theorie-Praxisbezug soll gewährleisten, theoriegeleitet im Berufspraxisfeld zu lernen und verändernd einzugreifen. Im forschenden Lernen wird der Studierende im Rahmen eines längerfristigen Hochschulforschungprojektes integriert und dort aktiv tätig. Durch den Berufspraxisbezug werden dem Studierenden die Probleme der zukünftigen Adressatengruppen, der zukünftigen Kollegen und der Institutionen vermittelt. Ein letztes Kriterium stellt der Erwerb einer sozialen berufspolitischen Handlungskompetenz dar. Die curriculare Einbindung eines klinisch-psychologischen Projektstudiums in die Hauptdiplomausbildung wird im Anschluß an die Diskussion der Kriterien vorgeschlagen und am Beispiel einer praxisbezogenen Psychotherapieausbildung im Heim konkretisiert. Anschließend werden die Probleme des Projektstudiums, wie die intensive Belastung der Studierenden und der Ausbilder sowie die Frage der Übertragbarkeit der erworbenen Kompetenz diskutiert.

1 Vorbemerkung

Seit Beginn der siebziger Jahre ist der Bedarf an psychotherapeutisch ausgebildeten Klinischen Psychologen ständig gestiegen. Gleichzeitig damit sind auch die Ansprüche an eine berufspraktische Orientierung des Psychologiestudiums größer geworden. Insbesondere Stichworte wie „sozialwissenschaftliche Fundierung des Psychologiestudiums", „Problemorientierung" und „projektbezogene Vermittlung von Wissenschaft" markieren dabei wesentliche Ansprüche der Studienreformbemühungen in den letzten Jahren. Eine *Berufspraxisorientierung* wird dabei vielfach auch als Korrektiv zur wissenschaftlich akademischen Tradition der Psychologie verstanden.

Im folgenden soll es um Ansprüche und Möglichkeiten eines praxisbezogenen Projektstudiums im klinisch-psychologischen Bereich gehen. Dazu werden die Rahmenbedingungen für die Anlage und Durchführung von Praxisprojekten allgemein aufgelistet und diskutiert. Ein besonderes Anliegen ist das Aufzeigen von (wenn auch bescheidenen) Möglichkeiten für jene Ausbildungsinstitute, deren

Studienplanung ein Projektstudium nicht ausdrücklich vorsieht. Andererseits sollen die Vorschläge anhand eigener Erfahrungen aus der Durchführung eines Praxisprojektes konkretisiert und relativiert werden.

2 Allgemeine Kriterien für ein Projektorientiertes Studium

Es sollen zunächst einige Anforderungen, Möglichkeiten und Grenzen des Projektstudiums aufgezeigt werden. Ausgangspunkt hierfür sind Kriterien, über die im Rahmen der Studienreformdebatte der vergangenen Jahre wohl allgemein Konsens erzielt wurde (u. a. dokumentiert in den Hochschuldidaktischen Arbeitspapieren, herausgegeben vom IZHD-Hamburg; siehe jedoch ergänzend die Kategorien für die Planung und Beurteilung hochschuldidaktischer Projekte von *Huber* 1977, die auch als Strukturierungshilfe einer Projektplanung zugrunde gelegt werden können). Die wichtigsten Rahmenbedingungen sollen kurz aufgelistet und bewertet werden.

2.1 Theorie-Praxis-Bezug

Im Projektstudium soll gleichermaßen der Versuch unternommen werden, (a) wissenschaftlich-theoriegeleitet zu arbeiten und (b) in Berufspraxisfeldern gleichzeitig lernend und verändend einzugreifen. Ziel: Einheit und Widerspruch von theoretischer Arbeit und praktischer Anwendung von Wissenschaft sollen bereits im Prozeß des Erwerbs von Wissenschaft erfahrbar gemacht werden. Als „adaptives Praxislernen" konzipiert versucht das Projektstudium, dem Studenten berufliches Wissen und berufliche Kompetenz dadurch zu vermitteln, daß dieser an der Planung und Durchführung von Projekten mitverantwortlich beteiligt wird (vgl. *Becker, Jungbluth* und *Voegelin,* 1972). Es handelt sich dabei meist um *Forschungs*projekte, die die Bedingungen einer Verbesserung berufspraktischer Fertigkeiten sowie die Möglichkeiten institutioneller Innovation in pädagogisch-psychologischen Arbeitsfeldern untersuchen. Die Lehre in solchen forschungsnahen Projektstudien (wie zum Beispiel die Vermittlung/Aneignung des Stoffes) orientiert sich vielfach an den Prinzipien des sogenannten *„forschenden Lernens"* (vgl. u. a. Das Bremer Modell o. J.; *Plath* 1975; *Wildt* 1975).

2.2 Forschendes Lernen

In der bisherigen Praxis wird ein zeitlich durch die Studienordnung begrenztes Projekt*studium* in ein längerdauerndes *Forschungs*projekt der Hochschul-

institution eingebettet. Seltener steht das Forschungsprojekt in zeitlicher Übereinstimmung mit dem Projektstudium. Meistens sind mehrere Projektstudien-Durchgänge innerhalb eines Hochschulforschungsprojektes möglich (vgl. hierzu die Überlegungen der Planungskommision Lehrerbildung der Universität Bremen 1977).
Im Projektstudium als wesentlicher Ausbildungsschwerpunkt im Gesamtstudium dominieren ausbildungsdidaktische Gesichtspunkte, auch wenn eine größtmögliche Beteiligung der Studenten an forschungsspezifischen Tätigkeiten angestrebt wird: Durch solchermaßen *forschendes Lernen* soll den Studierenden die anspruchsvolle Verknüpfung von theoretischer Arbeit, praktischer Anwendung von Wissenschaft und ihrer methodologischen Kontrollmöglichkeiten vermittelt werden. Das Prinzip des „forschenden Lernens" ist am prägnantesten durch die Bundesassistentenkonferenz (1970; 1973) ausgearbeitet worden.
In diesem Zusammenhang wird zumeist auch auf die *Aktionsforschung* (vgl. *Moser,* 1975; *Fiedler & Hörmann,* 1978) als eine Möglichkeit verwiesen, diesem in sich sehr komplexen Versuch des Herstellens einer „Einheit von Forschung und Lehre" einen forschungspraktischen Orientierungsrahmen zu geben. An die Verknüpfung von Projektstudium und Forschungsprojekt (als Aktionsforschung) sind vielfach recht hohe Erwartungen gestellt worden (so z. B. bei *Wildt, Gehrmann & Bruhn,* 1972), die inzwischen weit nüchterner betrachtet werden (vgl. *Wildt,* 1975). Welche Perspektiven sich aus vorliegenden Erfahrungen für die zukünftige Curriculumentwicklung ergeben, mag man an aktuellen Zusammenfassungen entnehmen (*Kaiser,* 1977; *Wildt,* 1978).

2.3 Berufspraxisbezug

Als wohl wichtigstes Merkmal des Projektstudiums kann uneingeschränkt die Realisierung einer ausreichenden Verbindung von Ausbildung und Berufspraxis gelten. *Wildt* hat als Resümee bis dahin vorliegender Projektberichte u. a. folgende Differenzierungen des Konzeptes „Berufspraxis" vorgenommen (1975, S. 82):

- Die Beziehung zum künftigen Berufspraxisfeld sollte mindestens die folgenden drei Komponenten enthalten: Die Auseinandersetzung und Befassung mit den Problemen der künftigen Adressatengruppen, der künftigen Kollegen und der Institution oder den Institutionen, von denen die Berufspraxisrolle organisiert wird.
- Die konkrete Beziehung zu diesen drei Komponenten geschieht zwar wenigstens zum Teil in einer aktiven Auseinandersetzung und zum Teil in gemeinsamen Aktivitäten, die von den Gruppen im Berufspraxisbereich und den Projektgruppen gemeinsam getragen werden; aber auch diese gemeinsamen Aktivitäten sollten zusammengetragen werden in einer Art Bedingungsanalyse des Berufspraxisfeldes. Unter dieser Fragestellung würden sich Projekte als Ansätze einer Art pragmatischer Berufsfeldforschung verstehen.

- Es erscheint notwendig, für die Projekte einheitliche Erfahrungsfelder zu organisieren. Heterogene Erfahrungsfelder erschweren der Erfahrungsaustausch, da hierin besonders die Tendenz zur Verselbständigung von Untergruppen liegt.
- Viele Projekte schließen an ihre Erfahrungen Überlegungen zur Sequenzierung des Berufspraxisbezuges in verschiedenen Stufen an (etwa: Erkundungen, Hospitationen, theoretische Vorarbeit, Simulation, eigentliche Projektpraxis). Damit kann die schrittweise Entwicklung einer angemessenen Berufsperspektive angestrebt werden.
- Kontinuierliche Mitarbeit von den Berufspraktikern in der Projektarbeit erscheint unter den gegenwärtigen Bedingungen der vollen beruflichen Auslastung schwierig. Dennoch muß eine ausreichende Kooperation der Institutionen des Praxisfeldes bei der Durchführung der Projektarbeit gesichert werden. Dies ist vermutlich häufig nicht ohne Korrekturen an den unmittelbaren Handlungszielen der Projekte möglich.

Das Gelingen der Berufspraxisorientierung von Projektstudien mag als Angelpunkt für eine ausreichende Vermittlung berufspraktischer Fertigkeiten angesehen werden. Wesentlich erscheint auch, daß eine reale *Berufsperspektive* für die Teilnehmer vorhanden ist: Bei einer einsichtigen Verbindung der Tätigkeit in Projekten zur Berufspraxis kann sich ein erhebliches Engagement der Teilnehmer auch dann einstellen, wenn das Tätigkeitsfeld nicht unmittelbar zum Berufsziel der studentischen Teilnehmer wird (vgl. *Giese* et al., 1978). Wo diese Verbindung fehlt, wird sich ein solcher Mangel u. U. in einem Motivationsverlust im Verlauf der Projektarbeit bemerkbar machen (wie es sich beispielsweise in einem sozialpsychologisch orientierten Projekt zur „Massenkommunikation" zeigte; vgl. *Bromme* et al., 1975).

2.4 Vermittlung berufspolitischer Handlungskompetenz

Der Einrichtung von Projektstudiengängen ist vielfach deshalb Widerstand entgegengebracht worden, als mit ihnen in gleichem Atemzug die Forderung nach „Politisierung von Wissenschaft" erhoben wurde. Insbesondere in der Folge der engagierten Studienreformdebatte Anfang der 70er Jahre sind zahlreiche Projektkonzeptionen erheblich durch das Bestreben beeinflußt, Ausbildung und Wissenschaft mit politischer Praxis zu verbinden (vgl. hierzu insbesondere Beiträge und Materialien zur Chronologie der Studienreformdiskussion in *Frilling, Dammann & Hübner,* 1975). In der Folge konkreter Erfahrungen scheint jedoch der Anspruch, über das Projektstudium etwa umfassendere Politisierungsprozesse einzuleiten, einer merkbaren Ernüchterung gewichen, so etwa in den Projektberichten des IZHD (1975) sowie im Sonderdruck „betrifft: erziehung" (1976). Das Bewirken politischer Veränderungen und Innovationen durch und im Rahmen von Prokjektstudien scheint eher von günstigen Rahmenbedingungen abhängig zu sein, die aber nicht grundsätzlich planmäßig durch Innovationsvorhaben herzustellen sind (vgl. *Wildt,* 1978). Jedoch aus dem Fehlschlagen politischer Absichten heraus etwa das Projektstudium verwerfen zu wollen, hieße, wichtige – auch politische – Lernmöglichkeiten zu übersehen, die m. E. durch den herkömmlichen Universitätsunterricht auch nicht ansatzweise gleichwertig angeboten werden können: Der (ebenfalls adaptiv mögliche) Erwerb einer sozialen und berufspolitischen Handlungskompetenz zur Vorbereitung auf die Berufspraxis, in der je beständig die (Fort-)Entwicklung politisch sinnvoller Handlungsstrategien gefordert ist (vgl. *Schäuble* et al., 1978).

3 Curriculare Einbindung eines klinisch-psychologischen Projektstudiums

Vorbilder für *klinisch*-psychologische Projektstudiengänge gibt es kaum. Insbesondere an den Universitäten, die durch die besonders geeigneten Strukturmerkmale einer Universitätsneugründung (wie in Oldenburg, Osnabrück, Bielefeld und Bremen) gekennzeichnet sind, befindet sich die Projektausbildung z. T. erst noch in der Planung und damit in den allerersten Anfängen. Bei der Durchsicht vorliegender Projektberichte unterschiedlicher Fachorientierung (wenn auch vornehmlich bezogen auf pädagogische Arbeitsfelder) gewinnt man doch recht schnell den Eindruck, daß die Durchführung von Praxisprojekten prinzipiell unter den unterschiedlichsten institutionellen Ausgangsbedingungen möglich ist (vgl. hierzu insbesondere das IZHD 1975, wo über Projekte an psychologischen (Praxisfeld: Massenkommunikation), an erziehungswissenschaftlichen (Praxisfelder: Schule und Hochschule) und an Fachhochschul-Instituten (Praxisfelder: Sozialarbeit mit Jugendlichen und ausländischen Arbeitnehmern) berichtet wird).
Innerhalb traditionell gewachsener Ausbildungskonzeptionen sind Projekte in das reguläre Studienangebot also durchaus einbeziehbar. Dies wird im späteren am Beispiel eines Projektes vertieft, das die vornehmlich klinisch-psychologische Tätigkeit des Heimpsychologen thematisiert.
In Tabelle 1 sind beispielhaft mögliche Inhalte eines Studiengangs angeführt, in dem für *klinisch*-psychologische Projekte mit unterschiedlichen Praxisschwerpunkten[1] projektübergreifende und projektspezifizierende Elemente benannt sind.
Es mag in dieser Auflistung bereits herauslesbar sein, daß und wo sich unterschiedliche Einbindungen auch in traditionelle Studienkonzeptionen anbieten. Jedoch ist dabei besondere Aufmerksamkeit der Frage zu schenken, inwieweit

---

1 Solche Schwerpunktsetzungen könnten beispielsweise in folgenden klinisch-psychologischen Praxisbereichen erfolgen: Kinder-, Jugend-, Erwachsenen-Therapie und -Beratung; Ehe- und Partnerberatung; Heimerziehung; Erziehungsberatung; Drogenberatung; sowie jeweils in dazugehörigen Institutionen; weiter in der Kinder- und Jugendpsychiatrie; oder in psychiatrischen und psychosomatischen Ambulatorien bzw. (Landes-)Krankenhäusern; im Strafvollzug; usw. usw.

Tabelle 1: Vorschlag für die Einbindung von Projektstudien in traditionelle Studienkonzeptionen durch Spezifizierung projektgebundener und projektübergreifender Studienelemente

	projektspezifizierende Elemente		projektübergreifende Elemente	psychologisches Hauptstudium
Orientierungs-Stufe	Einführung in die Konzeption und Inhalte der Praxisprojekte Entscheidung für Praxisprojekte durch Studenten		theoretische und sozialwissensch. und biologische Grundlagen psychologisch-therapeutischer Intervention	Übersichtsveranstaltungen: Klinische, Pädagogische, Angewandte und angewandte Sozial-Psychologie Psychologische Diagnostik
Projekt-Stufe	Selbsterfahrung Kommunikation und Interaktion theoretische und praktische Grundlagen der Projektarbeit	D I P L O M A R B E I T	Spezielle Diagnostik: Verhaltensanalyse Institutionsanalyse Interventionsplanung spezielle Methoden psychologisch-therapeutischer Intervention	evtl. Vertiefungs- bzw. Spezialisierungsmöglichkeit allgemeine Methoden psychologisch-therapeutischer Intervention
	Kennenlernen des Praxisfeldes: Problembeschreibung/-analyse		Forschungsmethodologie Interventionsbegleitende Diagnostik	Sozial-Epidemiologie Psycho-Pathologie
	Zielfindung/Zielanalyse/Interventionsplanung therapeutische Selbsterfahrung Evaluationsvorbereitung		Evaluationsmethologie	
	Praxistätigkeit/-intervention unter Supervision Evaluation der Praxistätigkeit Evaluation der Projektarbeit		*Diplomarbeit* Diplomanden-Kolloquien evtl. Integrative Zusammenfassung unterschiedlicher Praxis-Projekte; Gesamtevaluation der Projektstudiengänge	

durch die Untergliederung in projektspezifizierende und projektübergreifende Elemente (insbesondere jedoch durch die Projektarbeit) die regulären Studienanforderungen, wie sie in den Studien- und Prüfungsordnungen festgelegt sind, abgedeckt oder wie diese Anforderungen im Zuge von Studienreformbemühungen verändert werden können. Dies gilt insbesondere dann, wenn – wie im Vorschlag angedeutet – starke Sequenzierungen des Projektes vorgenommen werden.

Es sei jedoch erneut angemerkt, daß die Herstellung eines befriedigenden Berufspraxisbezuges im Projektstudium nur gelingt, wenn dem Studenten Zeit gegeben wird, sich im Praxisfeld zeitlich ausreichend genug aufzuhalten, es kennenzulernen, in ihm praktisch zu arbeiten – es sich also adaptiv zu erschließen. Mit Recht mag man hier einwenden, daß dies unmöglich ausreichend dann zu gewährleisten ist, wenn hierfür etwa die vielleicht 4, 5, 6 oder wenig mehr Semesterwochenstunden allein herhalten sollen, die das Projekt durch den/die Lehrenden angekündigt ist.

Ein solcher Einwand betrifft natürlich *in gleichem Maße* die herkömmliche Praxisausbildung. Das Problem ist m. E. jedoch dadurch in den Griff zu bekommen, daß der Student einen Großteil der Zeit seiner bis zum Diplom zu absolvierenden psychologischen Außen*praktika* der Praxisarbeit des Projektes zuführt. So können zumindest die im Übersichtsschema angegebenen Projektschritte „Kennenlernen des Praxisfeldes“ und „Praxistätigkeit unter (interpersoneller) Supervision“ zeitlich erheblich ausgedehnt werden. Die Praktikafunktion für die Ausbildung muß günstig vorstrukturiert werden: Das heißt, daß Lernschritte und Lernziele des Praxiserwerbs durch Projektpraktika möglichst vorab zu explizieren sind.

Überhaupt sind – wie aus den mir vorliegenden Projektberichten hervorgeht – bislang vielfach Fehler dadurch gemacht worden, Projekte dem sequentiellen Voranschreiten eher passiv zu überlassen, als vielmehr dieses sorgfältig zu planen und Pläne dann auch weitestgehend einzuhalten. Auch wenn Mitarbeiter das Projekt gleichzeitig als Forschungsvorhaben konzipieren, muß die Ausbildungsfunktion des Projektstudiums zentrales Anliegen bleiben. Das heißt: In durch Studien- und Prüfungsordnungen vorgegebenen, zumeist relativ begrenzten Zeiträumen müssen Studenten vorausplanbar und überschaubar notwendige Lernziele erreichen können.

4 Kurzbeschreibung und Bewertung der praxisbezogenen Schwerpunktausbildung (PSA) „Verhaltensmodifikation im Heim“

Im folgenden möchte ich die bis hier formulierten Ansprüche und Vorschläge anhand eines 1975 bis 1977 am Psychologischen Institut der Universität Münster durchgeführten Projektes konkretisieren[2]. Darstellungen und Bewertungen dieses Projektes sowie anhand der Projekterfahrungen gezogene Schlußfolgerungen für Forschung und Praxis mag man zusätzlich den Arbeiten von *Böcker* et al. (1978), *Fiedler* (1977), *Giese* et al. (1978) sowie *Schäuble* et al. (1978) entnehmen. Ich möchte mich hier auf die grobe Darstellung des Zeitverlaufs sowie der Einbindung der praxisbezogenen Schwerpunktausbildung (PSA) in das klinisch-psychologische Hauptstudium beschränken (hierzu zunächst die Übersicht in Tabelle 2).

Die PSA „Verhaltensmodifikation im Heim" war eine von sechs an unterschiedlichen Praxisfeldern (Schule, Beratungsstelle, Kinder- und Jugendpsychiatrie) bzw. an unterschiedlichen Therapierichtungen (Verhaltenstherapie, Gesprächspsychotherapie, Familienbehandlung) orientierte Schwerpunktausbildungen des psychologischen Hauptstudiums. Anliegen dieses praxisbezogenen Ausbildungsteils im 6., 7. und 8. Fachsemester ist die auf Praxisfelder/Praxisprobleme bezogene Vermittlung von Arbeits- und Interventionsweisen des Psychologen, insbesondere das Training und die Anwendung psychologisch-therapeutischer Verfahren unter Anleitung und Supervision, wie praxisspezifische Formen der Diagnostik und Interventionsplanung, wie Formen der integrativen Arbeit in interdisziplinär arbeitenden Teams (vgl. die damals zur Orientierung vorliegende vorläufige Studienordnung für das Fach Psychologie der Westf. Wilhelms-Universität in der Fassung vom 23. 6. 76).

Aus dem dargestellten Verlauf der PSA mag recht gut herauslesbar sein, wie das adaptive Praxislernen im Heimprojekt realisiert wurde: Als allmähliches Kennenlernen, Beobachten und Bewerten von Praxisproblemen, als Planen, Begründen und Erproben von Praxisfeldveränderungen, sowie als versuchsweises Eingreifen in die Praxis selbst. Sichtbar wird auch die sinnvolle Einbettung des Projektes in das Hauptstudium: Zwei Semester Vorbereitung durch Übersichtsveranstaltungen des psychologischen Hauptstudiums sowie durch projektübergreifende Seminare, die wichtige Zubringerfunktion haben. Während der beiden Projektsemester gibt es nur noch wenige zusätzliche Veranstaltungen, die z. T. wie die „Methoden der Verhaltensmodifikation" das Projekt sinnvoll ergänzen.

4.1 Einige Erfahrungen, Probleme, Bewertungen

Die Herstellung des Berufspraxisbezuges war nur durch die teilweise Einbringung der Psychologischen Außenpraktika in das Projekt möglich: Etwa zehn Praktikum-Wochen mußten von jedem Studenten in das Heimprojekt eingebracht werden. Nun bedeutet dies zwar gleichzeitig eine Mehrbelastung auch für

---

2 An diesem Projekt nahmen außer mir Dr. W. Schäuble sowie Dipl.-Psych. H. Leszke als Mitveranstalter sowie 11 Studenten teil; ihnen ist an dieser Stelle in gleicher Weise zu danken wie den psychologischen und pädagogischen Mitarbeitern der Jugendheime Freistatt für ihre freundliche Unterstützung.

Tabelle 2: Zeitlicher Verlauf der Praxisbezogenen Schwerpunktausbildung (PSA) „Verhaltensmodifikation im Heim“ sowie deren Einbindung in das psychologische Hauptstudium; Zahlenangaben in () bezeichnen die Anzahl der Semesterwochenstunden (SWS) der jeweiligen Lehrveranstaltung

	PSA-spezifizierend an der Universität (je 5 bzw. 6 SWS) und im Praxisfeld	PSA-vorbereitend und -übergreifend	psychologisches Hauptstudium
Wintersemester		Theorien der Verhaltensmodifikation (VM) (2) sozialwissenschaftliche Grundlagen der VM (2) Verhaltensanalyse und Therapieplanung (Blockkurs)	*Übersicht* (je 2) – Angewandte Psychologie – Klinische Psychologie – Psychologische Diagnostik *Vertiefung* (2) – Persönlichkeitsdiagnostik
Sommersemester April – Juli	Enscheidung der Studenten für eine PSA (VM im Heim)	Einführung in die unterschiedlichen Praxisbereiche der 6 PSA (2) allgemeine und spezielle Methoden der VM (4)	*Übersicht* (je 2) – Angewandte Psychologie – Angewandte Sozialpsychologie – Pädagogische Psychologie *Vertiefung* (2) – Intelligenz- und Leistungsdiagnostik *Wahlfachvertiefungsblock I* spezielle Thematik eines nicht-klinischen Fachgebietes (4)

Fortsetzung Tabelle 2

	PSA-spezifizierend an der Universität (je 5 bzw. 6 SWS) und im Praxisfeld	PSA-vorbereitend und -übergreifend	psychologisches Hauptstudium
vorlesungsfreie Zeit August – September	Planungswochenende		
	Selbststudium Theorie und Praxis der Heimerziehung		
	Praktikum I Kennenlernen des Praxisfeldes Heim (4 – 6 Wochen)		
Wintersemester Oktober – Februar	Erfahrungsaustausch Theorien/Psychologie der Heimerziehung spezielle Diagnostik Beobachtungsmethodologie	spezielle Methoden der VM (2)	*Wahlfachvertiefungsblock II* spezielle Thematik eines nichtklinischen Fachgebietes (4)
	Praktikum II Problemfindung: gemeinsamer Beobachtungsaufenthalt im Heim (2 Wochen)		
	Problemanalyse: Auswertung der Beobachtung im Heim		

Fortsetzung Tabelle 2

	PSA-spezifizierend an der Universität (je 5 bzw. 6 SWS) und im Praxisfeld	PSA-vorbereitend und -übergreifend	psychologisches Hauptstudium
	Training spezieller Methoden der VM insbesondere therapeutische Gesprächsführung		
vorlesungsfreie Zeit März	*Praktikum III* Rückmeldung der Problemanalyse an Heimmitarbeiter Erarbeitung von Zielen für ein Erziehertraining mit Betroffenen (4 Wochen)		
Sommersemester April – Juli	Entwicklung und Vorbereitung (Selbsterfahrung) eines Erziehertrainings *Praktikum IV* Durchführung des Erziehertrainings im Heim (2 Wochen) Evaluation – des Trainings – der PSA Berufsperspektive		*Vertiefung* (2) nach Wahl – Pädagogische Psychologie – Angewandte Psychologie – Angew. Sozialpsychologie

die Veranstalter (zeitlich über die jeweils angekündigten 5 bzw. 6 Semesterwochenstunden hinaus, die das Projekt an der Universität erforderte): Zumindest zeitweilig nahmen sie betreuend an den Praktika der Studenten im Heim teil. Andererseits blieb dieser Arbeitsaufwand u.a. deshalb recht begrenzt, weil einer der Veranstalter (ein im Heim tätiger Psychologe) als Lehrbeauftragter im Projekt angestellt sein Lehrdeputat vornehmlich dort im Heim vorort *en bloc* einbrachte.

Ein Großteil der Mehrbelastung wurde zweifelsohne auch durch jene Möglichkeit projektübergreifender Lehrangebote aufgefangen. Diese Lehrveranstaltungen, die Studenten unterschiedlicher Praxisausbildungen gleichzeitig besuchten und in denen für die unterschiedlichen PSA gleichgewichtige Themen behandelt wurden, könnten zukünftig (im Verlauf weiterer Lehrplanfortentwicklungen) dahingehend ausgebaut werden, daß sich eventuell Kapazitätseinsparungen zugunsten der Praxisprojekte ergäben.

Dennoch war das Projekt auf ein starkes zeitliches Engagement der Veranstalter angewiesen. Diese Erfahrung deckt sich weitgehend mit Beobachtungen und Mitteilungen anderer Projekte. Verbindung von Forschung und Lehre, die Integration von Praktikumzeiten sowie eine sinnreiche Arbeitsteilung mehrerer Veranstalter stellen hierzu nur ansatzweise Lösungen dar. So wird es vielleicht verständlich, daß sich auch aus den Bewertungen anderer Projekte der Eindruck gewinnen läßt, daß das Gelingen von Projektstudiengängen vielfach mit dem Engagement einzelner Personen oder Gruppen verknüpft ist, die die vorhandenen Freiräume (insbesondere innerhalb traditionell gewachsener Studienordnungen) zu nutzen verstehen.

Ein weiteres Problem wurde durch die vorhandenen (jedoch bei weitem nicht hinreichenden bzw. kaum übertragbaren) forschungsmethodologischen Grundkenntnisse der Teilnehmer offenbar: So mußte sowohl für die Vorbereitung und Durchführung der Beobachtungs- und Planungsphase wie auch im Rahmen der Evaluationsvorbereitung in die Kriterien der Aktionsforschung sowie erneut in Beobachtungsmethodologien und Erhebungstechniken eingeführt werden. Die alte Forderung nach einer ausgewogenen Abstimmung von Grund- und Hauptstudium aufeinander stellt sich durch die Projekterfahrung in viel schärferem Maße, als dies meiner bisherigen Erfahrung nach in der herkömmlichen Therapie (-Methoden-)Ausbildung der Fall war. Es könnte die Methodengrundausbildung durch gezielte Anforderungen aus Praxisprojekten eine entscheidende inhaltliche Umgestaltung unter wissenschaftspraktischen Erfordernissen erfahren.

Vielfach findet sich gegenüber Projektstudien der Einwand, es würden nur sehr spezifische, für das jeweilige Praxisfeld typische Erfahrungen vermittelt, die auf andere Praxisbereiche selten übertragbar seien. Dieser Frage muß sich prinzipiell jede Art Praxisausbildung stellen, insbesondere wenn sich aufgrund von Kapazitätsproblemen eine Entscheidung zwischen Tiefe vs. Breite von Ausbildungsinhalten nicht umgehen läßt. Bei der Beantwortung dieser Frage durch die Projektteilnehmer nun gingen die Einschätzungen der Studenten und die der Veranstalter in einigen Punkten auseinander (vgl. hierzu auch *Böcker* et al. 1978 sowie *Giese* et al. 1978): Für die meisten Studenten blieb die Beantwortung der Frage weitgehend offen. Einige vermuten eher Schwierigkeiten, die erworbenen Kompetenzen fruchtbar auch in anderen Praxisbereichen einzusetzen. Die persönlichen Konsequenzen in bezug auf das Interesse an einer Tätigkeit als Psychologe im Heim sehen unterschiedlich aus. – Für die Veranstalter erfolgt eine Beantwortung der Frage jedoch stärker im Vergleich mit (bei ihnen selbst vorhandenen) Erfahrungen aus traditioneller Therapie-Theorie-, -Methoden- und -Praxis-Ausbildung. Aus der projektspezifischen Ausbildung und Anwendung therapeutischer Gesprächsführung sowie der Erprobung von Verfahren der interpersonellen Supervision dürften dem Studenten wichtige Kompetenzen für die meisten Praxisfelder der Klinischen Psychologie zugewachsen sein. Für die therapeutischen Technologien des konzipierten und erprobten Erziehertrainings lassen sich Anwendungsbereiche in der Erziehungsberatung, der Lehrerberatung und der Sozialarbeit finden. Für die adaptiv erworbene Kompetenz institutioneller Problemlösung jedoch dürfte sich m.E. in der herkömmlichen psychologischen Ausbildung kaum eine Entsprechung finden lassen. Hier liegt nun zweifellos der größte Gewinn, den Studenten aus einem Projektstudium mitnehmen können.

5 Schlußbemerkungen

Die hier ausgewerteten Erfahrungen mit Projektstudien-Versuchen lassen sich vielleicht folgendermaßen sinnvoll zusammenfassen: Gegenwärtig befinden sich die Konzepte praxisorientierter klinisch-psychologischer Universitätsausbildung noch stets in der Entwicklung. Die Möglichkeiten des Projektstudiums sollten dabei in den Rahmen allgemeiner hochschuldidaktischer Überlegungen einbezogen werden. Festzuhalten bleibt vorerst jedoch, daß in bisher vorliegenden Projektversuchen jene glänzende Alternative zur Lösung der Hochschulprobleme nicht zu sehen ist (wie dies vielfach Anfang der 70er Jahre insbesondere für die Lehrerausbildung propagiert wurde). Dennoch hat das Projektstudium für engagierte Personen und Gruppen viel von seiner Faszination behalten, insbesondere weil es mehr Realität ins Studium holen kann und dadurch wesentliche Lernchancen mehr eröffnet als die traditionelle Hochschulausbildung. Sie sind jedoch mit erheblichen Anforderungen an eine sinnvolle Konzeption sowie an das Gelingen des Berufspraxisbezuges geknüpft. Es besteht wenig Anlaß für übertriebene Hoffnungen – jedoch als Resümee eigener Projekterfahrungen: Anlaß zu Befürchtungen auch nicht. Im Gegenteil: Dieser Bericht sollte eher dazu ermutigen, einmal mehr den Versuch sinnvoller Praxisintegration zu wagen, auch wenn sich damit erhebliche Anforderungen an das Engagement der Beteiligten verbinden.

Literatur

Becker, E., Jungbluth, G. & Voegelin, L.: Projektorientierung als Strategie der Studienreform. Studentische Politik, 2/3, 1972, 3–26.

Böcker, P., Fiedler, P. A., Giese, E., Kriwet, M., Leszke, H., Rohlfs, S., Schäuble, W. & Süß, R.: Entwicklung und Durchführung eines Mediatorentrainings für Mitarbeiter in der Heimerziehung. Sonderheft II/1978 der Mitteilungen der DGVT: „Verhaltenstherapie in der psychosozialen Versorgung" – Kongreßberichte 1977. DGVT, Postfach 1343, 7400 Tübingen. 1978, S. 213–228.

Bromme, R., Hömberg, E., Schierenberg, M., Schmidt-Mummendey, A. & Stadler, M.: Projekt „Massenkommunikation". Bericht über Theorie und Praxis eines Projektstudiums. In: *IZHD – Interdisziplinäres Zentrum für Hochschuldidaktik der Universität Hamburg* (Hrsg.): Projektorientiertes Studium II. Sedanstraße 19, 2000 Hamburg 13. 1975, S. 25–55.

Bundesassistentenkonferenz (Hrsg.): Forschendes Lernen – Wissenschaftliches Prüfen. Schriften der Bundesassistentenkonferenz 5. Bonn 1970.

Bundesassistentenkonferenz (Hrsg.): BAK-Materialien zum Projektstudium. Bonn 1973.

Das Bremer Modell. Informationsblatt. Herausgegeben vom Arbeitsbereich interne Informationsdienste der Universität Bremen. 2800 Bremen. Ohne Jahr.

Fiedler, P. A.: Zeittafel und Spezifizierung der PSA „Verhaltensmodifikation im Heim". Entwicklung und Evaluation eines Verhaltenstrainingsprogramms für pädagogische Mitarbeiter in der Heimerziehung. Unveröffentlicht. Psychologisches Institut der Universität Münster, 1977.

Fiedler, P. A. & Hörmann, G. (Hrsg.): Aktionsforschung in Psychologie und Pädagogik. Steinkopff, Darmstadt 1978.

Frilling, C., Dammann, B. & Hübner, H. (Hrsg.): Perspektiven gewerkschaftlich orientierter Studienreform. Herausgegeben vom AStA der Westf. Wilhelms-Universität, Schloßplatz, 4400 Münster. 1975.

Gehrmann, C. & Wildt, J.: Projekte als innovative Handlungssysteme zur Vorbereitung auf eine politische Berufspraxis. In: *IZHD – Interdisziplinäres Zentrum für Hochschuldidaktik der Universität Hamburg* (Hrsg.): Projektorientiertes Studium I. Sedanstr. 19, 2000 Hamburg 13. 1973.

Giese, E., Kriwet, M., Rohlfs, S. & Süß, R.: Entwicklung und Durchführung eines Erziehertrainings. Teil I: Projektbericht. Teil II: Trainingsprogramm für Mitarbeiter in der Heimerziehung. Unveröffentlichte Diplomarbeit. Psychologisches Institut der Universität Münster. 1978.

Huber, L.: Kategorien für die Planung und Beurteilung hochschuldidaktischer Projekte. In: *Kaiser, A. & Kaiser, F. J.* (Hrsg.): Projektstudium und Projektarbeit in der Schule. Klinkhardt, Bad Heilbrunn 1977, S. 30–46.

IZHD – Interdisziplinäres Zentrum für Hochschuldidaktik der Universität Hamburg (Hrsg.): Projektorientiertes Studium I (Hochschuldidaktische Arbeitspapiere 2). Projektorientiertes Studium II (Hochschuldidaktische Arbeitspapiere 6). Sedanstr. 19, 2000 Hamburg 13. 1973. 1975.

Kaiser, F. J.: Projektstudium und Handlungsforschung. In: *Kaiser, A. & Kaiser, F. J.* (Hrsg.): Projektstudium und Projektarbeit in der Schule. Klinkhardt, Bad Heilbrunn 1977, S. 7–30.

Moser, H.: Aktionsforschung als kritische Theorie der Sozialwissenschaften. Kösel, München 1975.

Planungskommission Lehrerbildung der Universität Bremen: Zum Projektstudium an der Universität Bremen. In: *Kaiser, A. & Kaiser, F. J* (Hrsg.): Projektstudium und Projektarbeit in der Schule. Klinkhardt, Bad Heilbrunn 1977, S. 46–55.

Plath, P.: Projektstudium in Bremen (am Beispiel der Chemie). In: *Frilling, C., Dammann, B. & Hübner, H.* (Hrsg.): Perspektiven einer gewerkschaftlich orientierten Studienreform. Herausgegeben vom AStA der Westf. Wilhelms-Universität Münster, Schloßplatz, 4400 Münster. 1975, S. 420–436.

Schäuble, W., Fiedler, P. A. & van Eickels, N.: Psychologisch-pädagogische Innovationsvorhaben in Institutionen. Vorschläge zur Strukturierung. In: *Fiedler, P. A. & Hörmann, G.* (Hrsg.): Aktionsforschung in Psychologie und Pädagogik. Steinkopff, Darmstadt 1978, S. 103–117.

Sonderdruck „betrifft: erziehung": Handlungsforschung. Beltz, Weinheim 1976.

Wildt, J.: Nachruf auf das Projektstudium? In: *IZHD – Interdisziplinäres Zentrum für Hochschuldidaktik der Universität Hamburg* (Hrsg.): Projektorientiertes Studium II. Sedanstr. 19, 2000 Hamburg 13. 1975. S. 76–83.

Wildt, J.: Perspektiven einer Forschungspraxis in Aktionsforschungsprojekten. In: *Fiedler, P. A. & Hörmann, G.* (Hrsg.): Aktionsforschung in Psychologie und Pädagogik. Steinkopff, Darmstadt 1978, S. 148–170.

Wildt, J., Gehrmann, G. & Bruhn, J.: Aktionsforschung als hochschuldidaktische Forschungsstrategie. In: *Haag, F., Krüger, H. & Schwärzel, W.* (Hrsg.): Aktionsforschung. Juventa, München 1972, 1975 (2), S. 137–159.

Johannes Helm und Inge Frohburg

Bedeutung des Verhaltenstrainings und Grenzen einer nur kenntnisvermittelnden Ausbildung in Psychotherapie

Zusammenfassung

Bei der Ausbildung von Psychotherapeuten setzen sich immer mehr Modelle durch, die zusätzlich zur Kenntnisvermittlung auf Verhaltenstraining und Einstellungsbildung Wert legen. Das hängt mit Nachteilen traditioneller Ausbildungsansätze zusammen, von denen einige kurz aufgezeigt werden.
Ausführlicher wird dann nach einem vergleichenden Überblick über verschiedene Ausbildungsprogramme für Gesprächspsychotherapeuten das gegenwärtig in der DDR praktizierte Ausbildungsprogramm für einen 30stündigen gesprächstherapeutischen Grundkursus und einen ebenfalls 30stündigen Aufbaukursus dargestellt und auf den Nachweis der Trainingseffekte eingegangen.

1 Einleitung

Die Frage, wie Psychotherapeuten ausgebildet werden müssen, damit sie die intendierten Fertigkeiten auch in der Praxis realisieren können, wird zunehmend in der Literatur diskutiert. Dabei dominieren Antworten, die systematischen Trainingsprogrammen zur Verhaltens- und Einstellungsbildung den Vorzug gegenüber einer nur wissensbezogenen bzw. kenntnisvermittelnden Ausbildung geben (*Blocksma* und *Porter,* 1947; *Joslin,* 1965; *Tscheulin,* 1972; *Tausch,* 1973). Auch traditionelle Ausbildungsmethoden wie Hospitationen, Fallkonferenzen usw. werden zunehmend als problematisch erkannt (*Truax* und *Mitchell,* 1971; *Matarazzo,* 1971; *Helm* und *Frohburg,* 1976). Es liegen begründete Hinweise dafür vor, daß eine Ausbildung dann effektiv ist, wenn sie sich *inhaltlich* an den in der Forschungsarbeit als effektiv nachgewiesenen psychotherapeutischen Interventionen orientiert und *methodisch* als konkretes Verhaltenstraining aufgebaut wird. Daraus leitet sich für die psychotherapeutische Ausbildung ab, daß als Maßkriterium für die Wirksamkeit einer Ausbildungsmethode 1. das metrisch bestimmbare Niveau der als effektiv nachgewiesenen psychotherapeutischen Fertigkeiten (Merkmale) und 2. ein darauf bezogener Effektivitätsgrad der Studierenden bei ihren Patienten gefordert werden sollte.
Unsere eigenen Ausbildungserfahrungen auf dem Gebiet der Gesprächspsychotherapie bestätigen im Prinzip den zwar vorhandenen, aber relativ geringen Nutzen einer ausschließlich wissensvermittelnden Ausbildung (vgl. Tabelle 1): Psy-

chologen ohne Kenntnisse (Wissen) in Gesprächspsychotherapie sowie ohne ein entsprechendes Verhaltenstraining und natürlich ohne entsprechende praktische

Tabelle 1: Verbalisierungshöhe in Abhängigkeit vom Ausbildungsstatus

Ausbildungsstatus	Verbalisierung (Tausch-Skala)	
	Mittelwert	Streuung
1. ohne Kenntnisse, Training und Praxis	2,1	0,95
2. Kenntnisse vorhanden, Training und Praxis fehlen	6,6	1,44
3. Kenntnisse und Training vorhanden, Praxis fehlt	8,3	0,95
4. Kenntnisse, Training und Praxis vorhanden	10,2	0,24

Erfahrungen geben schriftliche verbale Reaktionen auf ebenfalls schriftlich vorgegebene Patientenäußerungen ab, die im unteren Extrembereich der Verbalisierungsskala (*Tausch,* 1973) liegen. Theoretisch mit der Gesprächspsychotherapie vertraute Psychologen erreichen deutlich höhere Skalenwerte, die allerdings nicht ausreichen, weil sie lediglich unwesentliche internale Inhalte betreffen. Kenntnisse über gesprächstherapeutische Fertigkeiten schlagen sich demnach bei deren Realisierungsversuch zwar nieder, doch in einem nicht ausreichenden Ausmaß. Erst nach der Einbeziehung des Verhaltenstrainings werden Verbalisierungs-Leistungen erbracht, die einen Teil der wesentlichen internalen Inhalte der Patienten berücksichtigen. Die weitere Perfektion der Verbalisierung wird schließlich durch eine kontinuierliche gesprächspsychotherapeutische Praxis erreicht.

2 Probleme traditioneller Ausbildungsansätze

Den geforderten Maßkriterien entsprechen die traditionellen Ausbildungsansätze kaum.

Lehr- und Kontrollbehandlungen scheinen ebenso wie Selbsterfahrungsmethoden geeignet zu sein, den Kandidaten ihre eigenen sozialen Einstellungen und Reaktionsmuster transparenter zu machen und damit auch der Gefahr, die Berichte ihrer Patienten zu verzerren, entgegenzuwirken. Hier wird von der Voraussetzung ausgegangen, daß sich dadurch die angezielten therapeutischen Fertigkeiten verbessern werden. Trotz der Plausibilität dieser Voraussetzung ist bisher aber weder ein solcher Gewinn noch die Verbesserung der Effektivität derart ausgebildeter Psychotherapeuten systematisch überprüft worden. Über erste Ansätze dazu berichten *Kremer* und *Tausch* (1975) sowie *Tausch, Schiefelbein, Schwab* und *Dossmann* (1975).

Auch verschiedene Spielarten sog. *Fallkonferenzen* kommen häufiger in der Psychotherapieausbildung zur Anwendung. Hierbei berichtet in der Regel ein Kandidat über seine Probleme und Schwierigkeiten, die sich für ihn während einer Behandlung ergaben. Dazu erhält er Einschätzungen seines Verhaltens und Korrekturhinweise vom Ausbilder und von der Gruppe. Erhebliche Mängel dieser Methode ergeben sich daraus, daß der Kandidat seinen Bericht rekonstruierend vorträgt, wodurch Auslassungen und Entstellungen relevanter Sachverhalte bewirkt werden können, die ihrerseits eine sinnvolle Rückmeldung beeinträchtigen müssen (*Covner,* 1944). Ein Tonbandvergleich der Rekonstruktionen von Kandidaten mit dem realen therapeutischen Kontakt zeigte: Auslassung wichtiger Themen der Patienten, inadäquate Darstellung der emotionalen Reaktionen und der Therapeut-Patient-Beziehungen (*Muslin* u. a., 1967). Hinweise, die auf der Basis solcher Informationsdefizite und -verzerrungen beruhen, wurden von den Ausbildern selbst als fehlerhaft bezeichnet. Damit mag es zusammenhängen, daß *Matarazzo* (1965; *Matarazzo* u. a., 1966) bei der Effektivitätsüberprüfung von Fallkonferenzen zu einem negativen Resultat kam. Obgleich hier ebenso wie bei den Kontrollanalysen versucht wird, über die wissensvermittelnde Ausbildungsphase hinauszugehen, muß der Ausbildungswert von Fallkonferenzen dieser Art als recht zweifelhaft bezeichnet werden. Sie sind dagegen effektiver, wenn statt der rekonstruierten Kandidatenberichte die realen psychotherapeutischen Situationen oder hinreichend informative Aufzeichnungen davon als Grundlage kollektiver Rückmeldungen verwendet werden. Wir sprechen dann von kollektiver Verhaltensauswertung; ein ähnliches Vorgehen bezeichnet *Wendt* (*Wendt,* 1975; *Tögel,* 1976, 1978) als Problemfall-Seminar. Ihren Wert verdeutlicht ein von *Matarazzo* u. a. (1966) durchgeführter Vergleich verschiedener Arten von Fallkonferenzen: Die übliche, zuerst beschriebene Vorgehensweise hatte die geringsten Änderungen zur Folge, die Einbeziehung des realen Gesprächsverhaltens erbrachte mittlere Verhaltensänderungen, am größten waren diese jedoch dann, wenn der Ausbilder über systematisch zweimal wöchentlich aufgenommene Therapiekontakte Rückmeldungen gab und weitere Auswertungen kollektiv vorgenommen wurden. Die Änderungen wurden dabei durch eine Prüfliste für fehlerhaftes Verhalten, durch die Erfassung sozialer Einstellungen und durch die Ermittlung kommunikationsfördernder Merkmale festgestellt.

In der fertigkeitsvermittelnden Ausbildungsphase bedient man sich auch verschiedener Arten der *Simulation realer psychotherapeutischer Gespräche* und versucht damit, die Schwierigkeiten zu umgehen, die sich aus einer zu frühzeitigen Arbeit der Kandidaten mit Patienten ergeben können. Nach *Finney* (1968) werden z. B. jedem Kandidaten zwei andere zugeordnet, von denen der eine sich als sein Quasipatient und der andere als sein Quasitherapeut zu verhalten hat. Auf diese Weise führt jeder Kandidat wöchentlich zwei Gespräche mit wechselnder Aufgabe. Solche die reale therapeutische Situation simulierenden Gespräche können als Rollenspiele (Kandidat übernimmt vorgegebene Themen und Funktionen) oder als echte Problemgespräche geführt werden. Sie werden auf Tonband aufgezeichnet und mit Ausbildern und der Gruppe im Sinne konkreter Verhaltenskorrekturen ausgewertet. Nach 6 bis 7 Auswertungen ließen sich z. B. Verbesserungen in wesentlichen Komponenten der Verbalisierung nachweisen. Eine im Prinzip ähnliche, aber im Vorgehen andersartige Ausbildungseinheit schlagen *Ivey* u. a. (1968) mit dem „Microcounseling" vor. Die paarweise zu führenden 5-Minuten-Gespräche werden mit Video-Recorder aufgezeichnet und danach ausgewertet, inwieweit sie einem vorgegebenen Modell bzw. den Instruktionen entsprechen. Bei diesem Vorgehen zeigen sich schon nach einstündigem Training signifikante Verhaltensunterschiede gegenüber einer Kontrollgruppe ohne Auswertungsphase. Besonders für spezielle Übungsteile in der psychotherapeutischen Gesprächsführung scheint sich dieses Microcounseling gut zu eignen. Es ist nach *Wagner* (1973) sogar effektiver als die ausschließliche Verwendung von Beurteilungsskalen im Training. Auch die Befragungsergebnisse von *Digiulio* und *Eshleman* (1972) bestätigen den Wert dieses Vorgehens.

3 Ausbildungsprogramme für klientenzentrierte Gesprächspsychotherapie

Innerhalb der klientenzentrierten Gesprächspsychotherapie hat die Entwicklung effektiver Lehrprogramme immer eine wichtige Rolle gespielt. Da hier die Ausbildung selbst als Forschungsgegenstand behandelt wurde, liegen gegenwärtig verschiedene Programmvarianten vor. Deren wichtigste sollen hier kurz erwähnt werden, bevor wir den eigenen Ansatz etwas ausführlicher vorstellen.

Für *Rogers* (1951) spielt bei der Ausbildung von Gesprächspsychotherapeuten neben technischer Unterweisung insbesondere das Modell- bzw. Erfahrungslernen eine wichtige Rolle. Der Ausbilder soll durch Realisierung des gesprächspsychotherapeutischen Basisverhaltens auch in der Beziehung zum Kandidaten als soziales Modell künftiger psychotherapeutischer Fertigkeiten fungieren.

Diese Annahmen wurden durch Untersuchungen von *Pierce, Carkhuff* und *Berenson* (1967); *Pagell, Carkhuff* und *Berenson* (1967) und *Pierce* und *Schauble* (1970) erhärtet. Deshalb sollte als Grundlage der Ausbildertätigkeit auch ein erfolgreicher Trainingsabschluß der Ausbilder selbst gefordert werden.

Auf der Basis solcher Überlegungen wurde 1964 von *Truax, Carkhuff* und *Douds* ein 100-Stunden-Trainingsprogramm erarbeitet. Dazu gehören neben dem eben erwähnten Modellernen ein spezieller didaktischer Teil (Abhören umfangreichen Tonband-Materials, Skalenbeurteilungen von Tonband-Stichproben, therapeutische Reaktionen auf Patientenäußerungen vom Tonband, Rollenspiele, Probekontakte mit Patienten bei kollektiver Auswertung) und eine Quasi-Gruppentherapie (wöchentlich 2 Stunden Gruppendiskussion über per-

sönliche Probleme unter der Bedingung der Realisierung therapeutischer Fertigkeiten). Die Wirksamkeit dieses Programms wurde von *Berenson, Carkhuff* und *Myers* (1966) sowie von *Truax* und *Silber* (1966) nachgewiesen. Mit seiner Hilfe konnte im übrigen auch medizinisches Pflegepersonal psychotherapeutische Fertigkeiten erwerben, die denen erfahrener Psychotherapeuten nahezu entsprachen und über dem Niveau von Kollegen mit abgeschlossener Universitätsausbildung lagen. Das zeigt u. E. die Potenzen eines fertigkeitsbezogenen Trainings in aller Deutlichkeit.
Von diesem Konzept ausgehend empfiehlt *Tausch* (1973) ein Training für Psychologiestudenten, das mit einer Vermittlung wissenschaftlicher Ergebnisse sowie einem Literaturstudium beginnt und eine Reihe didaktischer Elemente enthält, die z. T. denen des *Truax-Carkhuff-Douds*-Programms entsprechen, es aber vor allem bei den praktischen Übungen erheblich differenzieren. So wird z. B. eine sogenannte alternierende Gesprächspsychotherapie eingeführt oder Studenten werden als Co-Therapeuten eingesetzt. In letzter Zeit hält *Tausch* (1976) die Teilnahme von Studenten an Encountergruppen für besonders geeignet zur Entwicklung psychotherapeutischer Fertigkeiten und Grundhaltungen.

Eine gewisse Komplettierung erfahren diese Programme durch das Lernprogramm von *Minsel* (1974), besonders durch die sprachlichen Formulierungsübungen, durch Übungen zum Wahrnehmen nichtverbaler Informationen und durch eine Sensibilisierung der Studenten für eigene Erfahrungen bei schwierigen therapeutischen Situationen.
Die genannten Effektivitätsstudien zeigen nachdrücklich die Vorteile solcher Trainingsprogramme gegenüber einer ausschließlich kenntnisvermittelnden Ausbildung mit Vorträgen, Seminaren usw. Sie weisen aber auch eindringlich darauf hin, daß der Trainingserfolg von verschiedenen persönlichen Voraussetzungen der Kandidaten abhängt, die bisher nur teilweise bekannt sind. Von den Extrembereichen abgesehen scheinen Intelligenzkriterien und Leistungsnoten im Studium für die Auslese unwesentlich zu sein (*Bergin* und *Solomon,* 1970; *Whitley* u. a., 1967). Von größerer Bedeutung dagegen stellte sich die sogenannte kognitive Flexibilität heraus, da sie die Effektivität von Psychotherapeuten zu prediktieren gestattete (*Whiteley* u. a., 1967). Auch aus psychodiagnostisch erfaßbaren Persönlichkeitsmerkmalen fanden sich Hinweise zur Differenzierung der Wirksamkeit künftiger Psychotherapeuten (*Bergin* und *Jasper,* 1969; *Foulds,* 1969; *Gurman,* 1972). *Truax* und *Mitchell* (1971) fanden ferner, daß Kandidaten, die zu Beginn ihrer Ausbildung bereits von sich aus ein relativ gutes Niveau therapeutischer Fertigkeiten mitbrachten, diese in der Ausbildung im Gegensatz zu solchen Kandidaten mit nur mäßigem Niveau steigern konnten. Verwendet man das Verhalten in solchen Probegesprächen als Auslesekriterium, dann dürften nur ein Fünftel aller Bewerber zur Ausbildung in Gesprächspsychotherapie zugelassen werden.

4 Das GT-Ausbildungsprogramm für Klinische Psychologen in der DDR

Unsere eigenen Ausbildungserfahrungen beziehen sich auf einen von uns konzipierten 30stündigen gesprächstherapeutischen Grundkursus. Dieses Ausbildungsprogramm ist seit mehreren Jahren Bestandteil des Studienplanes der Fachrichtung Klinische Psychologie in der DDR und darüber hinaus auch in der Weiterbildung Klinischer Psychologen und psychotherapeutisch tätiger Ärzte eingesetzt worden. Dieser GT-Grundkursus (GT I) wird ergänzt durch einen ebenfalls 30stündigen Aufbaukursus (GT II) und sog. kontrollierte Praxis in Form von Tonband-Seminaren (GT III). Diese Kurse wurden bisher nur mit praktisch tätigen Psychotherapeuten durchgeführt – GT II wird jedoch ab Herbstsemester 1979 obligatorischer Bestandteil der Ausbildung Klinischer Psychologen sein.

4.1 Aufbau des Grundkurses GT I

1. In einer kurzen theoretischen Einführung (2 Stunden) werden als Wiederholung von Teilen des Vorlesungsstoffes oder von vorgegebener Literatur bei Weiterbildungskursen summarisch die wünschenswerten, effektiven Verhaltensweisen von Psychotherapeuten und Patienten erläutert und daraus die Zielstellungen, Möglichkeiten und Grenzen des praktischen Verhaltenstrainings abgeleitet und begründet.
2. Die praktischen Übungen beginnen mit einem Beurteilungs-Training für Selbstexploration (6 Stunden) und Verbalisierung emotionaler Erlebnisinhalte (6 Stunden). Mit Hilfe von Skalen sollen schriftlich fixierte und später von Tonbändern dargebotene Äußerungen der Patienten und Therapeuten beurteilt und so eine hinreichende Sensibilität der Kursteilnehmer für die von Patienten geäußerten und von Psychotherapeuten in unterschiedlichem Ausmaß reflektierten emotionalen Gesprächsinhalte erreicht werden. Die Skalen erklären wir mit Hilfe von Beispielen semantisch genau und lassen dann Patienten- bzw. Therapeutenäußerungen erst einzeln und später im Gesprächskontext unabhängig von allen Kursteilnehmern beurteilen. Die jeweiligen Skalenwerte werden verlesen, untereinander und mit einer vorgegebenen Experten-Beurteilung verglichen und besonders die Extremwerte diskutiert. Das Beurteilungstraining zur Verbalisierung enthält einige zusätzliche Übungselemente, die sich aus dem möglichen Aktionsradius des Therapeuten ergeben und die gleichzeitig das anschließende Verhaltenstraining vorbereiten sollen. Zu jeder Patientenäußerung werden z. B. mehrere Therapeutenäußerungen unterschiedlichen Verbalisierungsgrades zum Vergleich und gleichzeitig als Modell eine oder mehrere sogenannte optimale Verbalisierungen hoher Skalenstufen angeboten. Dieses methodische Vorgehen intensiviert erfahrungsgemäß die Diskussion.

Zum Beurteilungstraining verwenden wir (trotz einiger Anwendungsprobleme, z. B. *Frohburg* und *Helm,* 1976) die bekannten empirischen Skalen von *Tausch* u. a. (*Tausch,* 1973; *Helm,* 1978), informieren aber auch über die SE-Einschätzungsskalen von *Carkhuff* sowie *Pfeiffer* (1977) und die Merkmalscharakterisierung der SE durch *Eckert* (1974) bzw. die V-Skalen von *Truax* bzw. *Pfeiffer* und das Verhaltensinventar zur Einschätzung der Psychotherapeutenvariablen von *Barrett-Lennard* (1962) und ihre Vor- und Nachteile.

3. Das Ziel des Verhaltenstrainings „Verbalisierung" (10 Stunden) besteht im Erlernen solcher verbaler Reaktionen, die die Merkmale einer guten Verbalisierung aufweisen. Eigene Verbalisierungen der Kursteilnehmer werden zunächst auf schriftlich fixierte, dann auf einzelne und später zusammenhängende vom Tonband abgespielte Patientenäußerungen verlangt. Anfangs erfolgen die eigenen Verbalisierungen schriftlich, im weiteren Kursverlauf müssen die Teilnehmer unmittelbar mündlich reagieren, wobei ihre eigenen Verbalisierungen zusammen mit den vorgespielten Patientenäußerungen auf ein zweites Tonband aufgenommen werden. Alle Verbalisierungsversuche werden in der Gruppe besprochen, ggf. skalenbezogen beurteilt und wieder mit von erfahrenen Gesprächstherapeuten formulierten optimalen Verbalisierungen verglichen. Auch in diesem Übungsabschnitt spielt die Analyse der Selbstexploration des Patienten eine wichtige Rolle, da anzunehmen ist, daß ihre präzise und differenzierte Erfassung durch den Therapeuten sowie die sichere Diskriminierung von externalen und internalen Gesprächsanteilen eine wichtige Voraussetzung für eine gute Verbalisierung ist. Damit soll auch erreicht werden, daß die Kursteilnehmer ihre eigenen Äußerungen nicht an spekulativen Bezügen orientieren, sondern auf die Probleme der Patienten beziehen können.

Zur Grundstufe unseres Trainingsprogrammes gehören 4. einführende Informationen und Skalendarstellungen zu weiteren Variablen des gesprächstherapeutischen Basisverhaltens (Empathy = Erweiterte Verbalisierung, positive Wertschätzung und emotionale Wärme, Selbstkongruenz) bzw. über weitere effektive Verhaltensmerkmale des Gesprächstherapeuten (Konkretheit, Konfrontation, Ermutigung neuer Betrachtungsweisen) (4 Stunden) sowie 5. die Besprechung besonderer Probleme und schwieriger Situationen in der (Gesprächs-)Psychotherapie (Gesprächseröffnung und -abschluß, Verhalten bei external sprechenden, stark verteidigenden oder intellektualisierenden Patienten u. a.) und Hinweise zu Besonderheiten der Gesprächspsychotherapie in der Gruppensituation (2 Stunden).

4.2 Inhalt des Aufbaukursus GT II

Durch den gesprächspsychotherapeutischen Grundkursus werden überwiegend „formale" Verbalisierungsfertigkeiten erworben, der Ausdruck von Wärme/

Wertschätzung/Akzeptierung und Selbstkongruenz befriedigt jedoch nicht. Wesentliche Verbesserungen i. S. der Erhöhung der entsprechenden Skalenwerte sind infolge der fehlenden gezielten, durch Rückmeldungen ausgelösten Reflexion über diese Verhaltensweisen im Grundkursus auch kaum zu erwarten. Sie werden deshalb in einem zweiten Ausbildungsabschnitt angestrebt. Neben der weiteren Verbesserung gesprächstherapeutischen Basisverhaltens (auch im Sinne einer größeren Flexibilität) soll in GT II erreicht werden, daß sich die Ausbildungskandidaten über ihre eigenen individuellen Möglichkeiten, Hemmungen und Grenzen bei der Realisierung von GT-Verhalten klarer werden, daß sie über ihre emotionalen Reaktionen, Haltungen und Einstellungen, die ihr Basisverhalten bzw. die damit verbundene Therapeut-Patient-Beziehung behindern könnten, reflektieren.

Der GT II-Kursus enthält vier unterschiedliche Ausbildungselemente:

1. Am Anfang stehen begriffliche und theoretische Klärungen zu verschiedenen Aspekten des gesprächstherapeutischen Verhaltensrepertoires, speziell zu Problemen der Transparenz und Selbsteinbringung des Psychotherapeuten und zu den Möglichkeiten konfrontierenden Verhaltens.

2. Danach werden einige Übungen durchgeführt, die dazu dienen sollen, direkt und indirekt ausgedrückte internale Inhalte zu identifizieren, sich eigener auf die therapeutische Situation bezogener internaler Inhalte bewußter zu werden und diese zu differenzieren und schließlich Selbsteinbringung in konstruktiver Form zu realisieren.

3. Wesentliches Ausbildungselement in GT II sind dyadische Übungsgespräche, die jeder Teilnehmer als Quasi-Patient mit einem anderen Teilnehmer als Quasi-Therapeuten über ihn persönlich belastende Schwierigkeiten in (gesprächs-)psychotherapeutischen Situationen führt. Dabei soll der Therapeut GT-Basisverhalten verwirklichen. Diese Gespräche werden auf Tonband aufgenommen und nach einem bestimmten Modus mit verschiedenen Rückmeldungen ausgewertet.

4. An jedes dyadische Gespräch schließt sich ein auf die eingebrachte Thematik bezogenes Gruppengespräch an, das durch gegenseitige Wertschätzung und Akzeptierung, gegenseitiges Verständnis und persönliche Transparenz gekennzeichnet sein soll (Modellfunktion). Dieses Gruppengespräch soll sowohl dem Quasi-Patienten eine weitere Selbstexploration als auch den Gruppenmitgliedern die Klärung ihrer eigenen Haltungen und Einstellungen zu diesem Problem und der Art seiner Bearbeitung ermöglichen. In diesem Zusammenhang sprechen wir von einer selektiven (auf die therapeutischen Anforderungen bezogenen) Selbsterfahrung.

4.3 Kontrolle der Trainingsresultate

Da bei der Psychotherapieausbildung sehr komplexe Ziele angestrebt werden, erscheint es uns zum Nachweis von Ausbildungsprogrammen unter methodischem Aspekt wichtig, diese in Teilschritte zu zerlegen, konkrete Ausbildungsziele für diese Teilschritte zu formulieren und dann durch angemessene Methoden die Erreichung der Teilziele zu kontrollieren.

Effektivitätskontrolle zum Beurteilungstraining

Im Kursverlauf nimmt erwartungsgemäß die Diskrepanz zwischen den individuellen Bewertungen und der Expertennote infolge einer ständigen Korrektur der eigenen Beurteilungsleistungen durch fortlaufende Rückmeldungen ab. Wir errechneten beispielsweise für 150 Verbalisierungs-Beurteilungen anfangs eine mittlere Abweichung von der Experten-Note von 1,7 Skalenstufen, zum Abschluß des Trainings die signifikant geringere Differenz von 0,9.
Früher kontrollierten wir den Trainingserfolg über die Beurteilerübereinstimmung in der Gruppe. War sie hinreichend groß ($r \geqslant 70$), galt das Beurteilungstraining für die betreffende Skala als abgeschlossen. Dieses Vorgehen birgt die Gefahr einer gruppenspezifischen Normierung und vermittelt dem einzelnen keine Rückmeldung über seine persönliche Leistung. Deshalb verwenden wir jetzt ein System, das sich an individuellen „Abweichungspunkten" als der Summe der Differenzen zwischen eigenen Bewertungen und Expertennoten (in Skalenstufen) orientiert. Die Vergleichsverteilung wurde an Hand von 125 Beurteilungsreihen aus verschiedenen Kursen gewonnen (vgl. Abbildung 1). Dieses Vorgehen

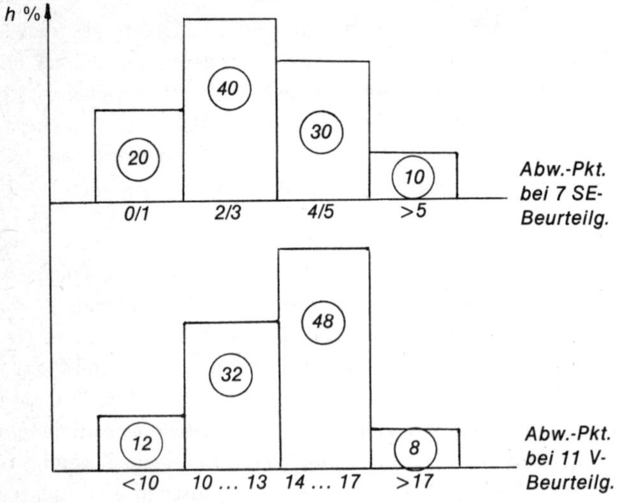

Abbildung 1: Beurteilerleistungen (SE und V) nach GT I (Erläuterung im Text)

ermöglicht individuelle Hinweise auf den Leistungsstand und zeigt zugleich, welche der Teilnehmer die geforderte Norm nicht erfüllt haben und weiter trainiert werden müssen.

Die Verteilungen zeigen zugleich, daß und in welchem Ausmaß die Diskriminationssicherheit nach den vorgegebenen Trainingsstrecken streut. Ob bei den Auszubildenden mit nur mäßiger Beurteilungsqualifikation eine Fortsetzung des Trainings zur Verbesserung der Leistungen führen würde oder ob sich hier bereits solche (persönlichkeitsbedingten) Faktoren auswirken, die der Eignung zum Gesprächspsychotherapeuten generell im Wege stehen, ist z. Z. nicht bekannt.

Effektivitätskontrolle zum Verhaltenstraining in GT I

Auch das Verhaltenstraining schließen wir regelmäßig mit einer Kontrollübung ab, und zwar in Form schriftlicher Verbalisierungen auf einen längeren transkribierten psychotherapeutischen Gesprächsausschnitt mit ausgelassenen Therapeutenantworten. Da dieser Test bereits vor Beginn des Trainings einmal bearbeitet wurde, bietet der Vergleich der Skalenwerte zu beiden Verbalisierungsreihen eine Möglichkeit zur Objektivierung des individuellen Lernerfolges.

Wie aus Tabelle 1 ersichtlich ist, ergibt sich durch das Training eine wesentliche Verbesserung des Verbalisierungs-Niveaus und zwar von einem mittleren V-Grad von 6,6 auf 8,3 bei gleichzeitiger Reduzierung der Streuung. Das bedeutet, daß sich die Lernenden nach dem Training in ihren Therapeutenantworten auf wesentliche internale Inhalte konzentrieren, während vor dem Training der Bezug auf nebensächliche, unwesentliche internale Gesprächsanteile vorherrschte. Dabei ließ sich in einer speziellen Untersuchung mit Hilfe von instruierten Quasi-Patienten zeigen, daß die positiven Befunde zur Trainingseffektivität bei den an und für sich artefiziellen Anforderungen der schriftlichen Therapeutenantworten in realen Gesprächssituationen zu replizieren sind (*Helm* und *Frohburg,* 1976). Das bedeutet 1., daß die Lernenden auch durch Papier-Bleistift-Übungen und Tonband-Training gut auf die reale Gesprächssituationen vorbereitet werden können, und 2., daß es ausreicht, Trainingseffekte in schriftlichen Anforderungen zu überprüfen.

Der Vergleich von Mittelwert und Streuung der Verbalisierungs-Leistungen von Kursteilnehmern (Studenten) und erfahrenen Gesprächspsychotherapeuten weist darauf hin, daß ein weiterer Leistungsanstieg durch praktische Erfahrung möglich (und notwendig) ist. Aus der eben erwähnten Untersuchung ergab sich, daß es den Studierenden besonders an Flexibilität in der Kommunikation mangelt. Sie sind insgesamt deutlich zurückhaltender und passiver als praktisch erfahrene Gesprächpsychotherapeuten. Ihre Verbalisierungen wirken „unnatürlich", etwas steif und mechanisch. Außerdem orientiert nach unseren Erfahrungen das streng skalenbezogene Training die Kandidaten stark auf die jeweiligen Patientenäußerungen und die darin direkt ausgedrückten Inhalte, auf die sie ihre Antworten dann auch inhaltlich konzentrieren. Das bedingt wahrscheinlich, daß auf indirekt ausgedrückte, oft nur aus längeren Passagen und dem therapeutischen Gesamtkontext zu erschließende internale Gesprächsanteile in realen Gesprächssituationen vorerst nur relativ wenig eingegangen wird.

Der Vergleich des realen Gesprächsverhaltens von untrainierten und trainierten Studenten sowie erfahrenen Gesprächspsychotherapeuten zeigte aber auch, daß sich eine inhaltliche Kategorisierung der Gespräche nach Verbalisierungen, Fragen und ausrichtenden Verhaltensweisen wie Ratschläge geben, Meinungen äußern und Interpretieren durch das Training stark in Richtung des Trainingszieles verschiebt. Nach dem Kursus werden statistisch signifikant häufiger Verbalisierungen der oberen Skalenhälfte erreicht und seltener Fragen und lenkendes Verhalten registriert. Dabei fällt auf, daß es hier keine wesentlichen Unterschiede zwischen den Kategorienausprägungen der trainierten Studenten und der erfahrenen Therapeuten gibt (vgl. Abbildung 2).

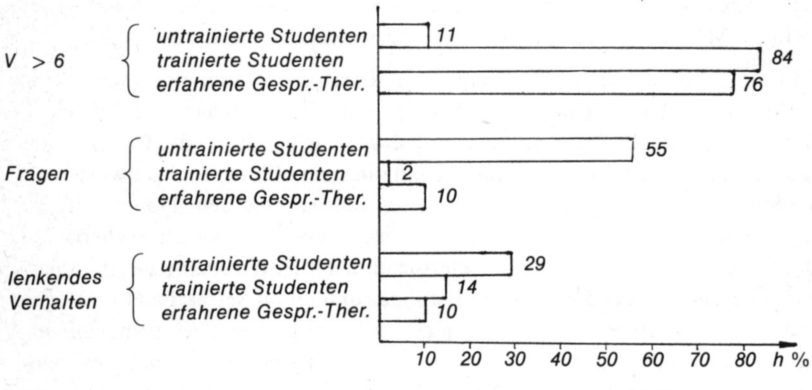

Abbildung 2: Inhaltskategorien der Therapeutenäußerungen nach GT I

Effektivitätskontrolle zur Selbsterfahrung

Verwertbare Daten über Selbsterfahrungs-Vorgänge sind außerordentlich schwer zu erhalten (vgl. *Speierer,* 1976; *Pavel* und *Sander,* 1975; *Tausch*, 1976; *Leder* u. a., 1976). Wir halten die häufig in der Ausbildungsforschung verwendeten prae-post-Differenzen aus Persönlichkeits-Fragebogen für viel zu grob und zu wenig auf die eigentlich angestrebten Effekte bezogen, als daß sie in dieser Hinsicht valide Meßwerte liefern könnten. Wir haben versucht, über die Befragung der Kursteilnehmer quantifizierbare Informationen zu erhalten. Natürlich sehen wir Beurteilungen der Teilnehmer nicht generell als dafür geeignet an, Ausbildungseffekte zu kontrollieren oder zu belegen. Solche Daten scheinen uns aber dort legitim und nicht zu umgehen, wo objektive Verhaltensbeobachtungen oder Fremdbeurteilungen nicht oder nur sehr schwer möglich sind.

An zwei Beispielen sollen unter Benutzung der Einschätzungen von 30 Teilnehmern aus 4 GT II-Kursen Aussagen zur Effektivität der eingesetzten Übungselemente gemacht werden:

Die einzelnen Übungselemente werden (vgl. Abbildung 3) durchweg für positiv (7-Stufen-Rating) gehalten, wobei die Teilnehmer den dyadischen und Gruppen-

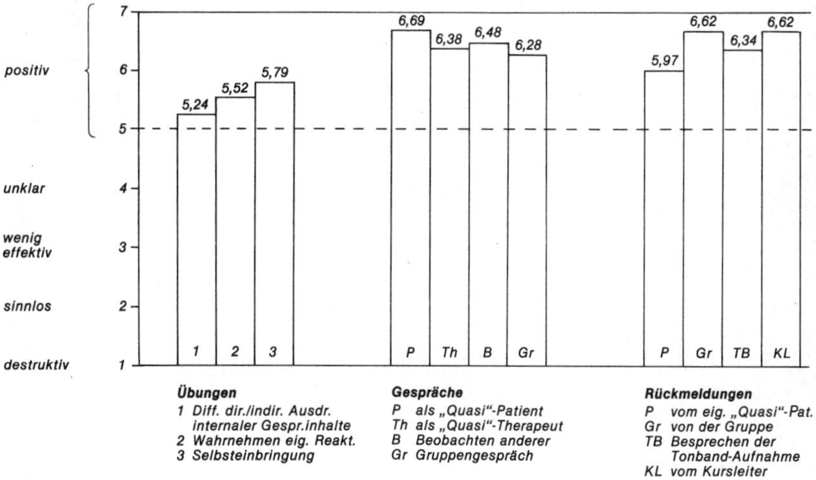

Abbildung 3: Einschätzung der Effizienz von GT II-Elementen

gesprächen einen etwas höheren Stellenwert für die Erreichung des Ausbildungszieles als den formalen Übungselementen beimessen. Die Effektivität des Kursus wird – unter Benutzung eines 5stufigen Ratings – wie folgt beurteilt (vgl. Abbildung 4):

Lernen von GT-Verhalten erreicht einen mittleren Index von 4.3, wird also sehr hoch eingeschätzt. Anregungen zum Nachdenken über eigenes therapiebezogenes Erleben und Verhalten bekamen die Kursteilnehmer insgesamt in mittlerem Ausmaß – besonders jedoch aus ihrer Patientenrolle. Neue Erfahrungen sind etwas niedriger zu erwarten und auch zu registrieren. Hier fällt besonders auf, daß das Zuhören und die Diskussion der Probleme anderer aus der Sicht der Teilnehmer einen hohen Stellenwert für die eigene Selbsterfahrung hat. 90% der Teilnehmer gaben an, in bezug auf die von ihnen dargestellten Schwierigkeiten neue Aspekte gefunden zu haben. Dabei wurden die Quasi-Therapeuten, die Gruppe und die Kursleiter als gleichermaßen anregend (Skalenstufen um 4) erlebt.

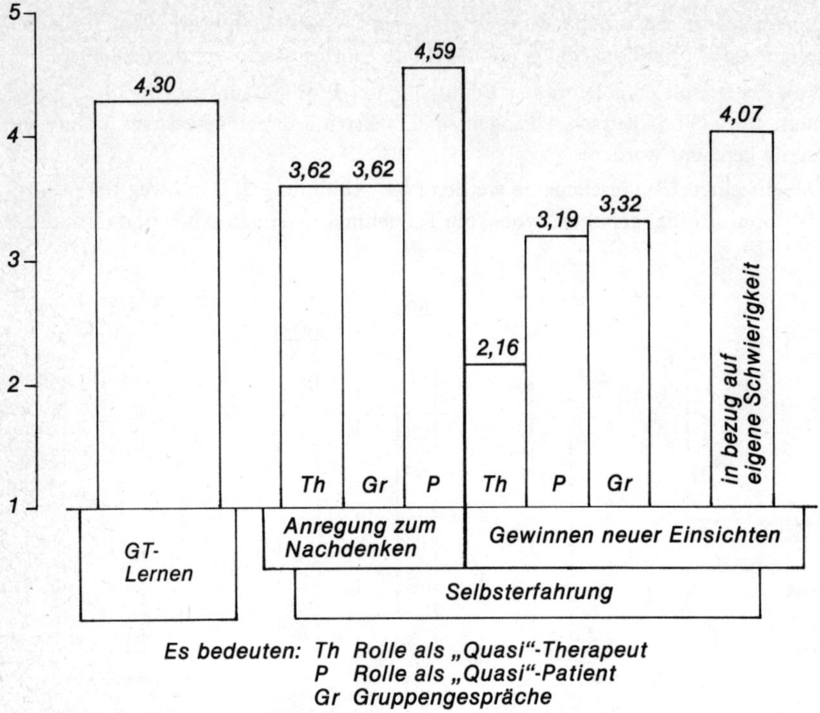

Abbildung 4: Einschätzung der Effektivität von GT II

Es versteht sich fast von selbst, daß der Erfolg des gesamten Ausbildungsprogrammes letztlich an der Bewährung der Ausbildungskandidaten in der gesprächstherapeutischen Praxis validiert werden muß. Das ist für uns erst nach Abschluß der gegenwärtig laufenden kontrollierten Praxis möglich.

Literatur

Berenson, B. C./R. R. Carkhuff/P. Myers: The interpersonal functioning and training of college students. J. counsel. Psychol. *13*, 1966, 441–446.

Bergin, A. E./L. G. Jasper: Correlates of empathy in psychotherapy: a replication. J. abnorm. Psychol. *74*, 1969, 477–481.

Bergin, A. E./Solomon: Personality and performance correlates of empathic understanding in psychotherapy. In: *T. M. Tomlinson* and *J. T. Hart* (Eds.): New directions in client-centered therapy. Boston, 1970.

Barrett-Lennard, G. T.: Dimensions of therapist response as causal factors in therapeutic change. Psychol. Monographs. 1962, *76*, whole No. 562.

Blocksma, D. D./E. H. Porter: A short-termtraining program in client-centered counseling. J. consult. Psychol. *11*, 1947, 55 – 60.

Covner, B. J.: Studies in phonographic recording of verbal material III. The completeness and accuracy of counseling interview-reports. J. Gen. Psychol. *30*, 1944, 181 – 203 (zit. nach *Matarazzo* 1971).

Digiulio, R. A./W. Eshleman: Graduate students responsal to televised microcounseling experiences. Audiovisual Instrucion *17* (4), 1972.

Eckert, J.: Prozesse in der Gesprächspsychotherapie. Diss. Univ. Hamburg, 1974 (unveröff.).

Finney, B. C.: Some techniques and procedures for teaching psychotherapy. Psychotherapy: Theory, Research and Practice *5*, 1968, 136 – 138.

Foulds, M. J.: Self-actualization and the communication of facilitative conditions during counseling. J. counsel. Psychol. *16*, 1969, 132 – 136.

Frohburg, I./J. Helm: Wirkung und Messung der Selbstexploration von Patienten in psychotherapeutischen Gesprächen. In: *J. Helm, H.-D. Rösler* und *H. Szewczyk* (Hrsg.): Klinisch-psychologische Forschungen – Ergebnisse und Tendenzen. Berlin, 1976 (S. 126 – 141).

Gurman, A. S.: Therapists mood patterns and therapeutic facilitativeness. J. counsel. Psychol. *19*, 1972, 169 – 170.

Helm, J.: Gesprächspsychotherapie, Forschung-Praxis-Ausbildung. Berlin, 1978.

Helm, J./I. Frohburg: Probleme des Trainings von psychotherapeutischen Gesprächen. In: *J. Helm, H.-D. Rösler* und *H. Szewczyk* (Hrsg.): Klinisch-psychologische Forschungen – Ergebnisse und Tendenzen. Berlin, 1976 (S. 253 – 265).

Ivey, A. E./C. I. Normington/D. C. Miller/W. H. Merrill/R. F. Haase: Microcounseling and attending behavior: An approach to prepracticum counselor training. J. counsel. Psychol. *15*, 1968, Monogr. Suppl. Nr. 5.

Joslin, L. C.: Knowledge and counseling competence. Personnel and guidance J. *43*, 1965, 790 – 795 (zit. in *Tausch,* 1973).

Kremer, J./R. Tausch: Prüfung von Effekten und Prozessen personenzentrierter Encountergruppen. 1975 (zit. in *Tausch,* 1976).

Leder, St./C. Czabala/A. Kosewska: Versuch und Erfahrungen mit einer neuen Ausbildungsmethode für Psychotherapeuten. In: *J. Helm, H.-D. Rösler* und *H. Szewczyk* (Hrsg.): Klinisch-psychologische Forschungen – Ergebnisse und Tendenzen. Berlin, 1976 (S. 233 – 244).

Matarazzo, R. G. et al.: Learning the art of interviewing: A Study of what beginning students do and their pattern of change. Psychotherapy: Theory, Research and Practice *2*, 1965, 49 – 60.

Matarazzo, R. G.: Research on the teaching and learning of psychotherapeutic skills. In: *A. E. Bergin,* and *S. L. Garfield* (Eds.): Handbook of psychotherapy and behavior change: An empirical analysis. New York, 1971 (S. 895 – 924).

Matarazzo, R. G./A. N. Wiens/G. Saslow: Experimentation in the teaching and learning of psychotherapy skills. In: *L. A. Gottschalk* and *A. H. Auerbach* (Eds.): Methods of research in psychotherapy. New York, 1966 (S. 597 – 635).

Minsel, W. R.: Praxis der Gesprächspsychotherapie – Grundlagen, Forschung, Ausbildung. Wien/Köln/Graz, 1974.

Muslin, H. L./A. G. Burstein/J. E. Gedo/L. Saslow: Research on the supervisory process I. Supervisor's appraisal of the interview data. Arch. Gen. Psychiatry *16*, 1967, 427 – 431.

Pagell, W. W./R. R. Carkhuff/B. G. Berenson: The predicted differential effects of the level of counselor functioning upon the level of functioning of outpatients. J. clin. Psychol., *23*, 1967, 510 – 512.

Pavel, F.-G./K. Sander: Psychotherapeutische klientenzentrierte Selbsterfahrungsgruppen. Gruppendynamik *6*, 1975, 237–250.

Pierce, R. M./R. R. Carkhuff/B. G. Berenson: The differential effects of high and low functioning counselors upon counselors-in-training. J. clin. Psychol. *23*, 1967, 212–215.

Pierce, R. M./R. G. Schauble: A note on the role of facilitative responsibility in the therapeutic relationship. J. clin. Psychol. *26*, 1970, 250–252.

Pfeiffer, W. M.: Skalen zur didaktischen Gesprächsanalyse nach *Carkhuff, Gendlin, Tausch.* In: GwG-info 29, 1977, S. 7–12.

Rogers, C. R.: Client-centered therapy. Boston, 1951 (dtsch. Die klientbezogene Gesprächstherapie. München, 1973).

Speierer, G. W.: Dimensionen des Erlebens in klientzentrierten Selbsterfahrungsgruppen. In: *R. Jankowski, D. Tscheulin, H.-J. Fietkau* und *F. Mann* (Hrsg.): Klientzentrierte Psychotherapie heute. Ber. 1. Europ. Kongr. f. GT. Göttingen, 1976 (S. 272–280).

Tausch, R.: Gesprächspsychotherapie. Göttingen, [5]1973.

Tausch, R.: Klientzentrierte Gesprächspsychotherapie und personenzentrierte Encountergruppen. In: *P. Jankowski, D. Tscheulin, H.-J. Fietkau* und *F. Mann* (Hrsg.): Klientenzentrierte Psychotherapie heute. Ber. 1. Europ. Kongr. f. GT. Göttingen, 1976 (S. 52–59).

Tausch, A./M. Schiefelbein/R. Schwab/A. Dossmann: Psychische Änderungen und Gesprächsverhalten in personenzentrierten Encountergruppen. Psychol. in Erz. u. Unterr. *22*, 1975, 161–171.

Tögel, I.: Beeinträchtigungen des Behandlungsverlaufes als Folge gestörter Therapeut-Patient-Beziehungen. Vortrag 8. Kongr. Ges. Ärztl. Psychother. der DDR. Dresden, 1976 (unveröff.).

Tögel, I.: Erfahrungen mit Problemfall-Seminaren (erscheint in Psychiatr., Neurol., med. Psychol.; im Manuskript, 1978).

Truax, Ch. B./R. R. Carkhuff/J. Douds: Toward an integration of the didactic and experiental approaches to training in counseling and psychotherapy. J. counsel. Psychol. *11*, 1964, 240–247.

Truax, Ch. B./K. M. Mitchell: Research on certain therapist interpersonal skills in relation to process and outcome. In: *A. E. Bergin,* and *S. L. Garfield* (Eds.): Handbook of psychotherapy and behavior change: An empirical analysis. New York, 1971 (S. 299–344).

Truax, Ch. B./L. D. Silber: Personality and psychotherapeutic skills. Unveröff. Manuskr. Univ. of Arcansas, 1966 (zit. in *Matarazzo,* 1971).

Tscheulin, D.: Ausbildung in therapeutischem Basisverhalten. Diss. Univ. Würzburg, 1972 (unveröff.).

Wagner, I.: Erfahrungsbericht über die Verwendung audio-visueller Hilfsmittel in der Psychotherapieausbildung. Bochum, 1973 (unveröff.).

Wendt, H.: Über die psychotherapeutische Versorgung in der DDR. Psychiat. Prax. *2*, 1975.

Whiteley, J. M./N. A. Sprinthall/R. L. Mosher/R. T. Donaghy: Selection and evaluation of counselor effectiveness. J. counsel. Psychol. *14*, 1967, 226–234.

Dieter Tscheulin

Das integrative Ausbildungsmodell: Die Verbindung von didaktischen und therapeutischen Zielsetzungen bei der Ausbildung in Therapeutischem Basisverhalten

Zusammenfassung

Bei der Ausbildung von Erlebens- und Verhaltensweisen, die zum Aufbau und zur Aufrechterhaltung einer therapeutischen Beziehung notwendig sind (Therapeutisches Basisverhalten), haben sich sogenannte integrative Ausbildungsprogramme als effektiv und anderen Konzepten als überlegen erwiesen. Integrative Ausbildungskurse verbinden didaktische und therapeutische Ziele und integrieren ein intellektuelles und ein erlebnismäßiges Lernen. Der Auszubildende erlebt das, was inhaltlich in der Ausbildung zur Diskussion steht am eigenen Leibe. Der Hauptgrund für diese Integration von didaktisch-intellektuellem und erlebnismäßig-therapeutischem Vorgehen liegt in der Einheit der psychologischen Prinzipien, die in Ausbildung und Therapie gleichermaßen angewandt werden müssen, um Veränderungen zu erzielen. Es werden beispielhaft 2 Modelle von Ausbildungskursen dargestellt, die integrativ konzipiert sind: das Gruppenmodell und das Lehrkontaktmodell. Die Effektivität solcher integrativer Ausbildungskurse wird durch die empirische Forschung bestätigt. Die erzielten Veränderungen beziehen sich vor allem auf Erlebens- und Verhaltensweisen, die innerhalb der Therapie- oder Beratungssituation wichtig sind. Es kann jedoch auch angenommen werden, daß durch solche Kurse günstige persönliche Veränderungen in Richtung stärkerer Selbstverwirklichung bewirkt werden, die auch außerhalb der Beratungs- oder Therapiesituation von Bedeutung sind.

1 Einleitung

Die folgenden Ausführungen schließen sich an die Arbeit von *Helm & Frohburg* in diesem Sammelband an. Aus ihrem Artikel wird deutlich, daß ein fertigkeitsbezogenes und an eigene konkrete Erfahrungen gebundenes Verhaltenstraining den Vorzug vor einer nur kenntnisvermittelnden intellektuellen Ausbildung haben sollte. Verhaltenstraining ist inhaltlich auf bestimmte Therapeutenoperationen bezogen und soll methodisch in realen, psychotherapierelevanten Situationen geübt (Grundkurse) und ausgewertet werden („Kollektive Verhaltensauswertung" oder Supervision).

Dabei kommt in Ansätzen ein Prinzip, bzw. ein Konzept zum Vorschein, das seit *Truax, Carkhuff & Douds* (1964) als Integration von intellektuellem Lernen und persönlichem Selbsterleben („integrated didactic-intellectual and experiential approach") bekannt ist (vgl. *Truax & Carkhuff,* 1967). Dieses Konzept soll im folgenden dargestellt werden. Es ist nicht spezifisch für die Gesprächspsychotherapieausbildung. Es ist jedoch in dieser explizit empirisch untersucht worden. Dieses Konzept ist vermutlich grundlegend für die Art der Gestaltung von Ausbildungsveranstaltungen, in denen psychotherapeutisches Basisverhalten aufgebaut, d. h. Fertigkeiten und Einstellungen erlernt oder modifiziert werden sollen, die zum *Aufbau und zur Aufrechterhaltung einer therapeutischen Beziehung* notwendig sind.

2 Begründung des Integrationsprinzips

Nach *Carkhuff* (1969b) ist Psychotherapieausbildung von drei Einflußgrößen abhängig: Von der Person des Ausbilders, von der persönlichen Eigenart des Auszubildenden und von dem Ausbildungsprogramm. Integration bezieht sich auf das Programm, genauer auf die beiden Programmbereiche in der Ausbildung, die entweder mehr eigene Erfahrung (z. B. durch Selbsterfahrung, Sensibilitätstraining oder Lehranalyse) ermöglichen oder mehr die zu erreichenden Fertigkeiten darstellen und deutlich machen (wie z. B. Vortrag, Modelldarbietung u. ä.). Die Integration beider Teile besagt, daß das, was inhaltlich dargestellt, diskutiert oder als notwendige Fertigkeit eingeübt wird, vom Auszubildenden „am eigenen Leibe" in seiner subjektiven Bedeutung für ihn erlebt werden kann. Ist z. B. Empathiefähigkeit das didaktische Ziel eines Ausbildungsprogramms und wird dieses vielleicht über Video-Modelle oder Lektüre zu vermitteln versucht, dann sollte gleichzeitig der Auszubildende wie in einem Therapieprozeß erleben können, was es für ihn bedeutet, wenn er (a) versucht, andere Gruppenmitglieder aus deren Perspektive heraus zu verstehen, und wenn er (b) von einer anderen Person in tiefer und exakter Weise verstanden wird. Das gleiche gilt vermutlich für das Erlernen psychotherapeutischer Methoden wie Selbst-Kontrolle oder Entspannung und für das Erlernen psychotherapeutischer Strategien wie Konfrontation oder Erlebnisaktivierung.

Generell heißt dies, daß der Auszubildende jene Operationen, die er erlernen soll, und jene Beziehungsverhältnisse, die er herzustellen in der Lage sein soll, in ihrer Auswirkung an sich selbst erlebt.

Ein großer Teil der Ausbildungsforschung hat versucht, die Wirksamkeit einzelner Programmteile auf ihre Effektivität hin zu vergleichen, ohne daß das Moment der Integration didaktisch-intellektueller und erlebnismäßig-therapeutischer Teile berücksichtigt wurde.

Dies ist vermutlich der Grund dafür, daß die Ergebnisse widersprüchlich und teilweise auch irrelevant erscheinen. Einige Beispiele: *Rappaport, Gross & Lepper* (1973) verglichen die Effektivität von Videomodelldarbietungen, Sensitivity Training und „kein Training" und fanden, daß unter einer allgemein gehaltenen

Instruktion, ein hilfreiches therapeutisches Verhalten zu verwirklichen, beide Trainingsmethoden gleichermaßen gegenüber der Kontrollsituation überlegen waren. Unter einer spezifischen Instruktion, welche die konkreten Fertigkeiten und Einstellungen eines Therapeutischen Basisverhaltens mitenthielt, waren die Unterschiede nicht nachzuweisen. Die Schlußfolgerung, daß „Instruktionengeben" die entscheidende Variable in der Ausbildung ist, verbietet sich aber wieder bei der Berücksichtigung anderer Untersuchungen, wie z. B. der von *Perry* (1975). Sie verglich den Einfluß von Audio-Modellen und spezifischen Instruktionen auf das Erlernen von Empathiefähigkeit und fand, daß nur die Modelldarbietung von Einfluß sei.

Kuna (1975) verglich Vortrag, Vortrag plus Lektüre und Vortrag plus Lektüre plus Modelldarbietung in ihren Effekten auf die Fähigkeit, in exakten Worten das wiederzugeben, was der Klient wirklich ausdrückte („Restatement"). Die Hinzunahme der Modellkomponente erbrachte keinen stärkeren Effekt als die Kombination von Vortrag mit Lektüre.

Auf ähnliche Weise verglichen *Dalton & Sundblad* (1976) Modelldarbietung mit systematischem Training, *Toukmanian & Rennie* (1975) „Micro-counseling" mit „Human Relation Training", *Cormier* et al. (1974) „Human Relation Training" mit „Verhaltenstraining" und *Silverman* (1972) ein introspektives mit einem behavioristischen Vorgehen. Alle diese Programmkomponenten können in der einen oder anderen Situation in der Ausbildung von Beratern und Therapeuten wirkungsvoll und sinnvoll sein. Ein gültiges Gesamt-Ausbildungskonzept läßt sich aus ihnen nicht ableiten. Es fehlt der Grundgedanke.

Dieser kann in dem Konzept der Integration von didaktisch-intellektuellem und erlebnismäßig-therapeutischem Vorgehen gefunden werden: *Gray* (1974) fordert in einem Artikel über die Ausbildung in Verhaltenstherapie, daß die Auszubildenden „die verhaltenstherapeutischen Verfahren wenn immer möglich zuerst so erlernen sollten, daß sie sie wie Klienten erfahren". Und das Vorgehen des Ausbilders sollte in der Ausbildungssituation von den gleichen Verhaltensprinzipien (mit der Betonung von positiver Kontrolle, unmittelbarem Feedback und shaping) gesteuert sein wie in der Therapiesituation. Denn „... there is a unity of principles for changing behavior and the same principles are operative when a supervisor trains a resident as are used by the resident in modifying a client's behavior" (a.a.O., p. 23).

Und über die psychoanalytische Ausbildung schreibt *Heigl-Evers* (1972): „Didaktisch gesehen sind im Falle der psychoanalytischen Beobachtungsmethode der zu vermittelnde Stoff und der Vermittlungsprozeß identisch". Der Auszubildende „erfährt sowohl rezeptiv wie im Sinne aktiven Mittuns die Applikationstechniken der Psychoanalyse und die Formen ihrer Informationsvermittlung in einem Prozeß der Befreiung von Erlebnisbarrieren und der Entfaltung von Wahrnehmung-, Gefühls- und kognitiver Funktionen" (a.a.O., S. 105f.).

Der Hauptgrund für die geforderte Integration von intellektueller und erlebnismäßiger Vorgehensweise in der Psychotherapieausbildung liegt demnach in der Einheit der psychologischen Prinzipien, die in Ausbildung und Therapie angewandt werden müssen, um veränderungswirksam zu sein.
Die Prozesse in der Therapie und in der Ausbildung sind parallel (*Sachs & Shapiro,* 1976). Und hier wie dort sind erlebnismäßige emotionale Prozesse *in Verbindung* mit Einsichten und kognitiver Verarbeitung von Informationen unabdingbar.
Ein weiterer Grund liegt in der spezifischen Eigenart des Ausbildungsziels „psychotherapeutische Fähigkeit". Heute wird mehr und mehr Psychotherapie als eine Verschränkung von spezifischen Techniken und unspezifischen Beziehungsfaktoren aufgefaßt. Die Techniken (Differentielle Psychotherapie) sind nur im Kontext eines bestimmten interpersonalen Beziehungsverhältnisses (Therapeutisches Basisverhalten) wirksam. Die Techniken und ihre hypothetische Wirksamkeit können intellektuell vermittelt werden. Das ist sehr viel schwieriger bei den unspezifischen Beziehungsfaktoren und ihrer Wirkweise. Sie sind häufig nur erlebnismäßig, in persönlicher Erfahrung zu erfassen. Dies gilt noch mehr für die Verschränkung beider Bereiche.
Ein Verzicht auf Integration würde Ausbildung entweder zu einer (wenig erfolgsversprechenden) technologischen Wissensvermittlung oder zu einer (ebensowenig zulänglichen) Encountergruppe werden lassen (*Strupp*, 1974).
Im folgenden Abschnitt werden zwei Kursmodelle dargestellt, in denen das Integrationsprinzip in unterschiedlicher Weise zu verwirklichen versucht wird. Viele andere Möglichkeiten sind denkbar. Die Beispiele werden zum Zwecke der Veranschaulichung gegeben. Im darauffolgenden Abschnitt sollen die empirischen Belege referiert werden.

3 Zwei Beispiele für integrative Ausbildungskurse (in gesprächspsychotherapeutischem Basisverhalten)[1]

In Begutachtung und Weiterführung der Erfahrungen von *Carkhuff & Truax* (1965a) wird in gesprächspsychotherapeutischen Ausbildungsveranstaltungen z. B. an der Universität Würzburg das Prinzip der Integration durch zwei voneinander verschiedene Modelle zu verwirklichen versucht: durch das „Grundmodell" und das „Lehrkontaktmodell". Diese sollen im folgenden beschrieben werden.

---

1 In abgewandelter Form entnommen aus *Tscheulin* (1972).

3.1 *Die Verwirklichung der Integration im Gruppenmodell*

Hier sind alle Gruppenmitglieder von Anfang an in der Gruppe zusammen. Die folgenden konkreten Programmschritte sind voneinander abzuheben. Obwohl sie grob gesehen aufeinander folgen, überlappen sie sich doch teilweise.

1. Skalen- und Verbalisationstraining bezüglich Therapeuten- und Klientenvariablen
2. Führen, Anhören und Einschätzen eigener „Übungsgespräche“
3. Besprechen schwieriger Situationen in der Therapie
4. Gruppengespräche („quasi-therapeutische“ Gespräche lt. *Truax*)
5. Intensivtraining.

Die Aufeinanderfolge der Stufen kann man sich in dem Sinne vorstellen, daß eine Stufe auf der vorhergehenden aufbaut und das dort Geübte mitenthält. So wird der Programmpunkt „Schwierige Situationen“ sowohl an fremdem (schriftlichem oder Tonband-) Material, aber auch später im Intensivtraining an Hand eigener „Probegespräche“ geübt. Die Gruppengespräche finden zu allen Zeitpunkten statt; sie werden jedoch mit Fortschreiten des Kurses intensiver und ausdrücklich zu gruppentherapeutischen Zwecken geführt. Folgende graphische Darstellung mag das Gesagte verdeutlichen.

Tafel 1: Aufeinanderfolge der Stufen im Gruppenmodell

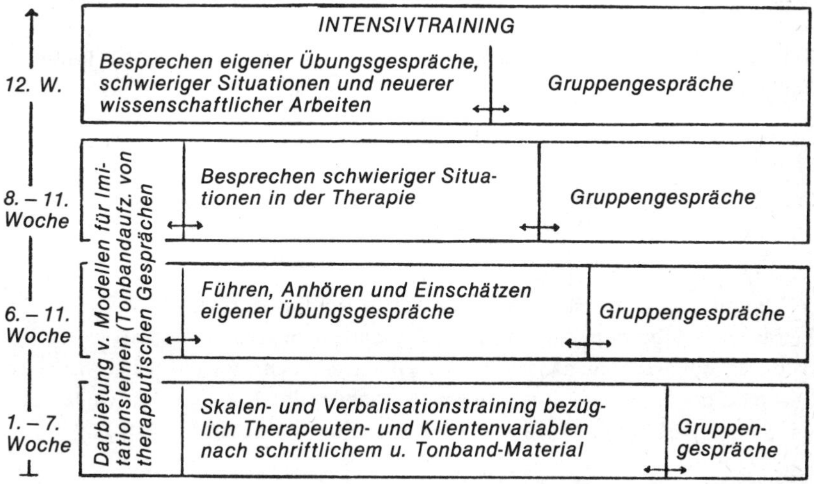

Die Gestaltung der aufeinanderfolgenden Kurssitzungen wird durch das Prinzip der Integration bestimmt und erst in zweiter Linie durch die genaue zeitliche Abfolge, wie sie im Plan vorgesehen ist.

Das Skalen- und Verbalisationstraining beansprucht etwa die Hälfte eines Semesters. Die Reihenfolge in der Besprechung einzelner Variablen ist dabei von dem Gedanken bestimmt, daß zunächst die am leichtesten faßbare Therapeutenvariable, Verbalisierung emotionaler Erlebnisinhalte (VEE), dargestellt und geübt werden sollte, um dann jenes Klientenverhalten aufzuzeigen, das durch ein hohes Ausmaß an VEE hervorgerufen wird, nämlich die Klienten-Selbstexploration.

Daran anschließend werden weitere Variablen des Therapeutischen Basisverhaltens eingeführt.

Beim Skalentraining wird mit Übungen an Hand von schriftlichem Material begonnen, für das zum großen Teil bereits Einschätzungen (Ratings) über das Ausmaß des darin zum Ausdruck kommenden Therapeutenverhaltens vorliegen. Wiederum nach dem Prinzip des stufenweisen Aufbaues, bei dem jede folgende Stufe die vorhergehende auf eine „höhere Weise" miteinschließt, werden zum etwa gleichen Zeitpunkt, zu dem schriftliches Material einer neuen Variablen besprochen wird, früher erarbeitete Dimensionen an Hand von Tonbandaufnahmen eingeschätzt.

Obwohl die Auszubildenden bei der Anmeldung zum Kurs bereits über theoretische Grundlagen verfügen, werden sie aufgefordert, bestimmte neuere Literatur intensiv zu bearbeiten. Ebenso wie diese Lektüre werden andere Aufgaben (z. B. Übungsgespräche) als Aktivitäten definiert, die außerhalb der Kursstunden durchgeführt werden sollen.

Im Intensivtraining sind die Kursteilnehmer für eine Woche mit fünf Tagen und täglich ca. acht Stunden zusammen.

Studenten und Kursleiter stellen im Intensivtraining gemeinsam das Programm auf (z. B.):

1. Hören und Besprechen von eigenen Tonbandaufnahmen mit Quasi-Klienten
2. Gruppengespräche
3. Lesen und Diskussion neuerer Zeitschriftenartikel
4. Besprechung und Rollenspiel schwieriger Situationen.

Der wesentliche Unterschied zwischen dem Intensivtraining und den anderen Programmpunkten besteht in der zeitlichen Komprimiertheit. Der Begriff „intensiv" will dabei zum Ausdruck bringen, daß die Studenten in dieser einen Woche sich intensiv und nahezu ausschließlich mit dem beschäftigen, was sonst während des Semesters durch andere Aufgaben, durch andere Aktivitäten und durch den wirklichen Abstand der Sitzungen unterbrochen ist.

3.2 Die Verwirklichung der Integration im Lehrkontaktmodell

Hier macht zunächst wöchentlich jeder Kursteilnehmer als Klient mit dem Kursteilnehmer oder einem anderen Mitglied des psychotherapeutischen Stabes etwa sieben therapeutische Einzelgespräche. Das Richtmaß von sieben Kontakten wird aus zweierlei Gründen gewählt. Einmal hat die Erfahrung gezeigt (*Tausch,* 1968), daß bei leichten psychoneurotischen Störungen nach sechs bis zehn Kontakten für den Klienten spürbare und konstruktive Veränderungen auftreten, welche diesen veranlassen, die Therapie zu beenden. Es ist naheliegend, daß dann für die Interessenten an einem Trainingskurs ein Zeitraum in ähnlichem Ausmaß ebenfalls ausreichen würde. Ein zweiter Grund ist in der Absicht gelegen, diese Kursgruppe das Skalen- und Verbalisationstraining (Stufe I) gewissermaßen selbst im Eigenstudium erledigen zu lassen, dafür aber denselben Zeitraum anzuberaumen, wie ihn die Kursgruppe nach dem Gruppenmodell zur Verfügung hat; das sind aber bei Berücksichtigung der Überlappung einzelner Programmpunkte sieben Wochen.

Die Teilnehmer der Kursgruppe nach dem Lehrkontaktmodell kommen also erst nach sieben Wochen in der Gruppensituation zusammen. Von hier ab entspricht die Programmfolge im wesentlichen der beim Gruppenmodell: Stufe 2 und 3 (Hören und Einschätzen eigener Gespräche und Besprechung schwieriger Situationen) fällt in diese Gruppensituation. Allerdings erhalten die Gruppengespräche nicht das Gewicht und die zeitliche Erstreckung wie im Gruppenmodell. Entsprechend dem geringeren Zeitaufwand, den die Teilnehmer an der Einzeltherapie für den Studenten erfordert, sind seine Aktivitäten, die er zu Hause allein durchführt, umfangreicher. Neben dem Lesen der Literatur (wie im Grup-

Tafel 2: Aufeinanderfolge der Stufen beim Lehrkontaktmodell

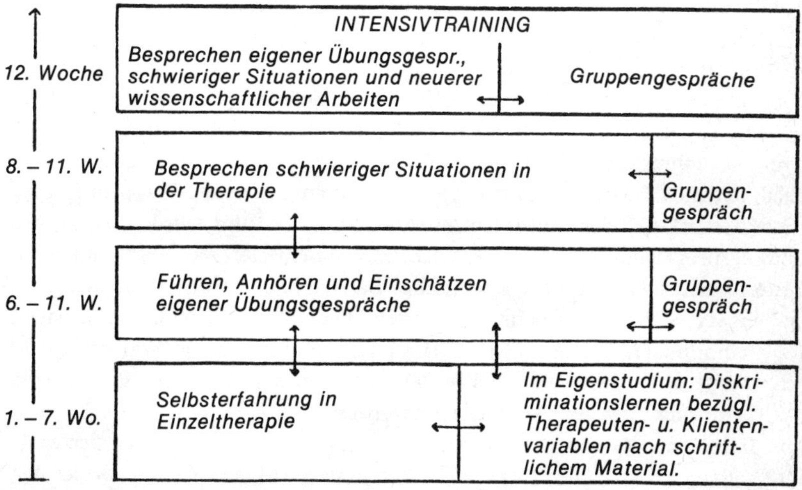

penmodell) arbeitet sich der Auszubildende in die Handhabung der Schätzskalen ein und übt an Hand von schriftlichem Material. Daneben schreibt er das auf, was er in den einzelnen Sitzungen erfahren hatte und beurteilt das Therapeutenverhalten an Hand des Barrett-Lennard-Inventars.
Die graphische Darstellung (Tafel 2) mag den Aufbau dieses Kurses nach dem Lehrkontaktmodell verdeutlichen.

4 Empirische Belege für die Wirksamkeit integrativer Ausbildungskurse

Die Wirksamkeit integrativer Ausbildungskurse wurde häufig überprüft und immer wieder und übereinstimmend als statistisch und inhaltlich bedeutsam in Kontrollgruppenvergleichen nachgewiesen. Seit ca. 1970 wurden in den USA sehr viele und qualitativ sehr unterschiedliche Dissertationen auf diesem Gebiet angefertigt.
In Zeitschriften und Büchern veröffentlichte Untersuchungen liegen dazu aus verschiedenen Ländern vor, so aus den USA (vgl. *Truax & Carkhuff,* 1967; *Carkhuff,* 1969), aus Groß-Britannien (z. B. *Nelson-Jones & Patterson,* 1974; *Ronaldson & Evison,* 1975), aus der DDR (vgl. *Helm & Frohburg* in diesem Band) und aus der Bundesrepublik (z. B. *Tscheulin,* 1972, 1976).
Die auszubildenden Zielgruppen sind sowohl Laienhelfer (z. B. *Carkhuff & Truax,* 1965b) wie Professionelle (z. B. *Carkhuff & Truax,* 1965a; vgl. *Carkhuff* et al. 1968), sowohl Anfänger-Studenten (*Berenson* et al. 1966) wie fortgeschrittene Studenten (*Carkhuff* et al., 1968), Studenten der klinischen Psychologie (*Martin & Carkhuff,* 1968) oder der Sozialarbeit (*Fischer,* 1975). Ein eher geringerer Ausbildungserfolg ist in Gruppen mit professionellem Personal und hohem akademischen Niveau zu erwarten (vgl. *Carkhuff,* 1969b).
Ein direkter Vergleich zwischen integrativen und nicht-integrativen Ausbildungskursen wurde von *Tscheulin* (1972) durchgeführt. Die in Abschnitt 3 dargestellten Modelle (Gruppenmodell und Lehrkontaktmodell) wurden als integrative Ausbildungsprogramme mit solchen Ausbildungsveranstaltungen verglichen, in denen die Programmteile „Verhaltenstraining“ und „Gruppentherapeutische Gespräche“ getrennt (nicht integriert) durchgeführt wurden. Beide Ausbildungsprogramme dauerten 12 Wochen bei 4 Semester-Wochen-Stunden. Als Kriteriumsvariablen für Therapeutisches Basisverhalten wurden die in der Gesprächspsychotherapie operationalisierten Therapeutenvariablen „Verbalisierung emotionaler Erlebnisinhalte“ (Empathie), „Emotionale Wärme“ (Wertschätzung) und „Echtheit“ (Selbstkongruenz) in sogenannten „Probegesprächen“ vor und nach der Ausbildung überprüft.
Die Teilnehmer an den integrativen Programmen (N = 15) und an den nicht-integrativen Programmen (N = 20) waren in den Ausgangswerten vor der Aus-

bildung vergleichbar. Nach der Ausbildung unterschieden sie sich jedoch signifikant in den Dimensionen „Empathie" und „Wertschätzung". Die Studenten in den integrativen Kursen entwickelten in der Ausbildung eine stärkere Empathiefähigkeit und eine stärkere Fähigkeit zur positiven Wertschätzung des Klienten als die Studenten in den nicht-integrativen Kursen. (In der Dimension „Selbstkongruenz" war eine unterschiedliche Veränderung nicht nachzuweisen, da wegen hoher Ausgangswerte in allen Gruppen nur noch geringfügige Veränderungen auftreten konnten).

Bei den integrativen Kursen zeigte ein Vergleich zwischen Lehrkontakt- und Gruppenmodell, daß diese beiden Modelle gleichermaßen bedeutsame Ausbildungseffekte in den Dimensionen Empathie und Wertschätzung haben. Ein Unterschied zwischen verschiedenen integrativen Programmen ist demnach nicht zu erwarten.

Bei den nicht-integrativen Kursen zeigte ein Vergleich zwischen den (getrennten) Programmteilen mit didaktischer und therapeutischer Zielsetzung, bzw. mit intellektuellem und erlebnismäßigem Lernen, daß eine Verbesserung in Therapeutischem Basisverhalten – wenn überhaupt – dann nur für die rein didaktische Trainingsphase (Verhaltenstraining), nicht aber für die Therapiephase zu erwarten ist. Dies wird durch weitere Studien erhärtet (*Dungan,* 1974; *Birk,* 1972). *Dungan* (1974) verglich z. B. eine didaktisch-intellektuelle Ausbildung mit einer Beziehungs-orientierten Ausbildung. In beiden Gruppen waren je 32 graduierte Berater-Studenten, die vor dem Ausbildungskurs, nach $7^1/_2$ Wochen und nach dem 15wöchigen Ausbildungskurs mit dem POI von *Shostrom* getestet und nach Tonbandaufzeichnungen von Beratungsgesprächen eingeschätzt wurden. Das $7^1/_2$wöchige didaktisch-intellektuelle Training erbrachte eine Verbesserung in der Basisvariablen „nonpossesive warmth" und in der Spontaneitätsskala des POI. Zusätzliche $7^1/_2$ Wochen Beziehungs-orientierter Ausbildung erbrachten keine weitere Veränderung. Die Gruppe mit nur beziehungsorientiertem Training zeigte nach $7^1/_2$ Wochen in mehreren Skalen des POI eine konstruktive Persönlichkeitsveränderung, die bezüglich „Selbst-Bejahung" sich in der zweiten Ausbildungshälfte noch steigerte. Diese Gruppe zeigte aber keine signifikanten Veränderungen bezüglich der Variablen eines Therapeutischen Basisverhaltens. Danach kann man die Hypothese vertreten, daß es für eine bedeutsame Psychotherapieausbildung nötig ist, im Ausbildungsprogramm nicht nur in separaten Phasen „therapeutische Selbsterfahrung" und ein „therapeutisches Klima" zu ermöglichen, sondern auch diese Momente mit der didaktischen Zielsetzung zu verbinden (zu integrieren).

Dies heißt jedoch nicht, daß separate Therapiephasen als zusätzliche Ausbildungsteile nicht ebenfalls sinnvoll wären: Sind in einer Ausbildungsveranstaltung didaktische und therapeutische Programmteile integriert und findet dann noch *zusätzlich* ein Sensibilisierungstraining im Sinne von Gruppentherapie statt, dann kann davon auch ein zusätzlicher Gewinn erwartet werden, obwohl keine Integration vorhanden ist. Dies konnte *Selfridge* et al. (1975) in der Ausbildung von Schul-Beratern nachweisen. Er verglich drei integrative Ausbildungskurse, bei denen anschließend entweder noch ein Sensitivity Training, ein didaktisches Programm (vor allem mit Modelldarbietungen) oder keine weitere Ausbildung (als Kontrolle) durchgeführt wurde. Es zeigte sich, daß in den Augen der Klienten jene Berater als selbstkongruenter und insgesamt als hilfreicher erlebt wurden, die an dem zusätzlichen Sensivitiy Training teilgenommen hatten. Beide Zusatzprogramme waren gegenüber der Kontrollsituation von gleichermaßen zusätzlichem Gewinn, wenn als Erfolgskriterium die Einschätzung von Tonbandstichproben simulierter Beratungsgespräche genommen wurde.

5 Beeinflussung des Lernerfolgs durch Ausbilder und Studentenvariablen

Werden in einem Ausbildungsprogramm didaktisch-intellektuelle und erlebnismäßig-therapeutische Komponenten miteinander verschränkt, dann muß auch die Frage nach den Einflußgrößen „Trainerverhalten" und „Ausgangsniveau des Auszubildenden" gestellt werden. Wichtige Untersuchungen zum Trainerverhalten als Einflußfaktor in der Psychotherapieausbildung liegen z. B. in den Arbeiten von *Hansen & Barker* (1964), *Pagell, Carkhuff & Berenson* (1967), *Pierce & Schauble* (1970) oder *Pierce, Carkhuff & Berenson* (1967) vor. In der letzten Arbeit wurden 17 Studenten untersucht, die freiwillig an einem Berater-Training für Laienhelfer teilnahmen. 8 der 17 Auszubildenden wurden nach Zufall einem Berater als Supervisor (A) zugewiesen, der stark Therapeutisches Basisverhalten verwirklichte, und 9 kamen zu einem Supervisor (B), der nur mäßig das Basisverhalten verwirklichte.
Das Trainingsprogramm entsprach dem Integrationskonzept, dauerte aber insgesamt nur 20 Stunden. Vor und nach dem Kurs wurden die Studenten aufgefordert, mit „Standardklienten" Gespräche zu führen, in denen sie „so hilfreich wie möglich sein sollten". Wie üblich wurden diese Gespräche magnetophon registriert und bezüglich der Verwirklichung der einzelnen Dimensionen des Basisverhaltens eingestuft. Es zeigte sich, daß nur die Gruppe des A-Supervisors eine signifikante Verbesserung ihres Basisverhaltens erreichte ($p < .05$). 5 Studenten des B-Supervisors verließen sogar den Kurs und die restlichen 4 Studenten hatten keinen Gewinn. Sie verblieben auf dem (niederen) Niveau, das ihren Supervisor in seinem Verhalten zu ihnen in den Trainingsstunden kennzeichnete. Obwohl die Studenten des A-Trainers sich signifikant gegenüber denen des B-Trainers verbesserten, erreichten sie doch nicht das Niveau des A-Trainers. Die Autoren führen dies auf die sehr kurze Ausbildungszeit zurück.
Solche Untersuchungen legen nahe, daß nur dann mit einem signifikanten Ausbildungserfolg in integrativen Kursen gerechnet werden kann, wenn der Ausbil-

der nicht nur versucht, erlebnismäßige therapeutische Prozesse zu stimulieren, sondern tatsächlich während des Trainingskurses therapeutische Bedingungen verwirklicht.
Die Einflußgröße „Ausgangsniveau des Auszubildenden“ wurde in einer Untersuchung von *Butler & Hansen* (1973) zu bestimmen versucht. 40 Berater-Studenten wurden aufgrund schriftlicher Antworten auf Klientenäußerungen als von mäßig hohem oder von niederem Fähigkeitsniveau eingeschätzt und entweder dem (10stündigen didaktisch-erlebnismäßigen) Ausbildungskurs oder der Kontrollsituation in einem randomisierten Blockdesign zugeteilt. Schriftliche und mündliche Beraterreaktionen im Sinne eines Therapeutischen Basisverhaltens wurden dann auch nach dem Kurs und nach 4 Wochen Follow-up-Zeit überprüft. Es zeigte sich, daß im schriftlichen Verhalten die Berater-Studenten mit mäßig hohem und niederem Ausgangsniveau gleichermaßen ihre Fähigkeiten verbesserten. Im verbalen Interviewverhalten jedoch zeigte sich ein Trainingserfolg nur bei den Berater-Studenten mit mäßig hohem Ausgangsniveau. Auch nach der Follow-up-Zeit wurde dieses Ergebnis bestätigt.

6 Persönliche Veränderungen bei den Kursteilnehmern

Durch die Verschränkung von didaktisch-intellektuellen und erlebnismäßig-therapeutischen Zielsetzungen in integrativen Ausbildungsprogrammen sind nicht nur Verbesserungen des Berater- und Therapeutenverhaltens als Verhaltenstrainingseffekte zu erwarten, sondern auch Veränderungen in den persönlichen Einstellungen und Wertorientierungen der Auszubildenden (vgl. Kap. „Lernziel Therapeutisches Selbsterleben“). Teilweise sind die empirischen Befunde hierzu jedoch widersprüchlich. Vermutlich machen unterschiedliche theoretische Orientierungen der Ausbilder und unterschiedliche persönliche Stile der Ausbilder hier ein einheitliches Bild unmöglich. Und wahrscheinlich sind die bisher überprüften Ausbildungszeiträume und verwendeten Testverfahren für die Erfassung differenzierter persönlicher Veränderungen auch unzureichend.
Am ehesten erscheinen diagnostische Verfahren wie das Personal Orientation Inventory (*Shostrom,* 1964; *Bottenberg & Keller,* 1975), die I-E Locus of Control Scale (*Rotter,* 1966) oder Verfahren zur Erfassung von Realbild-Idealbild-Diskrepanzen konstruktive persönliche Veränderungen in solchen Ausbildungskursen widerzuspiegeln.
Shapiro & Gust (1974) konnten bei integrativen Ausbildungskursen günstige Persönlichkeitsveränderungen mit dem *Shostrom*- und dem *Rotter*-Test nachweisen. Bei insgesamt 60 fortgeschrittenen Berater-Studenten zeigte sich im Unterschied zu den Kontrollpersonen, die nicht an der Ausbildung teilnahmen, eine stärkere Fähigkeit nach eigenen Bedürfnissen und Werten zu leben, flexibler

eigene Wertorientierungen und Prinzipien anzuwenden und unvoreingenommener enge Beziehungs- und Vertrauensverhältnisse mit anderen zu entwickeln. Diese Schlußfolgerungen ziehen die Autoren aufgrund der signifikanten Ergebnisse in den Versuchsgruppen und der insignifikanten Ergebnisse in den Kontrollgruppen. Sie bestimmen leider nicht den Grad der Netto-Veränderung, indem sie die Veränderungswerte der beiden Gruppen vergleichen. Eine Bestimmung der Netto-Veränderung unter Verwendung des *Shostrom*-Tests findet sich jedoch bei *Eiben & Clack* (1973). Diese Autoren fanden signifikante Netto-Veränderungen in drei der 12 POI-Skalen, die darauf hinweisen, daß Teilnehmer an erlebnismäßig-therapeutischen Programmen im Vergleich zu Teilnehmern an didaktisch-intellektuellen Programmen in stärkerem Maße die Fähigkeit entwickeln, nach eigenen Bedürfnissen und Werten zu leben, d. h. sich stärker selbst zu verwirklichen. Und ähnliche Ergebnisse berichtet *Dungan* (1974), so daß zumindest für den Bereich, wie er durch den *Shostrom*-Test erfaßt wird, mit persönlichen Veränderungen durch Teilnahme an integrativen Kursen gerechnet werden kann. Nach einer Arbeit von *Maynard* (1976) kann darüber hinaus angenommen werden, daß solche Veränderungen noch nach einem Jahr Follow-up-Zeit festzustellen sind und damit längerfristige Veränderungen darstellen. Weitere Forschungsarbeiten, die auch die Korrelationen zwischen Vorher- und Nachhermessung berücksichtigen, sind aber erforderlich.

Weniger geeignet zur Erfassung persönlicher Veränderungen durch Teilnahme an Ausbildungskursen erscheinen Testverfahren wie das MMPI und das FPI.

Martin & Carkhuff (1968) berichten von signifikant stärkeren Persönlichkeitsveränderungen im MMPI bei Teilnehmern an einem integrativen Ausbildungskurs im Vergleich zu einer Kontrollgruppe. Solche Veränderungen sind nach Untersuchungen wie z. B. der von *Bergin & Solomon* (1970) vor allem in den Dimensionen Depressivität, Ängstlichkeit oder soziale Kontaktfähigkeit zu erwarten.

In einer eigenen Untersuchung dazu (*Tscheulin,* 1972) konnte mit Hilfe des MMPI und des FPI jedoch keine signifikanten Veränderungen in diesen Persönlichkeitsmerkmalen nachgewiesen werden.

Allerdings ergab sich über die Ermittlung der subjektiven Erfolgseinschätzung, daß die Teilnehmer an einem integrativen Ausbildungskurs den Ausbildungserfolg durchschnittlich höher einschätzten als die Teilnehmer an einem nicht-integrativen Kurs. Zudem erlebten sie auch diesen Ausbildungserfolg in erheblich stärkerem Maße als fundiert durch persönlich-emotionale Veränderungen. Dies ist ein Hinweis, daß in integrativen Kursen sich doch stärkere Veränderungen im persönlich-emotionalen Bereich anbahnen als in nicht-integrativen Kursen, daß sie sich aber möglicherweise mit den gängigen Testverfahren wie MMPI oder FPI nicht als statistisch bedeutsam erfassen lassen.

Literatur

Berenson, B. G./Carkhuff, R. R./Myrus, P.: The interpersonal functioning and training of college students. J. Counsel. Psychol., 1966, *13*, 441 – 446.

Bergin, A. E./Solomon, S.: Personality and performance correlates of empathic understanding in psychotherapy. In: *Hart, J. T. & Tomlinson, T. M.* (Eds.): New directions in client-centered therapy. Boston: Houghton Mifflin, 1970.

Birk, J.: Effects of counseling supervision method and preference on empathic understanding. J. Counsel. Psychol., 1972, *19*, 542 – 546.

Bottenberg, E. H./Keller, J. A.: Beitrag zur empirischen Erfassung von Selbst-Aktualisierung. Zeitschr. f. Klin. Psychol. Psychotherapie., 1975, *23*, 21 – 53.

Butler, E. E./Hansen, J. C.: Facilitative training: Acquisition, retention and modes of assessment. J. Counsel. Psychol., 1973, *20*, 60 – 63.

Carkhuff, R. R.: Helping and human relations. 2. Vol. New York: Holt, 1969a.

Carkhuff, R. R.: Critical variables in effective counselor training. J. Counsel. Psychol., 1969b, *16*, 238 – 245.

Carkhuff, R. R./Kratochvil, D./Friel, Th.: Effects of professional training: Communication and discrimination of facilitative conditions. J. Counsel. Psychol., 1968, *15*, 66 – 74.

Carkhuff, R. R./Truax, Ch. B.: Training in counseling and psychotherapy: An evaluation of an integrated didactic and experiental approach. J. Counsult. Psychol., 1965a, *29*, 333 – 336.

Carkhuff, R. R./Truax, Ch. B.: Lay mental health counseling: The effect of lay group counseling. J. Consult. Psychol., 1965b, *29*, 426 – 432.

Cormier, L. S./Hackney, H./Segrist, A.: Three counselor training models: A comparative study. Counselor Educ. Superv., 1974, *13*, 95 – 104.

Dalton, R. F./Sundblad, L. M.: Using principles of social learning in training for communication of empathy. J. Counsel. Psychol., 1976, *23*, 454 – 457.

Dungan, D. S.: The effect of didactic-intellectual training versus relationship-oriented training upon counseling behavior. Diss. Abstr. Intern., 1974, *34*, (8-A, Pt1), 4736.

Eiben, R./Clack, R. J.: Impact of a participatory group experience on counselors in training. Small Group Behavior, 1973, *4*, 486 – 495.

Fischer, J.: Training for effectiv therapeutic practice. Psychoth.: Theory, Research & Practice, 1975, *12*, 118 – 123.

Gray, J. J.: Methods of training psychiatric residents in individual behavior therapy. J. Behav. Ther. Exp. Psychiatry, 1974, *5*, 19 – 25.

Hansen, J./Barker, E. N.: Experiencing and supervisory relationship. J. Counsel. Psychol., 1964, *11*, 107 – 111.

Heigl-Evers, A.: Psychoanalytische Ausbildung. Z. Psychother. med. Psychol., 1972, *22*, 103 – 112.

Jankowski, P./Tscheulin, D./Fietkau, H. J./Mann, F. (Hrsg.): Klientzentrierte Psychotherapie heute. Göttingen: Hogrefe, 1976.

Kuna, D. J.: Lecturing, reading and modeling in counselor restatement training. J. Counsel. Psychol., 1975, *23*, 542 – 546.

Martin, J. C./Carkhuff, R. R.: Changes in personality and interpersonal functioning of counselors in training. J. Clin. Psychol., 1968, *24*, 109 – 110.

Maynard, P. E.: Group training for counselors. A one-year follow up. Counselor Educ. Superv., 1976, *15*, 225 – 228.

Nelson-Jones, R./Patterson, C. H.: Some effects of counsellor training. Brit. J. of Guidance and Counseling, 1974, *2*, 191 – 199.

Pagell, W. A./Carkhuff, R. R./Berenson, B. G.: The predicted differential effects of the level of counselor functioning upon the level of functioning of outpatients. J. Clin. Psychol., 1967, *23*, 510–512.
Perry, M. A.: Modeling and instructions in training for counselor empathy. J. Counsel. Psychol. 1975, *22*, 173–179.
Pierce, R./Carkhuff, R. R./Berenson, B. G.: The differential effects of high and low functioning counselors upon counselors-in-training. J. Clin. Psychol., 1967, *23*, 212–215.
Pierce, R. M./Schauble, P. G.: Graduate training of facilitative counselors: The effects of individual supervision. J. Counsel. Psychol., 1970, *17*, 210–215.
Poser, E. G.: Training behavior therapists. Behav. Res & Therapy, 1967, *5*, 37–41.
Rappaport, J./Gross, T./Lepper, C.: Modeling, sensitivity training and instruction. J. Consult. Clin. Psychol., 1973, *40*, 99–107.
Ronaldson, I. B./Evison, R.: Integrating theory and practice in counselor training. Brit. J. Guidance & Counselling, 1975, *3*, 219–227.
Rotter, J. B.: Generalized expectancies for internal versus external control of reinforcement. Psychol. Monogr., 1966, *80*, No. 1 (Whole No. 609).
Sachs, D. M./Shapiro, S. H.: On parallel processes in therapy and teaching. Psychoanalytic Quarterly, 1976, *45*, 394–415.
Selfridge, F. F. et al.: Sensitivity-oriented versus didactically oriented in-service counselor training. J. Counsel. Psychol., 1975, *22*, 156–159.
Silverman, M. S.: Perceptions of counseling following differential practicum experiences. J. Counsel. Psychol., 1972, *19*, 11–15.
Shapiro, J. L./Gust, T.: Counselor training for facilitative human relationships. Counsel. Educ. Superv., 1974, *13*, 198–206.
Shostrom, E.: A test for the measurement of selfactualization. Educ. Psychol. Measurement, 1964, *24*, 207–218.
Strupp, H. H.: Graduate training in clinical psychology: A very personal endeavor. The Clin. Psychologist, 1974, *28* (1), 1–2.
Tausch, R.: Gesprächspsychotherapie. Göttingen: Hogrefe, 1968[2].
Toukmanian, S. G./Rennie, D. L.: Microcounseling versus human relations training: Relative effectiveness with undergraduate trainees. J. Counsel. Psychol., 1975, *22*, 345–352.
Truax, Ch. B./Carkhuff, R. R.: Toward effective counseling and psychotherapy: Training and Practice. Chicago: Aldine Publ. Comp., 1967.
Truax, Ch. B./Carkhuff, R. R./Douds, J.: Toward an integration of the didactic and experiental approaches to training in counseling and psychotherapy. J. Counsel. Psychol., 1964, *11*, 240–247.
Tscheulin, D.: Ausbildung in therapeutischem Basisverhalten. Würzburg: Phil. Fak. d. Univ. (Diss., Photodruck), 1972.
Tscheulin, D.: Die Bedeutung des Integrationsprinzips in der Psychotherapieausbildung. In: *Jankowski* et al. (1976) 326–327.

Vera Birtsch

Problem-orientierte Ausbildung als Anleitung zur Integration psychotherapeutischer Modelle und Techniken [1]

Zusammenfassung

Problem-orientierte Ausbildung wird als Konzept vorgestellt, das „flexible Qualifikation" bei den Studierenden als Lernziel für klinisch-psychologische Ausbildung verfolgt. Flexible Qualifikation wird als Theorie- und Praxiskompetenz des Klinischen Psychologen angesehen, Wissen verschiedener psychotherapeutischer Schulen anzuwenden, verschiedene Interventionsformen zu beherrschen und in einer Gesamtstrategie zu integrieren. Dieses Vorgehen wird als präskriptiv eklektizistisch eingeordnet. Als Grundlage dieser Verfahrensweise wird das Verhältnis der Psychotherapieformen zueinander diskutiert und als ein „aspektives" gekennzeichnet. Neben dem inhaltlichen Aspekt der Konzentration auf das Klientenproblem und der Nutzung verschiedener psychotherapeutischer Vorgehensweisen zur Analyse und Bearbeitung dieses Problems werden verschiedene Formen des Praxisbezugs als Bestandteil der problem-orientierten Ausbildung vorgestellt. Praxisbezug wird diskutiert unter den Gesichtspunkten des Kennenlernens von Praxisproblemen, der Vermittlung praktischer Fertigkeiten und der didaktischen Strukturierung der Ausbildung. Mit der Darstellung zweier Ausbildungskurse zum Training von Gesprächsverhalten werden zwei konkrete Beispiele für problem-orientierte Ausbildung aufgezeigt. Abschließend werden die Anforderungen und Grenzen des Modells in der Ausbildungspraxis behandelt.

1 Flexible Qualifikation für präskriptiven Eklektizismus als Lernziel klinisch-psychologischer Ausbildung

Klinisch-psychologische Praxis und insbesondere die psychotherapeutische Tätigkeit wird immer mehr als integriertes Vorgehen angesehen (vgl. u. a. *Bastine, Tscheulin* in diesem Band). Vom psychotherapeutischen Handeln wird gefordert, daß es sich an den den gesamten Therapieprozeß begleitenden Strategien orientiert. Diese Strategien werden entwickelt durch die Verwertung klinisch-psychologischen Wissens und die Integration einzelner Techniken der psychotherapeutischen Schulen.
Ein solches Verfahren steht leicht in der Gefahr, als theorie- und systemlos, als „elektizistisch" verworfen zu werden. Eklektizistisches Vorgehen hat jedoch

1 Grundlage dieses Beitrags: *Birtsch, V.:* Evaluation klinisch-psychologischer Ausbildung und empirische Analyse eines praxisbezogenen Grundkurses. Unveröffentlichte Dissertation, Heidelberg, 1977.

zwei Seiten, eine mögliche negative der fehlenden Systematik und eine mögliche positive der Verwertung vorhandenen Wissens. Eklektizismus sollte deshalb nicht voreilig als ein Prinzip klinisch-psychologischen Handelns abgelehnt werden.

Wie *Quekelberghe* (1979) schreibt, stellt eklektizistisches Vorgehen, in dem die Kriterien der Auswahl angegeben sind und Widersprüche zwischen den berücksichtigten Ansätzen bearbeitet werden, durchaus eine wissenschaftliche Weiterentwicklung dar.

Auch *Diamond, Havens & Jones* (1978) greifen den Eklektizismus-Begriff auf, um integriertes klinisch-psychologisches Vorgehen zu kennzeichnen. Sie formulieren das Konzept des „präskriptiven Eklektizismus". Präskriptiv heißt, daß für die Integration der Konzepte und Techniken verschiedener psychotherapeutischer Richtungen zu einem ganzheitlichen Vorgehen Strukturierungsregeln angegeben werden. Diese Regeln systematisieren die Auswertung aller verfügbarer Information aus Theorie und Forschung der Psychotherapie. Insgesamt wird der präskriptive Eklektizismus damit zu einem zielgerichteten „klinischen Prozeß".

Aus diesen Ansätzen wird deutlich, daß ein geregelter präskriptiver Eklektizismus mit dem geforderten integrierten Psychotherapeutenverhalten nicht im Widerspruch steht.

Bei der Festsetzung von Lernzielen für die Ausbildung kann für die Ausübung präskriptiv-eklektizistischen Vorgehens eine Fertigkeit definiert werden, die der Studierende erwerben soll. *Kämmerer* (in *Birtsch* et al. 1977) hat für den Bereich des Wissenserwerbs in der klinisch-psychologischen Ausbildung den Begriff der „flexiblen Qualifikation" vorgeschlagen. Sie meint damit die „Fähigkeit, wissenschaftliche Erkenntnisse (...) bewerten und einordnen sowie praktisches Handeln wissenschaftlich begründen zu können" (S. 250). Für klinisch-psychologisches Handeln kann flexible Qualifikation definiert werden als Fertigkeit, unterschiedliche Interventionen oder Kommunikationsformen als Verhaltensalternativen zu beherrschen und gezielt und kontrolliert in verschiedenen Stadien der Psychotherapie oder bei verschiedenen Problemfällen einsetzen zu können. Flexible Qualifikation ist also als Voraussetzung für die Ausübung eines präskriptiven Eklektizismus aufzufassen. Sie soll als ein wichtiges Lernziel der klinisch-psychologischen Ausbildung benannt werden.

2 Das Verhältnis der Psychotherapieformen zueinander

Das Lernziel der flexiblen Qualifikation beinhaltet, daß der Studierende das Verhältnis der einzelnen Psychotherapieformen zueinander kennen und bewerten muß.

Pongratz (1973) zeigt verschiedene Zugangsweisen zur Charakterisierung dieses Verhältnisses auf.
Der „orthoskopische" Zugang sieht die Psychotherapieformen in einem Ausschließlichkeitsverhältnis, d. h., daß nur eine Form als die richtige angesehen wird. Vertreter dieser Auffassung versuchen, dieses allein gültige Psychotherapiemodell mit Hilfe theoretischer und empirischer Analysen zu finden.
Im „synthetischen" Zugang werden die Gemeinsamkeiten der Ansätze gesucht und Versuche angestellt, Modelle und Techniken ineinander zu überführen.
Die „aspektive" Sichtweise betont die unterschiedlichen Standorte der Psychotherapieansätze und sucht Möglichkeiten der gegenseitigen Ergänzung. Die Sichtweisen der einzelnen Standorte werden als gegenseitig ergänzend oder komplementär angesehen. *Pongratz* zeigt in seiner Darstellung das aspektive Verhältnis von Psychoanalyse, Gesprächspsychotherapie und Verhaltenstherapie auf. Er vertritt dabei die Auffassung, daß diese Therapieformen unabhängige Dimensionen aufweisen, also zueinander komplementär sind. Empirisch wurde diese Auffassung an einer Stichprobe von insgesamt 156 Therapeuten überprüft, die verschiedene psychotherapeutische Schulen vertraten. Sie wurden aufgefordert, Theorie und Technik der von ihnen praktizierten Therapieform auf 57 Ratingskalen einzuschätzen. Die faktoranalytische Auswertung ergab vier Hauptfaktoren, die Psychoanalyse, Verhaltenstherapie und Client-centered Therapie als eigenständige Techniken ausweisen (*Pongratz,* 1973, S. 385). Da in dieser Untersuchung jedoch wesentlich die schulisch-ideologische Interpretation der Technik durch die Therapeuten und weniger ihr tatsächliches Verhalten einging, kann es sich bei dem Ergebnis der Eigenständigkeit leicht um einen methodischen Artefakt handeln.
Die Auffassung der Komplementarität der psychotherapeutischen Ansätze ist also möglicherweise zu ausschließlich. In der Fachöffentlichkeit scheint sich eher die Auffassung des aspektiven Verhältnisses durchgesetzt zu haben, nach dem psychotherapeutische Schulen aufgrund ihrer Standpunkte jeweils unterschiedliche aber auch gleiche Ausschnitte von Problembereichen wahrnehmen. *Tscheulin* konnte in diesem Band gerade dieses Verhältnis zur Formulierung des „therapeutischen Basisverhaltens" als klinisch-psychologische Grundstrategie nutzen. Einen empirischen Beleg für das aspektive Verhältnis von psychotherapeutischen Modellen haben *Stuhr & Deneke* (1978) vorgelegt. Sie verglichen im Rahmen einer integrierten Diagnose die in verschiedenen Interviews bei einem Klienten erhobenen Informationen miteinander: Psychoanalytisches Erstinterview, Ursprungsfamilieninterview, subjektive Arbeitsplatzanalyse, Verhaltenstherapeutisches Interview, Familieninterview. „Die Diagnostiker zeigten sich durchweg beeindruckt, daß für sie z. T. unbekannte Informationen aus den jeweils anderen Interviews zu entnehmen waren, die dann eigene diagnostische Überlegungen stützten oder in Zweifel zogen, bzw. daß gänzlich neue Problempunkte auftauchten, die ihnen entgangen waren" (S. 13).

Das Lernziel „flexible Qualifikation“ kann nun wie folgt beschrieben werden:

- Aus der Kenntnis des aspektiven Verhältnisses der Psychotherapieformen werden die zugehörigen theoretischen Modelle als sich ergänzende Erklärungsansätze angesehen und genutzt.
- Unterschiedliche psychotherapeutische Interventionen werden als gleichrangige Alternativen betrachtet und bei der Problembearbeitung für eine Gesamtstrategie ausgewählt.
- Ein Ansatz zur Findung dieser Strategie liegt darin, von der Problemsicht des Klienten auszugehen und sich diese phänomenologisch anzueignen. Die Strategie sollte sich also zunächst am inneren Bezugssystem des Klienten orientieren. Insgesamt ist die Strategiefindung der bisher am wenigsten geklärte Teil des präskriptiv eklektizistischen Vorgehens und damit auch der problem-orientierten Ausbildung.
- Zum gegenwärtigen Zeitpunkt und Forschungsstand bietet das Analysemodell der Verhaltensmodifikation jedoch aufgrund seiner gleichwertigen Behandlung kognitiver, aktionaler, emotionaler und ätiologischer Aspekte sowie der Umweltbedingungen eine brauchbare Leitlinie für Integration an.

3 Prinzipien zur Vermittlung flexibler Qualifikation in der Ausbildung

Nach der Beschreibung des Lernziels stellt sich nun die Frage nach der Vermittlung der flexiblen Qualifikation. Hierbei sollen sowohl die Inhalte der Qualifikation als auch die Möglichkeiten praxisbezogener Ausbildung und didaktischer Strukturierung berücksichtigt werden. Drei Prinzipien werden für die Diskussion formuliert.

- Der Student sollte kein einseitiges schulenmäßiges Denken erwerben, sondern Theorien und Techniken psychotherapeutischer Schulen als verschiedene Zugangsweisen zur Analyse und Bearbeitung von Klientenproblemen kennen und systematisch einsetzen können.
- Klinisch-psychologisches Handeln kann nur in praxisbezogener Ausbildung erworben werden. Praxisbezogene Ausbildung hat Fertigkeiten zu vermitteln, führt ein in die Probleme der Praxis und macht mit den institutionellen Bedingungen klinisch-psychologischer Tätigkeit vertraut.
- Die Komplexität eines psychosozialen Problems und seine Zusammenhänge zu den sozialen Beziehungen des Klienten und zu äußeren Lebensbedingungen muß dem Studierenden in der praxisbezogenen Ausbildung didaktisch aufbereitet dargeboten werden.

3.1 Problem-Orientierung statt Technik-Orientierung in der Ausbildung

Als problem-orientiert wird die Ausbildung angesehen, die mit dem o. g. Ziel der flexiblen Qualifikation den Studierenden zunächst auf das eigene Verstehen des

vom Klienten formulierten Problems verweist und zur Erweiterung und Bearbeitung verschiedene psychotherapeutische Sichtweisen und Interventionen im Zusammenhang einführt. Diese Unterscheidung wird zum Zweck der Verdeutlichung absichtlich pointiert.
Als technik-orientiert soll die Ausbildung bezeichnet werden, die die Analyse eines vom Klienten formulierten Problems nach einem bestimmten psychotherapeutischen Modell vorgibt und für die Intervention die entsprechende Technik vermittelt.
An vielen Universitätsinstituten der BRD werden praxisbezogene Ausbildungen in Verhaltenstherapie und Gesprächspsychotherapie parallel angeboten, an einzelnen Instituten auch in Gruppenverfahren oder Psychoanalyse. Diese Ausbildungsveranstaltungen sind nach der o. g. Definition in der Regel technik-orientiert. Teilweise haben die Studierenden die Möglichkeit, die Ausbildungsgänge parallel zu belegen, teilweise können Veranstaltungen aus Kapazitätsbeschränkungen nur alternativ angeboten werden. Psychoanalyse wird teilweise in gesonderten Institutionen angeboten.
Es sollen nun die Konsequenzen dieser Ausbildung für die Erreichung des Lernziels der flexiblen Qualifikation eingeschätzt werden. Auch in der technik-orientierten Ausbildung werden dem Studierenden die Grenzen des betreffenden psychotherapeutischen Ansatzes deutlich. Dies geschieht entweder in übergreifenden theoretischen Lehrveranstaltungen, in eigenen Praxiskontakten oder durch die Kenntnis der üblichen Anforderungen bei Stellenausschreibungen für Klinische Psychologen. Studierende versuchen deshalb häufig, entweder innerhalb der Universitätsausbildung, über privates Engagement oder als Weiterbildung nach dem Examen, verschiedene Ausbildungen zu absolvieren. Die gesehene Lücke soll durch mehr Quantität geschlossen werden. In der Auswertung des auf diese Weise gesammelten Wissens und in der Integration der erworbenen Fertigkeiten zu einer klientengemäßen Gesamtstrategie sind Klinische Psychologen jedoch auf ihr persönliches Geschick oder allenfalls ihre klinische Erfahrung angewiesen. Eine erlernte Systematik zur Bewertung und kontrollierten Verarbeitung steht dem Einzelnen in dieser Form der Ausbildung nicht zur Verfügung. Es wird vermutet, daß dieser Mangel ein Grund des vielfach feststellbaren Sammelns zahlenmäßig wachsender und inhaltlich divergierender technik-orientierter Qualifikationen führt. Die Integration entsteht jedoch auf diese Weise kaum von selbst.
Problem-orientierte Ausbildung kann möglicherweise andere Ergebnisse bewirken. Der Studierende erprobt im Training verschiedene Interventionsformen und lernt die Effekte bezüglich der Informationsgewinnung und der Problemdefinition beim Klienten, die Effekte auf das Klientenverhalten und seine Veränderungen kennen. Bei der Analyse und Bearbeitung von psychischen Problemen kann im Hinblick auf präskriptiven Eklektizismus die verfügbare Information unter der Anleitung des Ausbilders systematisch ausgewertet werden. Einzelne

Verhaltensweisen können in der unmittelbaren Intervention unter kontrollierten Bedingungen erprobt und ihre Wirkungen erfahren werden. Die durch die technik-orientierte Ausbildung erzeugten blinden Flecke in der Wahrnehmung des Studierenden für die von anderen Therapiemodellen gesehenen Aspekte können somit vermieden werden. Das aspektive Verhältnis der Psychotherapieformen wird dem Studierenden nicht nur abstrakt theoretisch, sondern auch konkret an einzelnen Problemen bewußt.

3.2 Praxisbezug in der Ausbildung

Praxisbezogene Ausbildung beinhaltet in der Regel zwei Aspekte:

- das genaue Kennenlernen von Klientenproblemen, des Problemkontextes und des Zusammenhangs zwischen Problemen und Lebensbedingungen,
- den Erwerb praktischer Fertigkeiten, die Schulung von Verhaltensweisen zur Lösung psychischer Probleme.

Die Universitätsausbildung hat verschiedene Formen des Praxisbezugs erprobt, die sich durch unterschiedliche Nähe zur Praxis auszeichnen. Diese Formen können in einer Folge angeordnet werden, die sich durch zunehmenden Praxiskontakt im Hinblick auf die beiden genannten Aspekte ergibt. Die Hauptformen werden im Folgenden dargestellt.

Demonstration und Fallbesprechung

In der Besprechung von Fällen beobachten Studenten psychotherapeutisches Geschehen über Einwegscheibe oder Monitor. Sie besprechen unter Anleitung ein Klientenproblem und dessen Behandlung auf der Basis schriftlichen Materials. Praktisches Einüben von Psychotherapeutenverhalten ist hier nicht gegeben.

Rollenspiel

In kleinen Übungsgruppen explorieren Studenten gegenseitig ihre eigenen Probleme, planen und üben daran psychotherapeutische Interventionsstrategien. Der Vorteil dieses Vorgehens liegt darin, daß die Studenten sowohl die Therapeutenrolle als auch die Klientenrolle einnehmen und so die Qualität einer psychotherapeutischen Beziehung und deren Wirkungen ansatzweise einzuschätzen lernen. Der Nachteil besteht darin, daß in der Regel keine stark beeinträchtigenden psychischen Probleme besprochen werden und deshalb die Komplexität und Intensität von Klientenproblemen nicht kennengelernt werden. Weiterhin können auch innerinstitutionelle Arbeitsbedingungen von Versorgungseinrichtungen nicht erfahren werden.

Klientenkontakt in der Gruppe

Die Betreuung eines Klienten durch eine Gruppe von Studenten unter der Supervision eines erfahrenen Psychotherapeuten in einer Praxiseinrichtung ist eine weitere Möglichkeit der Herstellung des Praxisbezugs. Der Einblick in Probleme der Berufstätigkeit ist hier gegeben. Der Grad des eigenen Handelns ist dagegen eingeschränkt.

Kotherapie und alternierende Therapie

Ein größeres Ausmaß des Praxisbezugs ist dem Studenten in der Kotherapie gegeben, in der er sich zusammen mit einem erfahrenen Therapeuten abwechselt.

Therapie unter Supervision

Bei supervisierter eigenständiger Arbeit mit Klienten in Institutionen wie psychiatrischen Kliniken und Erziehungsberatungsstellen lernen Studenten Klientenprobleme und Probleme der Verwirklichung psychotherapeutischer Interventionen kennen. Sie sind aktiv tätig und haben deshalb in diesem Modell gute Lernbedingungen.

Projektstudium

Im Projektstudium ist die theoretische Ausbildung auf ein bestimmtes Praxisfeld ausgerichtet. Dieses Praxisfeld kann eine bestimmte Institution (z. B. Erziehungsheim) aber auch ein regionales Arbeitsgebiet (z. B. Stadtteil mit hohem Anteil benachteiligter und unterversorgter Personen) sein. Studierende können hier in noch stärkerem Maße die Realität psychischer Probleme sowie die Entstehungs- und aufrechterhaltenden Bedingungen kennenlernen. Ferner sind in diesem Lernfeld Möglichkeiten gegeben, über Psychotherapie und Beratung hinaus vor allem präventiv tätig zu werden. Bei aktiver mehrsemestriger Mitarbeit im Praxisfeld im Rahmen eines Projektstudiums werden die unterschiedlichsten Handlungsanforderungen gestellt und damit auch sehr vielfältige Lernmöglichkeiten geboten.

3.3 Didaktische Strukturierung der Ausbildung

Die Notwendigkeit des didaktischen Aufbaus für theoretische und praxisbezogene Ausbildung muß nicht diskutiert werden, sie ist in der Universitätsausbildung nicht mehr umstritten. Es stellt sich vielmehr die Frage nach dem Prinzip dieser Didaktik.

Klinisch-psychologisches Wissen steht dem Studierenden zu Beginn seiner Ausbildung in der Regel minimal und dann sukzessiv anwachsend für Problemanalysen zur Verfügung. Um den Studierenden bei den Aufgaben zur Analyse von Klientenproblemen nicht zu überfordern, sollte die Ausbildung hierbei zuerst geringe und dann schrittweise höhere Anforderungen stellen. Gleichermaßen sollten zu übende Verhaltensweisen in Klienten-Interaktionen zu Beginn der Ausbildung kurz und einfach und später zeitlich ausgedehnter und inhaltlich differenzierter werden.

Es muß der technik-orientierten Ausbildung zugestanden werden, daß sie durch die Vermittlung einer aspektiv beschränkten Problemsicht dem Studierenden eine einfache Handhabbarkeit der Probleme anbietet. In der gesprächspsychotherapeutischen Ausbildung sucht der Studierende nach Gefühlsinhalten der Klientenäußerungen und vertieft in seiner Reaktion diesen Gefühlsinhalt unter Beachtung zweier weiterer Bedingungen: der emotionalen Wärme und der Echtheit. Technik-orientierte Ausbildung kann somit als didaktische Hilfe angesehen werden. Die oben genannten Konsequenzen der Ausbildung stellen jedoch nicht das erwünschte Ziel dar. Der Studierende bleibt dem als didaktische Hilfe möglichen Orientierungsrahmen in seiner nachfolgenden Berufstätigkeit in starkem Maße verhaftet, tauscht ihn gegen einen anderen aus, oder ordnet einzelne Elemente des Neuen der alten Orientierung unter. *Diamond* u. a. (1978) weisen auf die Neigung der Praktiker hin, ein einzelnes theoretisches Statement als Leitlinie der Psychotherapie zu wählen. Die in der technik-orientierten Ausbildung erreichte Einschränkung des Gesichtsfeldes und der Reaktionsmöglichkeiten ist also für den Lernprozeß des Studierenden hilfreich, langfristig im Hinblick auf die Wirksamkeit bei der Bearbeitung von Problemen in der klinisch-psychologischen Praxis aber hinderlich. Technik-orientierte Ausbildung ist deshalb als didaktische Hilfe langfristig gesehen unzureichend.

In der problem-orientierten Ausbildung wird bewußt auf die inhaltliche Eingrenzung als didaktische Hilfe verzichtet. Für problem-orientierte Ausbildung bietet sich zur didaktischen Strukturierung nur der gestufte Praxisbezug an. Die oben genannten Stufen scheinen zur schrittweisen Erweiterung bzw. Reduktion von Problemkomplexität geeignet zu sein. Sie wurden in dieser Funktion in der technik-orientierten Ausbildung als didaktische Hilfe erprobt und können hier auch verwendet werden. Verschiedene weitere Varianten sollten zusätzlich entwickelt werden.

4 Beispiele für problem-orientierte Ausbildung

Zur Konkretisierung des Konzeptes problem-orientierter Ausbildung und als erste Versuche ihrer Realisierung werden im folgenden zwei Ausbildungsveranstaltungen vorgestellt. Beide Veranstaltungen wurden als praxisbezogene Grundkurse in der klinisch-psychologischen Ausbildung am Psychologischen Institut in Heidelberg entwickelt und erprobt.

Beide Veranstaltungen wurden über zwei Wochen als ganztägige Blockpraktika abgehalten mit dem Ziel der Vermittlung von, für klinisch-psychologische Interventionen grundlegendem Gesprächsverhalten. Die Studierenden sollten lernen, Gefühlsinhalte von Klientenäußerungen nach gesprächspsychotherapeutischem Vorgehen reflektierend aufzugreifen, gezielt Informationen einzuholen, erhaltene Informationen zur Erstellung eines hypothetischen Bedingungsmodells nach dem Vorbild der Verhaltensanalyse zu verarbeiten und einen Therapieplan zu erstellen. Die im Kurs im Rollenspiel bearbeiteten Probleme waren eigene Probleme der Teilnehmer.
Im einzelnen wurden folgende Trainingseinheiten durchgeführt:

- Gruppendynamische Übung zur Rollenübernahme
- Übungen zur Gesprächsführung: Akzeptierendes Zuhören, sinngemäßes Wiederholen
- Übungen zum Ausdrücken und Paraphrasieren von Gefühlsinhalten, Feedbackübungen
- Übungen zum gezielten Einholen von Informationen zur Klärung von Klientenproblemen
- Übungen zum gezielten Einholen von Informationen zu antezedenten und konsequenten Bedingungen des Problemverhaltens
- Übungen zum gezielten Einholen von Informationen zur Genese des Problemverhaltens und zu den sozialen Beziehungen des Klienten
- Übungen zum gezielten Einholen von Informationen zu Selbstkontrolle und Zielverhalten des Klienten.

Das zweite Beispiel ist dem ersten sehr ähnlich, es ist inhaltlich erweitert. Hier wird zusätzlich die Überprüfung der eigenen Eignung zu psychotherapeutischer Tätigkeit und die Reflexion des therapeutischen Standpunktes geübt. Folgende Lerneinheiten lassen sich nach dem für alle Teilnehmer erstellten Leitfaden zusammenfassen.

- Reflexion der individuellen Vorstellungen über Fähigkeiten und Fertigkeiten eines guten Therapeuten, der persönlichen Eignung für die therapeutische Tätigkeit und Erarbeitung eines persönlichen Lernzielkatalogs
- Übungen zum Verbalisieren und Diskriminieren von Gefühlsinhalten
- Übungen zur Konkretisierung des Klientenproblems
- Übungen zur zielgerichteten Informationsgewinnung
- Übungen zur Reflexion des eigenen Erlebens von Klienten, der eigenen emotionalen Beteiligung in der Interaktion
- Erprobung verschiedener Verhaltensweisen zur Vermittlung von Akzeptierung
- Übungen zum Umgang mit schwierigen Gesprächsinhalten
- Übungen zur Verwirklichung unterschiedlicher Zielsetzungen in der Exploration.

Die hier vorgestellten Beispiele für problem-orientierte Ausbildung sind erste Konkretisierungen, die das Ziel der flexiblen Qualifikation nur bedingt erreichen können. Es werden dem Studierenden aber Möglichkeiten geboten, die Schwerpunktsetzungen von Gesprächspsychotherapie und Verhaltenstherapie konkret zu erfahren und miteinander zu verbinden. Eine empirische Evaluation des ersten Beispiels ist in Kapitel 4.3 dargestellt. Die dort dokumentierten Ergebnisse zeigen, daß Erfolge in der angezielten Richtung festzustellen sind. Es ist zu erwarten, daß, wenn die Integration psychotherapeutischer Techniken insgesamt vorangeschritten ist, auch die Ausbildung effektivere Modelle anbieten kann.

5 Grenzen der problem-orientierten Ausbildung

Vorangehend sind die Vorteile des problem-orientierten Modells in der klinisch-psychologischen Ausbildung herausgearbeitet worden. Insgesamt weist es jedoch auch Schwierigkeiten auf, die abschließend Berücksichtigung finden sollen. Problem-orientierte Ausbildung stellt in ihrem integrierenden Ansatz höhere Anforderungen an die Studierenden als die technik-orientierte Ausbildung. Der Auszubildende wird bereits zu Beginn seiner Praxisausbildung in die Lage versetzt, Probleme von unterschiedlichen Standpunkten aus zu beachten und zu analysieren. Der Auszubildende hat darüber hinaus unterschiedliche Verhaltensweisen auszuführen und lernt, eine dem Klienten gemäße Interaktionsform zu finden. Kognitive und aktionale Anforderungen sind damit erhöht.

Auch an den Ausbilder sind höhere Anforderungen gestellt. Er muß verschiedene Interventionsformen demonstrieren können und das aspektive Verhältnis der therapeutischen Techniken und Theorien kennen. Insgesamt sind von ihm kompliziertere Zusammenhänge zu erläutern. Eventuell wird dadurch Aufmerksamkeit gebunden, die notwendig wäre, um auf die persönlichen Eigenarten des Studierenden einzugehen und damit zu einer differentiellen Förderung im Ausbildungskurs zu gelangen. Darüber hinaus ist ein höherer Ausbildungsstand des Ausbilders selber erforderlich.

Die genannten Schwierigkeiten sind möglicherweise durch die gezielte Auswahl der Teilnehmer an praxisbezogener klinisch-psychologischer Ausbildung und zwar vor allem durch Beachten von Vorkenntnissen und Grundfertigkeiten anzugehen. Vor allem aber ist die Qualifikation der Ausbilder zu überprüfen. Zur Erhaltung dieser Qualifikation ist ständige eigene klinisch-psychologische Praxis notwendig. Es wird erwartet, daß beim Erfüllen dieser Voraussetzungen problem-orientierte Ausbildung zu den erwünschten Zielen gelangen wird.

Literatur

Birtsch, V./Kämmerer, A./Sommer, G.: Universitätsausbildung in Klinischer Psychologie. Kongreßbericht „Verhaltenstherapie in der psychosozialen Versorgung". DGVT, Berlin, 1977, 250–253.

Diamond, R./Havens, R./Jones, A.: A conceptual framework for the practice of prescriptive eclecticism in psychotherapy. American Psychologist, 1978, 3, 239–248.

Pongratz, L.: Lehrbuch der Klinischen Psychologie. Göttingen: Hogrefe, 1973.

Quekelberghe, R. v.: Systematik der Psychotherapie. München: Urban & Schwarzenberg, 1979.

Stuhr, U./Deneke, F. W.: Probleme der Prädiktion und als Konsequenz ein Einzelfallorientierter Ansatz. Vortrag auf dem 31. Kongreß der DGfP vom 17.–21. 9. 78 im Rahmen des Symposions „Indikation zur Therapie von psychischen Störungen".

Hans Stauss

Rückmeldeverfahren in der klinisch-psychologischen Ausbildung

Zusammenfassung

Im Mittelpunkt dieses Beitrags steht das Lernprinzip der Rückmeldung in seiner Bedeutung für die als Informationsverarbeitungsprozeß verstandene klinisch-psychologische Ausbildung. Es wird versucht zu zeigen, wie eine reflektierte, systematische Anwendung des Prinzips Rückmeldung das Erlernen praktisch-therapeutischer Fertigkeiten unterstützen kann. Nach einer Einführung in die wesentlichen Prinzipien einer wirksamen Rückmeldung werden am Beispiel der Ausbildung in Gesprächstherapie die wichtigsten hier entwickelten Rückmeldeverfahren dargestellt und daraufhin befragt, wieweit sie den von uns aufgestellten Rückmeldeprinzipien gerecht werden. Schließlich sollen der Geltungsbereich dieser Rückmeldeverfahren genauer eingegrenzt und Perspektiven für ihre Weiterentwicklung aufgezeigt werden.

1 Fragestellung

Die Sensibilität für die konkreten Folgen des eigenen Handelns und die Fähigkeit, daraus praktische Handlungskonsequenzen zu ziehen, dürfte eines der wichtigsten Kriterien für den erfolgreichen Psychotherapeuten in der Praxis sein. In der Ausbildung von Klinischen Psychologen werden Sensibilität und Handlungskompetenz durch *„Rückmeldeverfahren“* unterschiedlicher Art gefördert. Es ist Aufgabe der Supervisoren, das Prinzip der *„Rückmeldung“* explizit und systematisch anzuwenden, und häufig bedienen sie sich dabei technischer Hilfsmittel. Rückmeldeverfahren sind sowohl für das Einüben praktischer Fertigkeiten als auch für die Überprüfung der Einstellungen und Emotionen des angehenden Therapeuten von zentraler Bedeutung. Im Mittelpunkt dieses Beitrags sollen Rückmeldeverfahren stehen, die sich auf den zielgerichteten Anteil des therapeutischen Handelns beziehen und der Ausbildung in *therapeutischen Fertigkeiten* dienen, während die einstellungsbezogenen, sozial-emotionalen Lernziele (vgl. dazu etwa *Wieringa,* 1973; *Fuller & Manning,* 1973) hier ausgeklammert bleiben. Wir wollen auf die wichtigsten Rückmeldeprinzipien und -verfahren eingehen, um daraus Anhaltspunkte für eine wirksame Anwendung von Rückmeldung zu gewinnen. Wenn wir uns bei der Darstellung der speziellen Rückmeldeverfahren auf die Ausbildung von Gesprächstherapeuten konzentrieren, so deshalb, weil hier die Entwicklung und Erprobung von Rückmeldeverfahren vergleichsweise am weitesten fortgeschritten ist. Unsere Überlegungen sind jedoch nicht allein für diesen Bereich gültig, sie stehen vielmehr exemplarisch für die Anwendung von Rückmeldung in der klinisch-psychologischen Ausbildung generell.

In einem ersten Schritt sollen die wesentlichen Grundannahmen skizziert werden, die mit dem psychologischen Konzept der Rückmeldung verknüpft sind (Abschnitt 2). Darauf aufbauend beschreiben wir die wichtigsten Rückmeldeverfahren in der Ausbildung von Gesprächstherapeuten (Abschnitt 3) und versuchen daraufhin, einige Schlußfolgerungen für die klinisch-psychologische Ausbildungspraxis zu ziehen (Abschnitt 4).

2 Grundsätzliche Überlegungen zur Rückmeldung in der klinisch-psychologischen Ausbildung

2.1 Was verstehen wir unter „Rückmeldung“?

Ein grundlegendes Funktionsprinzip eines dynamischen, informationsverarbeitenden Systems besteht in seiner Fähigkeit, die Wirkungen seiner Reaktionen auf die Außenwelt kontrollieren zu können. Dieses allgemeine Prinzip, kurz Rückmeldung (Rückkopplung, Feedback) genannt, wurde von *Miller, Galanter & Pribram* (1960) erfolgreich auf die Analyse des menschlichen Verhaltens übertragen.

Sie betrachten die sogenannte Test-Operate-Test-Exit-Einheit (kurz TOTE-Einheit) als das Grundelement des menschlichen Verhaltens von den einfachsten Bewegungen bis hin zum Lösen von Problemen. Danach wird die einkommende Information vom Organismus daraufhin überprüft, ob sie eine Inkongruenz zwischen dem angestrebten und dem tatsächlichen Zustand aufzeigt (Test). Ist dies der Fall, wird eine Handlung eingeleitet (Operate), das Resultat wird erneut überprüft (Test), und dieser durch Rückmeldung kontrollierte Kreisprozeß setzt sich so lange fort, bis die Inkongruenz aufgehoben ist (Exit). – Komplexe Handlungen sind nach diesem Modell als Hierarchien von TOTE-Einheiten aufzufassen, in denen Funktionseinheiten niedriger Ordnung von solchen höherer Ordnung reguliert werden. Der Grundmechanismus bleibt derselbe: Die Aktivität wird geregelt durch die Rückmeldung des Handlungsergebnisses an einen inkongruenzempfindlichen Organismus.

Wir legen dieses hierarchische Regelkreismodell des menschlichen Handelns unseren eigenen Überlegungen zugrunde. Demnach verstehen wir das zielgerichtete therapeutische Handeln als einen kreisförmigen, durch *Selbstrückmeldung* kontrollierten Informationsverarbeitungsprozeß. Die in der Ausbildung hinzukommende (Fremd-)Rückmeldung seitens des Supervisors bzw. der Ausbildungsgruppe greift in den Selbstrückmeldeprozeß bestätigend und korrigierend ein. Für unsere Zwecke thematisieren wir in erster Linie die *Fremdrückmeldung* und die dafür entwickelten Verfahren. Der Lernerfolg hängt aber wesentlich davon ab, daß es gelingt, die durch Fremdrückmeldung vermittelten Regulationshilfen in die Selbstrückmeldung des Auszubildenden zu integrieren.

2.2 Was macht eine wirksame Rückmeldung aus?

Eine Rückmeldung kann immer sowohl unter dem Aspekt ihrer *informativen* als auch ihrer *motivierenden Funktion* betrachtet werden. Wenn wir nach Prinzipien für eine wirksame Rückmeldung fragen, unterscheiden wir deshalb nach diesen beiden Aspekten (vgl. *Annett,* 1969).

2.2.1 Prinzipien einer *informativen* Rückmeldung

Die therapeutische Situation gestaltet sich insbesondere für den angehenden Therapeuten sehr komplex, und er muß lernen, diese Komplexität sinnvoll zu reduzieren. In diesem Bemühen kommt der Rückmeldung durch einen Supervisor eine wichtige Funktion zu. Sie unterstützt den Auszubildenden bei der Entwicklung angemessener Formen der organisierenden Verarbeitung von Informationen („Codes"; vgl. hierzu allgemein *Biggs,* 1974). Zu der notwendigen Komplexitätsreduktion leitet insbesondere jene Art der Rückmeldung an, die selektiv nur auf die wesentlichen Informationsanteile gerichtet ist („fokussierende Rückmeldung"). Dabei ist es von Vorteil, wenn der Rückmeldefokus in einer vorherigen Instruktion gut operational definiert worden ist und die Rückmeldung ohne große Verzögerung erfolgt bzw. Ton- und Videoaufzeichnungen herangezogen werden, damit der konkrete Rückbezug gewährleistet bleibt. Das *erste Prinzip* für eine wirksam informierende Rückmeldung können wir also folgendermaßen zusammenfassen:

> Angesichts der Informationsfülle einer Therapiesituation ist eine Informationsreduzierung notwendig. Die fokussierende Rückmeldung eignet sich für die Entwicklung von *ökonomischen* und doch *genauen Codes.* Die in der klinisch-psychologischen Ausbildung eingesetzten Rückmeldeverfahren sollten sich deshalb an dem *„Prinzip der Informationsreduktion durch fokussierende Rückmeldung"* orientieren.

Ein weiteres Prinzip ergibt sich aufgrund des prozeßhaften Charakters des durch Rückmeldung regulierten therapeutischen Handelns. Die Rückmeldung durch den Supervisor muß diesem Prozeßcharakter Rechnung tragen und beim Auszubildenden die Entwicklung von entsprechend *flexiblen Codes* fördern. Dies ist dann der Fall, wenn die Rückmeldung in prozeßbezogenen, interaktionellen Kategorien erfolgt und das Therapeuten- bzw. Klientenverhalten nicht isoliert voneinander betrachtet werden. Eine solche „prozeßbezogene Rückmeldung“ kann als wichtiges Element jeder Therapieausbildung angesehen werden, die der konkreten therapeutischen Interaktion die notwendige Beachtung schenkt. Wir halten deshalb als *zweites Prinzip* fest:

> Die Rückmeldung soll prozeßbezogen sein und dadurch zur Entwicklung von *flexiblen Codes* für das therapeutische Handeln beitragen. Die in der klinischen Ausbildung eingesetzten Rückmeldeverfahren sollten sich deshalb an dem *„Prinzip der Informationsverbesserung durch flexible prozeßbezogene Rückmeldung“* orientieren.

Ein weiteres Prinzip läßt sich aus der hierarchischen Struktur der TOTE-Einheiten in dem Grundmodell von *Miller* u. a. (1960) herleiten. Die Rückmeldung kann demnach auf unterschiedlichen Zeichenebenen erfolgen. Je komplexer das Wahrnehmungsfeld des Therapeuten ist, desto notwendiger ist die Entwicklung *weiter Codes* durch Rückmeldung auf einer entsprechend hohen Abstraktionsebene („progressiv abstrahierende Rückmeldung“). Damit können etwa auch Interaktionsmuster, „kritische Ereignisse“ des Therapieverlaufs, therapeutische Regeln und Strategien Gegenstand von Rückmeldung werden. Rückmeldeverfahren, die dafür geeignet erscheinen, sollten demnach den komplexen Handlungsbedingungen der Ernstsituation möglichst nahe kommen. Als *drittes Prinzip* halten wir deshalb fest:

> Für die Aneignung von genügend *weiten Codes,* wie sie für das therapeutische Handeln in seiner ganzen Komplexität erforderlich sind, ist die Anwendung von Rückmeldeverfahren unter komplexen Handlungsbedingungen notwendig, weil dabei das *„Prinzip der Informationsverbesserung durch Rückmeldung von zunehmend höherem Zeichenniveau“* zum Tragen kommen kann.

2.2.2 Prinzip einer *motivierenden* Rückmeldung

Rückmeldung ist nicht nur unter dem kognitiven Aspekt der Informationsverarbeitung von Bedeutung. Sie beeinflußt auch die Handlungsmotivation. So bewirkt die Fremdrückmeldung in der Ausbildung eine deutliche Erhöhung des Erregungsniveaus. Im günstigen Fall führt das zu erhöhter Aufmerksamkeit, im ungünstigen Fall zu Streß, und dies besonders häufig dann, wenn etwas neu gelernt werden soll (vgl. *Fuller & Manning,* 1973). In der Ausbildung ist es deshalb wichtig, Bedingungen zu schaffen, unter denen Streß reduziert und eine optimale Motivierung begünstigt wird. Auf der einen Seite spielt sicherlich der Schwierigkeitsgrad der Lernaufgabe eine wichtige Rolle: Er darf nicht zu niedrig, v. a. aber nicht zu hoch angesetzt werden. Zum andern muß auf die Bedeutung einer positiven Beziehung zwischen dem Supervisor und dem angehenden Therapeuten hingewiesen werden. Ist sie durch Entspanntheit, gegenseitige Akzeptierung und Offenheit gekennzeichnet, so ist die Wahrscheinlichkeit groß, daß die Lernwirkungen der Rückmeldung nicht mit negativen emotionalen Begleiterscheinungen wie Angst und Abwehr interferieren. In diesem Zusammenhang ist die Forderung nach einer Integration didaktischer und erlebnismäßig-therapeutischer Zielsetzungen wichtig, wie sie im Konzept „integrativer" Ausbildungskurse erhoben wird (vgl. Kap. 3.3).

Als *viertes Prinzip* halten wir deshalb fest:

> Bei der Anwendung von Rückmeldeverfahren in der klinisch-psychologischen Ausbildung muß das *„Prinzip der Motivierung durch fähigkeits- und personadäquate Rückmeldung"* Beachtung finden.

3 Rückmeldeverfahren in der Ausbildung von Gesprächstherapeuten

Auf dem Hintergrund der vorangestellten grundsätzlichen Überlegungen sollen die wichtigsten Rückmeldeverfahren, soweit sie zur Ausbildung in *gesprächstherapeutischen* Fertigkeiten entwickelt worden sind, in Grundzügen dargestellt werden.

3.1 Rückmeldung im Rahmen des „integrativen" Ausbildungskonzepts von Truax & Carkhuff

Charakteristisch für diesen Ansatz ist die enge Verbindung zweier unterschiedlicher, aber gleichwertiger Grundelemente der Ausbildung. *Truax* u. a. (1964; vgl. auch *Truax & Carkhuff,* 1967) heben einerseits die Bedeutung einer positiven Supervisionsbeziehung hervor. Sie soll der Beziehung zwischen Therapeut und Klient entsprechen und die Selbstexploration sowie die Experimentierfreudigkeit des Lernenden fördern. Von gleichem Gewicht erscheint ihnen die Vermittlung von Konzepten und praktischen Fertigkeiten des therapeutischen Handelns (vgl. *Helm & Froburg,* Kap. 3.2; *Tscheulin,* Kap. 3.3). In dem konzeptuellen und methodischen Rahmen dieses „integrativen" Ansatzes kann u. E. Rückmeldung informativ und motivierend eingesetzt werden. Dieses Ausbildungskonzept ist grundsätzlich offen für alle nach den obengenannten Prinzipien gestalteten Rückmeldeverfahren. Es hat sich jedoch eine bestimmte Rückmelde*praxis* herausgebildet, deren Vorzüge und Grenzen an drei charakteristischen Punkten aufgezeigt werden sollen.

(1) Das technische Medium der Tonaufnahme gehört bei *Truax & Carkhuff* zu den unverzichtbaren Voraussetzungen für eine informative fokussierende Rückmeldung (vgl. oben Prinzip 1) und kann in seiner Bedeutung für Ausbildung und Forschung nicht hoch genug eingeschätzt werden. Im Vergleich etwa zu Gedächtnisprotokollen kann die Rückmeldung anhand von Tonaufnahmen wesentlich konkreter und zuverlässiger sein. Sie trägt dadurch zur Entwicklung von genauen, ökonomischen Codes bei. – Eine einseitige Bevorzugung dieses Mediums führt jedoch leicht zu einer Einengung auf die *sprachlichen* Mitteilungen des Klienten. Die *nonverbalen* Aspekte werden entweder vernachlässigt, oder die Rückmeldung darüber läßt sich mehr von der Intuition leiten, als daß sie genau fokussiert. Uns erscheint deshalb die Entwicklung von Rückmeldeverfahren notwendig, die die nonverbale Kommunikation stärker einbeziehen.

(2) In dem Trainingsprogramm von *Truax & Carkhuff* folgt auf eine längere Phase des Diskriminationslernens eine Phase des Kommunikationstrainings. Erst relativ spät erhalten die Auszubildenden die Möglichkeit, erste eigene Therapieerfahrungen zu sammeln und darüber Rückmeldung zu erhalten. Die Intention dieses schrittweise aufbauenden Trainings entspricht in einem Aspekt unseren Gesichtspunkten für eine wirksame Rückmeldung: Der Schwierigkeitsgrad der Lernaufgabe muß dem Lernfortschritt angepaßt sein, wenn die Rückmeldung motivierend sein soll (vgl. Prinzip 4). Allerdings scheinen die Fortschritte auf der Ebene des Diskriminationslernens nicht ohne weiteres auch mit Fortschritten in den kommunikativen Fertigkeiten einherzugehen (*Carkhuff,* 1969a, 1969b; *Carkhuff & Banks,* 1970). Das spricht für eine engere Verbindung des Diskriminations- mit dem Kommunikationstraining als dies in der Trainingsanordnung von *Truax & Carkhuff* der Fall ist. Sie ließe sich dadurch erreichen, daß die Rückmeldung in einer komplexeren Trainingssituation eingesetzt würde, wie wir dies zur Ausbildung von weiten und deshalb generalisierungsfähigen Codes fordern (vgl. Prinzip 3). Wir hätten dann verstärkt solche Rückmeldeverfahren heranzuziehen, die eine rasche Umsetzung des Wahrgenommenen in therapeutische Kommunikation und ein intensives Einüben in einer therapieähnlichen Situation ermöglichen (vgl. Abschnitt 3.2.2 und 3.2.3).

(3) Die Rückmeldung ist bei *Truax & Carkhuff* an den bekannten Schätzskalen orientiert. Diese ermöglichen eine Grobklassifikation in Form eines Eindrucksurteils. Die Rückmeldung entlang solcher Kategorien ist geeignet, dem therapeutischen Handeln eine Groborientierung zu geben. Sie eignet sich allerdings nicht für die Verarbeitung von Informationen auf der Ebene der Interaktion. Wir müßten deshalb über Rückmeldeverfahren verfügen, die dem Prozeßcharakter der therapeutischen Interaktion gerecht werden und entsprechend flexible Codes entwickeln helfen (vgl. Prinzip 2).
Die in Abschnitt 3.2 zu beschreibenden Rückmeldeverfahren verstehen wir als

spezifische Weiterentwicklungen, die das Erlernen therapeutischer Fertigkeiten über das bei *Truax & Carkhuff* empfohlene Vorgehen hinaus weiter verbessern können, aber vermutlich nur im Rahmen eines Grundkonzepts, wie es das Integrationsmodell von *Truax & Carkhuff* anbietet, ausreichend effektiv sind.

3.2 Neuere Rückmeldeverfahren zur Ausbildung von Gesprächstherapeuten in praktisch-therapeutischen Fertigkeiten

3.2.1 Rückmeldung im Rahmen des programmierten Diskriminationstrainings

Analog zum „programmierten Unterricht" sind auch im Bereich der klinisch-psychologischen Ausbildung Lernprogramme entwickelt worden. Für die klientenzentrierte Therapieausbildung liegt neuerdings ein programmierter Selbstlerntext zur Verbesserung der interpersonellen Wahrnehmungsfähigkeit vor (*Bullmer,* 1978). Er ist sorgfältig aufgebaut und hinsichtlich seiner Effektivität überprüft (*Bullmer,* 1972).

Das Lernprogramm ist so angelegt, daß die beiden ersten Lerneinheiten in das Konzept der interpersonellen Wahrnehmung einführen. In den darauffolgenden Einheiten wird dieses Grundwissen auf das Erkennen von offensichtlichen Emotionen, von verborgenen Bedeutungen (Abwehrmechanismen) und auf Formen des verstehenden Zuhörens angewendet. Schließlich wird am Ende jeder Lerneinheit und in einer abschließenden Zusammenfassung die Selbstüberprüfung des Lernfortschritts ermöglicht. – Die empirische Begleituntersuchung weist dieses Lernprogramm insoweit als effektiv aus, als es die Wahrnehmungsfähigkeit für programmimmanente wie auch für andere, komplexere *Wahrnehmungs*situationen verbessert. Der Transfer auf *Kommunikations*situationen wurde allerdings nicht untersucht.

Der Lernprozeß wird hier in hohem Maß durch sofortige und kontinuierliche Rückmeldung unterstützt. Diese trägt – in Verbindung mit den vorangestellten Instruktionen – wesentlich zu einer Informationsreduktion durch Fokussieren bei (vgl. Prinzip 1). Häufige positive Erfolgsrückmeldungen begünstigen außerdem die Lernmotivation (vgl. Prinzip 4). Allerdings erscheint es uns hier – mehr noch als in dem Trainingsprogramm von *Truax & Carkhuff* – fraglich, ob das programmierte Wahrnehmungstraining einen Transfer auch auf die kommunikativen Fertigkeiten herzustellen vermag. Programmierte Lerntexte (vgl. auch *Vrolijk* u. a., 1974) haben u. E. nur einen sehr begrenzten Stellenwert, wenn es um den Erwerb von praktischen Fertigkeiten geht, weil sie die komplexen Situationsbedingungen eines therapeutischen Gesprächs außerordentlich stark reduzieren müssen.

3.2.2 Rückmeldung im Rahmen des „Microcounseling"

Was uns bei den bisher beschriebenen Rückmeldeverfahren fehlte, macht den wohl wichtigsten Beitrag des „Microcounseling" aus: die enge Verzahnung von

Wahrnehmungs- und Kommunikationstraining. Die Möglichkeit dafür bietet eine Übungsanordnung, die *D. Allen* um 1960 für die Lehrerausbildung entwickelt hat („Microteaching") und die seit etwa 1966 von *Ivey* auch für die Ausbildung von klientenzentrierten Beratern angewendet wird.

Zunächst führt der Auszubildende ein fünfminütiges Gespräch mit einem Quasi-Klienten, das der Erhebung des Ausgangsverhaltens dienen soll. Daran schließt sich die Auswertung des auf Videoband aufgenommenen Erstversuchs an, verbunden mit der Einführung in die spezielle therapeutische Fertigkeit, die erlernt werden soll, und die Planung des Zweitversuchs. Darauf folgt das zweite fünfminütige Gespräch, in dem das Besprochene konkret verwirklicht werden soll. Es folgt die abschließende Beurteilung des Übungsgesprächs (*Ivey,* 1971).

In diesem Zyklus von Erstversuch – Rückmeldung und Planung – Zweitversuch – Rückmeldung besteht von Anfang an die Möglichkeit, eine vorher definierte und am konkreten Beispiel identifizierte Fertigkeit (Diskriminationstraining) in dem anschließenden Gespräch mit einem „Klienten" sofort praktisch einzuüben (Kommunikationstraining). Die Rückmeldung ist zwar nur *ein* methodisches Element neben anderen wie etwa der Instruktion oder dem Lernen am Modell. Vergleichende Untersuchungen über die Effektivität dieser Elemente weisen aber darauf hin, daß die Fremdrückmeldung durch den Supervisor und die Selbstrückmeldung aufgrund von Selbstbeobachtung die zentralen Aspekte in dieser Anordnung darstellen (*Ivey*, 1971, S. 124; vgl. auch *Wallace* u.a., 1975). Für die Anwendung der Rückmeldung im Rahmen dieses Verfahrens scheinen uns drei Gesichtspunkte charakteristisch zu sein: (1) Die Rückmeldung erfolgt im Anschluß an den jeweiligen Gesprächsversuch, bezieht sich also in jedem Fall auf *kommunikative* Fertigkeiten, die in einer relativ komplexen Situation erprobt werden konnten. Die Rückmeldung in einem so komplexen Wahrnehmungsfeld begünstigt die Entwicklung von weiten Codes und damit den Transfer auf die Therapiesituation (vgl. Prinzip 3). Inzwischen konnten relativ breite und nachhaltige Generalisierungen von der Übungs- auf die Ernstsituation nachgewiesen werden (vgl. *Toukmanian & Rennie,* 1975; *Guttman & Haase,* 1972). (2) Bei einem Rückmeldeverfahren, das auf einer so hohen Handlungsebene ansetzt, ist eine Informationsreduktion durch Fokussieren (vgl. Prinzip 1) schon deshalb notwendig, weil der Auszubildende sonst überfordert wird. Dem wird insofern Rechnung getragen, als die Rückmeldung sich auf eine Reihe spezifischer, gut operationalisierter Fertigkeiten bezieht, die unterschieden werden nach Anfangsfertigkeiten für ein Gespräch (z. B. Aufmerksamkeitsverhalten), Fertigkeiten der gezielten Wahrnehmung, der Selbstmitteilung des Therapeuten und der Interpretation. Erleichternd kommt hinzu, daß der Auszubildende durch Instruktion und Modell in die jeweilige Fertigkeit gut eingeführt wird, die Rückmeldung ohne große Verzögerung erfolgt und anhand der Videoaufnahme konkretisiert werden kann. (3) Dadurch, daß im Erstversuch das Ausgangsver-

halten des Lernenden erfaßt wird, ist eine individuelle Festlegung des Trainingsziels möglich. Damit ist eine der Voraussetzungen für eine motivierende Rückmeldung gegeben (vgl. Prinzip 4).
Das „Microcounseling“ bietet demnach gute Voraussetzungen für eine Rückmeldung von hohem Informations- und Motivationswert. Die enge Verbindung der Rückmeldung mit dem praktischen, aktiven Einüben des therapeutischen Handelns erleichtert dem Auszubildenden den Schritt in die Ernstsituation. Die Möglichkeit des aktiven Übens bleibt jedoch aus zeitlichen Gründen auf ein kurzes fünfminütiges Übungsgespräch pro Trainingssitzung beschränkt, so daß eine Festigung des Erlernten noch während der Trainingszeit kaum erwartet werden kann. Eine zeitliche Ausdehnung der Übungsgespräche, wie sie wünschenswert und prinzipiell möglich erscheint, wäre allerdings mit dem Nachteil verbunden, daß die Rückmeldebedingungen sich verschlechtern würden: Die Rückmeldung würde seltener erfolgen müssen, sie würde sich mehr verzögern, und die Fokussierung wäre schwieriger. In diesem Dilemma kann die Methode der „direkten Intervention“, die wir im nächsten Abschnitt darstellen, einen Schritt weiterführen.

3.2.3 Rückmeldung in Form „direkter Intervention“ während des Gesprächsverlaufs

Eine Trainingsanordnung, die ein direktes steuerndes Eingreifen in das Gespräch mit einem Klienten erlaubt, ohne dabei den Gesprächsfluß zu unterbrechen, ermöglicht eine noch engere Verbindung von Wahrnehmungs- und Kommunikationslernen in einer noch komplexeren Übungssituation. Die technischen Voraussetzungen dafür bietet eine Anlage, die dem Supervisor das simultane Mitverfolgen eines in Gang befindlichen Gesprächs (etwa über Einwegscheibe oder Bildschirm in einem Nebenraum) gestattet und dem Auszubildenden über einen Ohrhörer den (drahtlosen) Empfang der Hinweise des Supervisors ermöglicht. Der Klient wird vor dem Gespräch über Zweck und Aufbau der Trainingsanordnung unterrichtet. Ansonsten kann er die vom Supervisor durchgegebenen Informationen nicht mithören.

Die wenigen Angaben über die Wirksamkeit dieser Ausbildungsmethode fußen größtenteils noch auf deskriptiven Erfahrungsberichten aus dem Bereich der klinisch-diagnostischen Ausbildung von Studenten in der Anfangsphase (*Korner & Brown,* 1952; *Ward,* 1960, 1962) und der klientenzentrierten Therapieausbildung (*Golsan,* 1976, bezogen auf die Therapeutenvariablen Empathie, Konkretheit, Konfrontation und Unmittelbarkeit). Insgesamt wird dieses Verfahren als effektives Ausbildungsinstrument angesehen. Dies konnte in zwei empirischen Untersuchungen im großen ganzen bestätigt werden: Nach *Tentoni & Robb* (1976) schnitten die 10 studentischen Auszubildenden, die unmittelbare Rückmeldung über Ohrhörer erhalten hatten, signifikant besser ab als die Kontrollgruppe ohne Rückmeldung. In einer eigenen Untersuchung (*Stauß,* 1975) erwies sich ein Training von 15 Studenten nach der „Methode der unmittelbaren positiven Rückmeldung“, das ergänzend zur Seminarausbildung in Gesprächstherapie angeboten worden war, im Vergleich zu einer Kontrollgruppe mit einem traditionellen Zusatztraining als teilweise effektiv. So konnte für die zuerst trainierte Fertigkeit („VEE" nach *Tausch,* 1973) die Überlegenheit des untersuchten Rückmeldeverfahrens anhand der Schätzdaten aus einem „Gesprächstest" und einem „schriftlichen Verbalisierungstest" bestätigt werden. Für zwei andere Fertigkeiten ließen sich zwar Tendenzen in die erwartete Richtung, aber keine gesicherten trainingsbedingten Effekte feststellen. Vermutlich hängen diese Unterschiede in den Effekten damit zusammen, daß die Operationalisierung der betreffenden Fertigkeiten unterschiedlich gut gelungen ist.

Das Trainingsverfahren der „direkten Intervention" während des Gesprächsverlaufs ist offen für verschiedenartige Methodenelemente. So sind Instruktionen, einzelne modellhafte Äußerungen und unmittelbare Rückmeldungen während des Gesprächsverlaufs möglich; Instruktionen vor dem Trainingsgespräch und nachträgliche Rückmeldungen können ergänzend hinzukommen. Die unmittelbare Rückmeldung während des Gesprächs scheint uns das zentrale Element zu sein. Die Vorzüge dieses Rückmeldeverfahrens dürften in Folgendem liegen: (1) Der Auszubildende erhält schon während des Übungsgesprächs mit dem Klienten Rückmeldung, kann diese im nächsten therapeutischen Handlungsschritt sofort umsetzen und über das Handlungsergebnis erneut unmittelbare Rückmeldung erhalten usf. Diese Art der Fremdrückmeldung kommt dem kreisförmigen Rückmeldeprozeß des therapeutischen Handelns, wie ihn das TOTE-Modell abbildet, am nächsten. Sie erscheint deshalb in besonderem Maß geeignet, den konkreten Interaktionsprozeß zwischen Klient und Therapeut bewußt zu machen und zu einem davon geleiteten Handeln des Therapeuten beizutragen (vgl. Prinzip 2). (2) Die Bedingungen der Übungssituation gleichen der Ernstsituation mehr als in allen andern Rückmeldeverfahren. Dadurch wird es möglich, daß die Rückmeldung sich zunehmend auch auf sehr komplexe Fertigkeiten des therapeutischen Handelns beziehen und auf einer entsprechend hohen Zeichenebene ansetzen kann (vgl. Prinzip 3). Das Lernen für die reale Therapiesituation dürfte dadurch maßgeblich unterstützt werden.
Um die genannten Vorzüge dieses Rückmeldeverfahrens nicht zu gefährden, erscheint es wichtig, daß die folgenden Bedingungen eingehalten werden: (1) Die *unmittelbare* Rückmeldung stellt besondere Anforderungen an die Verarbeitungsgeschwindigkeit. So muß der Supervisor die wesentliche Information schnell und sicher erfassen und mitteilen können. Erst recht muß der Auszubildende die Rückmeldung rasch aufnehmen und verarbeiten können, ohne daß er überfordert und dadurch vom Klienten abgelenkt wird. Es ist deshalb notwendig, daß die betreffenden Fertigkeiten gut operationalisiert werden (vgl. Prinzip 1). Sie können so leichter beobachtet werden, die Rückmeldung kann rascher erfolgen und ohne Mühe auf den gemeinten Ausschnitt des Therapeutenverhaltens bezogen werden. (2) Erfahrungsgemäß ist die Berücksichtigung der motivationalen Bedingungen bei diesem Rückmeldeverfahren besonders wichtig (vgl. Prinzip 4). So scheint es notwendig zu sein, anfangs Zeit zum Vertrautwerden mit den Trainingsbedingungen zu lassen, den Schwierigkeitsgrad der Trainingsaufgabe

flexibel auf das Können des Auszubildenden abzustimmen, den Akzent insbesondere in der Anfangsphase auf positive Erfolgsrückmeldungen zu legen und „Fehler“ zu vernachlässigen. Eine gute Supervisionsbeziehung erscheint hier ganz besonders wichtig. (3) Bei einem so stark eingreifenden Vorgehen besteht die Gefahr, daß die Fremdrückmeldung ein Übergewicht bekommt auf Kosten der Selbstrückmeldeprozesse. Die Rückmeldung durch den Supervisor sollte deshalb auf die wichtigen Momente des Gesprächsverlaufs beschränkt bleiben.

In der bereits erwähnten eigenen Untersuchung (*Stauß,* 1975) erhielten die Teilnehmer der Experimentalgruppe unmittelbare positive Rückmeldung („gut“, „richtig“ etc.), wenn sie das vereinbarte Therapeutenverhalten verwirklicht hatten, und keine Rückmeldung bei nicht gelungener Verbalisierung. Zunächst erfolgte die Rückmeldung kontinuierlich auf jede, dann nur noch intermittierend auf jede zweite bzw. dritte positive Verbalisierung. Die wichtigsten differentiellen Hinweise auf die für den Trainingserfolg wichtigen Randbedingungen lassen sich kurz so zusammenfassen: → Obwohl die Auszubildenden sich rasch an das Rückmeldeverfahren gewöhnen, brauchen sie doch deutlich eine Eingewöhnungsphase (vgl. auch *Korner & Brown,* 1952), ein Hinweis auf die Wichtigkeit der emotionalen Lernbedingungen. → Der Lernfortschritt ist umso größer, je deutlicher die Fremdrückmeldungen wahrgenommen und auf das konkrete eigene Verhalten bewußt bezogen werden konnten, je höher also ihr subjektiver Informationswert war. → Bei intermittierend gegebener Rückmeldung stimmen die subjektive und objektive Beurteilung des Lernfortschritts besser überein als bei kontinuierlich erfolgender Rückmeldung. Möglicherweise begünstigt die Rücknahme von Fremdrückmeldung eine objektivere Selbstrückmeldung und Selbsteinschätzung. → Die übrige Ausbildung hat einen deutlichen Einfluß auf die Effektivität dieses Rückmeldeverfahrens: Die Teilnehmer aus einem Seminar mit stärker fertigkeitenzentriertem Vorgehen zeigen in dem Zusatztraining nach der Methode der unmittelbaren positiven Rückmeldung signifikant größere Lernfortschritte als die Teilnehmer aus einem Seminar mit eher einstellungszentriertem Vorgehen.

Das Trainingsverfahren der „direkten Intervention“ während des Gesprächsverlaufs kann also unter bestimmten Bedingungen die Ausbildung um eine neue, wirksame Form der Rückmeldung bereichern. Durch *unmittelbare* Rückmeldung kann der angehende Therapeut auch in einem längeren Übungsgespräch die notwendige Orientierungshilfe bekommen, und er hat fortlaufend Gelegenheit, das Rückgemeldete direkt umzusetzen und aktiv einzuüben. Weil die Übungssituation der Realsituation außerordentlich nahe kommt, dürften die Voraussetzungen für einen Transfer des Gelernten sehr günstig sein.

4 Schlußfolgerungen für die klinisch-psychologische Ausbildungspraxis

Unsere bisherigen Überlegungen haben Hinweise enthalten, wo Möglichkeiten und Grenzen von Rückmeldeverfahren liegen und an welchen Punkten eine Weiterentwicklung notwendig erscheint. Wir greifen diese Punkte wieder auf, indem wir abschließend nach den Folgerungen für die klinisch-psychologische Ausbildung fragen.

4.1 Indikationshinweise für die Anwendung der Rückmeldeverfahren in der Ausbildung von Gesprächstherapeuten

Den von uns dargestellten Rückmeldeverfahren ist gemeinsam, daß sie für die Ausbildung in den *praktischen Fertigkeiten* des zielgerichteten Handelns von Gesprächstherapeuten entwickelt worden sind („didaktische" Zielsetzung nach *Truax & Carkhuff*) und die Förderung therapiegünstiger Einstellungen des Therapeuten nicht explizit zum Ziel haben. Die Wirksamkeit der beschriebenen Verfahren dürfte wesentlich davon abhängen, wann sie mit welchem Ziel eingesetzt werden.

Den *„integrativen" Trainingsansatz* von *Truax & Carkhuff* betrachten wir als bewährtes generelles Rahmenkonzept für eine klinisch-psychologische Ausbildung. Was speziell die Ausbildung in praktisch-therapeutischen Fertigkeiten angeht, so können u.E. der von *Truax & Carkhuff* vorgeschlagene Trainingsaufbau sowie die einzelnen Verfahren noch wirksamer gestaltet werden, wenn die von uns dargestellten Rückmeldeprinzipien mehr als bisher zur Anwendung kommen. Bislang liegt der Schwerpunkt der Rückmeldung auf der Wahrnehmungsverbesserung relativ losgelöst von der Einübung therapeutischer Kommunikation. Die Rückmeldekategorien sind eher grobrastrige Eindrucksurteile und dienen deshalb mehr der therapeutischen Grundorientierung als der Ausbildung spezifischen, zielgerichteten therapeutischen Handelns. Die hier entwickelten Rückmeldeverfahren dürften ihren Ort darum in der gesprächstherapeutischen Grundausbildung haben, wo es um eine solche Grundorientierung und die Einübung in „Basisverhalten" geht. Sie müßten mit fortschreitender Ausbildung ergänzt werden um spezifischere handlungsbezogene und handlungsverändernde Rückmeldeverfahren, wie sie zur Ausbildung in „differentiellem" Gesprächsverhalten notwendig erscheinen (vgl. z. B. *Carkhuff,* 1969c).

Programmierte Selbstlerntexte wie etwa der von *Bullmer* geben u. E. einen wertvollen Einstieg in das kognitiv-wahrnehmungsbezogene Lernen in der Grundausbildung. Die Rückmeldung wird hier sehr systematisch eingesetzt und kann den Lernprozeß optimal regulieren. Für die Ausbildung in praktisch-therapeutischen Fertigkeiten kommt diesem Rückmeldeverfahren aber nur vorbereitende Bedeutung zu, da die Struktur der Lernsituation nur geringe Ähnlichkeit mit der realen Handlungssituation des Therapeuten aufweist.

Rückmeldeverfahren in Verbindung mit dem Trainingsansatz des *„Microcounseling"* und der *„direkten Intervention"* während des Gesprächsverlaufs zeichnen sich dadurch aus, daß sie die Umsetzung der erworbenen Wahrnehmungsfähigkeiten in therapeutisches Handeln wirksam unterstützen. Sie sollten dann angewendet werden, wenn die Hauptschwierigkeiten in der konkreten praktischen Umsetzung des kognitiv Gelernten bestehen. Da diese Verfahren mit einem größeren technischen und personellen Aufwand verbunden sind, wird man in der Regel zunächst abwarten, ob das angestrebte Therapeutenverhalten auch ohne ein speziell darauf gerichtetes Training gelingt. Andererseits eröffnen diese Verfahren die Möglichkeit, schon zu einem recht frühen Zeitpunkt in der Grundausbildung den Schritt in die komplexe Ernstsituation zu erleichtern und damit den Lerntransfer entscheidend zu begünstigen.

4.2 Ansatzpunkte für die Weiterentwicklung von Rückmeldeverfahren

Die bisher bekannten Rückmeldeverfahren werden mit Gewinn dazu eingesetzt, dem Auszubildenden Rückmeldung direkt über sein eigenes Therapeutenverhalten zu geben (*„verhaltensbezogene Rückmeldung“*). Demgegenüber ist eine andere mögliche Art von Rückmeldung weitgehend unbeachtet geblieben: die Rückmeldung des Supervisors über die *Reaktionen des Klienten* auf das therapeutische Handeln (*„effektbezogene Rückmeldung“*). Sie sensibilisiert dafür, wieweit die tatsächlichen mit den beabsichtigten Wirkungen des therapeutischen Handelns übereinstimmen. Kriterien sind die günstigen bzw. ungünstigen Reaktionen und Reaktionsmuster des Klienten. Damit würde die noch stark methodenorientierte und auf den Therapeuten konzentrierte herkömmliche Ausbildungspraxis relativiert werden zugunsten einer mehr auf die Entwicklung des Klienten im Therapieprozeß bezogenen Ausbildung. Dies wäre u. E. ein wichtiger Schritt dahin, daß der angehende Therapeut lernt, sein therapeutisches Handeln flexibel auf den jeweiligen Klienten mit seinem besonderen Problem und seinen individuellen Bewältigungsstrategien abzustimmen – ganz im Sinn einer „differentiellen Therapie“.

Unter „differentieller Therapie“ verstehen wir hier also die fortlaufende reflektierte Feinabstimmung des therapeutischen Handelns auf die individuellen Bedingungen des Klienten im Therapieprozeß. Die Voraussetzung dafür ist die Fähigkeit des Therapeuten, schon während einer in Gang befindlichen therapeutischen Interaktion zu unterscheiden zwischen therapiegünstigen Verhaltensweisen des Klienten und solchen, die für eine Lösung des Problems voraussichtlich irrelevant oder schädlich sind. Darüber hinaus muß der Therapeut geeignete Strategien zur Förderung günstigen Problemlöseverhaltens des Klienten einsetzen und den tatsächlichen Erfolg solcher Interventionsstrategien rasch und präzise erfassen können. – Genau an diesem Punkt setzt die „effektbezogene Rückmeldung“ an. Sie sensibilisiert den Therapeuten für die direkten Auswirkungen seines Handelns, gemessen am Kriterium der Förderung des Klienten im Prozeß der Problembewältigung. Eine solche Rückmeldung ist hoch informativ: Indem sie das Problemlöseverhalten des Klienten fokussiert (vgl. Prinzip 1), ist sie auf das entscheidende Kriterium einer erfolgreichen Therapie bezogen; sie ist ferner ausgesprochen dafür geeignet, das therapeutische Handeln flexibel und prozeßnah zu gestalten (vgl. Prinzip 2), und sie setzt auf einem hohen Zeichenniveau an (vgl. Prinzip 3). Diese Art der Rückmeldung stellt allerdings auch höhere Anforderungen, und es müßte darauf geachtet werden, daß der Auszubildende nicht überfordert wird (vgl. Prinzip 4).

Im Bereich der Lehrerausbildung sind neuerdings eigene, z. T. computerunterstützte Verfahren für eine „effektbezogene Rückmeldung“ entwickelt worden (vgl. *Kurpius,* 1974; *Fuller & Manning,* 1973, unter dem Begriff des „impact feedback"). Für die klinisch-psychologische Ausbildung reichen die bisher entwickelten Rückmeldeverfahren u. E. aus und sollten im Sinn der „effektbezogenen Rückmeldung" stärker genutzt werden. Dies erscheint uns insbesondere dann angezeigt, wenn die therapeutischen Grundfertigkeiten bereits erworben sind und es um deren Ausdifferenzierung im Sinn einer „differentiellen Therapie" geht.

Das Verfahren der „direkten Intervention" während des Gesprächsverlaufs bietet beispielsweise eine gute Möglichkeit, „differentielles" therapeutisches Handeln in actu einzuüben: An wichtigen Stellen des in Gang befindlichen Gesprächs gibt der Supervisor „effektbezogene Rückmeldung" in Form einer kurz gehaltenen Kommentierung der Reaktionen des Klienten. Fällt es dem Therapeuten schwer, die entsprechenden Handlungskonsequenzen selbständig zu ziehen, gibt ihm der Supervisor stichwortartige Hinweise auf erfolgversprechende Handlungsstrategien und unterstützt die Realisierungsversuche durch „verhaltensbezogene unmittelbare Rückmeldung".

Der kritische Punkt bei der Weiterentwicklung von Rückmeldeverfahren liegt u. E. weniger auf der Ebene der Methoden, sondern betrifft die Frage der geeigneten Rückmeldekategorien und darüber hinaus der spezifischen therapeutischen Handlungsstrategien. Solange die Entwicklung umfassender Handlungsmodelle noch in den Anfängen steckt, ist es nicht einfach, geeignete Kategorien für eine differenzierte prozeßbezogene Rückmeldung zu entwickeln. Immerhin erlaubt etwa die klinisch-psychologische Anwendung des allgemeinen Problemlösemodells (z. B. *D'Zurilla & Goldfried,* 1971; vgl. auch die Modifikation durch Einbeziehung der Konflikttheorie bei *Martin,* 1972) oder des umfassenderen handlungstheoretischen Ansatzes (z. B. *Zoeke* u. a., 1978) bereits jetzt eine sinnvolle Grobstrukturierung des therapeutischen Handelns. Was die Feinstrukturierung angeht, so bieten die bestehenden Therapieansätze konkrete Anhaltspunkte für eine Ist-Soll-Analyse des Therapieprozesses.
Auf der Basis einer solchen Konzeption von Therapie könnte auch ein differenzierteres „integratives" Ausbildungsmodell entstehen, das nicht nur den Therapeuten, sondern auch den Supervisor zu einem „differentiellen" Handeln anleiten würde. In einem solchen Rahmen ließe sich die Rückmeldung als noch gezieltere Hilfe zur Selbstregulation des therapeutischen Handelns im Interesse des Klienten nutzen.

Literatur

Annett, J.: Feedback and human behaviour. Harmondsworth: Penguin, 1969.
Biggs, J. B.: Lernprozeß und Kybernetik. Stuttgart: Klett, 1974.
Bullmer, K.: Improving accuracy of interpersonal perception through a direct teaching method. Journal of Counseling Psychology, 1972, 1, 37–41.

Bullmer, K.: Empathie. Ein programmierter Text zur Verbesserung der interpersonellen Wahrnehmungsfähigkeit. München und Basel: Reinhardt, 1978.

Carkhuff, R. R.: Critical variables in effective counselor training. Journal of Counseling Psychology, 1969a, 16, 238–248.

Carkhuff, R. R.: Helper communication as a function of helper affect and content. Journal of Counseling Psychology, 1969b, 16, 126–131.

Carkhuff, R. R.: Helping and human relations. A primer for lay and professional helpers. Volume I, II. New York: Holt, Rinehart and Winston, 1969c.

Carkhuff, R. R./Banks, G.: Training as a preferred mode of facilitating between races and generations. Journal of Counseling Psychology, 1970, 17, 413–418.

D'Zurilla, T. J./Goldfried, M. R.: Problem solving and behavior modification. Journal of abnormal Psychology, 1971, 78, 107–126.

Fuller, F. F./Manning, B. A.: Self-confrontation reviewed: A conceptualization for video playback in teacher education. Review of Educational Research, 1973, 43, 469–528.

Golsan, W. G.: Study of the utilization of the „bug-in-the ear" in a counseling training practicum. Behavioral Engineering, 1976, 3, 76 (Abstracts).

Guttman, M. A./Haase, R. F.: Generalization of microcounseling skills from training period to actual counseling setting. Counselor Education and Supervision, 1972, 12, 98–108.

Ivey, A. E.: Microcounseling. Innovations in interviewing training. Springfield: Thomas, 1971.

Korner, J. N./Brown, W. H.: The mechanical third ear. Journal of Consulting Psychology, 1952, 16, 81–84.

Kurpius, D. J.: Objectives, theories, and methodologies for video appliccation in counseling and counselor training. In: *G. F. Farwell, N. R. Gamsky* und *P. Mathieu-Coughlan* (Hrsg.): The counselor's handbook. New York und London: Intext, 1974, 357–384.

Martin, D. G.: Gesprächs-Psychotherapie als Lernprozeß. Salzburg: Müller, 1975.

Miller, G. A./Galanter, E./Pribram, K. H.: Plans and the structure of behavior. New York: Holt, 1960.

Stauß, H.: Direkte Intervention während des Gesprächsverlaufs als Ausbildungsmöglichkeit in Gesprächspsychotherapie. Unveröffentlichte Dissertation, Universität Münster, 1975.

Tausch, R.: Gesprächspsychotherapie (5. Aufl.). Göttingen: Hogrefe, 1973.

Tentoni, S. C./Robb, G. P.: Improving the counseling practicum through immediate radio feedback. College Student Journal, 1976, 10, 279–283 (Abstracts).

Toukmanian, S. G./Rennie, D. L.: Microcounseling versus human relations training: Relative effectiveness with undergraduate trainees. Journal of Counseling Psychology, 1975, 22, 345–352.

Truax, C. B./Carkhuff, R. R./Douds, J.: Toward an integration of the didactic and experiential approaches to training in counseling and psychotherapy. Journal of Counseling Psychology, 1964, 11, 240–247.

Truax, C. B./Carkhuff, R. R.: Toward effective counseling and psychotherapy: Training and practice. Chicago und New York: Aldine, 1967.

Vrolijk, A./Dijkema, M. F./Timmerman, G.: Gesprächsmodelle. Ein programmiertes Gesprächstraining. Gelnhausen/Berlin: Burckhardthaus und Freiburg: Herder, 1974.

Wallace, W. G./Horan, J. J./Baker, S. B./Hudson, G. R.: Incremental effects of modeling and performance feedback in teaching decision-making counseling. Journal of Counseling Psychology, 1975, 22, 570–572.

Ward, C. H.: An electronic aid for teaching interviewing techniques. Archives of General Psychiatry, 1960, 3, 357–358.

Ward, C. H.: Electronic preceptoring in teaching beginning psychotherapy. Journal of Medical Education, 1962, 37, 1128–1129.

Wieringa, C. F.: Feedback. Konzept und praktische Anwendung. Zeitschrift für Gruppenpsychotherapie und Gruppendynamik, 1973, 1, 42–56.

Zoeke, B./Tetzlaff, M./Suckert-Wegert, K./Schoppe, C./Nattkemper, D./Dohmen, L.: Überlegungen zur Handlungsstruktur der Gesprächspsychotherapie. In: Fortschritte der Verhaltenstherapie. Kongreßbericht Berlin 1977. Sonderheft I/1978 der Mitteilungen der DGVT.

Alexander Eckert

Die Bedeutung der experimentellen Grundausbildung in der Klinischen Psychologie[1]

Zusammenfassung

Ausgehend von einer Aufzählung verschiedener Bereiche der experimentellen Psychologie, die für die Klinische Psychologie Bedeutung erlangt haben, werden exemplarisch drei Gebiete dargestellt, die dem Autor wesentlich erscheinen. Zunächst wird auf Möglichkeiten und Grenzen des sog. Einzelfall-Experiments eingegangen, welches eine methodische Neuentwicklung aus dem Bereich der Klinischen Psychologie darstellt.
Weiterhin werden tierexperimentelle Modelle zur Erzeugung psychopathologischer Phänomene beschrieben, da sie unsere Vorstellungen von der Genese von Neurosen, psychosomatischen Erkrankungen usw. wesentlich mitbestimmen. Schließlich wird am Beispiel der experimentellen Schizophrenieforschung gezeigt, wie durch die Anwendung von Begriffen und experimentellen Paradigmen aus der allgemeinen Psychologie versucht wird, den funktionalen Besonderheiten psychopathologischer Phänomene auf die Spur zu kommen.
Auf die Bedeutung dieses Wissens für den Klinischen Psychologen und damit für die Ausbildung wird in jedem Abschnitt hingewiesen.

1 Einleitung

Die Berufsgruppe der Psychologen ist unter den im Bereich der psychosozialen Versorgung Tätigen diejenige, welche nicht nur auf fundiertes Wissen über die Entwicklung und Änderung von psychischen Störungen zurückgreifen kann, sondern die außerdem über Kenntnis und über praktische Erfahrung im Umgang mit Forschungs- und Kontrollmethoden verfügt. Klinische Psychologen sind damit durch ihre Ausbildung in der Lage, ihre eigene Praxistätigkeit, sowie die von Kollegen forschend zu begleiten und so zu mehr wissenschaftlicher Kontrolle und Weiterentwicklung psychosozialer Versorgung beizutragen.
Die Notwendigkeit, daß gerade auch der praktisch arbeitende Klinische Psychologe über empirische Methoden und den Forschungsstand seines Gebietes unterrichtet ist, ergibt sich aus der Forderung nach einer wissenschaftlich fundierten Praxis; und nur eine solche ist dem Patienten gegenüber ethisch vertretbar.

---

1 Ich danke Herrn Prof. Dr. *R. Cohen* für viele anregende Diskussionen, in deren Verlauf Gliederung, Inhalt und Literaturauswahl des vorliegenden Artikels Gestalt annahmen.

Bereits in der *Boulder Conference* von 1949, so berichteten *Kanfer & Phillips* (1975, S. 28), wurde gefordert, den Psychologen durch entsprechende Ausbildung zu befähigen, Forschungsarbeit zu begreifen und durchzuführen. Ganz in diesem Sinne sind auch die vom Kultusministerium Baden-Württemberg (1977, S. 60ff.) erarbeiteten Rahmenziele der Psychologieausbildung zu verstehen, wo neben Kenntnissen, die direkt der praktischen Berufsausübung dienen, auch eine gründliche Ausbildung in den Bereichen erfahrungswissenschaftlicher Erkenntnisgewinnung, sowie ein breites, dem gegenwärtigen Forschungsstand der Psychologie entsprechendes Grundwissen gefordert wird.

Wenn Klinische Psychologen in der Praxis bisher nur wenig wissenschaftlich arbeiteten – wie *Irle* (1979) es generell für Diplompsychologen beklagt – so liegt dies einerseits vermutlich an den institutionellen Bedingungen, denen Klinische Psychologen unterworfen sind und andererseits an der bisherigen Ausbildung. In ihr wird zu wenig der Bezug zwischen dem forschungsmethodischen und dem praxisbezogenen Teil hergestellt. Praxisbezogene Ausbildung ist vor allem auf die Vermittlung psychotherapeutischer Strategien und Interventionen konzentriert. Die Anwendung insbesondere der experimentellen Grundausbildung auf die Evaluation des eigenen Handelns wird bisher kaum berücksichtigt.
Auf diese Lücke soll mit dem vorliegenden Beitrag aufmerksam gemacht werden. Ein zweites Anliegen ist es, den Beitrag der experimentellen Forschung zur Aufklärung von Entstehungsbedingungen psychischer Störungen zu verdeutlichen. Auch dies ist Bestandteil des Basiswissens in Klinischer Psychologie, auf dessen Stellenwert in der Ausbildung für das Verständnis und die systematische Beeinflussung psychischer Beeinträchtigungen stärker hingewiesen werden sollte.
Im Bereich der Klinischen Psychologie hat sich in den letzten Jahrzehnten eine bemerkenswert rasche Entwicklung vollzogen. So konnten sich, um nur einige Beispiele zu nennen, neben der Psychoanalyse zumindest zwei weitere Therapieformen etablieren, nämlich die Verhaltenstherapie und die Gesprächspsychotherapie. Die Existenz mehrerer Therapieformen, deren Indikationsbereiche sich weitgehend überschneiden, hat neben eher polemischen Auseinandersetzungen auch zu vergleichenden Untersuchungen geführt (z. B. *Sloane* et al., 1975; und *Di Loreto,* 1971). Neuropsychologie und Psychophysiologie gewinnen zunehmend an Bedeutung und die medizinisch orientierte Einstellung zu psychopathologischen Phänomenen wird teilweise durch Vorstellungen aus dem Bereich der Klinischen Psychologie verdrängt (*Kanfer & Phillips,* 1975, S. 19).
Diese Entwicklung wäre ohne die Fülle experimenteller Forschungsbemühungen undenkbar. Für die klinisch-psychologische Ausbildung mit den o. g. Zielen werden folgende Ansätze als wichtig herausgestellt:

(1) Als Beispiel für *methodische Neuentwicklungen* auf dem Gebiet der Klinischen Psychologie sollen Designs für Einzelfallexperimente im ersten Abschnitt vorgestellt werden.

(2) Aus dem Gebiet der experimentellen Psychopathologieforschung wird auf das *Seligman'*sche „learned helplessness“ Phänomen sowie das *Weiss'*sche Modell der Ulcusgenese im nächsten Abschnitt eingegangen werden.

(3) Es wird versucht, unser Verständnis für die *funktionalen Besonderheiten psychopathologischer Phänomene* durch die Anwendung von Begriffen und experimentellen Paradigmen der Allgemeinen Psychologie im klinischen Bereich zu vertiefen. Am Beispiel des Phänomens „Aufmerksamkeit“, dem im Rahmen von Reaktionszeit-Untersuchungen in der Schizophrenieforschung eine bedeutende Rolle zukommt, soll dies im letzten Abschnitt verdeutlicht werden.

2 Designs für Einzelfallexperimente

Ein Beispiel methodischer Neuentwicklungen auf dem Gebiet der Klinischen Psychologie.

Unmittelbarer noch als die Vertreter vieler anderer Wissenschaftsbereiche ist der Klinische Psychologe mit den Folgen seines Handelns verbunden. Meist ist er vor die Aufgabe gestellt, einer bestimmten Person in einer bestimmten Situation helfen zu müssen, und ist deshalb meist nicht in der Lage, Hypothesen experimentell zu überprüfen, zumal das traditionelle Vorgehen, das eine Experimentalgruppe, eine Kontrollgruppe und die statistische Analyse erfordert, sich für Psychiatrie und Klinische Psychologie nicht so ohne weiteres eignet (*Barlow & Hersen,* 1977). So bestehen in der Regel ethische Bedenken, der Kontrollgruppe eine Behandlung vorzuenthalten. Auch besitzen die auf einem Gruppenvergleich basierenden Daten für den Einzelfall oft nur begrenzten Wert.

Eine andere Vorgehensweise, die in der klinischen Forschung entwickelt wurde und die den oben genannten Vorwürfen gerecht zu werden versucht, stellt das sogenannte Einzelfallexperiment (vgl. *Barlow & Hersen,* 1977) dar. Die Autoren weisen darauf hin, daß schon *Shapiro* die Methode angewandt hatte und daß dessen theoretische und logische Aspekte dieser Vorgehensweise von *Sidman* (1960), *Dukes* (1965), *Chassan* (1967), *Baer* et al. (1968), sowie *Davidson & Costello* (1969) erörtert werden. Im Prinzip besteht dieses Verfahren darin, daß an verschiedenen Zeitpunkten die Verhaltensweisen erfaßt werden, die modifiziert werden sollen. Die einfachste Realisierung stellt der sogenannte A-B Versuchsplan dar. Hier wird anhand einer Grundkurve ermittelt, wie oft das Zielverhalten unbehandelt vorkommt (A-Phase) und mit der Verhaltensquote verglichen, die sich nach Einführung der therapeutischen Variablen ergibt (B-Phase). Will man den verhaltenskontrollierenden Einfluß der therapeutischen Intervention überprüfen, kann man die therapeutische Variable wieder ausblenden und gewissermaßen zu den Bedingungen der A-Phase zurückkehren.

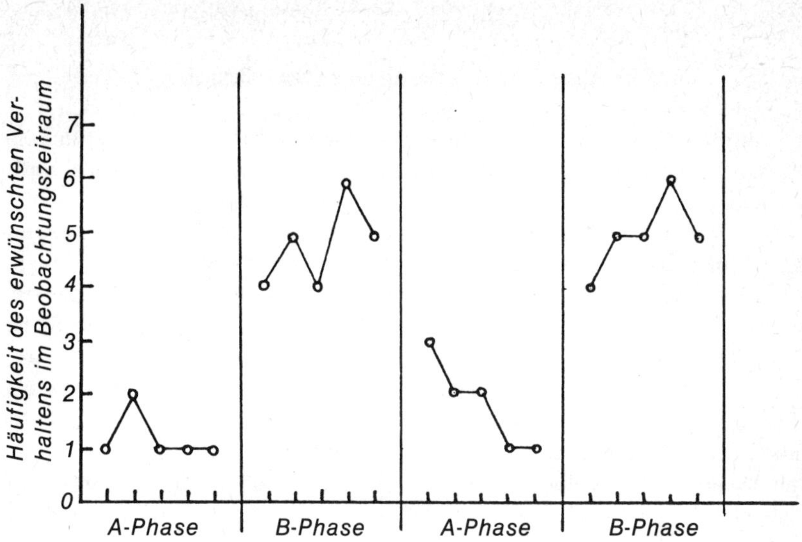

Abbildung 1: Die Abbildung zeigt an einem Beispiel, wie man mit Hilfe des A-B-A-B-Designs die Wirksamkeit einer therapeutischen Intervention dokumentieren und überprüfen kann. (A-Phase = Zeitraum ohne therapeutische Intervention; B-Phase = Zeitraum während der therapeutischen Intervention).

Soll der Einfluß mehrerer Behandlungsvariablen auf das Zielverhalten untersucht werden, bieten sich die A-BC-B-BC-Versuchspläne oder ähnliche Formen an. In der BC-Phase wirken beide Behandlungsvariablen auf den Patienten ein, in der B-Phase entfällt eine von ihnen.

Um zu prüfen, inwieweit eine bestimmte therapeutische Variable isoliert auf diejenige Verhaltensweise einwirkt, auf die sie angewendet wird, wurden Designs mit multipler Baseline verwendet. Dabei werden mehrere Zielverhaltensweisen definiert und deren Ausmaß oder Häufigkeit gemessen. Danach wird ein bestimmtes therapeutisches Verfahren zunächst auf das erste Zielverhalten angewandt. Später wird wieder eine Messung aller Zielverhalten durchgeführt. Dieser Vorgang wiederholt sich, bis schließlich alle zuvor definierten Verhaltensweisen Ziel der therapeutischen Intervention gewesen sind.

Neben den Vorzügen sollten die Nachteile der Einzelfallexperimente nicht unerwähnt bleiben. So eignen sich solche Designs im Wesentlichen nur für die Therapieformen, die in der Lage sind, Zielverhalten anzugeben, bzw. gezielt auf diese einzuwirken. Weiterhin sind die obengenannten Einzelfalldesigns weniger geeignet, die Wirksamkeit von therapeutischen Interventionen zu überprüfen, die irreversible Änderungen hervorbringen. Dabei ist es ja das eigentliche Ziel der therapeutischen Intervention, daß die erwirkte Verhaltensänderung auch nach der

Therapie bestehen bleibt. Lediglich Designs mit multipler Baseline können hier u. U. noch Aufschluß bringen.
Die bisherigen Überlegungen – das Design des Einzelfallexperiments betreffend – gingen von bestimmten klinischen Fragestellungen aus. Aber natürlich werden Anforderungen des statistischen Modells, nach welchem die Auswertung erfolgen soll, ebenfalls Einfluß auf das Experiment nehmen. Die hier bei der statistischen Analyse auftretenden Probleme sind dem Psychologen, der es bislang gewohnt war, Daten an einer Reihe von Individuen statt am Einzelfall zu gewinnen, größtenteils unbekannt (vgl. *Holtzman,* 1963).
Jedoch beginnt man in den letzten Jahren diesem Zweig der Statistik wachsendes Interesse entgegenzubringen. So beschreibt z. B. *Holtzman* (1963) statistische Modelle zur Untersuchung von Veränderungen im Einzelfall und stellt dabei unterschiedliche Formen von Zeitreihenanalysen dar. *Dahme* (1977) setzt sich anhand einfacher Zeitreihenversuchspläne mit diesem Gebiet auseinander und diskutiert deren Brauchbarkeit für die Psychotherapieverlaufsforschung.
Dem Klinischen Psychologen bietet sich – angesichts des wachsenden methodischen und statistischen Wissens in diesem Bereich – nunmehr die Möglichkeit, die vorhandenen Therapieformen mehr als bisher unter empirischer Kontrolle weiterzuentwickeln, die Indikationsbreite der verschiedenen Therapierichtungen genauer abzugrenzen, und die von Vertretern verschiedener Schulen oft mit viel Emotion vorgetragenen Streitigkeiten auf stärker empirisch fundierter Ebene zu behandeln.

3 Experimentelle Modelle Psychopathologischer Phänomene

Beispiele für die Genese psychischer Störungen.
Die experimentelle Erzeugung „psychopathologischer" Phänomene im Labor bleibt bis heute ein umstrittenes Unterfangen. So verbietet sich aus ethischen Gründen das Humanexperiment, so daß vorwiegend im tierexperimentellen Bereich gearbeitet wurde. Wegen der strittigen Frage der Übertragbarkeit der so gewonnenen Ergebnisse, muß deren Brauchbarkeit im Humanbereich erst überprüft werden. Aber selbst wenn es sich zeigt, daß ein bestimmtes experimentelles Vorgehen auch im Humanbereich z. B. eine Phobie hervorruft, heißt das noch lange nicht, daß Phobien, wie sie uns in der Klinik begegnen, ebenso entstehen (vgl. *Chapman,* 1969). *Abramson & Seligman* (1977) geben vier Kriterien an, mit Hilfe derer die Brauchbarkeit experimenteller Modelle zur Erzeugung psychopathologischer Phänomene geprüft werden kann.

(1) Kann das Modell Ursachen, Behandlungsmöglichkeiten und Präventivmaßnahmen beschreiben?

(2) Kann die Ähnlichkeit der Symptome zwischen Modell und dem psychopathologischen Phänomen, wie es uns in der klinischen Praxis begegnet, überzeugend nachgewiesen werden?
(3) Inwieweit gilt diese Ähnlichkeit auch für physiologische Begleitreaktionen, Ursachen, Behandlungsverlauf und Prävention?
(4) Bildet das Modell Eigenschaften ab, die allen psychopathologischen Phänomenen gemein sind; gelten sie für alle Mitglieder einer bestimmten klinischen Gruppe oder treffen sie nur für eine Untergruppe zu?

Eine exakte Überprüfung eines experimentellen Modells im Sinne der oben genannten Kriterien macht in der Praxis sicher enorme Schwierigkeiten. Andererseits ist es praktisch nur im Labormodell möglich, das interessierende Phänomen unter kontrollierten Bedingungen zu erzeugen, Therapieformen zu erproben und Präventionsmaßnahmen auf ihre Wirksamkeit zu überprüfen.
Viele verhaltenstherapeutische Techniken und Forderungen, wie z. B. die Forderung, verschiedene Manifestationsebenen neurotischen Verhaltens im Auge zu behalten oder die Technik der systematischen Desensibilisierung finden bereits in den frühen Untersuchungen zur experimentellen Erzeugung von Tierneurosen ihre Entsprechung (z. B. in den Arbeiten von *Anderson & Lidell,* 1935; *von Gantt,* 1953; oder *Jerofewa*, vgl. *Pawlow,* 1954).
Diese Untersuchungen waren oft zunächst ganz anderen (meist physiologischen) Fragestellungen gewidmet und die Anzahl der untersuchten Tiere blieb meist recht gering. Aus diesen Gründen entsprechen sie den heutigen strengeren methodischen Anforderungen nicht mehr.
Diesen Einwänden versuchen die im folgenden zu schildernden Arbeiten gerecht zu werden.
Zwei neuere Forschungsbeispiele aus diesem Bereich stellen das Konzept der „learned helplessness“ von *Seligman* und Mitarbeitern, sowie die Untersuchungen zur Ulcusgenese von *Weiss* dar.

3.1 „Learned helplessness“: Modell einer Reaktiven Depression

Bevor einige Befunde diskutiert werden, die sich mit der Theorie von *Seligman* auseinandersetzen, soll zunächst ein typisches „learned helplessness“-Experiment beschrieben werden.
In der ersten Phase des Experimentes wird ein Teil der Versuchstiere unvermeidbaren schmerzhaften Elektroschocks ausgesetzt. In der zweiten Phase, an der alle Tiere teilnehmen, werden die Schocks durch ein Signal (Licht oder Ton) angekündigt und die Tiere können den Schock vermeiden, indem sie die Käfighälfte wechseln. Die Tiere, die die Vorerfahrung aus der ersten Phase nicht mitbringen, lernen rasch, den Schock zu vermeiden. Die anderen unternehmen nichts, um

dem Schock zu entgehen, sondern erdulden ihn passiv. Das *Seligman'*sche Erklärungskonzept ist folgendes:
Die Tiere haben gelernt, daß ihr Verhalten keinen Einfluß auf das Auftreten bzw. Verschwinden der Schocks hat, alles was sie tun, bleibt bedeutungslos. *Miller, Rosellini & Seligman* (1976) schließen, daß eine so geartete Lernerfahrung auf drei Ebenen Folgen nach sich zieht.

(1) Auf motivationaler Ebene: Die Wahrscheinlichkeit, daß versucht wird, unangenehmen Situationen zu entkommen, wird verringert. Daraus resultiert eine passive Grundhaltung, wie man sie in ähnlicher Form bei vielen Depressiven beobachten kann.
(2) Auf kognitiver Ebene: Aus der Erfahrung heraus, keinen Einfluß auf die Umwelt nehmen zu können, wird man unfähig, sich den Erfolg sofort erreichbarer Leistungen zuzuschreiben. Tatsächlich konnten *Miller & Seligman* (1973) experimentelle Belege für ihre Hypothese finden. Studenten, die anhand des *Beck'*schen „Depressionsinventars" als depressiv, bzw. nicht depressiv eingestuft worden waren, nahmen an zwei Aufgaben teil. In der ersten sollten sie voraussagen, welche von jeweils zwei Karten erscheinen würde (für die Vp. offensichtlich ein reines Glücksspiel), in der zweiten sollten sie eine Stahlkugel auf einer Scheibe transportieren, ohne daß sie herunterrollte (für die Vp. offensichtlich eine Geschicklichkeitsaufgabe). Erfolg und Mißerfolg wurde in beiden Aufgaben ausschließlich vom Versuchsleiter manipuliert. Im Einklang mit *Seligman'*s Theorie zeigte sich, daß nicht depressive Studenten nach einem erfolgreichen Durchgang in der „Geschicklichkeitsaufgabe" deutlich mehr von ihrem Erfolg beim nächsten Durchgang überzeugt waren als die depressiven Studenten. Beim Kartenraten fand sich in dieser Hinsicht *kein* Unterschied zwischen den Erfolgsschätzungen der beiden Gruppen. Das *Seligman'*sche „learned helplessness"-Konzept bezieht sich nämlich nur auf Situationen, in denen der Patient den Zusammenhang zwischen seinem Tun und einem Erfolgskriterium sieht (Geschicklichkeitsaufgabe), während die im wesentlichen kognitiv ausgerichtete Theorie *Beck'*s (1967) voraussagt, daß Depressive die eigene Leistungsfähigkeit im allgemeinen unterbewerten.
(3) Auf der emotionalen Ebene: Hier werden Symptome wie Gewichtsverlust, Magen-, Darmstörungen usw. angesprochen.

Die Ähnlichkeit der Symptome, die im „learned helplessness"-Experiment auftreten und der Symptome, die manche depressive Patienten im klinischen Bereich bieten, ist recht bemerkenswert. Darüber hinaus konnte gezeigt werden, daß „learned helplessness" Symptome u. a. auch auf Antidepressiva (*Weiss* et al., 1976) und Elektrokrampf-Behandlung (*Dorworth,* 1971) erfolgreich ansprachen. Dies sind weitere Hinweise dafür, daß es sich hier um ein recht brauchbares Modell handelt. Experimente dieser Art können den Streit auf eine objektive Ebene verlagern helfen, wann medizinisch-pharmakologische und wann psychotherapeutische Behandlungsansätze zu bevorzugen sind.

3.2 Psychische Faktoren und Ulcusgenese: Modell einer psychosomatischen Erkrankung

Im Rahmen der oben genannten Untersuchungen berichteten bereits verschiedene Autoren, daß einige ihrer Versuchstiere Magen-, bzw. Duodenal-Ulcera entwickelt hätten. Die Beziehung von Stress, Konflikt u. ä. psychischer Faktoren zur Ulcuserkrankung sind dem Kliniker schon lange bekannt. Aber erst in jüngerer Zeit gelang es *Weiss* und seinen Mitarbeitern, eine auf Experimenten basierende Theorie aufzustellen, die eine Vielzahl vorliegender Befunde erklären kann (vgl. *Weiss*, 1977). Um kontrollieren zu können, inwieweit die allgemeinen Bedingungen der experimentellen Situation (Aufenthalt im Käfig usw.), der Stressor selbst (E-Schock) und psychische Faktoren (z. B. Kontrolle über den Stressor) Einfluß auf die Ulcusgenese nehmen, entschied er sich dafür, jeweils drei Tiere parallel in derselben experimentellen Umgebung zu testen. Eines der Tiere hatte Kontrolle über den Stressor (avoidance-escape-animal), indem es durch Ausführen der richtigen Reaktion das Auftreten des E-Schock verschieben (avoidance) bzw. den E-Schock abschalten (escape) konnte. Wenn dies versäumt wurde, erhielt das Tier einen elektrischen Schock.
Das zweite Tier (yoked-animal) hatte im Gegensatz zum ersten keine Kontrolle über den Schock, erhielt aber jedesmal, wenn das erste Tier einen „Fehler" machte, gleichzeitig mit diesem einen E-Schock gleicher Stärke und Dauer.
Das dritte Tier (non-schock-animal) wurde überhaupt nicht geschockt. Ansonsten unterschieden sich die Bedingungen, denen die Tiere ausgesetzt waren, nicht.
Die Theorie von *Weiss* beruht im Wesentlichen auf zwei Beobachtungen (*Weiss,* 1971a):

(1) Die Größe der Ulcera nahm mit der Anzahl der Versuche, die das Tier unternahm, um die Situation zu meistern, zu.
(2) Folgen der „richtigen Reaktion" Reize, die nicht mit dem Stressor assoziiert sind, also quasi Sicherheit vermitteln (relevantes feedback), nimmt die Ulcusgröße ab.

Die letztgenannte „Beobachtung" stellte bislang aber noch eine recht hypothetische Interpretation dar. Deshalb wurde eine Reihe von Versuchen unternommen, um diese These zu überprüfen. Zwei dieser Experimente sollen kurz skizziert werden. *Weiss* (1971b) gelang es, die Größe der Ulcera erheblich zu reduzieren (von ca. 3 mm auf ca. 0,8 mm), indem er lediglich jeder „richtigen Reaktion" ein kurzes Tonsignal folgen ließ. Dieses Feedback, das nicht mit dem Stressor assoziiert war, wirkte sich voraussagegemäß günstig auf die Versuchstiere aus.

Weiss (1971c) konnte die Ulcusgröße deutlich steigern (auf ca. 6 mm), wenn die Tiere bei jeder richtigen Reaktion einen kurzen elektrischen Schlag erhielten, ein feedback also, das sehr eng mit dem Stressor selbst assoziiert ist. So sieht sich *Weiss* in der Lage, ein Zwei-Faktoren-Modell der Ulcusgenese aufzustellen, anhand dessen sich die Ulcusgröße voraussagen läßt, wenn

(a) die Anzahl der Versuche, die Situation zu meistern, und
(b) die Feedback-Bedingungen der Versuchssituation bekannt sind.

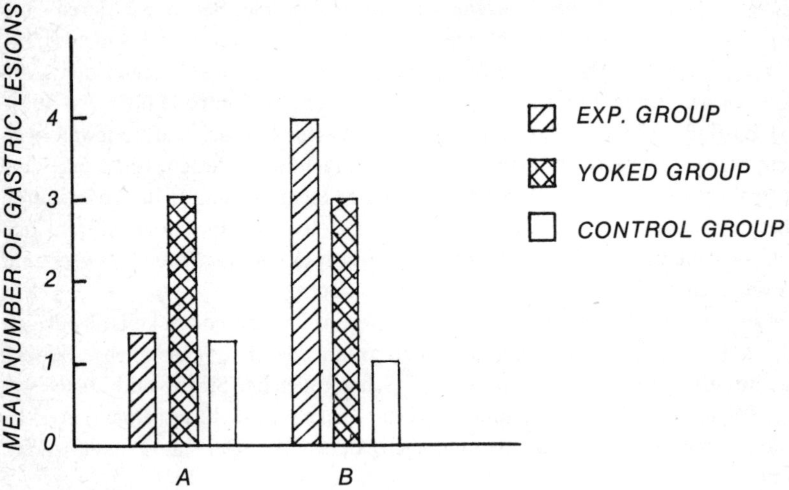

Abbildung 2: Bedingung A: Günstige Feedback-Bedingungen, geringe Anzahl von Versuchen, den Schock zu beenden.
Bedingung B: Ungünstige Feedback-Bedingungen, viele Versuche, den Schock zu beenden.

Der Unterschied zwischen den Bedingungen A und B war nur für die Experimentalgruppe gegeben. Die Kontroll-Tiere wurden nie geschockt, die „yoked animals" wurden jeweils gleichzeitig mit dem entsprechenden Tier der Experimentalgruppe geschockt.
Es wird deutlich, wie psychische, von den physikalischen Gegebenheiten der Situation unabhängige Größen die Ulcus-Genese beeinflussen. Bei etwa gleicher Anzahl von Ulcera bei Tieren der Kontrollgruppe, bzw. den „yoked animals", unter den Bedingungen A und B, zeigen die Tiere der Experimentalgruppe deutliche Unterschiede. Diese, modifiziert nach *Tsuda* und *Hirai* (1975) dargestellten Ergebnisse stimmen im wesentlichen mit denen von *Weiss* und Mitarbeitern überein, die anstelle der Häufigkeit von Magenulcera deren Größe bestimmten.

Sicherlich unterscheiden sich die Wege, wie *Weiss* bei seinen Versuchstieren Magenulcera erzeugte, nicht deutlich von denen, die schon in früheren Arbeiten auf dem Gebiet der experimentellen Neurose untersucht worden sind. Dennoch besitzt das Modell der Ulcusgenese nach *Weiss* methodisch gesehen einige wesentliche Vorteile. So sind die Begriffe „Neurose" bzw. „Depression", über deren Ausprägung und über deren Übertragbarkeit vom Tiermodell in den Humanbereich viel Unsicherheit herrscht, hier durch eine wesentlich weniger problematische Größe, nämlich das gut meßbare Merkmal der Ulcusgröße, ersetzt worden. Weiterhin entsprechen diese Untersuchungen den heutigen methodischen Anforderungen, und sie basieren auf einer genügend großen Anzahl von Versuchstieren, so daß sie nicht wie manche der früheren Untersuchungen den Charakter von „Einzelfallstudien am Tier" tragen.

4 Experimentelle Schizophrenieforschung

Reaktionszeitstudien als Beispiel für die Bedeutung allgemein-psychologischer Paradigmen in der Psychopathologie.
Bisher wurden experimentelle Modelle für verschiedene psycho-pathologische Erscheinungsformen vorgestellt. Ein völlig anderes Vorgehen läßt sich am Beispiel der Schizophrenieforschung zeigen. Zwar existieren auch hier diverse Modellvorstellungen, die die Entstehung der Schizophrenie zu erklären suchen, aber man hat in diesem Bereich auch versucht, anhand von Begriffen und experimentellen Paradigmen, die aus der allgemeinen Psychologie stammen, exakt herauszuarbeiten, unter welchen Bedingungen sich der Schizophrene vom Nicht-Schizophrenen unterscheidet. Da dem Phänomen der Aufmerksamkeit sowohl von Seiten der experimentellen Psychologie als auch von der klinischen Psychiatrie intensives Interesse entgegengebracht wurde (*Garmezy,* 1977), und da unter den verschiedenen Verfahren, Aufmerksamkeitsleistungen zu erfassen, die Reaktionszeitmessung sich der weitesten Verbreitung erfreut, entsprechen die Reaktionszeitstudien gleichsam dem „Polar-Stern" der Schizophrenieforschung (*Cancro* et al., 1971, S. 352). Im wesentlichen dem umfassenden Review von *Nuechterlein* (1977) folgend, sollen nun einige Ergebnisse mitgeteilt werden.
Schon *Obersteiner* (1874) berichtet, daß Schizophrene bei Reaktionszeitmessungen verlangsamt reagieren. *Huston* et al. (1937) bestätigten dieses Ergebnis, führten aber eine zusätzliche Variable, ein sog. „preparatory intervall", ein, indem sie vor dem imperativen Reiz, auf den reagiert werden sollte, einen Warnreiz einführten. War das Intervall zwischen Warnreiz und imperativem Reiz konstant, fielen die Reaktionszeiten auf den imperativen Reiz kürzer aus, als wenn die Dauer dieses Intervalls variiert wurde (siehe Abb. 3). Offenbar half der Warnreiz den Versuchspersonen, sich in einen Aufmerksamkeitszustand zu ver-

setzen, der eine optimale Reaktion ermöglichte. Allerdings profitierten die schizophrenen Patienten nur bis zu einer Intervalldauer bis zu 2 sec. von einem Warnreiz bei konstantem „preparatory intervall". Jenseits der 2-sec.-Grenze reagierten sie eher langsamer.

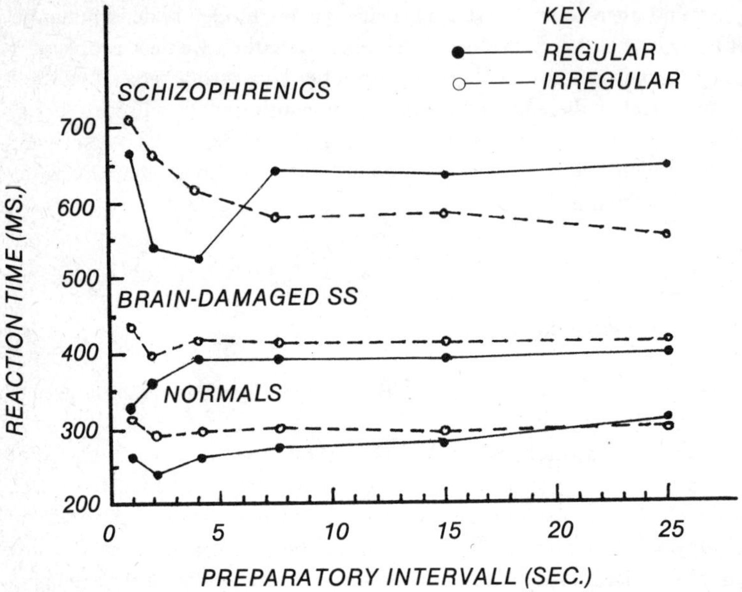

Abbildung 3: Regular: Intervall zwischen Warnreiz und imperativem Reiz bleibt konstant. *Irregular:* Intervall zwischen Warnreiz und imperativem Reiz variiert.

Die Abb. zeigt die an Schizophrenen und Gesunden gewonnenen Ergebnisse von *Rodnick* und *Shakow* (1940), ergänzt durch Befunde, die *Olbrich* (1972) an einer Gruppe von Patienten, die ein Hirntrauma erlitten hatten, erheben konnte. Man sieht deutlich das sog. „crossing over", das bei Schizophrenen nach ca. 5 sek., bei Gesunden erst nach ca. 20 sek. auftritt. Die Befunde von *Olbrich* (1972) zeigen, daß sich das frühe „crossing over" der Schizophrenen vermutlich nicht auf deren insgesamt verlängerte Reaktionszeit zurückführen läßt.

Bei der nicht schizophrenen Kontrollgruppe trat dieser „crossing-over" Effekt erst in der Größenordnung von 20 sec. auf. Weiterhin zeigte sich (*Zahn* et al., 1961), daß schizophrene Versuchspersonen wie auch normale Versuchspersonen ihre Leistungen in den Reaktionszeitmessungen verbessern konnten, wenn die Intervalldauer zwischen Warnreiz und imperativem Reiz von Versuchsdurchgang zu Versuchsdurchgang abnahm. Im umgekehrten Falle, wenn die Intervalldauer zunahm, zeigte sich für die kürzeren Intervalle (<4 sec.) eine deutliche Verlängerung der Reaktionszeiten bei der schizophrenen Gruppe, nicht aber bei der normalen Kontrollgruppe. *Zahn* et al. (1961) vermuten aufgrund dieser Er-

gebnisse, *daß der Schizophrene mit verminderter Wachheit auf externe Stimulation reagiere* und damit schlechter in der Lage sei, sich nach dem Warnreiz in einen optimalen Aufmerksamkeitszustand (major set) zu versetzen, *andererseits ungewöhnlich stark vom vorausgehenden Kontext bzw. irrelevanten Reizen beeinflußt wird,* in dem er störende „minor sets" entwickelt. Tatsächlich konnten *Zahn* et al. (1963) ihre Hypothese auch durch weitere Experimente stützen. Die Autoren konnten zeigen, daß die Leistungen der Schizophrenen ausnehmend stark von der Intervalldauer im Durchgang zuvor abhängig waren, und daß die Schizophrenen dann am schnellsten reagierten, wenn die Intervalldauer (preparatory intervall) des letzten und des jetzigen Durchgangs gleich waren.
Ein weiteres experimentelles Paradigma wurde von *Zubin* und seinen Mitarbeitern vorgestellt. Auch hier handelt es sich um eine Reaktionszeitmessung, aber es wird kein Warnreiz wie bei den obengenannten Experimenten dargeboten. Gemessen wird die Reaktionszeit auf den „imperativen Stimulus". Dieser wird nun von Durchgang zu Durchgang variiert. Dabei ergeben sich – betrachtet man zwei aufeinander folgende Durchgänge – drei Möglichkeiten. Beide imperativen Stimuli entstammen:

(a) verschiedenen Sinnesmodalitäten, z. B. Ton, Licht (crossmodal);
(b) der gleichen Sinnesmodalität, sind aber verschieden, z. B. rotes Licht – grünes Licht (ipsimodal different);
(c) der gleichen Sinnesmodalität und sie sind gleich (ipsimodal identical).

Bei diesen Untersuchungen zeigte sich, daß Schizophrene bei ipsimodal identischen Reizpaaren am schnellsten reagierten, bei ipsimodal differenten schon langsamer und bei cross-modalen Reizpaaren am langsamsten. Dabei verschlechterte sich die Leistung der Schizophrenen gegenüber der normalen Kontrollgruppe bei cross-modalen Reizsequenzen signifikant (*Sutton* et al., 1961) wie auch bei ipsimodal differenten Reizsequenzen (*Sutton & Zubin,* 1965).
Diese Befunde lassen ebenso wie die von *Zahn* et al. (1963) deutlich werden, wie stark die Leistungen der Schizophrenen von der Art des vorausgehenden Reizes bestimmt werden. Neuerdings wird versucht, die Störungen des Schizophrenen im Rahmen von Modellen zu erklären, die den Prozeß der Informationsverarbeitung zum Gegenstand haben. Hier sind zwei Richtungen zu nennen. Eine Reihe von Forschern sieht die eigentliche Störung beim Schizophrenen in einem Defekt eines postulierten selektiven Filters (*Payne,* 1966; *McGhie,* 1969 u.a.). Der Filter-Begriff ist einem Modell der Informationsverarbeitung von *Broadbent* (1958) entnommen. Vereinfacht wiedergegeben wird in diesem Modell angenommen, daß die Information, die von Sinnesorganen aufgenommen wurde, zunächst ins Kurzgedächtnis gelangt. Eine Weiterverarbeitung erfolgt nur für diejenigen Informationsanteile, die einen nachfolgenden *selektiven Filtermechanismus* passieren konnten. Unter Mitwirkung des Langzeitgedächtnisses kommt es schließlich zur Auswahl einer der möglichen Reaktionen. Andere Forscher wie

Broen & Storms (1966, 1967) u. a. glauben nicht an einen *Filter-Defekt,* sondern lokalisieren die Störung in dem Bereich, in dem die *Auswahl der Reaktionen* erfolgt. Beide Richtungen unterscheiden sich voneinander somit im wesentlichen dadurch, daß erstere die eigentliche Störung beim Schizophrenen in einer fehlerhaften Funktion auf seiten der Reizaufnahme sieht (zunehmende Reizkomplexität mußte folglich den Schizophrenen mehr beeinträchtigen als den Gesunden) während letztere die Störung am anderen Ende der S-R-Verknüpfung im Bereich des Mechanismus der Reaktionsauswahl sieht (zunehmende Anzahl der Reaktionsmöglichkeiten mußte folglich den Schizophrenen mehr beeinträchtigen als den Gesunden).
In einer Untersuchung von *Marshall* (1973) wurde dieser Frage nachgegangen und es konnte gezeigt werden, daß Schizophrene, wie erwartet, generell längere Reaktionszeiten aufweisen als die Kontrollpersonen, und daß die Schizophrenen von zunehmender Reizkomplexität *und* zunehmender Reaktionskomplexität deutlich stärker beeinträchtigt werden als Gesunde, wobei dieser Effekt für zunehmende Reaktionskomplexität stärker ausgeprägt war als für zunehmende Reizkomplxität.
Somit lassen die Ergebnisse vermuten, daß beide obengenannten Richtungen ihre Berechtigung haben, jedoch werden weitere Untersuchungen nötig sein, um das Wesen der Aufmerksamkeitsstörung beim Schizophrenen klarer werden zu lassen.
Untersuchungen dieser Art helfen, das oft „uneinfühlbare" Verhalten schizophrener Patienten verstehbar zu machen und liefern – wenn auch erst im Ansatz erkennbar – Hinweise, welche Situationsmerkmale die Welt für den Schizophrenen komplizieren und wie eine kausale Therapie aussehen müßte. Für den Klinischen Psychologen, der in zunehmendem Maße gleichberechtigt neben dem medizinisch ausgebildeten Therapeuten stehen wird, ist die Kenntnis solcher experimenteller Befunde von unschätzbarem Wert. So wird jeder Psychologe, der die Bezeichnung „Psychotherapeut" führen will, in Zukunft vermutlich einen Teil seiner praktischen Ausbildung an klinischen Institutionen absolvieren. Dort wird er neben sog. psychosomatischen Erkrankungen auch vermehrt mit psychiatrischen Patienten konfrontiert werden. Wenn er in der Lage ist, der „klinischen Erfahrung" seiner medizinischen Kollegen experimentelle Befunde und darauf aufbauende Behandlungsvorschläge entgegenzuhalten, kann er eine eigenständige Position aufbauen und wird als gleichberechtigt anerkannt werden. Es bleibt zu hoffen, daß es in dieser Zusammenarbeit mehr als bisher zu einem Erfahrungsaustausch von Fachwissen kommt, besonders was die Bereiche Prophylaxe, Behandlungsmethoden und experimentelle Grundlagenforschung angeht. Mit dieser Arbeit, die neben psychischen Störungen auch mit psychosomatischen und psychotischen Phänomenen befaßt war, hofft der Autor, einen Beitrag in dieser Richtung geleistet zu haben.

Literatur

Abramson, L. Y./Seligman, M. E. P.: Modeling psychopathology in the laboratory: History and rationale. In: *Maser, J. & Seligman, M. E. P.:* Psychopathology: Experimental Models. San Francisco, Freeman, W. H., 1977, 1 – 26.

Anderson, O. D./Lidell, H. S.: Observations on experimental neurosis in sheep. Arch. Neurol. Psychiat., 1935, *34,* 330 – 354.

Baer, D. M./Wolf, M. M./Risley, T. R.: Some current dimension of applied behavior analysis. J. Appl. Behav. Anal., 1968, *1*, 91 – 97.

Barlow, D. H./Hersen, M.: Designs für Einzelfallexperimente. In: *Petermann, F.* (Hrsg.): Methodische Grundlagen Klinischer Psychologie. Weinheim, Beltz, 1977 (S. 64 – 83).

Beck, A. T.: Depression: Clinical, Experimental and Theoretical Aspects. New York, Harper & Row, 1967.

Bergin, A. E./Suinn, R. M.: Individual psychotherapy and behavior therapy. In: Rosenzweig, M. R. & Porter, L. W. (Eds.): Animal Review of Psychology, 1975, *26,* 509 – 556.

Broadbent, D. E.: Perception and Communication. London, Pergamon Press, 1958.

Broen, W. E. Jr./Storms, L. H.: Lawful disorganization: The process underlying a schizophrenic syndrome. Psychological Review, 1966, *73,* 265 – 279.

Broen, W. E. Jr./Storms, L. H.: A theory of response interference in schizophrenice. In: *Maher, B. A.* (Ed.): Progress in Experimental Personality Research. Vol. 4. New York, Academic Press, 1967, 269 – 312.

Cancro, R./Sutton, S./Kerr, J./Sugerman, A. A.: Reaction time and prognosis in acute schizophrenia. J. of Nervous and Mental Disease, 1971, 153, 351 – 359.

Chapman, L. J.: Schizomemetic conditions and schizophrenia. J. of Consulting and Clinical Psychology, 1969, *33*, 646 – 650.

Chassan, J. B.: Research Designs in Clinical Psychology and Psychiatry. New York, Appleton Century-Crofts, 1967.

Dahme, B.: Zeitreihenanalyse und therapeutischer Prozeß. In: *Petermann, F.* (Hrsg.): Methodische Grundlagen Klinischer Psychologie. Weinheim, Beltz, 1977.

Davidson, P. O./Costello, C. G. (Hrsg.): N = 1: Experimental Studies of Single Cases. New York, Van Nostrand-Reinhold, 1969.

Di Loreto, A. O.: Comparative Psychotherapy: An Experimental Analysis. Chicago, Aldine Atherton, 1971.

Dorworth, T. R.: The Effect of Electroconvulsive Shock on „Helplessness“ in Dogs. (Unveröffentl. Dissertation, University of Minnesota, 1971).

Dukes, W. F.: N = 1. Psychological Bulletin, 1965, *64,* 74 – 79.

Gantt, W. H.: Principles of nervous breakdown-schizokinesis and autokinesis. Annales of the New York Acad. Scien., 1953, *56,* 143 – 163.

Garmezy, N.: The psychology and psychopathology of attention Schizophrenia Bulletin, 1977, *3*, 360 – 369.

Harris, Ch. W. (Hrsg.): Problems of Measurering Change. University of Wisconson, 1963.

Hoch, P. H./Zubin, J. (Hrsg.): Psychopathology of Schizophrenia, New York, Grune & Stratton, 1966.

Holtzman, W. H.: Statistical model for the study of change in the single case. In: *Harris, Ch. W.* (Hrsg.): Problems of Measuring Change. University of Wisconsin, 1963, 199 – 211.

Huston, P. E./Shakow, D./Riggs, L. A.: Studies of motor function in schizophrenia: II. Reaction time. J. of General Psychology, 1937, 16, 39 – 82.

Irle, M.: Zur Lage der Psychologie. Psychol. Rdsch., 1979, *30*, 1–18.

Kanfer, H. F. K./Phillips, J. S.: Lerntheoretische Grundlagen der Verhaltenstherapie. München, Kindler, 1975.

Kultusministerium Baden Württemberg (Hrsg.): Studienreform in Psychologie. Empfehlungen der Studienreformkommission für den Diplomstudiengang Psychologie in Baden Württemberg vom 23. 4. 1976. Villingen-Schwenningen, Neckar-Verlag, 1977.

Maher, B. A. (Hrsg.): Progress in Experimental Personality Research. Vol. 4. New York, Academic Press, 1967.

Marshall, W. L.: Cognitive functioning in schizophrenics: I. Stimulus analysing and response selection processes. British Journal of Psychiatry, 1973, *123*, 413–423.

Maser, J./Seligman, M. E. P.: Psychopathology: Experimental Models. San Francisco, Freeman, 1977.

McGhie, A.: Psychopathology of Attention. Middlesex, England, Penguin, 1969.

Miller, W. R./Rosellini, R. A./Seligman, M. E. P.: Learned helplessness and depression. In: *Maser, J. & Seligman, M. E. P.:* Psychopathology: Experimental Models. San Francisco, Freeman, 1977, 104–130.

Miller, W. R./Seligman, M. E. P.: Depression and the perception of reinforcement, J. of Abnormal Psychology, 1973, *82*, 62–73.

Nuechterlein, K. H.: Reaction time and attention in schizophrenia. A Critical evaluation of the data and theories. Schizophrenia Bulletin, 1977, *3*, 373–428.

Obersteiner, H.: Über eine neue einfache Methode zur Bestimmung der psychischen Leistungsfähigkeit des Gehirn Geisteskranker. Virchows. Arch., 1874, *59*, 427–458.

Olbrich, R.: Reaction time in brain-damaged and normal subjects to variable preparatory intervalls. J. of Nervous and Mental Disease, Vol. 155, *No. 5,* 356–362, 1972.

Pawlow, I. P.: Sämtliche Werke. Akademie Verlag, Berlin, 1954.

Payne, R. W.: The measurement and significance of overinclusive thinking and retardation in schizophrenic patients. In: *Hoch, P. H.* and *Zubin, J.* (Eds.): Psychopathology of Schizophrenia. New York, Grume & Stratton, 1966, 77–97.

Petermann, F. (Hrsg.): Methodische Grundlagen Klinischer Psychologie. Weinheim, Beltz, 1977.

Rosenzweig, M. R./Porter, L. W. (Eds.): Animal Review of Psychology, 1975, *26*.

Serban, G./Kling, A. (Hrsg.): Animal models of human psychobiology. New York, Plenum Press, 1976.

Sidman, M.: Tactics of scientific research. New York, Basic Books, 1960.

Sloane, R. B. et al.: Short-term analytically oriented psychotherapy vs. behavior therapy. Cambridge, Mass. Harvard Univ. Press. Zitiert nach: *Bergin, A. E.* and *Suinn, R. M.:* Individual psychotherapy and behavior therapy. In: *Rosenzweig, M. R.* and *Porter, L. W.* (Eds.): Anual review of psychology, 1975, *26*, 509–556.

Sutton, S./Hakarem, G./Zubin, J./Portnoy, M.: The effect of shift of sensery modality on serial-reaction time. A comparison of schizophrenics and normals. American Journal of Psychology, 1961, *74*, 224–232.

Sutton, S./Zubin, J.: Effect of sequence on reaction time in schizophrenia. In: *Welford, A. T.* and *Biren, J. E.* (Eds.): Behavior, aging and the nervous system. Springfield, Ill. Charles C. Thomas, 1965.

Welford, A. T./Biren, J. E. (Eds.): Behavior, aging and the nervous system. Springfield, Ill. Charles C. Thomas, 1965.

Weiss, J. M.: Effects of coping behavior with and without a feedback signal on stress pathology in rats. J. of Comparative and Physiological Psychology, 1971a, *77*, 22–30.

Weiss, J. M.: Effects of coping behavior in different warning-signal conditions on stress pathology in rats. J. of comparative and physiological Psychology, 1971b, *77*, 1–13.

Weiss, J. M.: Effects of punishing the coping response (conflict) on stresspathologie in rats. J. of Compatative and Physiological Psychology, 1971c, *77,* 14–21.
Weiss, J. M.: Psychological and behavioral influences on gastrointestinal lesions in animal models. In: *Maser, J. & Seligman, M. E. P.:* Psychopathology: Experimental Models. San Francisco, Freeman, 1977, 232–269.
Weiss, J. M./Glazer, H. J./Pohorcky, L. A.: Coping behavior and neurochemical changes: An alternative explanation for the original „learned helplessness" experiments. In: *Serban, G. & Kling, A.* (Hrsg.): Animal Models of Human psychobiology. New York, Plenum Press, 1976, 141–173.
Zahn, T. P./Rosenthal, D./Shakow, D.: Reaction time in schizophrenic and normal subjects in relation to the sequenze series of regular preparatory intervalls. J. of Abnormal and Social Psychology, 1961, *63*, 161–168.
Zahn, T. P./Rosenthal, D./Shakow, D.: Effects of irregular preparatory intervalls on reaction time in schizophrenia. J. of Abnormal and Social Psychology, 1963, *67*, 44–52.

4 Fragen der Evaluation

Vera Birtsch

Grundfragen der Evaluation in der klinisch-psychologischen Universitätsausbildung

Zusammenfassung

Probleme und Strategien der Evaluationsforschung aus dem pädagogischen, sozialen und ökonomischen Bereich werden für die Kennzeichnung der Evaluationsforschung in der klinisch-psychologischen Universitätsausbildung und die Problemdefinition herangezogen. Angesprochen werden die gesundheits- und berufspolitische Bedeutung der Erfassung der klinisch-psychologischen Ausbildung. Aufgaben und Möglichkeiten für summative, formative, plazierende, diagnostische, interne und externe Evaluation werden dargestellt. Anschließend werden empirische Arbeiten der Evaluationsforschung in der klinisch-psychologischen Universitätsausbildung diesen Strategien zugeordnet, bewertet und bestehende Lücken der Forschung festgestellt. Gegenwärtige Aufgaben der Forschung werden benannt als Präzisierung kurzfristiger Erfolgskriterien, die Entwicklung langfristiger Kriterien, die Lernzielbestimmung nach zukünftigen Aufgaben, die Optimierung und Differenzierung von Ausbildungskonzepten und Curricula, die Bewertung integrierter Psychotherapieausbildung, die Erforschung der Bedingungen für Ausbildungserfolg, die Motivierung von Ausbildern und Studierenden zur Mitarbeit und die Arbeit an der Umsetzung der Ergebnisse.

1 Problemgebiet der Evaluationsforschung

Im Frühjahr 1978 erschien im Management-Magazin ein Artikel des Wirtschaftswissenschaftlers *Schmidt,* Kiel, mit dem Titel „Schlechte Noten für rote Unis". *Schmidt* referierte über eine Untersuchung, in der er anonym Personalchefs von Wirtschaftsunternehmen über Universitäten und deren Absolventen hatte urteilen lassen. Das Ergebnis der Untersuchung ist eine Rangskala von 50 Universitäten, an deren Ende sich die Universitäten Gießen, Heidelberg, Frankfurt, Marburg, die FU Berlin und die Universität Bremen befinden, die von breiten Teilen der Öffentlichkeit als politisch links stehend angesehen werden. Dieser Versuch der Bewertung von Universitätsausbildung wurde in der Fachöffentlichkeit nicht nur aufgrund methodischer Fehler und Fehlinterpretationen heftig kritisiert (*Krupp*, 1978): Indem ein Zusammenhang zwischen der negativen Beurteilung von Universitätsausbildungen und einem politischen Etikett hergestellt wird, werden alle Absolventen dieser Universitäten diskreditiert. Mit diesem Beispiel soll in die Problematik der Evaluationsforschung eingeführt werden. Das Ergebnis macht die politische Dimension deutlich, die Evaluationsstudien aufweisen können, wenn auch nicht immer so stark sichtbar wie in diesem Fall.

2 Ziele der Evaluationsforschung

Zur Kennzeichnung und Zielsetzung von Evaluationsforschung ist folgendes festzustellen. In Erziehung und Gesundheitsversorgung, im Bereich der sozialen und der ökonomischen Fürsorge sind im Rahmen von Reformprogrammen in den letzten Jahren verstärkt gezielte Interventionen durchgeführt worden. Ihre Hauptaufgabe ist es in der Regel, Defizite, Mißstände oder Unterprivilegierungen auf seiten der betroffenen Bevölkerungsgruppen abzubauen.
Seit einigen Jahren finden nach amerikanischem Vorbild auch im deutschen Sprachraum verstärkt Evaluationen dieser Maßnahmen statt.
Evaluation wird hier definiert als Feststellung der Ergebnisse von Interventionen oder Programmen und als Feststellung der determinierenden Bedingungen. Ferner ist ein Teil der Evaluation eine besondere Phase der Zielfindung und -abklärung. Besonders im sozialpolitischen Bereich wird bei Evaluationsstudien auch die bewußte Veränderung von Zuständen oder Prozessen im Sinne von Handlungsforschung praktiziert.
Evaluation hat demnach folgende Schwerpunkte:

- die Definition und Operationalisierung von Zielen
- die Feststellung der Effekte und der Vergleich mit den Zielen
- die Erforschung der Determination der Effekte
- aktivierendes Handeln im Praxisfeld
- die Rückmeldung der Ergebnisse in die Praxis mit der Absicht einer Veränderung in Richtung der Ziele, sofern festgestellte Ergebnisse und Ziele auseinanderklaffen.

Die obige Aufzählung der Anwendungsgebiete von Evaluationsforschung hat bereits deutlich gemacht, daß in diesem Forschungsbereich nicht primär neues Wissen akkumuliert wird, sondern konkrete Handlungsanweisungen abgeleitet und praktische Veränderungen festgestellt werden sollen. Das Spektrum der Untersuchungsinhalte ist breit und reicht von Verbrechensbekämpfung und -vorsorge, Erziehung, Stadtsanierung, Armutsbekämpfung, Familienregelung bis zur Drogenbekämpfung (*Perloff* u. a., 1976, *Weiss,* 1974). Es liegt bei diesen Inhalten nahe, daß sozial-, kultur-, gesundheits- oder kommunalpolitische Standpunkte und Praktiken berührt sind, dort wo Evaluationsforschung Effizienz-und Wirkungsbewertungen vornimmt. Forscher müssen deshalb bereits in der Planung und Durchführung der Untersuchung mit Behinderungen ihrer Arbeit rechnen. Vor allem sind bei der Umsetzung der Ergebnisse Schwierigkeiten auf politischer oder institutioneller Ebene zu erwarten. Einzelne Autoren nehmen hierzu explizit Stellung (*Caro,* 1971, *Perloff* u. a., 1976).

Im universitären Bereich stehen wir mit Evaluationsuntersuchungen einzelner Lehrveranstaltungen oder ganzer Studiengänge erst am Anfang. Einen auch in der Öffentlichkeit diskutierten Ansatz stellt die Entwicklung der Hochschuleingangstests dar. Die Funktion dieser Verfahren ist es, Aufnahmeselektionen unter den Studienbewerbern vorzunehmen und Studienerfolg vorherzusagen. Die Wahl der Kriterien ist hierbei besonders problematisch, da qualitative Bewertungen erfolgreicher Berufstätigkeit eingehen. Diese sind strittig, da Erfolg unterschiedlich bewertet wird.

Die Evaluation der klinisch-psychologischen Universitätsausbildung ist von besonderer Bedeutung in der Diskussion um die Anerkennung psychotherapeutischer Tätigkeit von Diplom-Psychologen und die Schaffung des „nichtärztlichen" Psychotherapeuten. Evaluationsforschung in diesem Bereich muß sich darüber bewußt sein, daß sie mit der Dokumentation bestimmter Ausbildungseffekte in gesundheits-, berufs- oder hochschulpolitische Diskussionen eingreift. Im Falle des Effektivitätsnachweises der Unterrichtsausbildung verstärkt sie die Forderungen nach gesetzlicher Anerkennung psychotherapeutischer Tätigkeit durch Diplom-Psychologen. Im Falle des Nachweises der Abhängigkeit von Ausbildungseffekten, z. B. von bestimmten Voraussetzungen auf seiten der Studierenden, schafft sie die Grundlage für die von Studierenden zurückgewiesenen Selektionsmaßnahmen.

Das Interesse an der Evaluationsforschung im Bereich der klinisch-psychologischen Universitätsausbildung wird von verschiedenen Personengruppen mit unterschiedlicher Zielsetzung artikuliert. Im folgenden werden unterschiedliche Interessenlagen besprochen, die bei der Zielfindung in der Evaluationsforschung zur klinisch-psychologischen Universitätsausbildung Berücksichtigung finden sollten. Es sind

- das Erkenntnisinteresse
- das Ausbildungsinteresse
- das Praxisinteresse.

Das Erkenntnisinteresse wurde zuerst von *Rogers* (1942) formuliert. Er betonte die Erlernbarkeit psychotherapeutischer Verhaltensweisen unabhängig von der akademischen Qualifikation der Lernenden. Weiterhin beschrieb er die Möglichkeit und Notwendigkeit der empirischen Überprüfung dieser Prozesse und regte damit die ersten Evaluationsuntersuchungen in der Psychotherapieausbildung an. Die klienten-zentrierte Psychotherapie eignete sich hierzu besonders gut, da mit der Definition der Grundvariablen die Lernziele bereits operationalisiert waren.

Im Ausbildungsinteresse der Studierenden liegt die Erstellung praxisrelevanter Curricula. Mit dem Studienabschluß soll eine für die in der Praxis anfallenden Tätigkeiten ausreichende Qualifikation erworben werden. Vor allem in der gegenwärtigen Arbeitsmarktsituation mit einem begrenzten Stellenangebot für immer größere Bewerberzahlen wird die Forderung nach besonderer Qualifikation stärker.

Das Praxisinteresse ist das Interesse der Klienten und der kooperierenden Berufsgruppen an qualifizierter Versorgung. Sie möchten gewährleistet sehen, daß die zahlreichen die Universität verlassenden diplomierten Psychologen, die im Bereich der Klinischen Psychologie tätig werden, für die Bearbeitung der anstehenden Probleme ausreichend vorbereitet sind.

Erkenntnis- und Praxisinteresse richten sich in gleicher Weise auf die Zielbestimmung in der klinisch-psychologischen Universitätsausbildung. Sie richten sich auf die Frage, welche Verhaltensweisen und Einstellungen der Klinische Psychologe für erfolgreiche Berufstätigkeit erwerben muß. Im pädagogischen Bereich hat die Bestimmung der Lernziele, die Formulierung von Lernzielkatalogen in der Evaluationsforschung einen breiten Raum eingenommen (z. B. *Bloom,* 1956). Aber auch im sozialen Bereich wird eine Bedarfserhebung oder Kommunikationsdiagnose als notwendig angesehen (*Caro,* 1971) – beide entsprechen der Lernzielfeststellung. Die Erforschung konkreter Lernziele in der Universitätsausbildung in Klinischer Psychologie muß – wie in diesem Band in Abschnitt 2 versucht – herausarbeiten, *welche Qualifikationen auf den Ebenen Wissen, Einstellung, Verhalten für klinisch-psychologische Tätigkeit erforderlich sind, wieweit sie erlernbar sind und welche Voraussetzungen bei Beginn der Ausbildung gegeben sein müssen.* Ergebnisse der Psychotherapieforschung sind dabei zu verwenden, sie bedürfen jedoch der Konkretisierung und der Ergänzung.

Die Beschäftigung mit den Lernzielen der Universitätsausbildung wird andererseits einen Einfluß auf die Psychotherapieforschung haben und ist eventuell geeignet, hier Ergänzungen vorzulegen.

3 Strategien der Evaluationsforschung und Bewertung der vorliegenden empirischen Ergebnisse

Zur Charakterisierung der Grundfragen der Evaluation der klinisch-psychologischen Universitätsausbildung sollen die Konzepte und Strategien herangezogen werden, die in Evaluationsstudien anderer Gebiete Verwendung fanden: im pädagogischen Bereich z. B. *Anderson, Ball & Murphy* (1976), *Bloom, Hastings & Madaus* (1971), im Sozialbereich z. B. *Caro* (1971) und *Weiss* (1974). Im Anschluß an die Darstellung der jeweiligen Konzepte wird untersucht, ob und auf welche Weise sie in der Evaluationsforschung der klinisch-psychologischen Universitätsausbildung bisher berücksichtigt wurden. Es wird in der Einführung und Begründung von Evaluationskonzepten davon ausgegangen, daß die Ziele der untersuchten Programme vielfältig und unterschiedlich sind. Verändert werden sollen u. a. Einstellungen, Werte, Verhaltensweisen, Wissen von Personen oder Personengruppen, Organisationsstrukturen von Institutionen, Wohnstrukturen von Stadtteilen. Je nach Zielkomplex werden unterschiedliche methodische Vorgehensweisen gewählt, die sich in den folgenden Strategien ausdrücken. Es wurden für die nachstehende Darstellung die Konzepte ausgewählt, die für die Evaluationsforschung klinisch-psychologischer Ausbildung besonders relevant erscheinen.

3.1 Summative Evaluation (Ergebnis- oder Produktevaluation)

Sie hat zum Ziel, den abschließenden Erfolg eines Programms festzustellen. In der Evaluationsforschung insgesamt ist dies die am frühesten angewandte Strategie.
Der Nachweis des gesamten Ausbildungserfolges ist auch in der Klinischen Psychologie von besonderem Interesse:

- Die heutige Situation der Universitätsausbildung ist geprägt vor allem durch hohe Studentenzahlen. Nach *Schulte* (1976) streben mindestens 50% der Hochschulabsolventen eine Berufstätigkeit im Bereich der Klinischen Psychologie an. In der Wahl der Spezialisierung orientieren sich die Studenten zum großen Teil an den gegenwärtigen Berufsmöglichkeiten für Diplom-Psychologen und an dem Ausmaß direkter Praxisvorbereitung durch die Ausbildung. In beiden Punkten ist die Klinische Psychologie gegenüber anderen Bereichen gegenwärtig besonders attraktiv für Studienentscheidungen.
  Für die Evaluationsforschung stellt sich die Frage, ob diese Situation einen Einfluß auf die Effektivität der Ausbildung hat.
- Der Auszubildende muß auf die besonderen Anforderungen vorbereitet werden, die die spätere klinisch-psychologische Tätigkeit an ihn stellt. Sie liegen vor allem in der Verantwortung für die sich dem Klinischen Psychologen anvertrauenden Personen und in der Vielfältigkeit der Aufgaben, die nicht nur von Prävention über Therapie bis Rehabilitation reichen, sondern die sich auch aus dem breiten Spektrum der Beeinträchtigungen ergeben, das hilfesuchende Personen aufweisen.
  Die entsprechende Frage für die Evaluationsforschung lautet, ob die Ausbildung diese Vorbereitungsarbeit tatsächlich leistet.

Summative Evaluation führt eine Reihe von Unterproblemen mit sich, die mit der Festlegung der Kriterien für Lernerfolg zusammenhängen.
Zunächst ist zu entscheiden, ob *kurzfristige* oder *langfristige* Effekte überprüft werden sollen. Als kurzfristige Effekte werden die bezeichnet, die direkt nach Beendigung der Ausbildung im Verhalten der Ausgebildeten und im Kontakt mit der Zielgruppe sichtbar werden (Probe- oder Ernstklienten). Langfristige Effekte sind die in der späteren Berufstätigkeit feststellbaren Effekte.

Die Entscheidung über die Verwendung von kurzfristigen oder langfristigen Effekten als Kriterien für Ausbildungserfolg sollte auch aus der Gegenüberstellung der Aufgaben von Evaluationsforschung und Psychotherapieforschung abgeleitet werden. Die Aufgabenbereiche lassen sich in der Weise abgrenzen, daß Evaluationsforschung primär die Feststellung der kurzfristigen Effekte und die Feststellung der Effektdeterminanten leistet, während die Psychotherapieforschung den Zusammenhang zwischen einzelnen Therapeutenmerkmalen, die in der Ausbildung erworben werden und den Klientenveränderungen oder, anders formuliert, den Effekten der Therapie untersucht. Diese sind gleichzeitig als langfristige Ausbildungseffekte zu kennzeichnen. *Matarazzo* (1971) fordert als Aufgabe der Evaluationsforschung die Feststellung langfristiger Effekte. Sie argumentiert dabei so, daß die Effektivität des Trainings nicht dadurch nachgewiesen sei, daß das Studentenverhalten sich möglichst eng dem Verhalten angenähert habe, welches der Supervisor als therapeutisch annimmt. Dieser Auffassung schließt sich auch *Garfield* (1977) an.

Dieser Anspruch stellt jedoch eine unnötige Verkomplizierung der Untersuchungspläne der Evaluationsforschung dar, da er die Einbeziehung einer Reihe von Praxisfeldern und der dort wirksamen Arbeitsbedingungen beinhaltet. Der Arbeitsaufwand zur Kontrolle der Untersuchungsbedingungen ist unter diesen Voraussetzungen nicht mehr zu leisten. Die vorgeschlagene Aufgabenteilung von Evaluationsforschung und Psychotherapieforschung und eine enge Zusammenarbeit zwischen beiden, die auch ein Rückfließen der Ergebnisse der Psychotherapieforschung in die Lernzieldefinition der Evaluationsforschung vorsieht, erscheint hier erfolgversprechender und ökonomischer.

Ein weiteres Teilproblem der summativen Evaluation ist das des *inhaltlichen Wirkungskreises.* Folgende Arten von Effekten sind zu unterscheiden. Die Kategorien sind *Weiss* (1974) entnommen.

- Effekte auf Personen: diese Personen sind die Auszubildenden selbst auf den Variablenebenen Kognition, Emotion und Aktion und zum anderen die Kontaktpersonen aus der späteren Zielgruppe (Probe- oder Ernstklienten).
- Effekte auf Institutionen: sie sind langfristige Veränderungen in der Aufgabenverteilung und Aufgabenbewältigung einzelner Institutionen, in denen Klinische Psychologen tätig sind. So sind beispielsweise Veränderungen in psychiatrischen Kliniken und Erziehungsberatungsstellen zu untersuchen, in denen Klinische Psychologen seit einiger Zeit verstärkt mitarbeiten. Ein weiteres Praxisfeld, in dem durch das Hinzuziehen Klinischer Psychologen konkrete Veränderungen erwartet werden und überprüft werden müßten, ist z. B. das der Heimerziehung.
- Effekte auf umfassendere Systeme: hier ist an den Beitrag der Klinischen Psychologen allgemein zur Gesundheitsversorgung zu denken. Besonders interessant wäre die Überprüfung ihres Einflusses auf die Wahrnehmung präventiver Aufgaben. In der Ausbildung wird zur Zeit viel über Modelle und Konzepte präventiver Arbeit gesprochen. Tatsächlich ist jedoch fraglich, ob Psychologen in ihrer Praxis Versuche unternehmen, diese Modelle zu verwirklichen. Evaluationsforschung sollte zu dieser Frage eine Überprüfung vornehmen.

So wesentlich die Überprüfung der zuletzt genannten Effekte gerade im Hinblick auf die oben genannten Interessen der Klienten auch ist, so klar muß gleichzeitig darauf verwiesen werden, daß die gegenwärtige Situation der klinisch-psychologischen Universitätsausbildung eine derartige curriculare (im Gegensatz zur individuumsbezogenen) Evaluation nicht zuläßt. Dies ist erst möglich, wenn der inhaltliche Ausbildungsstand der Klinischen Psychologen an verschiedenen Hochschulen vergleichbarer ist. Die Ausbildung weist an den einzelnen Ausbildungsorten derart unterschiedliche Schwerpunkte auf, daß eine curriculare Überprüfung der Effekte „der klinisch-psychologischen Ausbildung" auf Institutionen und umfassendere Systeme noch nicht möglich ist. Erforschbar ist lediglich der Einfluß einzelner Psychologen mit eindeutig umschriebenen Qualifikationen auf die Arbeit einzelner Institutionen.
Ein weiteres Teilproblem in der summativen Evaluationsforschung bei der Kriterienbestimmung ergibt sich bei Kontrollgruppenvergleichen in der *vergleichenden* Evaluation. Probleme entstehen jedoch ebenso bei Vergleichen mit absoluten Kriterien (theoretisch oder empirisch begründet) in der *absoluten* Evaluation. In beiden Formen muß auf eindeutige Kriterien für Psychotherapieerfolg zurückgegriffen werden. Die Psychotherapieforschung hat jedoch noch keine Ergebnisse erbracht, die genaue Angaben darüber machen, welches Ausmaß auf welchen Dimensionen des Psychotherapeutenverhaltens als absolute Kriterien für Ausbildungserfolg angesehen werden können.
Kontrollgruppenvergleiche sind aufgrund nur selten verfügbarer vergleichbarer Kontrollgruppen methodisch nicht zufriedenstellend durchführbar. Erst mit der Etablierung von Studiengängen, in denen die Reihenfolge der Teilnahme an Veranstaltungen festgelegt wird, oder entsprechende Empfehlungen ausgesprochen werden, bestehen Möglichkeiten, die Studierenden der Orientierungsphase als Fremdkontrollgruppen oder Eigenwartegruppen heranzuziehen. Die künftigen Möglichkeiten der Evaluationsforschung sind in dieser Hinsicht günstig, da an den meisten Universitäten derzeitig entsprechende Curricula entwickelt werden. Die vorliegenden empirischen Untersuchungen zur Evaluation klinisch-psychologischer Universitätsausbildung werden nach den hier diskutierten Forschungsstrategien durchgegangen und bewertet.
Die Studien zur Evaluationsforschung haben überwiegend die Ausbildungseffekte untersucht und sind daher der summativen Evaluation zuzuordnen. Zur weiteren Kennzeichnung ist festzuhalten, daß die Untersuchungen schulenimmanent vorgegangen sind. In der Evaluationsforschung zur klienten-zentrierten Psychotherapie wurde in vielen Untersuchungen der Nachweis des Erreichens eines bestimmten Niveaus der Grundvariablen „Empathie", „Echtheit" und „Emotionale Wärme" erbracht (Zusammenfassung siehe *Matarazzo,* 1971). Allerdings sind diese Studien methodisch sehr angegriffen worden. Die Einwände beziehen sich auf zu kleine Stichproben, fehlende Beschreibungen der Stichproben, fehlende Spezifizierung der Kontrollgruppen, kaum vergleichbare Erfolgs-

maße, nicht ausreichend reliable Ratingwerte, zu hohe Interkorrelationen der verwendeten Skalen und fehlende Beschreibung der Ausbildungskurse (Zusammenfassung siehe *Birtsch* 1977). Diese Vorwürfe sind allerdings nicht allein für diesen Forschungszweig gültig. Im deutschen Sprachraum liegen noch wenige summative Bewertungen einzelner Ausbildungskurse vor. In der klientenzentrierten Psychotherapie sind es *Helm & Frohburg* 1974, *Minsel* u. a. 1974, *Stauss* 1975, *Tscheulin* 1972. Aus der Verhaltenstherapieausbildung ist bisher nur eine Evaluationsstudie über ein Interviewtraining bekannt (*Seidenstücker* 1976). Die Überprüfung eines integrierten problemorientierten Kurses wurde von *Birtsch* (1977) vorgenommen.

Zur *Kurz- und Langfristigkeit* der untersuchten Effekte ist festzuhalten, daß ausschließlich kurzfristige Effekte untersucht wurden. Die Untersuchung langfristiger Effekte macht unabhängig von den bereits genannten Problemen der Kontrolle der Untersuchungsbedingungen sehr aufwendige Follow-up-Studien notwendig, die im Rahmen der üblichen Forschungsprojekte kaum leistbar sind. Wie oben diskutiert, kann im Rahmen der Evaluationsforschung hierauf möglicherweise verzichtet werden.

Die gewählten *Kriterien* bezogen sich immer auf Personen, und zwar auf die Auszubildenden als auch auf Probe- oder Ernstklienten. Es ist hierzu noch festzuhalten, daß wenig klar definierte Verhaltensweisen als Kriterien verwendet werden. In den Untersuchungen zur gesprächspsychotherapeutischen Ausbildung wurden nahezu standardmäßig die drei bereits genannten Basisvariablen herangezogen. Darüberhinaus war überwiegend die Verhaltensebene repräsentiert. Effekte im Bereich des Wissens, der Einstellungen gegenüber Klienten und der persönlichen Zielrichtungen in der Berufstätigkeit wurden vernachlässigt. Diese Variablen wurden nur als Prozeßelemente definiert (*Stauss* 1975). Als Kriterien wurden sie von *Seidenstücker* (1976) benützt. Sie untersuchte den Effekt eines Interviewtrainings auf Kenntnisse, Einstellungen und Fertigkeiten der Studierenden.

3.2 Formative Evaluation

Als Gegenstück zur summativen Evaluation wird von vielen Autoren die formative Evaluation genannt (z. B. *Hastings* 1966). Formative oder gestaltende Evaluation kann auch als Prozeßforschung bezeichnet werden. Es werden Informationen über die Funktionsweise des Curriculums erhoben, um zu einer schrittweisen Verbesserung bei der Erreichung der Lernziele zu gelangen. Beim gegenwärtigen Entwicklungsstand der Klinischen Psychologie und dem damit verbundenen Stand der Ausbildung ist eine formative Evaluation besonders notwendig. In diesem Zusammenhang muß vor allem auf einen inhaltlichen Aspekt hingewiesen werden. Die besondere Entwicklung der Klinischen Psychologie, die, wie

in den vorangeggangenen Artikeln ebenfalls deutlich geworden ist, sich von streng schulenbezogener Ausbildung wegentwickelt zu integrierten Ansätzen, muß für die Ausbildung neue Unterrichtseinheiten und Trainingskonzepte entwickeln. Zur Diskussion stehen dabei das Durchlaufen verschiedener Ausbildungen – gegenwärtig sind dies an den Universitäten meistens Gesprächspsychotherapie und Verhaltenstherapie, sofern kein Wahlzwang besteht. Eine Kombination im Sinne einer Addition von Bestandteilen psychotherapeutischer Techniken – das problemorientierte Modell in diesem Band – und die Vermittlung eines integrierten Psychotherapieansatzes sind weitere Möglichkeiten. Die dritte Form integrierter Ausbildung setzt das Vorhandensein einer integrierten – etwa interaktionsbezogenen – Psychotherapie voraus, hieran ist noch zu arbeiten.
Formative Evaluation zur sukzessiven Verbesserung von Curricula, wie sie im pädagogischen Bereich praktiziert wurde, wurde im klinisch-psychologischen Bereich nur ansatzweise durchgeführt. In den Arbeiten von *Minsel* u. a. (1974), *Tscheulin* (1972), *Stauss* (1975) wurden einzelne Variablen und Bedingungen der Trainingskurse untersucht im Hinblick auf ihren Beitrag zum Lernerfolg. *Minsel* überprüfte die unterschiedlichen Effekte eines formal strukturierten Kurses, in dem die Lernziele formal organisiert waren, mit einem normalen integrativen Kurs der Gesprächspsychotherapieausbildung. *Tscheulin* untersuchte unterschiedliche Verwirklichungen des integrativen Modells von didaktisch beeinflußtem Lernen und persönlicher Erfahrung. Die dabei verglichenen Modelle waren ein Gruppenansatz und ein Ansatz der persönlichen Beziehung zum Supervisor. *Stauss* untersuchte den Einfluß von unmittelbarer auditiver Rückmeldung in einem Gesprächspsychotherapiekurs.
In allen zitierten Untersuchungen wurden jedoch nur einzelne Modelle verglichen. Es ist nicht erkennbar, ob die Studien Veränderungen innerhalb der Modelle nach sich zogen.

3.3 Evaluation zur Plazierung

Ein weiterer Evaluations-Ansatz ist der der Plazierung, d. h. die Zuweisung des Auszubildenden (*Airasian & Madaus*, 1976)

- zu einem Abschnitt in einer Sequenz von Unterrichtsschritten
- zu einer Instruktionsmethode
- zu einem Ausbilder.

In der gegenwärtigen klinisch-psychologischen Ausbildung ist im Rahmen des Plazierungsansatzes eine Untersuchung von verschiedenen Niveaus von Ausgangsfertigkeiten der Studierenden im Zusammenhang mit unterschiedlichen Lernangeboten denkbar.

Eine Reihe amerikanischer Untersuchungen beschreibt die Entwicklung von Selektionsindizes, die auf der Basis der Anfangsfertigkeiten der Auszubildenden den Lernerfolg prognostizieren (*Carkhuff & Griffin* 1970, *Anthony & Wain* 1971); dies sind Beiträge zur Plazierungsevaluation. Plazierungsuntersuchungen liegen ferner über die Kompatibilität der Fertigkeiten der Auszubildenden mit denen der Ausbilder vor (*Pierce* 1968, *Pierce & Schauble* 1971). Den Untersuchungen ist zu entnehmen, daß Verbesserungen der Auszubildenden auf den Dimensionen des Gesprächsverhaltens: Empathie, emotionale Wärme und Echtheit in einem positiven Zusammenhang stehen mit den Fähigkeiten der Ausbilder. Die Folge ist, daß die Studierenden nicht besser werden können als ihre Ausbilder, woraus die Autoren die Notwendigkeit einer geplanten Zuweisung ableiten. Es wird vorgeschlagen, Studierende für eine Form der Ausbildung zu selegieren. Sinnvolle Plazierungsstudien sollten jedoch die Auszubildenden innerhalb der Kurse zuweisen. Dies wäre einmal die Förderung auf unterschiedlichen Anfangsfertigkeiten (kompensatorischer Ansatz in einem Kurssystem) und zum anderen die Konfrontation mit unterschiedlichen Lernmodellen (didaktischer Ansatz). In beiden Richtungen sind allerdings nach Kenntnis der Autorin keine Ausbildungsmodelle entwickelt worden. Die Evaluationsforschung sollte hierzu einen Anstoß geben.

3.4 Diagnostische Evaluation

In der diagnostischen Form der Evaluation wird ein zweiter Aspekt von Prozeßforschung deutlich. Diagnostische Evaluation zielt auf die Erfassung von Variablen oder Bedingungen ab, die ein Leistungsversagen verursachen. Zwei Bedingungskomplexe sollen hier genannt werden, die die gegenwärtige Situation der klinisch-psychologischen Ausbildung kennzeichnen. Es ist zu erwarten, daß Studierende individuell darauf reagieren und in der Auseinandersetzung mit diesen Bedingungen unterschiedliche Lernerfolge erzielen.

- Der Erwerb praktischer Fertigkeiten im Rahmen eines wissenschaftlichen Studiums.
  Der Erwerb psychotherapeutischer Verhaltensweisen ist in der klinisch-psychologischen Ausbildung ebenso wichtig wie der Erwerb theoretischen Wissens. Praktische Ausbildung baut auf einem Fundament an Grundkenntnissen auf. Darüber hinaus ist das sonstige Studium stark theoriebelastet. Da es sich beim Erwerb der Fertigkeiten auch um die Änderung persönlicher Verhaltensstile handelt, ist zu überprüfen, ob sich Einstellungen gegenüber der Ausbildung, die von der theoriebestimmten Universitätsausbildung beeinflußt sind, hemmend auf den persönlichen Einsatz, die Öffnung gegenüber den eigenen Problemen und den anderen Teilnehmern auswirken.
- Gruppenausbildung
  Nach langer Zeit der Psychotherapieausbildung in der Supervisionsbeziehung zum Ausbilder wird die klinisch-psychologische Ausbildung nun vorrangig in Gruppen durchgeführt. Dies ist durch hohe Studentenzahlen und in den didaktischen Möglichkeiten der Gruppenarbeit begründet.

Es ist zu überprüfen, wie sich die Gruppeninteraktion auf die intendierten Änderungsprozesse auswirkt.

Empirische Studien zur diagnostischen Evaluation liegen in der Literatur bisher nicht vor. Ein erster Ansatz zur Operationalisierung der Faktoren „Theoriebestimmtheit des Studiums“ und „Gruppenausbildung“ sowie eine Untersuchung der Determination der Ausbildungseffekte durch diese Faktoren ist von *Birtsch* (1977) vorgenommen worden.

3.5 Interne und externe Bewertung

Eine weitere Strategie der Evaluationsforschung ist die der internen und externen Bewertung (*Anderson* u. a. 1976). Interne Bewertung bedeutet die Wertung durch die Personen, die das Programm durchführen, bei externer Bewertung führen unabhängige Personen die Beurteilung durch. In der klinisch-psychologischen Evaluationsforschung sind grundsätzlich beide Wege möglich, wobei eine Bewertung des Erfolgs durch externe Beurteiler valider ist als eine Bewertung durch die Ausbilder selbst. Bei der Erfassung von Prozeßvariablen dagegen können interne Beurteiler durchaus valide Einschätzungen z. B. auf einzelnen Dimensionen des Gruppenverhaltens, der emotionalen Prozesse etc. abgeben. Vor allem sind die Auszubildenden bei der Erfassung der Lernvorgänge und des sonstigen Ausbildungsgeschehens selbst wertvolle Informanden.
In der Regel wurden in den bisherigen Evaluationsstudien externe Bewertungen eingesetzt. Das liegt vermutlich daran, daß hauptsächlich summative Bewertungen vorgenommen wurden. Im Vergleich zur internen Bewertung sind sicherlich objektivere Ergebnisse zu erwarten, trotzdem ergeben sich zumindest bei der Verwendung von Rating-Skalen methodische Probleme. Sie sollen hier jedoch nicht näher ausgeführt werden, da sie auch für andere Forschungsgebiete zutreffen und dort diskutiert wurden.

4 Zukünftige Aufgaben der Evaluationsforschung

Aus der vorangegangenen Auswertung stellen sich für die Evaluationsforschung zur klinisch-psychologischen Universitätsausbildung folgende wichtige Aufgaben.

(1) Die summative Evaluation muß die Kriterien im Bereich der Personenvariablen für kurzfristige Effekte präzisieren. Es sind konkrete Kriterien in Form von exakt definierten Verhaltensweisen, von Wissensmerkmalen, von Einstellungen

und in Form von emotionalen Variablen abgeleitet von den Lernzielen der Trainings zu formulieren.

(2) Im Bereich der langfristigen Effekte sind neben Personenveränderungen auch Effekte auf Institutionen und umfassendere Systeme zu untersuchen. Hierzu sind breit angelegte zeit- und kostenaufwendige Follow-up-Studien notwendig. Die Hochschulforschung bedarf für diese Aufgabe der materiellen Unterstützung durch forschungsfördernde Institutionen und Stiftungen aber auch der personellen Unterstützung durch größere Forschungsinstitute.

(3) Die Entwicklung absoluter Kriterien, etwa die Beschreibung von Minimalanforderungen im Praxisfeld, sollte vorangetrieben werden. Dies ist auch die Aufgabe der Psychotherapieforschung. Hierzu ist die Erstellung von Anforderungsprofilen aus den einzelnen Berufsbereichen erforderlich.

(4) Zukünftige Aufgaben Klinischer Psychologen sollten aus gesellschaftspolitischen Entwicklungen erhoben und in die Lernzielbestimmung eingehen. Gegenwärtig sind dies Handlungsstrategien in Richtung auf die Verbesserung der psycho-sozialen Versorgung unserer Bevölkerung, Qualifikationen und Tätigkeitsmerkmale für präventive Aufgaben.

(5) Dringend erforderlich ist die Untersuchung von Ausbildungskonzepten zum Zweck der Differenzierung von Lehrveranstaltungen. Hier sollten unterschiedliche didaktische Konzepte, verschiedene Fertigkeitsstufen der Studierenden, verschiedene Formen des Praxisbezugs etc. untersucht und bewertet werden.

(6) Vergleichende Evaluation sollte in abgesicherten Kontrollgruppenvergleichen die Ansätze integrierter Psychotherapieausbildung bewerten.

(7) In Plazierungsuntersuchungen und in der Erforschung diagnostischer Kriterien sollten günstige Voraussetzungen für Ausbildungserfolg erforscht werden. Daraus kann eine bessere Vorbereitung der praxisbezogenen Ausbildung erfolgen. Aber auch gezieltes Ausbildertraining für Modellverhalten und Feedback sind als Folge denkbar.

(8) Für ihre Mitarbeit an Evaluationsforschung in der klinisch-psychologischen Universitätsausbildung müssen Ausbilder und Studierende häufig erst motiviert werden. Ausbilder fürchten evtl. Kritik, Studierende Sanktionsmaßnahmen. Evaluationsforscher müssen daher ihre Standpunkte, Ziele und Strategien offenlegen und Ausbilder und Studierende an der Planung der Untersuchung beteiligen.

(9) In der Anlage und Veröffentlichung von Untersuchungen sollte eine Auseinandersetzung mit den vorherrschenden berufspolitischen Bestrebungen und gesundheitspolitischen Tendenzen vorgenommen werden. In der gegenwärtigen Situation erscheint es notwendig, die Effekte der Ausbildung und damit die Qualifikation des Diplom-Psychologen mit Schwerpunktausbildung in Klinischer Psychologie zu belegen. Unter Berücksichtigung des Entwicklungsstandes der Klinischen Psychologie sollten konkrete Festlegungen auf bestimmte Tätigkeitsmerkmale jedoch vermieden werden, da durch eingeengte Festschreibungen neue Entwicklungen und Veränderungen behindert werden können.

(10) Die Evaluationsforscher können nicht davon ausgehen, daß die Ergebnisse ihrer Studien zwangsläufig Veränderungen in der Ausbildungspraxis nach sich ziehen. Sie sollten deshalb bemüht sein, die Notwendigkeit der Veränderung und Weiterentwicklung der untersuchten Ausbildungsmodelle zu propagieren. Hierzu ist die geeignete Fachöffentlichkeit beispielsweise bei Kongressen gezielt anzusprechen.

Literatur

Anderson, S. B./Ball, S./Murphy, R. T.: Associates. Encyclopedia of Educational Evaluation. San Francisco: Jossey Bass, 1976.

Anthony, W./Wain, H.: Two methods of selecting prospective helpers. J. Couns. Psych., 1971, 8, 155–156.

Airasian, P. W./Madaus, F.: Functional types of student evaluation. In: *Mehrens, W. A.:* Readings in measurement and evaluation in education and psychology. New York: Holt, 1976.

Birtsch, V.: Evaluation klinisch-psychologischer Ausbildung und empirische Analyse eines praxisbezogenen Grundkurses. Unveröffentl. Dissertation, Heidelberg, 1977.

Bloom, B. S.: Taxonomy of educational objectives. Handbook I: Cognitive domain. New York: David McKay, 1956.

Bloom, B. S./Hastings, T. J./Madaus, G. F.: Handbook of formative and summative evaluation of student learning. New York: McGraw Hill, 1971.

Carkhuff, R. R./Griffin, A.: The selection and training of human relations specialists. J. Couns. Psych., 1970, 17, 443–452.

Caro, F. G. (Ed.): Readings in evaluation research. New York: Russell Sage Found. 1971.

Garfield, S. L.: Research on the training of professional psychotherapists. In: *Gurman, A. S. & Razin, A. M.* (Ed.): Effective Psychotherapy. Oxford, 1977.

Hastings, J. Th.: Curriculum Evaluation. J. Educ. Measurem., 1966, 27–32.

Helm, J./Frohburg, I.: Das Training psychotherapeutischer Gesprächsführung. Probl. Ergebn. Psych., 1974, 31–41.

Krupp, H. J.: Wenn mit Wissenschaft Mißbrauch getrieben wird. Frankfurter Rundschau, 12. 5. 1978.

Matarazzo, R. G.: Research on the teaching and learning of psychotherapeutic skills. In: *Bergin, A. E. & Garfield, S. L.* (Eds.): Handbook of psychotherapy and behavior change. New York: Wiley, 1971.

Minsel, W. R., Inhülsen, W., Minsel, B./Wagner, I.: Vergleich von 2 Trainingskonzepten zur Gesprächspsychotherapie anhand der unmittelbaren Kurseffekte. Unveröffentl. Manuskript, 1974.

Perloff, R./Perloff, E./Sussna, E.: Program evaluation. Annual Rev. Psych., 1976, 569–594.

Pierce, R.: Graduate training of facilitative counselors. J. couns. Psych., 1968, 15, 68–74.

Pierce, R. M./Schauble, P. G.: Toward the development of facilitative counselors. Couns. Educ. Superv., 1971, 11, 83–89.

Rogers, C.: Die nicht-direktive Beratung. München: Kindler, 1972, am. Orig.: 1942.

Schmidt, R.: Schlechte Noten für rote Unis. Management, 4, 1978.

Schulte, D.: Stellungnahme zu dem geplanten Gesetz über den „nicht-ärztlichen" Psychotherapeuten. Psychologisches Institut, Bochum, 1976.

Seidenstücker, E.: Konstruktion und Evaluation eines Trainingsprogramms für Klinische Interviews. Unveröffentl. Dissertation, Regensburg, 1976.

Stauss, H.: Direkte Intervention während des Gesprächsverlaufs als Ausbildungsmöglichkeit in der Gesprächspsychotherapie. Unveröffentl. Dissertation, Münster, 1975.

Tscheulin, D.: Ausbildung in therapeutischem Basisverhalten. Unveröffentl. Dissertation, Würzburg, 1972.

Weiss, C. H.: Evaluierungsforschung. Opladen: Westdeutscher Verlag, 1974.

Ellen Seidenstücker

Effekte eines Interviewtrainings auf Wissen, Einstellung und Verhalten

Zusammenfassung

Gegenstand der Evaluationsstudie ist eine von der Autorin angefertigte Unterweisungseinheit zum diagnostischen Interview in der Verhaltensanalyse. Es wird ein Ausbildungskonzept aus der vorliegenden empirischen Interviewforschung sowie der modernen hochschuldidaktischen Forschung abgeleitet, der Aufbau der Einheit dargestellt und über die Effekte der vollständigen gegenüber der reduzierten Einheit berichtet. Die reduzierte Ausbildungseinheit besteht aus der Lektüre und Diskussion schriftlicher Lehrmaterialien sowie der Demonstration und Besprechung von Interviewausschnitten per Video (Diskussions-Gruppe), während die vollständige Einheit zusätzlich die Übung von Interviewsituationen im Rollenspiel mit Rückmeldung per Video und einer Wiederholung des Rollenspiels nach dem Prinzip des Microteaching vorsieht (Rollenspiel-Gruppe). Die Trainingseffekte werden in den Bereichen „Interviewkenntnisse", „Einstellungen" und „Interviewfertigkeiten" gemessen.

Beide Ausbildungskonzepte führen zu einer signifikanten und zeitstabilen Zunahme der Kenntnisse über Interview. Während die „Direktive Einstellung" bei den Rollenspiel-Gruppen gleich blieb, stieg sie bei der Diskussions-Gruppe deutlich an. Die „Selbsteinschätzung der Interviewer" änderte sich im Sinne positiverer Selbstbewertung nur durch die Rollenspiele. Auch aus der Perspektive der Befragten weisen nur die Rollenspiel-Gruppen ein nach der Schulung deutlich günstigeres Verhalten auf. Geschulte Beobachter registrierten eine Abnahme schlechter Intervieweräußerungen bei einer Konstanz guter Äußerungen.

Bei einem Vergleich aller erreichten und verfehlten Lernziele über sämtliche Erfolgskriterien zeigten sich die Rollenspiel-Gruppen der Diskussions-Gruppe erwartungsgemäß deutlich überlegen.

Die Trainingseffekte waren über 6 Wochen stabil.

1 Einleitung

Es soll über die Planung, Durchführung und Bewertung eines Trainingsprogramms für das verhaltensanalytische Interview berichtet werden. In dem vorliegenden Programm (*Seidenstücker,* 1976) wurde versucht, den Trainingsansatz *Matarazzo's* et al. (1966) zum Erwerb psychotherapeutischer Fertigkeiten mit den Methoden des Microteaching (*Allen & Ryan,* 1969) bzw. des Microcounseling (*Ivey,* 1971) zu verbinden.

2 Methode

Folgende Lehrziele sollten angestrebt werden:

1. die Vermittlung von Fakten, Begriffen und Bedingungswissen über die Phänomene und Regelmäßigkeiten im verhaltensanalytischen Interview;
2. den Erwerb der sozialen Fertigkeiten zur Gestaltung von Interaktionssituationen, die den Trainees bisher nicht verfügbar waren;
3. die Integration von sozialen Teilfertigkeiten zur Gestaltung von Interaktionssituationen, die den Trainees bisher nur in anderen Verhaltenskontexten verfügbar waren.

Als Grundlage für die Erstellung der Unterweisungspapiere und der Videofilme diente die vorliegende empirische Interviewliteratur (u. a. *Cannell & Kahn,* 1968; *Kahn & Cannell,* 1966; *Matarazzo* et al., 1966; *Matarazzo,* 1971; *Richardson, Dohrenwend & Klein,* 1965; *Seidenstücker & Seidenstücker,* 1974). Um eine angemessene theoretische Ausbildung zu erreichen, wurden an die Trainees folgende Arbeiten vervielfältigt ausgeteilt und zu einem späteren Zeitpunkt gründlich diskutiert:

1. der grundlegende, deutschsprachige Artikel von *Kanfer* (1969) über Verhaltenstherapie;
2. das Papier „Grundzüge des verhaltensanalytischen Interviews" mit den Themen: Interviewformen, Funktion des Interviews im Rahmen der Verhaltens- und Erlebensanalyse, Psychologisches Modell des Interviewens, Inadäquate Einstellungen und inadäquates Verhalten des Interviewers, Formale Gestaltung der Trainingseinheiten für das verhaltensanalytische Interview; Verhaltensgleichung mit Beispielen und Übungen, Inhaltsbereiche des Interviews mit Übungen;
3. ein Musterfall (eine von der Verfasserin überarbeitete Version von *Schulte & Thomas,* 1974) mit den Abschnitten: Auszüge aus dem Fragebogen zur Lebensgeschichte nach *Lazarus* (1961), einer Musterauswertung der Daten und begleitenden Übungsaufgaben zu verschiedenen Abschnitten des Falles.

Die praktische Ausbildung nach dem Paradigma des Microteaching wurde anhand folgender Unterrichtsmaterialien vorgenommen:

1. ausführliche Texte zu den einzelnen Interviewfertigkeiten (s. Tab. 3),
2. acht kurze Videofilme zu den Interviewfertigkeiten,
3. vier ca. 15minütige zusammenhängende Ausschnitte aus gestellten Interviews.

Die praktische Ausbildung läßt sich schematisch durch folgende Stufen kennzeichnen:

1. Definition und Beschreibung der zu lernenden Teilfertigkeiten,
2. Darbietung eines Videomodells mit positiven und negativen Beispielen für die Verwirklichung der jeweiligen Fertigkeit,
3. Identifizierung der positiven und negativen Beispiele durch den Trainee,
4. Übung der Fertigkeit im Rollenspiel,
5. Bewertung anhand der Videoaufzeichnung der Übung,
6. Wiederholung von Übung und Bewertung, bis die Sollwerte erreicht sind.

Die folgende Übersicht soll das Prinzip des Aufbaus einer Trainingseinheit, die für jede der neun Interviewfertigkeiten jeweils aus Manuallektüre, Gruppendiskussion und Verhaltensübungen besteht, verdeutlichen (s. Tab. 1).

Tabelle 1: Aufbau einer Trainingseinheit

Ziele	Methoden
Lernen von Fakten, Regeln und Zusammenhängen	Lektüre des hierarchisch gegliederten Unterrichtspapiers
Lernen, zwischen guten und schlechten Modellen zu diskriminieren	Strukturierung durch kurze Zusammenfassungen im Text
Abstrahieren von Regeln	Verdeutlichung durch Beispiele
	Hausaufgaben zum Anwenden des Gelernten
Kontrolle des Wissens	Diskussion in der Gruppe
Sichern gleicher Rezeption	Gegenseitiges Korrigieren und Ergänzen
Gewinnen vertieften Verständnisses	Besprechen der Hausaufgaben
Anwenden des Gelernten an Videomodellen und in realen Gesprächen	Videodemonstration der Fertigkeit
Diskriminationslernen am Videomodell	Identifizieren, wo die Fertigkeit verwirklicht wird
Anwenden der Fertigkeiten im Interaktionsfluß	Gruppen- und Trainerrückmeldung zum Identifizieren und Bewerten
Angemessenes Bewerten fremder und eigener Leistungen	Üben der Fertigkeit im Rollenspiel
	Vorspielen der Videoaufzeichnung des Rollenspiels
	Bewerten der eigenen Leistung
	Rekonstruieren der Erlebnisse während des Rollenspiels
	Bewerten durch Gruppe und Trainer
	Alternativvorschläge

Durch fortlaufende Fremd- und Selbstbeobachtung und Fremd- und Selbstbewertung sollten die Gruppenmitglieder lernen, differenzierter wahrzunehmen und angemessener zu bewerten. Die Trainerin versuchte, die Entwicklung dadurch zu unterstützen, daß sie sich langsam aus dem Prozeß der Identifizierung positiver und negativer Beispiele und der Bewertung des Verhaltens zurückzog. Das Ziel war die weitgehende Selbstkontrolle der Gruppe im Sinne *Kanfer*'s (*Kanfer & Phillips,* 1970).

Die Effektivität und Effizienz dreier Ausbildungskonzepte wurde miteinander verglichen:

1. Diskussion: Selbständige Erarbeitung und Gruppendiskussion des schriftlichen Lehrmaterials; Demonstration von Interviewausschnitten per Video;
2. Microteaching F: Erarbeitung und Gruppendiskussion (s. o.) und zusätzlich Verhaltensübungen mit fremden Befragten einschließlich Rückmeldung;
3. Microteaching A: Erarbeitung und Gruppendiskussion (s. o.) und zusätzlich Verhaltensübungen mit den Ausbildungskollegen derselben Gruppe einschließlich Rückmeldung.

Die Effekte der Ausbildung wurden in den Zielbereichen „Interviewkenntnisse", „Einstellungen" und „Interviewfertigkeiten" mittels mehrerer Indikatoren zur operationalen Erfassung von Veränderungen erhoben. Die Interviewfertigkeiten wurden hinsichtlich ihrer Ausprägung aus verschiedenen Blickwinkeln gemessen:

1. aus dem der Interviewer selbst (I-Skala),
2. aus dem der Befragten (B-Sakala und zusätzlich global eindrucksmäßig mit einem semantischen Eindrucksdifferential (EIBK)),
3. aus dem von geschulten Beobachtern (Beurteilung der verbalen Qualität entsprechend den eingeübten Fertigkeiten bzw. nach der „Therapist Error Check List" von *Matarazzo* et al. 1966, EX I und EX II),
4. durch die Registrierung des verbalen und nonverbalen Verhaltens (VV- und NV-Bögen),
5. durch die Erhebung formaler Sprechmaße mit dem Event-Recorder mittels eines Beobachters (s. Abb. 1 und Tab. 2).

In einem Kontrollgruppenplan mit Kriteriumsmessung wurden drei verschiedene Ausbildungskonzepte (s. o.) mit Wartebedingungen verglichen. Während in der ersten Semesterhälfte (WS 1973/74 an der Universität Regensburg) eine Gruppe (N = 10) mit „Diskussion" und eine zweite (N = 10) mit „Microteaching F" ausgebildet wurde, diente die dritte Gruppe (N = 10) in dieser Phase als Warte-

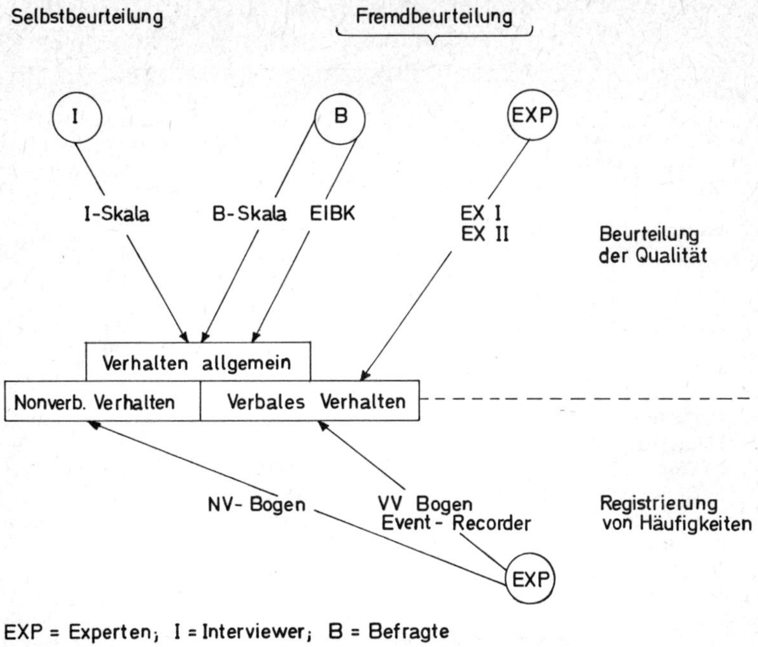

Abbildung 1: Erfassung des Interviewer-Verhaltens mit verschiedenen Instrumentenklassen und aus unterschiedlicher Perspektive.

Tabelle 2: Variablen und Meßinstrumente

	Variablen	Meßinstrumente
I	Interviewkenntnisse	Lückentest
II	Persönlichkeitsvariablen	
	1. Verbale Intelligenz	I-S-T (*Amthauer,* 1955); verbale Untertests: SE, WA, AN, GE, ME
	2. Direktive Einstellungen	FDE (*Bastine,* 1971); Skala DE
	3. Dominanzstreben	FPI (*Fahrenberg & Selg,* 1970); Skala 7
	4. Gehemmtheit	FPI; Skala 8
	5. Extraversion	FPI; Skala E
	6. Emotionale Labilität	FPI; Skala N

Tabelle 2 (Fortsetzung)

	Variablen	Meßinstrumente
III	Interviewfertigkeiten	
	1. Selbsteinschätzung der Interv.	I-Skala
	2. Fremdeinschätzung der Interv. durch die Befragten	B-Skala Eindrucksdifferential: EIBK (*Ivey,* 1971)
	3. Fremdeinschätzung der Inverv. durch Experten: Beurteilung der Qualität	EX I EX II (*Matarazzo* et al., 1966)
	4. Verhaltensregistrierung: Häufigkeitsanalyse	
	1. Verbales Verhalten	VV-Bogen
	2. Nonverbales Verhalten	NV-Bogen
	3. Formale Sprechmaße	Event-Recorder

Instrumente, die ohne Literaturangabe aufgeführt sind, wurden von uns für diese Untersuchung konstruiert.

Kontroll-Gruppe und wurde nur den zwei Testinterviews und Testuntersuchungen unterzogen. In der zweiten Semesterhälfte erhielt Gruppe 3 das Training „Microteaching A", während die beiden anderen schon ausgebildeten Gruppen auf ihr drittes Testinterview am Semesterende warteten (Versuchsablauf s. Abb. 2).

Zur Verdeutlichung nennen wir die drei Gruppen „Microteaching F-Warte-Gruppe", „Diskussion-Warte-Gruppe" und „Warte-Microteaching-A-Gruppe". Bezüglich der „Verbalen Intelligenz" erwies sich die Versuchspersonengruppe als so homogen, daß die Gruppeneinteilung nur nach den Variablen „Interviewkenntnisse", „Direktive Einstellungen", „Extraversion", „Geschlecht" über Machting und anschließende randomisierte Zuweisung vollzogen wurde. Als freiwillige Versuchspersonen in den Funktionen der Trainees oder der Befragten in den Verhaltensübungen arbeiteten Teilnehmer an einer regulären Lehrveranstaltung (Pflicht-Wahl-Praktikum) am Psychologischen Institut der Universität Regensburg mit. Als Befragte in den Testinterviews stellten sich freiwillig Studenten aus verschiedenen Fächern der Universität Regensburg zur Verfügung.

Tab. 3 gibt eine Übersicht über die verschiedenen eingeübten Interviewfertigkeiten und Themen für die Verhaltensübungen in den einzelnen Übungsstunden.

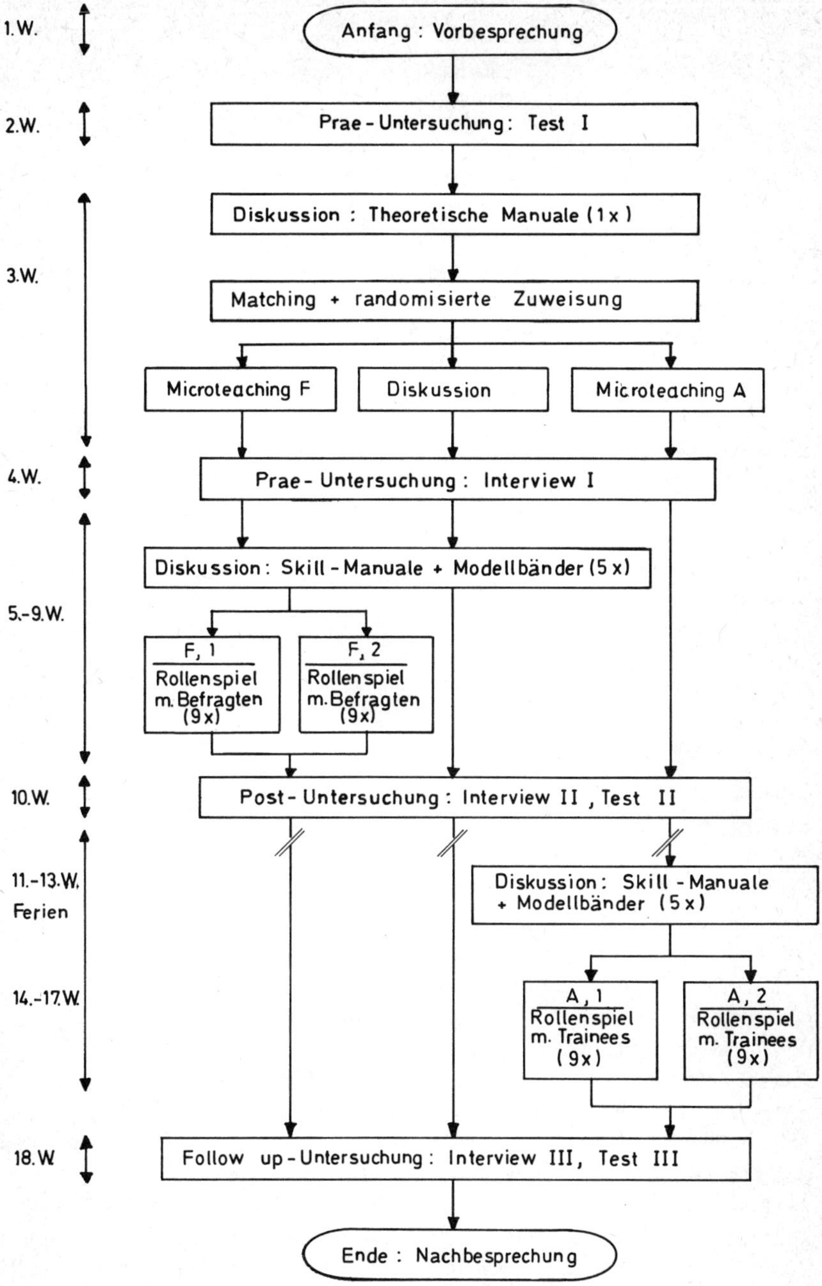

Abbildung 2: Schematische Darstellung des Untersuchungsablaufs.

Tabelle 3: Interview-Fertigkeiten und Themen in den Verhaltensübungen.

Übungs-Std.-Nr.	Interview-Fertigkeit	Thema für Verhaltensübung	spezielle Befragteninstruktion
1	Eröffnung	Studien- u. Arbeitsverhalten zur Zeit	
2	Nonverbales Verhalten	Studien- u. Arbeitsverhalten zur Zeit	
3	Offene Fragen	Soziale Beziehungen zur Zeit (wichtige)	
4	Nachfragen	Soziale Beziehungen zur Zeit (wichtige)	
5	Verbale Ermunterungen	Interessen, Hobbies zur Zeit	
6	Zusammenfassung	Soziale Beziehungen vom 13. – 20. Jahr	
7	Themenwechsel	2 verschiedene Ängste	
8	Reflexion von Gefühlen	a) berufliche Zukunftsplanung	persönl. Stellungnahme des I. herausfordern durch z. B.: „Wie war es denn bei Ihnen nach dem Examen?“
		b) Radikalenerlaß	z. B.: „Was halten Sie denn davon?“
9	Taktiken	Partnerprobleme	B. weicht aus, z. B.: „Das ist zu intim“.

3 Ergebnisse und Diskussion

Um die Ergebnisse in den verschiedenen Bereichen möglichst übersichtlich darzustellen, werden die Effektmuster in den drei Ausbildungsgruppen einmal in Form einer Tabelle (s. Tab. 4) dargestellt, in der jeweils angegeben ist, ob ein Lernziel erreicht wurde oder nicht bzw. ob sich keine signifikante Veränderung ergeben hat. Weiter werden aus Platzgründen einige Erfolgskriterien ausgewählt und an ihnen die wichtigsten Trainingseffekte demonstriert. An die Darstellung eines Ergebnisses schließt sich der Übersichtlichkeit halber direkt die Interpretation an.

Alle drei Ausbildungskonzepte führen zu einer signifikanten und zeitstabilen Zunahme der Kenntnisse über Interview. Da die „Warte-Microteaching-A-Gruppe“ allein aufgrund der Lektüre der theoretischen Arbeitspapiere densel-

ben Wissensstand wie die beiden zuerst ausgebildeten Gruppen erreicht, folgt daraus, daß in unserem Programm der Erwerb von Wissen und Fertigkeiten voneinander unabhängig ist, der einmal didaktisch parallel (Microteaching-F-Warte-Gruppe und Diskussion-Warte-Gruppe) und einmal sequentiell (Warte-Microteaching-A-Gruppe) angeordnet ist.
Während die „direktive Einstellung" bei den Microteaching-Gruppen gleich blieb, stieg sie bei der Diskussions-Gruppe deutlich an. Die Betonung der Leitungsfunktion des Interviewers bei den Diskussionsteilnehmern könnte die Leitungseinstellung verstärken, ohne daß eine Relativierung durch unmittelbare Erfahrung wie bei den Microteaching-Gruppen möglich ist.
Die „Selbsteinschätzung der Interviewer" ändert sich im Sinne positiver Selbstbewertung nur durch das Microteaching.
Aus der Perspektive der Befragten weist nur die Microteaching A-Gruppe ein nach der Schulung deutlich günstigeres Verhalten auf. Das dürfte darauf zurückzuführen sein, daß diese Trainees die Fertigkeitsübungen mit Rollenwechsel durchführten und so eine zusätzliche Erfahrungsquelle (die Rolle des Befragten) gegenüber den beiden anderen Gruppen hatten, die vielleicht zu einer Sensibilisierung für eindruckswirksames Verhalten geführt haben dürfte.
Insgesamt ergibt die Beurteilung über geschulte Beobachter folgende Ergebnisse:

1. Die Trainingseffekte bestehen in einer Verringerung schlechter Intervieweräußerungen, wobei der Anteil guter Äußerungen ziemlich unverändert bleibt.
2. Die Trainingseffekte sind zeitlich stabil.
3. Die Microteaching-Gruppen vermindern ihre Fehler in einem stärkeren Ausmaß als die Diskussions-Gruppe.

Vergleicht man alle erreichten und verfehlten Lernziele (s. Tab. 4) über sämtliche Erfolgskriterien, so zeigen sich die Microteaching-Gruppen der Diskussions-Gruppe erwartungsgemäß deutlich überlegen.

4 Diskussion

Videodemonstrationen, Lektüre und Diskussion von Unterweisungspapieren ohne unmittelbare Verhaltensübung stellen demnach eine relativ ineffektive Ausbildungsform für das diagnostische Interview dar. Meines Erachtens besteht das relativ beste Trainingsmodell, natürlich auf mein Arbeitsmaterial bezogen, aus einer ca. vierwöchigen theoretischen Ausbildung, an die sich Verhaltensübungen einschl. Rückmeldungen mit je zur Hälfte Trainingskollegen und fremden Befragten als Interviewpartner anschließen sollten.

Tabelle 4: Effektmuster in den drei Ausbildungsgruppen.

	Warten	Micro-teaching A	Micro-teaching F	Warten	Diskussion	Warten
Variablen	prae 1 bis prae 2	prae 2 bis post	prae bis post	post bis follow up	prae bis post	post bis follow up
Interviewkenntnisse	+	○	+	○	+	○
Direktive Einstellungen	○	○	○	○	–	○
Dominanzstreben	○	○	○	○	○	○
Selbsteinschätzung	○	+	+	–	○	○
Befragteneinschätzung	○	+	○	○	○	○
Eindrucksdifferential	+	+	○	○	○	○
Realisierte Skills	○	+	+	+	○	○
Nicht realisierte Skills	○	+	+	○	○	○
Gute Äußerungen	○	○	○	○	○	○
Schlechte Äußerungen	○	+	+	○	+	○
Zentrierungsfehler	+	○	+	○	+	○
Falsche Rollendefinition	○	+	+	○	+	○
Vermeintliche Erleichterung der Kommunikation	○	+	+	○	○	○
Fehler pro verbaler Einheit	○	+	+	○	+	○
Fehlersumme	○	+	+	○	+	○
Richtige Reaktionen	○	+	○	○	○	○
Falsche Reaktionen	○	+	○	○	+	○
Nonverbale Ermunterungen	○	○	+	○	+	○
Sprechhäufigkeit Interviewer	○	○	+	○	○	○
Sprechdauer Interviewer	○	○	○	○	○	○
Sprechhäufigkeit Befragter	○	○	+	○	○	○
Sprechdauer Befragter	○	○	+	○	○	○

○ = keine Veränderung, + = erreichtes Lernziel, – = verfehltes Lernziel.

Mit unserer Untersuchung haben wir ein praktikables Modell für die Schulung im verhaltensanalytischen Interview entwickelt, das sich routinemäßig in der klinisch-psychologischen Ausbildung einsetzen läßt. Auf die sich anschließenden dringlichsten Forschungsfragen sei kurz hingewiesen. Eine genauere Analyse der Lernverläufe im Ausbildungsprogramm erfordert den Übergang von einem erfolgsorientierten Planungsmodell zu einem Verlaufsmodell. Grundsätzliche Überlegungen zu einem Modell der Verlaufsanalyse haben wir bereits diskutiert (*Seidenstücker & Seidenstücker,* 1975). Unser Training ist auf ein halbstandardisiertes Interview bei verhaltensgestörten Klienten zugeschnitten.

Es bleibt empirisch zu überprüfen, ob sich das Programm auch bei anderen Patientengruppen, wie zum Beispiel psychiatrischen Patienten bewährt.

Literatur

Allen, D. W./Ryan, K. A.: Microteaching. Reading, Mass.: Addison-Wesley, 1969.

Amthauer, R.: Intelligenz-Struktur-Test. (2. Aufl.), Göttingen: Hogrefe, 1955.

Bastine, R.: Fragebogen zur direktiven Einstellung. Göttingen: Hogrefe, 1971.

Cannell, C. F./Kahn, R. L.: Interviewing. In: *G. Lindzey & E. Aronson* (Eds.): The Handbook of Social Psychology (Vol. 2). Reading, Mass.: Addison-Wesley, 1968.

Fahrenberg, J./Selg, H.: Das Freiburger Persönlichkeitsinventar. Göttingen: Hogrefe, 1970.

Ivey, A. E.: Microcounseling. Innovations in interviewing training. Springfield: Thomas, 1971.

Kanfer, F. H.: Verhaltenstherapie: Ein neues Theoriegerüst zur Lösung klinisch-psychologischer Probleme. Psychologie und Praxis, 1969, *13*, 1 – 18.

Kanfer, F. H./Phillips, J. S.: Learning foundations of behavior therapy. New York: Wiley 1970.

Lazarus, R. S.: Adjustment and personality. New York: McGraw-Hill, 1961.

Kahn, R. L./Cannell, C. F.: Dynamics of interviewing. New York: Wiley 1966.

Matarazzo, R. G.: Research on the teaching and learning of psychotherapeutic skills. In: *A. E. Bergin & S. L. Garfield* (Eds.): Handbook of Psychotherapy and Behavior Change. New York: Wiley, 1971.

Matarazzo, R. G./Wiens, A. N./Saslow, G.: Experimentation in the teaching and learning of psychotherapeutic skills. In: *L. A. Gottschalk & A. H. Auerbach* (Eds.): Methods of research in psychotherapy. New York: Appleton-Century-Crofts, 1966.

Richardson, S. A./Dohrenwend, B. S./Klein, D.: Interviewing. Its forms and functions. New York: Basic Books, 1965.

Schulte, B./Thomas, B.: Verhaltensanalyse und Therapieplanung bei einer Patientin mit multiplen Ängsten. In: *D. Schulte* (Hrsg.): Diagnostik in der Verhaltenstherapie. München, Berlin, Wien: Urban & Schwarzenberg, 1974.

Seidenstücker, E.: Konstruktion und Evaluation eines Trainingsprogramms für klinische Interviews. Unveröffentlichte Dissertation, Universität Regensburg, 1976.

Seidenstücker, E./Seidenstücker, G.: Interviewforschung: allgemeiner Teil. In: *W. J. Schraml & U. Baumann* (Hrsg.): Klinische Psychologie II. Bern, Stuttgart, Wien: Huber, 1974.

Seidenstücker, E./Seidenstücker, G.: Einige Gesichtspunkte zu methodisch-statistischen Fragen der Veränderungsmessung in der Gesprächspsychotherapie. In Gesellschaft für wissenschaftliche Gesprächspsychotherapie (Hrsg.): Die klientenzentrierte Gesprächspsychotherapie. München: Kindler, 1975.

Vera Birtsch

Evaluation eines problem-orientierten Ausbildungskurses zur Vermittlung klinisch-psychologischen Gesprächsverhaltens[1]

Zusammenfassung

Als ein Lernziel problem-orientierter Ausbildung wird Gesprächsführung als klinisch-psychologisches Basisverhalten vorgestellt. In einer empirischen Evaluationsuntersuchung wurde die Erreichung dieses Lernzieles überprüft. In dem untersuchten Ausbildungskurs werden klienten-zentrierte Gesprächsführung und verhaltenstherapeutische Exploration als mögliche Interventionen zur Analyse von psychischen Problemen von den Studierenden erlernt und erprobt. Operationalisierungen des klinisch-psychologischen Basisverhaltens werden vorgestellt und Reliabilitätsschätzungen angegeben. Die Evaluation des Ausbildungskurses umfaßt die Kontrolle der Ausbildungseffekte im Fremd- und Eigenwartegruppenvergleich, die Erforschung von Prozeßvariablen der Ausbildungsteile, der gruppenspezifischen Bedingungen und der kognitiven Bedingungen bei den Auszubildenden. Das Ergebnis der Studie ist, daß Verhaltensänderungen bei den Studierenden in Richtung auf das Lernziel festgestellt werden konnten. Aus den Ergebnissen der Prozeßuntersuchung werden Schlußfolgerungen zur Verbesserung der Ausbildung abgeleitet.

1 Problem-orientierte Ausbildung für Gesprächsführung

Im Kapitel 3.4 wurde das Konzept der problem-orientierten Ausbildung in der Klinischen Psychologie dargestellt. Der Auszubildende ist dabei aufgefordert, das vom Klienten dargestellte Problem für sich nachzuvollziehen und zu verstehen. Verschiedene Strategien, einzelne psychotherapeutische Techniken werden im Dienste der Aufhellung und Bearbeitung des Problems systematisch erprobt. Dem Studierenden soll dabei das „aspektive" Verhältnis (*Pongratz,* 1973) der verschiedenen psychotherapeutischen Ansätze deutlich werden. Er soll die Schwerpunkte dieser Ansätze in eigenen Interventionen erfahren und unter der Kontrolle des Ausbilders mit der Erarbeitung einer am Klienten orientierten Strategie beginnen, die verschiedene schulische Ansätze integriert.
Im Kapitel 3.4 wurde als Beispiel der problem-orientierten Ausbildung ein praxisbezogener Ausbildungskurs dargestellt, dessen Ziel die Vermittlung von Ge-

1 Grundlage dieses Beitrags: *Birtsch, V.:* Evaluation klinisch-psychologischer Ausbildung und empirische Analyse eines praxisbezogenen Grundkurses. Unveröffentlichte Dissertation, Heidelberg, 1977.

sprächsverhalten ist. Es wird davon ausgegangen, daß reflektierendes Verstehen und gezielte Informationsgewinnung wesentliche Bestandteile klinisch-psychologischer Gesprächsführung sind. Sie werden deshalb hier als Teile des „klinisch-psychologischen Basisverhaltens" definiert. Es unterscheidet sich durch die genannten Inhalte vom „therapeutischen Basisverhalten" nach *Tscheulin* (vgl. Kap. 2.3).
Die Vermittlung dieses klinisch-psychologischen Basisverhaltens in einem im Wintersemester 1975/76 am Psychologischen Institut der Universität Heidelberg durchgeführten Ausbildungskurs wurde in einer Evaluationsuntersuchung empirisch überprüft.

2 Klinisch-psychologisches Basisverhalten

Klinisch-psychologisches Basisverhalten enthält drei Bestandteile. Sie wurden als Kriterien für Ausbildungseffekte im verbalen Verhalten der Teilnehmer herangezogen.

(1) Das Eingehen auf die Gefühle und Erlebnisweisen des Klienten, Verständnis und Unterstützung für seine Probleme. Dies drückt sich aus in einer die emotionalen Erlebnisinhalte von Klientenäußerungen spiegelnden Haltung, die *reflektierendes* Basisverhalten genannt wird.
(2) Das Bemühen um eine Klärung des Problems im Zusammenhang mit den auslösenden und aufrechterhaltenden Bedingungen. Es drückt sich aus in theoriegeleiteter, strukturierter Informationsgewinnung – sie soll als *explorierendes Basisverhalten* gekennzeichnet werden.
(3) Ein dem Problem des Klienten angemessenes zielorientiertes Vorgehen. Die *differenzierte therapeutische Zielperspektive* enthält Teilziele für den Verlauf der therapeutischen Interaktion, allgemeine Ziele der Veränderungsrichtung und spezifische Verhaltensziele.

Diese Merkmale klinisch-psychologischen Basisverhaltens sind im Verlauf der Evaluationsuntersuchung gewonnen worden mit dem Ziel, die Vorstellungen verschiedener psychotherapeutischer Schulen zu integrieren. Sie werden als Mindestanforderungen für Verhaltensziele eines schulen-integrierenden Ausbildungskonzeptes angenommen.
Die drei Aspekte des klinisch-psychologischen Basisverhaltens wurden auf folgenden Beurteilungsskalen operationalisiert:

– Variablen des reflektierenden Basisverhaltens:

  Akzeptierung/Bemühen um Verständnis versus Ablehnung (I)
  Konkretheit versus Vagheit (II)
  Weiterführende Aktivierung versus Einengung/Blockierung (III)
  Elaboriertheit versus Allgemeinheit (IV)

- Variablen des explorierenden Basisverhaltens:

  Verhaltensanalytische Informationsfragen (V)
  Konkretheit der Fragen (VI)

- Merkmale differenzierter Zielperspektive:

  Allgemeinheit und Spezifität, Kurz- und Langfristigkeit, Therapeuten- versus Klientenorientiertheit der Ziele, inhaltlicher Bezug der Ziele zum explorierenden Basisverhalten (VII).

Für die Reliabilitätsschätzung der Beurteilungsskalen für Lernerfolg wurden *Ebel*-Koeffizienten (vgl. *Langer & Schulz von Thun,* 1974) für die Skalen I bis IV auf der Basis von neun parallelen Beurteilungen und für die Skalen V und VI von drei parallelen Beurteilungen berechnet. Für die Skala VII wurden für die einzelnen Aspekte totale Übereinstimmungen von drei parallelen Beurteilungen berechnet. Es zeigte sich, daß diese Variablen ausreichend reliabel eingeschätzt werden konnten. Die Koeffizienten betrugen: Produktmittelwert (PM) = .65 für Skala I, PM = .66 für Skala II, PM = .49 für Skala III, PM = .69 für Skala IV, PM = .83 für Skala V, PM = .77 für Skala VI und 70 – 87% für die Skala VII.

3 Ergebnisse der Evaluationsstudie

Der Ausbildungskurs enthält Übungen zur Gesprächsführung, die in spezifischer Weise die genannten Kriterien fördern sollen. Es sind Übungen zur klientenzentrierten Gesprächsführung und zur verhaltensanalytischen Exploration. Es wird angenommen, daß das reflektierende Basisverhalten in erster Linie von den Übungen zur klienten-zentrierten Gesprächsführung gefördert wird, daß das explorierende Basisverhalten vor allem durch Übungen zur verhaltensanalytischen Exploration gefördert wird und daß eine differenzierte Zielperspektive sich entwickelt aus der Kombination beider Übungsteile.
Die Kriterien zur Beurteilung der Ausbildungseffekte wurden deshalb mit diesen und anderen Prozeßmerkmalen in Beziehung gesetzt:

- das Ausbildungskonzept: die Kombination eines klientenzentrierten und eines verhaltensanalytischen Übungsteils
- die Wahrnehmung des Gruppenklimas, die eigenen Gefühle in der Gruppe als gruppenspezifische Bedingungen, die sich aus der Gruppensituation in der Ausbildung ergeben
- die Einstellungen zur psychotherapeutischen Arbeit, zu den zu erlernenden Verhaltensweisen, theoretisches Wissen und praktische Erfahrung als kognitive, emotionale und motivationale Bedingungen bei den Teilnehmern oder „akademische Lerngeschichte“
- Merkmale des Ausbilderverhaltens wurden nach einer Voruntersuchung herausgenommen, da sich hier keinerlei Zusammenhänge ergeben hatten.

Im folgenden werden die Ergebnisse der empirischen Untersuchung zusammengefaßt.
Der Ausbildungskurs war für die Studierenden der erste praxisbezogene Kurs innerhalb der klinisch-psychologischen Ausbildung. Er wurde deshalb auch als Grundkurs bezeichnet. Der Grundkurs war zur Zeit der Untersuchung für ca. 70 Studierende zugänglich. Von den vier Parallelgruppen gingen in einen Kontrollgruppenplan drei Gruppen[1] zu 15 bis 18 Teilnehmern ein. Die Aufteilung in die Kurse war durch selbständige Zuordnung der Studenten zu den Ausbildern erfolgt. Die Studenten waren in einem Kurs während der theoretischen Vorbereitungszeit von ca. drei Monaten zwei Kontrollgruppenmessungen und vor und nach der praktischen Übungszeit zwei Experimentalgruppenmessungen unterzogen. Der Effekt des praxisbezogenen Grundkurses konnte somit gegen den Effekt der theoretischen Vorbereitungszeit im Eigen- und Fremdkontrollgruppenvergleich getestet werden (N = 57 in der Experimentalgruppe, N = 17 in der Kontrollgruppe). Die drei Kurse wurden von drei verschiedenen Ausbildern geleitet, die Kurse waren selbst noch in drei Untergruppen aufgeteilt. Die Effekte der Gruppenprozesse konnten daher bei Konstanthalten der Ausbildervariablen über drei Kleingruppen überprüft werden.
Ein *Lernfortschritt* konnte in der Praktikumsphase gegenüber der Vorbereitungsphase im Fremdkontrollgruppenvergleich vorrangig in den Merkmalen des explorierenden Basisverhaltens und der differenzierten Zielperspektive festgestellt werden.

Tabelle 1: Lernerfolg des Ausbildungskurses im T-Test der Kriterienmessung nach der theoretischen Vorbereitung bei der Kontrollgruppe gegen die Kriterienmessung nach der Praktikumsphase bei der Experimentalgruppe.

Kriterien		T	df	p(2seit.)
I	Akzeptierung	0.12	50	0.902
II	Konkretheit	1.06	50	0.292
III	Weiterführende Aktivierung	2.12	50	0.039
IV	Elaboriertheit	–0.57	50	0.571
V	Verhaltensanalytische Fragen	3.56	53	0.001
VI	Konkretheit der Fragen	4.33	53	0.000
VII	Zielperspektive	2.85	53	0.006

Aus: *Birtsch,* 1977. S. 112.

Bei den Kontrollgruppenmessungen war in der Vorbereitungszeit ein erheblicher Trend zur Verschlechterung festzustellen, in der Praktikumsphase dagegen trat ein Trend zur Verbesserung ein.

1 Die vierte Gruppe mußte aus der Untersuchung ausgeschlossen werden, da infolge organisatorischer Schwierigkeiten die Untersuchungsbedingungen nicht vergleichbar waren.

Effektdetermination durch die Übung in *klienten-zentrierter Gesprächsführung* konnte erst am Ende des Kurses in der Variablen Akzeptierung/Bemühen um Verständnis (I), also erst nach der Verhaltensanalyse-Übung festgestellt werden.

Tabelle 2: Übungseffekte der Klienten-zentrierten Gesprächsführung und der Verhaltensanalytischen Exploration.

Kriterien		T(3,4)	df	p	T(4,5)	df	p
I	Akzeptierung	0.10	9	0.922	−2.95	10	0.015
II	Konkretheit	−1.23	9	0.251	−0.80	10	0.442
III	Weiterführende Aktivierung	−1.49	9	0.170	0.73	10	0.482
IV	Elaboriertheit	−3.65	9	0.005	0.60	10	0.565
V	Verhaltensanalytische Fragen	−0.75	10	0.472	−4.18	10	0.002
VI	Konkretheit der Fragen	0.00	10	1.000	−4.34	10	0.001
VII	Zielperspektive	−0.58	10	0.572	−2.83	10	0.018

T(3,4) = T-Test der Messung vor der Übung zur klienten-zentrierten Gesprächsführung gegen die Messung nach der Übung

T(4,5) = T-Test der Messung nach der klienten-zentrierten Gesprächsführung und der Übung zur verhaltensanalytischen Exploration

Aus: *Birtsch,* 1977, S. 115.

Möglicherweise benötigen die Teilnehmer erst einen gewissen Anteil an Übungszeit, um Verbesserungen zeigen zu können. Andererseits handelt es sich beim Merkmal Akzeptierung um eine grundlegende Dimension des Gesprächsverhaltens, die sicher in der Verhaltensanalyseübung mit beachtet wurde. Eine Effektdetermination im explorierenden Basisverhalten durch den verhaltensanalytischen Übungsteil konnte als statistisch signifikant nachgewiesen werden. Dies war auch inhaltlich erwartet worden.

In der Untersuchung der *Effektdetermination* durch *gruppenspezifische Variablen* war ein Zusammenhang feststellbar zwischen der Wahrnehmung des Vertrauensklimas in der Kleingruppe, der Interaktion in der Gruppe und der persönlichen Beziehung zu den Gruppenmitgliedern einerseits und den Verbesserungen der Teilnehmer andererseits. Positiv war dieser Zusammenhang zum reflektierenden Basisverhalten ($r = .35$ bis $.26$, $p \leqslant .05$), zum explorierenden Basisverhalten zeigten sich einzelne negative Korrelationen ($r = .-37$, $p \leqslant .01$ bis $r = -.25$, $p \leqslant .05$). Die Mittelwerte und die Varianzen der Veränderungswerte der Kleingruppen unterschieden sich jedoch statistisch nicht signifikant voneinander. Es konnten daher zwischen den Kleingruppen keine bedeutsamen Unterschiede festgestellt werden.

Von den untersuchten Variablen der individuellen *„akademischen Lerngeschichte"* waren bedeutsam: die Anfangsfertigkeiten der Teilnehmer und die untersuchten kognitiven Bedingungen (individuelle Lernziele). Die Veränderungen der Teilnehmer in den Erfolgskriterien korrelieren mit den Ausgangsdaten auf diesen Dimensionen positiv bei den Variablen Akzeptierung (I) und Konkretheit (II), negativ dagegen bei Elaboriertheit (IV), Verhaltensanalytischen Informationsfragen (V) und den Merkmalen differenzierter Zielperspektive (VII).

Tabelle 3: Zusammenhang von Ausgangswerten und Lernerfolg gemessen in Veränderungswerten.

Kriterien		r	p
I	Akzeptierung	.30	0.016
II	Konkretheit	.28	0.022
III	Weiterführende Aktivierung	−.20	0.073
IV	Elaboriertheit	−.26	0.032
V	Verhaltensanalytische Fragen	−.32	0.010
VI	Konkretheit der Fragen	−.05	0.352
VII	Zielperspektive	−.48	0.001

N = 52
Aus: *Birtsch,* 1977, S. 117.

Die untersuchten kognitiven Bedingungen wiesen positive Zusammenhänge zu den Lernfortschritten in den Variablen des explorierenden Basisverhaltens ($r = .34$; $p \leqslant .01$, $r = .24$; $p \leqslant .05$) und der therapeutischen Zielperspektive ($r = .41$; $p \leqslant .01$, $r = .25$; $p \leqslant .05$) auf. Diese Koeffizienten sind zwar statistisch signifikant, sind insgesamt aber so niedrig, daß die Zusammenhänge nur als Tendenzen aufgefaßt werden können, aus denen weitere Hypothesen formuliert werden können, die dann in zukünftigen Untersuchungen zu überprüfen sind.

4 Spezielle Aufgaben der Ausbilder

Der untersuchte Ausbildungskurs hat sich als effektiv aber verbesserungsbedürftig erwiesen. Durch praktisches Training, dem eine theoretische Vorbereitung vorausgegangen ist, kann ein Minimum an Basisfertigkeiten erworben werden. Anhand dieser Ergebnisse können die Universitätsausbilder in Klinischer Psychologie ermutigt werden, das Konzept problem-orientierter Ausbildung weiter auszuarbeiten. Folgende praktische Hinweise lassen sich aus den Ergebnissen ableiten.

Differentielle Förderung der Studenten

Die Zusammenhänge des Lernerfolges mit den Ausgangsfertigkeiten der Studenten legen ein differentielles didaktisches Vorgehen in der praktischen Ausbildung

nahe. Personen mit niedrigeren Fähigkeiten erreichen schnell die ersten Lernfortschritte. Es reichen möglicherweise Modelldemonstrationen und gezieltes Feedback der Ausbilder aus, um Verbesserungen in Richtung auf die Kriterien des klinisch-psychologischen Basisverhaltens zu erzielen.
Für Studenten mit fortgeschrittenen Fertigkeiten ist es offenbar schwieriger, zu größeren Lernerfolgen zu gelangen. Für sie geht es nicht darum, grobe Fehler in der Gesprächsführung zu unterlassen, sondern das eigene Verhalten weiter zu differenzieren und verschiedene Alternativantworten auf Klientenverhalten zu entwickeln. Hierfür benötigen diese Studenten gezielteres Feedback und differenzierteres Modellverhalten. Für den Ausbilder leiten sich daraus die Anforderungen ab, ein breites Spektrum des Therapeutenverhaltens differenziert wahrzunehmen und selbst modellhaft darstellen zu können.

Verbindung von Theorie und Praxis

Eine weitere Aufgabe für die Ausbilder besteht darin, für die Studierenden entweder Möglichkeiten der theoretischen Vorbereitung zu finden, in denen keine zu starken Verunsicherungen bezüglich des Basisverhaltens auftreten oder aber Möglichkeiten zu finden, mit denen eine Verschlechterung des Verhaltens in der Vorbereitung so bald als möglich aufgefangen wird.

Förderung der Bedingungen für den Lernerfolg

Die Ergebnisse zur Untersuchung der Effektdetermination legen nahe, daß die Vermittlung von integriertem klientenzentriertem und verhaltensanalytischem Vorgehen durch gruppenspezifische, motivationale und kognitive Bedingungen in der Ausbildungsgruppe behindert oder gefördert werden kann. Für die Ausbilder ist es deshalb wichtig, diese Bedingungen zu kennen, die jeweilige Wirkungsweise zu erfassen und, falls notwendig, in eine konstruktive Richtung zu lenken. Aus der vorliegenden Untersuchung lassen sich als Hypothesen herauslesen, daß in der Einübung mehr emotional gesteuerten reflektierenden Basisverhaltens die Gruppenteilnehmer sich füreinander öffnen können und eine vertrauensvolle Atmosphäre entsteht. Beim Einüben des eher kognitiv gesteuerten explorierenden Vorgehens scheint es dagegen wichtiger zu sein, persönliche Lernziele der Teilnehmer zu berücksichtigen.

5 Bewertungen des Ausbildungskurses durch die Beteiligten

Die Auswertungsgespräche nach dem Kurs und die Erfahrungen mit der im anschließenden Ausbildungskurs praktizierten Problemanalyse, mit der Therapieplanerstellung und mit ersten psychotherapeutischen Interventionen zeigten, daß die Studierenden die Kombination der Verbalisierungs- und Explorationsübungen für die Interaktion mit dem hilfesuchenden Partner als nützlich empfanden. Die Explorationsübungen wurden im Rahmen des eigenen Interaktionsverhaltens stärker als etwas Neues empfunden. Der Beginn der emotionszentrierten Verbalisierungsübungen im Kurs wurde von den Teilnehmern für die Anfangssituation als günstig eingeschätzt, da hierbei die zu Beginn herrschenden Anfangsschwierigkeiten in der Gruppensituation bei der Bearbeitung eigener Probleme leichter angesprochen werden konnten.

Von den Ausbildern wurde die zeitliche Anordnung der Übungsteile als für den Lernerfolg der Teilnehmer förderlich angesehen. Die Aneignung eines emotional zuwendenden und akzeptierenden Verhaltens in den Verbalisierungsübungen führte in den Explorationsübungen zu einem geringeren „Verhörcharakter" der Explorationen, der bei Anfängern häufig zu beobachten ist.

Insgesamt wurden die gegenseitige Ergänzung der beiden Verfahren zur Problemabklärung, ihre Unterschiede und Gemeinsamkeiten von den Studierenden bald erkannt. Daraus entstand die Motivation, sich weiter mit diesen Ansätzen kritisch auseinanderzusetzen und sie im Verhalten selbst zu erproben.

Aus diesen Erfahrungen kann geschlossen werden, daß die untersuchte Form der problem-orientierten Ausbildung schulisch integriertes Gesprächsverhalten im Sinne des klinisch-psychologischen Basisverhaltens gefördert hat.

Literatur

Langer, I./Schulz von Thun, F.: Messung komplexer Merkmale in Psychologie und Pädagogik. München: Reinhardt, 1974.

Pongratz, L.: Lehrbuch der Klinischen Psychologie. Göttingen: Hogrefe, 1973.

Autorenverzeichnis

Prof. Dr. *Reiner Bastine*
o. Prof. am Psychologischen Institut
der Universität Heidelberg,
Abteilung für Klinische Psychologie

Dr. *Vera Birtsch*
Wiss. Angest.
am Institut für Sozialarbeit
und Sozialpädagogik, Frankfurt

Prof. Dr. *Hanko Bommert*
o. Prof. am Fachbereich
Psychologie der Westf. Wilhelms-Universität Münster,
Abteilung für Klinische Psychologie

Dr. *Alfred Dvorak*
Klinischer Psychologe an der
PROP-Alternative e.V.,
Drogenberatung, München

Dr. *Hartmut Dziewas*
Wiss. Ass. am Universitätskrankenhaus
Eppendorf

Dr. med. *Alexander Eckert*
Wiss. Angest. an der Forschungsgruppe
im Landeskrankenhaus Reichenau

Dr. med. *Manfred Fichter*
Oberass. an der Nervenklinik
der Universität München,
Psychiatrische Klinik und Poliklinik

Priv.-Doz. Dr. *Peter A. Fiedler*
Wiss. Angest. am Fachbereich
Psychologie der Westf. Wilhelms-Universität Münster,
Abteilung für Klinische Psychologie

Dr. *Inge Frohburg*
Wiss. Ass. an der Sektion
Psychologie der Humboldt-Universität
Berlin, Lehrbereich
Klinische Psychologie

Prof. Dr. *Klaus Grawe*
o. Prof. am Psychologischen Institut
der Universität Bern

Prof. Dr. *Johannes Helm*
o. Prof. an der Sektion Psychologie
der Humboldt-Universität Berlin
Lehrbereich Klinische Psychologie

Dr. med. *Dieter Kallinke*
Leiter der Fachbereiche Psychologie
der Stiftung Rehabilitation und des
Forschungszentrums für Rehabilitation
und Prävention, Heidelberg

Prof. Dr. *Ludwig J. Pongratz*
o. Prof. am Institut für Psychologie
der Universität Würzburg,
Lehrstuhl für Psychologie II,
Klinische Psychologie

Dr. *Ellen Seidenstücker*
Regensburg

Prof. Dr. *Gert Sommer*
Prof. am Fachbereich Psychologie der
Philipps-Universität Marburg/Lahn

Dr. *Hans Stauss*
Leiter der Telefonseelsorge
Neckar-Alb, Tübingen

Dr. *Dieter Tscheulin*
akad. Rat am Institut für Psychologie
der Universität Würzburg,
Lehrstuhl für Psychologie II,
Klinische Psychologie

Dr. *Hans-Ulrich Wittchen*
Wiss. Ass. am Max-Planck-Institut
für Psychiatrie, München

Dr. *Manfred Zielke*
Wiss. Ass. am Institut für
Psychologie der Universität Kiel